SAMMLUNG TUSCULUM

Herausgegeben von

Karl Bayer, Manfred Fuhrmann, Gerhard Jäger

C. PLINII SECUNDI

NATURALIS HISTORIAE
LIBRI XXXVII

Liber V

C. PLINIUS SECUNDUS d. Ä.

NATURKUNDE

Lateinisch–deutsch

Buch V

Geographie:

Afrika und Asien

Herausgegeben und übersetzt
von Gerhard Winkler
in Zusammenarbeit mit Roderich König

ARTEMIS & WINKLER

Titelvignette aus der Plinius-Ausgabe Venedig 1513

Die Deutsche Bibliothek – CIP-Einheitsaufnahme

Plinius Secundus, Gaius:
Naturkunde : lat.-dt. / C. Plinius Secundus d. Ä.
Hrsg. u. übers. von Roderich König in Zusammen-
arbeit mit Joachim Hopp. München : Artemis und Winkler
(Sammlung Tusculum) Einheitssacht.: Historia naturalis.
Parallelsacht.: Naturalis historiae libri XXXVII.
Teilw. im Heimeran-Verl., München.
Buch 3/4 und 5 hrsg. und übers. von Gerhard Winkler
in Zusammenarbeit mit Roderich König.
ISBN 3-7608-1618-5
NE: König, Roderich [Hrsg.]; Winkler, Gerhard [Hrsg.]

Buch 5 : Geographie. Afrika und Asien. – 1993
ISBN 3-7608-1585-5

Artemis & Winkler Verlag
© 1993 Artemis Verlags GmbH München.

INHALT

LIBRO V CONTINENTUR
INHALT DES 5. BUCHES

---

* Die römischen Ziffern entsprechen der alten Kapiteleinteilung. Die arabischen Ziffern beziehen sich auf die seit etwa 100 Jahren gebräuchliche Einteilung in Paragraphen.

Summa:

oppida et gentes …	… Städte und Völker
flumina clara …	… berühmte Flüsse
montium clari …	… berühmte Berge
insulae CXVIII.	118 Inseln
quae intercidere oppida aut gentes …	… verschwundene Städte oder Völker
res et historiae et observationes …	… Gegenstände, Geschichten und Beobachtungen

Ex auctoribus
Agrippa. Suetonio Paulino. M. Varrone. Varrone Atacino. Cornelio
Nepote. Hygino. L. Vetere. Mela.
Domitio Corbulone. Licinio Mucia-
no. Claudio Caesare. Arruntio. Livio
filio. Seboso. Actis triumphorum.

Externis
Iuba rege. Hecataeo. Hellanico. Da-
maste. Dicaearcho. Baetone. Timo-
sthene. Philonide. Xenagora. Asty-
nomo. Staphylo. Dionysio. Aristote-
le. Aristocrito. Ephoro. Eratosthene.
Hipparcho. Panaetio. Serapione An-
tiocheno. Callimacho. Agathocle.
Polybio. Timaeo mathematico. He-
rodoto. Myrsilo. Alexandro poly-
histore. Metrodoro. Posidonio, qui
περίπλουν aut περιήγησιν. Sotade.
Pyrrandro. Aristarcho Sicyonio.
Eudoxo. Antigene. Callicrate. Xeno-
phonte Lampsaceno. Diodoro Syra-
cusano. Hannone. Himilcone. Nym-
phodoro. Calliphane. Artemidoro.
Megasthene. Isidoro. Cleobulo. Aris-
tocreonte.

Quellen: Römische Autoren
Agrippa. Suetonius Paulinus. M.
Varro. Varro Atacinus. Cornelius
Nepos. Hyginus. L. Vetus. Mela.
Domitius Corbulo. Licinius Mucia-
nus. Claudius Caesar. Arruntius. Li-
vius, der Sohn. Sebosus. Die Tri-
umph-Akten.

Fremde Autoren
König Iuba. Hekataios. Hellanikos.
Damastes. Dikaiarchos. Baiton. Ti-
mosthenes. Philonides. Xenagoras.
Astynomos. Staphylos. Dionysios.
Aristoteles. Aristokritos. Ephoros.
Eratosthenes. Hipparchos. Panaitios. Serapion aus Antiocheia. Kallimachos. Agathokles. Polybios. Der
Mathematiker Timaios. Herodotos.
Myrsilos. Der Polyhistor Alexan-
dros. Metrodorus. Poseidonios, der
einen Periplus (Küstenumschiffung)
oder eine Periegesis (Erdbeschrei-
bung) verfaßte. Sotades. Pyrrandros.
Aristarchos aus Sikyon. Eudoxos.
Antigenes. Kallikrates. Xenophon
aus Lampsakos. Diodoros aus Syra-
kus. Hanno. Himilkon. Nymphodo-
ros. Kalliphanes. Artemidoros. Megasthenes. Isidoros. Kleobulos. Aristokreon.

C. PLINII SECVNDI
NATVRALIS HISTORIAE
LIBER V

Africam Graeci Libyam appellavere et mare ante
eam Libycum; Aegypto finitur, nec alia pars terrarum pauciores recipit sinus, longe ab occidente litorum obliquo spatio. populorum eius oppidorum-
que nomina vel maxime sunt ineffabilia praeterquam ipsorum linguis; et alias castella ferme inha-
bitant.

Principia terrarum Mauretaniae appellantur; usque ad C. Caesarem, Germanici filium, regna, sae-
vitia eius in duas divisae provincias. promunturium
Oceani extumum Ampelusia nominatur a Graecis.
oppida fuere Lissa et Cotte ultra columnas Herculis, nunc est Tingi, quondam ab Antaeo conditum,
postea a Claudio Caesare, cum coloniam faceret,
appellatum Traducta Iulia. abest a Baelone, oppido
Baeticae, proximo traiectu $\overline{XXX}$. ab eo $\overline{XXV}$ in ora
Oceani colonia Augusti Iulia Constantia Zulil, re-
gum dicioni exempta et iura in Baeticam petere
iussa. ab ea $\overline{XXXII}$ colonia a Claudio Caesare facta
Lixos, vel fabulosissime antiquis narrata: ibi regia
Antaei certamenque cum Hercule et Hesperidum
horti. adfunditur autem aestuarium e mari flexuoso

C. PLINIUS SECUNDUS
NATURKUNDE
BUCH 5

Afrika nannten die Griechen Libyen und das Meer davor
das Libysche; der Erdteil endet mit Ägypten, und kein anderer weist weniger Buchten auf, da sich die Küste von Westen
her in schräger Linie weit hinzieht. Die Namen seiner Völker
und Siedlungen sind größtenteils unaussprechbar außer in
ihren eigenen Sprachen; auch wohnen sie fast nur in befestigten Orten.

An erster Stelle der Länder werden die beiden Mauretanien
angeführt; sie waren bis zur Zeit des Kaiser Gaius, des Sohnes
des Germanicus, Königreiche und wurden durch dessen Will-
kür in zwei Provinzen geteilt. Das äußerste Vorgebirge am
Ozean wird von den Griechen Ampelusia genannt. Die Städte
Lissa und Kotte befanden sich jenseits der Säulen des Herakles, jetzt ist dort Tingi, das einst von Antaios gegründet,
dann von Kaiser Claudius, als er die Kolonie einrichtete,
Traducta Iulia genannt wurde. Von Baelo, einer Stadt der
Baetica, ist es auf der kürzesten Überfahrt 30 Meilen entfernt.
25 Meilen davon liegt an der Küste des Ozeans die Kolonie
des Augustus Iulia Constantia Zulil, die der Botmäßigkeit der
Könige entzogen und angehalten war, ihr Recht in der Baetica
zu suchen. 32 Meilen davon entfernt war die von Kaiser
Claudius eingerichtete Kolonie Lixos, über die von den Alten
wohl die fabelhaftesten Geschichten erzählt wurden: Dort
liegen die Königsburg des Antaios, wo er mit Herakles
gekämpft hat, und die Gärten der Hesperiden. Vom Meer her
aber strömt in gewundenem Lauf eine Flußmündung herein,

meatu, in quo draconis custodiae instar fuisse nunc
interpretantur. amplectitur intra se insulam, quam
solam e vicino tractu aliquanto excelsiore non tamen aestus maris inundant. exstat in ea et ara
Herculis nec praeter oleastros aliud ex narrato illo
aurifero nemore. minus profecto mirentur porten-   4
tosa Graeciae mendacia de his et amne Lixo pro-
dita, qui cogitent nostros nuperque paulo minus
monstrifica quaedam de iisdem tradidisse: praevali-
dam hanc urbem maioremque magna Carthagine,
praeterea ex adverso eius sitam et prope inmenso
tractu ab Tingi; quaeque alia Cornelius Nepos
avidissime credidit. ab Lixo $\overline{XL}$ in mediterraneo   5
altera Augusti colonia est Babba, Iulia Campestris
appellata, et tertia Banasa $\overline{LXXV}$ p., Valentia co-
cognominata. ab ea $\overline{XXXV}$ Volubile oppidum, tantundem a mari utroque distans. at in ora a Lixo $\overline{L}$
amnis Sububus, praeter Banasam coloniam deflu-
ens, magnificus et navigabilis. ab eo totidem mili-
bus oppidum Sala, eiusdem nominis fluvio inpositum, iam solitudinibus vicinum elephantorumque
gregibus infestum, multo tamen magis Autololum
gente, per quam iter est ad montem Africae vel
fabulosissimum Atlantem.

E mediis hunc harenis in caelum attolli prodi-   6
dere, asperum, squalentem, qua vergat ad litora
Oceani, cui cognomen inposuit, eundem opacum
nemorosumque et scatebris fontium riguum, qua
spectet Africam; fructibus omnium generum

von der man jetzt erklärt, daß sie wie der Hort eines Drachen gewesen sei. Sie umschließt eine Insel, welche die Fluten des Meeres von der benachbarten, etwas höher emporragenden Gegend dennoch als einzige nicht überschwemmen. Auf ihr befindet sich auch ein Altar des Herakles, und außer wilden Ölbaumen ist nichts mehr von jenem vielgerühmten, goldene Früchte tragenden Hain vorhanden. Man sollte sich in der Tat über die abenteuerlichen Lügengeschichten Griechenlands, die hierüber und über den Fluß Lixos verbreitet wurden, weniger wundern, wenn man bedenkt, daß die Unsrigen erst unlängst fast ebenso wunderliche Erzählungen über die gleichen Dinge überliefert haben: diese Stadt ⟨Lixos⟩ sei überaus mächtig, größer als das große Karthago, und sie liege außerdem diesem gegenüber und in einer fast unermeßlichen Entfernung von Tingi; und was Cornelius Nepos noch anderes sehr bereitwillig geglaubt hat. 40 Meilen von Lixos im Landesinneren liegt Babba, eine weitere Kolonie des Augustus, Iulia Campestris genannt, und 75 Meilen entfernt eine dritte, Banasa mit dem Beinamen Valentia. Davon 35 Meilen entfernt ist die Stadt Volubilis, von beiden Meeren gleich weit weg. An der Küste aber, 50 Meilen von Lixos, folgt der stattliche und schiffbare Fluß Sububus, der an der Kolonie Banasa vorbeifließt. Von ihm ist ebenso viele Meilen entfernt die Stadt Sala, die an einem Fluß gleichen Namens liegt, schon den Wüsten benachbart und von den Herden der Elefanten bedroht, doch noch viel mehr vom Stamme der Autololen, durch dessen Gebiet der Weg zum Atlas führt, dem wohl sagenreichsten Berg Afrikas.

Man berichtet, daß sich dieser Atlas mitten aus den Sandwüsten bis in den Himmel erhebe, rauh und wüst dort, wo er sich zu den Küsten des Ozeans neigt, dem er den Namen verlieh, aber auch schattig und bewaldet und durch das Hervorsprudeln von Quellen bewässert dort, wo er nach Afrika hin schaut; Früchte aller Arten wachsen dort von

sponte ita subnascentibus, ut numquam satias vo-
luptatibus desit. incolarum neminem interdiu   7
cerni; silere omnia haud alio quam solitudinum
horrore; subire tacitam religionem animos propius
accedentium praeterque horrorem elati super nu-
bila atque in vicina lunaris circuli. eundem noctibus
micare crebris ignibus, Aegipanum Satyrorumque
lascivia inpleri, tibiarum ac fistulae cantu tympano-
rumque et cymbalorum sonitu strepere. haec celebrati auctores prodidere praeter Herculi et Perseo
laborata ibi. spatium ad eum inmensum incertum-
que.

Fuere et Hannonis, Carthaginiensium ducis,   8
commentarii Punicis rebus florentissimis explorare
ambitum Africae iussi; quem secuti plerique e
Graecis nostrisque et alia quidem fabulosa et urbes
multas ab eo conditas ibi prodidere, quarum nec
memoria ulla nec vestigium exstat.

Scipione Aemiliano res in Africa gerente Poly-   9
bius, Annalium conditor, ab eo accepta classe scru-
tandi illius orbis gratia circumvectus; prodidit a
monte eo ad occasum versus saltus plenos feris,
quas generat Africa, ad flumen Anatim
$\overline{\text{CCCCLXXXXVI}}$. ab eo Lixum $\overline{\text{CCV}}$ Agrippa
Lixum a Gaditano freto $\overline{\text{CXII}}$ abesse; inde sinum,
qui vocetur Sagigi, oppidum in promunturio Mule-
lacha, flumina Sububam et Salat, portum Rutubis a
Lixo $\overline{\text{CCXXIIII}}$, inde promunturium Solis, portum Rhysaddir, Gaetulos Autololes, flumen Quo-
senum, gentes Selatitos et Masathos, flumen Ma-

selbst, so daß der Genußsucht niemals die Sättigung fehlt.
Tagsüber sehe man niemanden von den Bewohnern; alles
schweige, nicht anders als im Schauder der Wüsten; ein stiller
Schauer ergreife die Gemüter der Nahenden und dazu ein
Schrecken vor dem über die Wolken und in die Nähe der
Mondbahn emporragenden Berg. In den Nächten schimmere
er auch von zahlreichen Feuern, werde durch die Ausgelassen-
heit der Aigipane und Satyrn erfüllt und halle wider vom Spiel
der Flöte und der Pfeife und vom Lärm der Pauken und
Zimbeln. Dies berichteten anerkannte Autoren neben den dort
vollbrachten Taten von Herakles und Perseus. Die Entfernung
zu ihm ist unermeßlich und noch nicht sicher bekannt.

Es gab auch die Aufzeichnungen des Hanno, eines Feldherrn der Karthager, der zur Zeit der höchsten Blüte der
Punier beauftragt worden war, den Umfang Afrikas zu erforschen; ihm folgten die meisten ⟨Autoren⟩ von den Griechen
und den Unsrigen, und sie erwähnten neben manch Fabelhaf-
tem, daß dort von ihm zahlreiche Städte gegründet wurden,
von denen weder irgendeine Erinnerung noch eine Spur
vorhanden ist.

Als Scipio Aemilianus den Oberbefehl in Afrika innehatte,
fuhr Polybios, der Verfasser von Annalen, mit einer von
diesem zur Verfügung gestellten Flotte aus, um jenen Bereich
zu erforschen; er berichtete, daß sich von diesem Berg gegen
Westen hin bis zum Fluß Anatis über 496 Meilen Wälder
hinziehen voll von wilden Tieren, die Afrika hervorbringt.
Agrippa meint, von diesem zum Lixos seien es 205 Meilen,
der Lixos sei von der Meerenge von Gades 112 Meilen
entfernt; von dort ⟨erreiche man⟩ eine Bucht, die Sagigi
heißt, die Stadt Mulelacha auf einem Vorgebirge, die Flüsse
Sububa und Salat, den vom Lixos 224 Meilen entfernten
Hafen Rutubis, von dort das Vorgebirge Solis, den Hafen
Rhysaddir, die gätulischen Autololen, den Fluß Quosenus,
die Stämme der Selatiter und Masather, den Fluß Masath und

sath, flumen Darat; in quo crocodilos gigni. dein   10
sinum $\overline{\text{DCXVI}}$ includi montis Bracae promunturio
excurrente in occasum, quod appelletur Surren-
tium. postea flumen Salsum, ultra quod Aethiopas
Perorsos, quorum a tergo Pharusios. his iungi in
mediterraneo Gaetulos Daras, at in ora Aethiopas
Daratitas, flumen Bambotum, crocodilis et hippo-
potamis refertum. ab eo montes perpetuos usque ad
eum, quem Theon Ochema dicemus. inde ad promunturium Hesperu navigationem dierum ac noc-
tium decem. in medio eo spatio Atlantem locavit,
ceteris omnibus in extremis Mauretaniae proditum.

Romana arma primum Claudio principe in Mau-   11
retania bellavere, Ptolemaeum regem a Gaio Caesare interemptum ulciscente liberto Aedemone, re-
fugientibusque barbaris ventum constat ad montem Atlantem. nec solum consulatu perfunctis atque e senatu ducibus, qui tum res gessere, sed
equitibus quoque Romanis, qui ex eo praefuere ibi,
Atlantem penetrasse in gloria fuit. quinque sunt, ut   12
diximus, Romanae coloniae in ea provincia, per-
viumque famae videri potest, sed id plerumque
fallacissimum experimento deprehenditur, quia di-
gnitates, cum indagare vera pigeat, ignorantiae pu-
dore mentiri non piget, haud alio fidei proniore
lapsu quam ubi falsae rei gravis auctor exsistit.
equidem minus miror inconperta quaedam esse
equestris ordinis viris, iam vero et senatum inde

den Fluß Darat; darin kämen Krokodile vor. Ferner werde
eine Bucht von 616 Meilen durch das nach Westen auslau-
fende Vorgebirge des Berges Braca, das Surrentium heißt,
eingeschlossen. Dann folgen der Fluß Salsus, jenseits davon
die aithiopischen Perorser, in deren Rücken die Pharusier.
Mit diesen seien im Landesinneren die gätulischen Daren
verbunden, an der Küste aber die aithiopischen Daratiten, es
folgt der von Krokodilen und Flußpferden reichlich belebte
Fluß Bambotus. Von ihm an zögen die Berge ununterbrochen
bis zu dem, den wir „Götterwagen" *[Theon Ochema]* nennen
werden [6, 197]. Von hier sei es eine Seereise von zehn Tagen
und Nächten zum Vorgebirge des Hesperos. In die Mitte
dieser Entfernung versetzte er den Atlas, der noch anderen
⟨Autoren⟩ an den Randgebieten Mauretaniens liegen soll.

Römische Waffen kämpften erstmals unter Kaiser Claudius in Mauretanien, als der Freigelassene Aidemon den von
Kaiser Gaius getöteten König Ptolemaios rächte, und be-
kanntlich gelangte man, als die Barbaren zurückwichen, bis
zum Berg Atlas. Und nicht nur die ehemaligen Konsuln und
die Anführer aus dem Senat, die damals die Unternehmungen
leiteten, sondern auch die römischen Ritter, die seitdem dort
das Kommando führten, rühmten sich damit, bis zum Atlas
vorgedrungen zu sein. In dieser Provinz liegen, wie wir gesagt
haben [§ 2.5], fünf römische Kolonien, und die Verbreitung
einer Nachricht könnte leicht möglich erscheinen, aber dies
wird durch die Erfahrung meist als sehr trügerisch bewiesen,
weil angesehene Persönlichkeiten, wenn es sie verdrießt, die
Wahrheit zu erforschen, sich nicht scheuen, aus Scham über
ihre Unwissenheit zu lügen, und man ist nicht anders geneig-
ter, sich in die Irre führen zu lassen, als wenn ein gewichtiger
Gewährsmann eine Unwahrheit behauptet. Ich für meinen
Teil wundere mich weniger, daß von den Männern des Ritterstandes, ja sogar von denen, die von dort in den Senat
eintraten, manches unerforscht geblieben ist, als daß es der

intrantibus, quam luxuriae, cuius efficacissima vis
sentitur atque maxima, cum ebori, citro silvae ex-
quirantur, omnes scopuli Gaetuli muricibus, pur-
puris. indigenae tamen tradunt in ora ab Salat $\overline{CL}$
flumen Asanam, marino haustu, sed portu specta-
bile, mox amnem, quem vocant Fut, ab eo ad Dirim
– hoc enim Atlanti nomen esse eorum lingua conve-
nit – $\overline{CC}$, interveniente flumine, cui nomen est Ivor.
ibi fanum exstare circa vestigia habitati quondam
soli, vinearum palmetorumque reliquias. Suetonius
Paulinus, quem consulem vidimus, primus Romanorum ducum transgressus quoque Atlantem aliquot milium spatio, prodidit de excelsitate quidem
eius quae ceteri: imas radices densis altisque reple-
tas silvis incognito genere arborum, proceritatem
spectabilem esse enodi nitore, frondes cupressi si-
miles praeterquam gravitate odoris, tenui eas ob-
duci lanugine, quibus addita arte posse quales e
bombyce vestes confici. verticem altis etiam aestate
operiri nivibus. decumis se eo pervenisse castris et
ultra ad fluvium, qui Ger vocatur, per solitudines
nigri pulveris, eminentibus interdum velut exustis
cautibus; loca inhabitabilia fervore, quamquam hi-
berno tempore, experto. qui proximos inhabitent
saltus refertos elephantorum ferarumque et serpentium omni genere, Canarios appellari, quippe vic-
tum eius animalis promiscuum his esse et dividua

Verschwendungssucht nicht bekannt geworden ist, deren allgewaltige und sehr bedeutende Macht sich darin zeigt, daß man die Wälder nach Elfenbein und nach Zitrus, alle gätulischen Klippen nach Muscheln und Purpurschnecken durchsucht. Die Eingeborenen erzählen jedoch, daß 150 Meilen vom Salat an der Küste der Fluß Asana münde, mit salzigem Geschmack, aber durch einen Hafen bemerkenswert, dann folge ein Fluß, den sie Fut nennen, von dort zum Diris – denn dies soll in ihrer Sprache die Bezeichnung des Atlas sein – seien es 200 Meilen, wobei ein Fluß, der den Namen Ivor hat, dazwischenliege. Dort befinden sich ein Heiligtum, ringsum Spuren eines einst bewohnten Landes und die Reste von Weingärten und Palmenhainen. Suetonius Paulinus, den wir als Konsul gesehen haben, überquerte als erster der römischen Anführer auch den Atlas auf einer Strecke von einigen Meilen und berichtete von seiner Höhe gleich wie die übrigen Autoren: unten am Fuße sei er mit dichten, hohen Wäldern von einer unbekannten Art von Bäumen bestanden, ihr hochragender Wuchs sei durch astlose Glätte bemerkenswert, das Laub sei dem der Zypresse ähnlich, mit Ausnahme des starken Geruches, und es werde mit einer dünnen Wolle überzogen, aus der durch künstliche Behandlung Kleider wie aus Seide verfertigt werden können. Der Gipfel sei auch im Sommer von hohen Schneemassen bedeckt. Er sei dorthin in zehn Tagemärschen gelangt und jenseits davon zu einem Fluß, der Ger genannt wird, durch Wüsten mit schwarzem Sand, aus dem bisweilen gleichsam verbrannte Felsen aufragten; die Gegend sei unbewohnbar wegen der Hitze, die man, obwohl es zur Winterszeit war, ertragen mußte. Die Menschen, welche die angrenzenden Wälder voll von Elefanten, Raubtieren und Schlangen jeder Art bewohnen, nenne man „Hundefresser" [Canarii], weil ihnen dieses Tier zusammen mit den geteilten Eingeweiden von Raubtieren zur gewöhnlichen Nahrung diene. Es ist hinlänglich bekannt, daß das Volk

ferarum viscera. iunctam Aethiopum gentem, quos
Perorsos vocant, satis constat. Iuba, Ptolemaei pa-
ter, qui primus utrique Mauretaniae imperitavit,
studiorum claritate memorabilior etiam quam re-
gno, similia prodidit de Atlante, praeterque gigni
herbam ibi Euphorbeam nomine, ab inventore me-
dico suo appellatam. cuius lacteum sucum miris
laudibus celebrat in claritate visus contraque serpentes et venena omnia privatim dicato volumine.
et satis superque de Atlante.

Tingitanae provinciae longitudo $\overline{\text{CCCLXX}}$ est.　17
gens in ea quondam praecipua Maurorum – unde
nomen –, quos plerique Maurusios dixerunt, atte-
nuata bellis ad paucas recidit familias. proxima illi
Masaesylorum fuerat; simili modo exstincta est.
Gaetulae nunc tenent gentes, Baniurae multoque
validissimi Autololes et horum pars quondam Ne-
simi, qui avolsi his propriam fecere gentem versi ad
Aethiopas. ipsa provincia ab oriente montuosa fert　18
elephantos, in Abila quoque monte et quos Septem
Fratres a simili altitudine appellant. freto imminent
iuncti Abilae. ab his ora Interni maris, flumen
Tamuda navigabile, quondam et oppidum, flumen
Laud, et ipsum navigiorum capax, Rhysaddir oppidum et portus, Malvane fluvius navigabilis. Siga　19
oppidum ex adverso Malacae in Hispania situm,
Syphacis regia, alterius iam Mauretaniae. namque
diu regum nomina obtinuere, ut Bogutiana appellaretur extuma, itemque Bocchi, quae nunc Caesa-

der Aithiopen, die man Perorser nennt, an sie grenzt. Iuba, der Vater des Ptolemaios, der als erster über beide Maureta-nien herrschte, durch den Ruhm seiner wissenschaftlichen Arbeiten noch bemerkenswerter als durch seine Regierung, berichtete Ähnliches über den Atlas und ⟨sagte⟩ außerdem, daß dort eine Pflanze namens *Euphorbea* wachse, die nach ihrem Entdecker, einem Arzt, benannt sei. Ihren Milchsaft rühmt er in einem eigens gewidmeten Werk mit wunderbaren Lobsprüchen auf die Klarheit der Sehkraft, ⟨als Mittel⟩ gegen Schlangen⟨bisse⟩ und alle Gifte. Doch damit mehr als genug vom Atlas.

Die Länge der Provinz Tingitana beträgt 370 Meilen. Der in ihr einst wichtigste Stamm der Mauren – daher kommt der Name ⟨Mauretanien⟩ –, den die meisten Maurusier nannten, ist, durch Kriege geschwächt, auf wenige Familien zusam-mengeschmolzen. Jenen zunächst hatte ⟨der Stamm⟩ der Masäsyler gewohnt; er wurde auf ähnliche Weise ausgelöscht. Jetzt siedeln dort gätulische Stämme, die Baniuren und die bei weitem mächtigsten Autololen und – einst ein Teil davon – die Nesimer, die sich von ihnen lostrennten und gegen die Aithiopen hin einen eigenen Stamm bildeten. Die im Osten als solche gebirgige Provinz bringt Elefanten hervor, auch auf dem Berg Abila und auf denen, die sie wegen ihrer ähnlichen Höhe die „Sieben Brüder" *[Septem Fratres]* nennen. Mit dem Abila verbunden ragen sie in die Meerenge hinein. Bei diesen beginnt die Küste des Inneren Meeres, es folgen der schiffbare Fluß Tamuda, einst auch eine Stadt ⟨gleichen Namens⟩, der Fluß Laud, der ebenfalls Schiffe trägt, die Stadt und der Hafen Rhysaddir, der schiffbare Fluß Malvane. Es folgt die Stadt Siga, die gegenüber von Malaca in Spanien liegt, die Residenz des Syphax, schon im anderen Mauretanien. Denn ⟨die Län-der⟩ bewahrten lange die Namen der Könige, so daß das Randgebiet Land des Bogudes genannt wurde und ebenso ⟨das Gebiet⟩, das jetzt Caesariensis heißt, das des Bocchus.

riensis. ab ea Portus Magnus, a spatio appellatus,
civium Romanorum oppido; amnis Mulucha, Bocchi Masaesylorumque finis. Quiza Cenitana pe-
regrinorum oppidum, Arsennaria Latinorum, $\overline{III}$ a
mari; Cartenna, colonia Augusti legione secunda, 20
item colonia eiusdem deducta cohorte praetoria
Gunugu. promunturium Apollinis oppidumque ibi
celeberrimum Caesarea, ante vocitatum Iol, Iubae
regia a Divo Claudio coloniae iure donata; eiusdem
iussu deductis veteranis Oppidum Novum et Latio
dato Tipasa, itemque a Vespasiano Imperatore
eodem munere donatum Icosium; colonia Augusti
Rusguniae, Rusucurum civitate honoratum a Claudio, Rusazus colonia Augusti, Saldae colonia eiusdem, item Igilgili; oppidum Tucca, inpositum mari 21
et flumini Ampsagae. intus colonia Augusti Aquae,
item Succhabar, item Tubusuptu, civitates Timici,
Tigavae; flumina Sardabal, Aves, Nabar; gens Ma-
curebi, flumen Usar, gens Nababes. flumen Ampsaga abest a Caesarea $\overline{CCCXXII}$. utriusque
Mauretaniae longitudo $\overline{|X|}$ · $\overline{XXXVIII}$, latitudo
$\overline{CCCCLXVII}$.

Ab Ampsaga Numidia est, Masinissae clara no- II
mine, Metagonitis terra a Graecis appellata; Numi- 22
dae vero Nomades a permutandis pabulis, mapalia
sua, hoc est domos, plaustris circumferentes. oppida Chullu, Rusicade, et ab eo ad $\overline{XLVIII}$ in
mediterraneo colonia Cirta Sittianorum cognomine, et alia intus Sicca liberumque oppidum Bulla

Darauf folgt der „Große Hafen" *[Portus Magnus]*, benannt
nach seiner Ausdehnung mit einer Stadt römischer Bürger;
weiterhin der Fluß Mulucha, die Grenze ⟨des Gebietes⟩ des
Bocchus und der Masäsyler. Quiza im Bereich des Cena ist
eine Stadt von Peregrinen, Arsennaria eine von Latinern, drei
Meilen vom Meer entfernt; Cartenna, eine Kolonie des Augustus mit Hilfe der 2. Legion, ferner Gunugu, eine Kolonie
desselben Kaisers, gegründet mit Hilfe einer Prätorianerkohorte. Es folgen das Vorgebirge des Apollon und die dort sehr
volkreiche Stadt Caesarea, früher Iol genannt, die vom Divus
Claudius mit dem Recht einer Kolonie beschenkte Residenz
des Iuba; weiterhin die auf dessen Weisung von entsandten
Veteranen ⟨angelegte⟩ „Neustadt" *[Oppidum Novum]* und
das mit latinischem Recht ausgestattete Tipasa, sowie das von
Kaiser Vespasianus mit derselben Vergünstigung beschenkte
Icosium; die Kolonie des Augustus Rusguniae, das mit dem
Bürgerrecht von Claudius geehrte Rusucurum, sowie die
Kolonie des Augustus Rusazus, Saldae, eine Kolonie dessel-
ben Kaisers, ebenso Igilgili; die Stadt Tucca, die am Meer und
am Fluß Ampsaga liegt. Im Inneren liegen die Kolonie des
Augustus Aquae, ebenso Succhabar und Tubusuptu, die Gemeinden Timici und Tigavae; weiterhin die Flüsse Sardabal,
Aves und Nabar; der Stamm der Makureber, der Fluß Usar,
der Stamm der Nababen. Der Fluß Ampsaga ist von Caesarea
322 Meilen entfernt. Die Länge beider Mauretanien beträgt
1038 Meilen, die Breite 467 Meilen.
      Vom Ampsaga an beginnt Numidien, berühmt durch den
Namen des Masinissa, von den Griechen wurde das Land
Metagonitis genannt; die Numider aber heißen Nomaden
wegen des Wechsels der Weideplätze, da sie ihre *mapalia*,
d. h. Behausungen, auf Wagen mit sich führen. Städte sind
Chullu und Rusicade und etwa 48 Meilen davon im Landesinneren die Kolonie Cirta mit dem Beinamen der Anhänger des
Sittius, und eine andere im Inneren Sicca und die freie Stadt

Regia. at in ora Tacatua, Hippo Regius, flumen
Armua, oppidum Thabraca civium Romanorum,
Tusca fluvius, Numidiae finis. nec praeter marmo-
ris Numidici ferarumque proventum aliud insigne
ei.

A Tusca Zeugitana regio et quae proprie vocetur   III
Africa est. tria promunturia, Candidum, mox   23
Apollinis adversum Sardiniae, Mercurii adversum
Siciliae, in altum procurrentia duos efficiunt sinus;
Hipponensem proximum ab oppido, quod Hippo-
nem Dirutum vocant, Diarrhytum Graecis dictum
propter aquarum rigua. cui finitimum Theudalis
inmune oppidum, longius a litore. dein promun-   24
turium Apollinis et in altero sinu Utica civium
Romanorum, Catonis morte nobilis, flumen Bagrada, locus Castra Cornelia, colonia Carthago
magnae in vestigiis Carthaginis, colonia Maxula,
oppida Carpi, Misua et liberum Clypea in promunturio Mercurii, item libera Curubis, Neapolis. mox
Africae ipsius alia distinctio. Libyphoenices vocantur, qui Byzacium incolunt. ita appellatur regio
$\overline{CCL}$ p. circuitu, fertilitatis eximiae, cum centesima
fruge agricolis fenus reddente terra. hic oppida   25
libera Leptis, Hadrumetum, Ruspina, Thapsus;
inde Thenae, Aves, Macomades, Tacape, Sabrata,
contingens Syrtim Minorem, ad quam Numidiae et
Africae ab Ampsaga longitudo $\overline{DLXXX}$, latitudo,
qua cognitum est, $\overline{CC}$. ea pars, quam Africam
appellavimus, dividitur in duas provincias, veterem
et novam, discretas fossa inter Africanum sequen-

Bulla Regia. An der Küste aber liegen Tacatua, Hippo Regius, der Fluß Armua, die Stadt römischer Bürger Thabraca, der Fluß Tusca, die Grenze Numidiens. Außer dem Vorkommen des numidischen Marmors und der wilden Tiere bringt das Land nichts Besonderes hervor.

Von Tusca an beginnt das Gebiet von Zeugis, das auch im eigentlichen Sinne Africa genannt wird. Drei Vorgebirge, das „Weiße" *[Candidum]*, dann Sardinien gegenüber das des Apollon, und Sizilien gegenüber das des Hermes, die ins Meer hinauslaufen, bilden zwei Buchten; die zunächstliegende ist die von Hippo nach der Stadt, die sie Hippo Dirutus nennen, von den Griechen eher wegen der Bewässerung *Diarrhytos* genannt. Ihr benachbart ist die abgabenfreie Stadt Theudalis, etwas weiter von der Küste entfernt. Hierauf folgen das Vorgebirge des Apollon und in der anderen Bucht Utica, ⟨eine Stadt⟩ römischer Bürger, berühmt durch den Tod des Cato, der Fluß Bagrada, die Stelle von Castra Cornelia, die Kolonie Carthago auf den Resten des großen Karthago, die Kolonie Maxula, die Städte Carpi und Misua und die freie Stadt Clypea auf dem Vorgebirge des Hermes, ebenso das freie Curubis und Neapolis. Darauf folgt ein anderer Bereich des eigentlichen Afrika. Libyphoiniken werden die genannt, welche Byzacium bewohnen. So heißt ein Gebiet von 250 Meilen im Umkreis von außerordentlicher Fruchtbarkeit, da der Boden den Bauern hundertfachen Ertrag liefert. Hier liegen die freien Städte Leptis, Hadrumetum, Ruspina und Thapsus; weiterhin folgen Thenae, Aves, Macomades, Tacape und Sabrata, das an die Kleinere Syrte grenzt, bei der die Länge von Numidien und von Afrika von Ampsaga an 580 Meilen beträgt, die Breite, soweit sie bekannt ist, 200 Meilen. Der Teil, den wir Afrika genannt haben, gliedert sich in zwei Provinzen, in eine alte und in eine neue, die durch einen Graben getrennt werden, der ⟨durch die Abmachung⟩ zwischen dem jüngeren Africanus und den Königen bis nach

tem et reges Thenas usque perducta, quod oppidum
a Carthagine abest CCXVI.

Tertius sinus dividitur in geminos, duarum Syr-
tium vadoso ac reciproco mari diros. ad proximam,
quae Minor est, a Carthagine CCC Polybius tradit,
ipsam centum milium passuum aditu, trecentorum
ambitu. et terra autem siderum observatione ad
eam per deserta harenis perque serpentes iter est.
excipiunt saltus repleti ferarum multitudine et introrsus elephantorum solitudines, mox deserta vasta ultraque Garamantes, ab Augilis dierum XII
itinere distantes. super illos fuere gens Psylli, super
quos lacus Lycomedis, desertis circumdatus. Augilae ipsi medio fere spatio locantur, ab Aethiopia,
quae ad occidentem vergit, et a regione, quae inter
duas Syrtis interiacet, pari utrimque intervallo; sed
litore inter duas Syrtis CCL. ibi civitas Oeensis,
Cinyps fluvius ac regio, oppida Neapolis, Taphra,
Habrotonum, Lepcis altera, quae cognominatur
Magna. inde Syrtis Maior, circuitu DCXXV, aditu
autem CCCXII; accolit gens Cisippadum. in
intimo sinu fuit ora Lotophagon, quos quidam
Machroas dixere, ad Philaenorum aras; ex harena
sunt hae. ab his non procul a continente palus vasta
amnem Tritonem nomenque ab eo accipit, Pallantias appellata Callimacho et citra Minorem Syrtim
esse dicta, multis vero inter duas Syrtis. promunturium, quod Maiorem cludit, Borion appellatur.
ultra Cyrenaica provincia.

Thenae gezogen wurde, welche Stadt von Karthago 216
Meilen entfernt ist.

Die dritte Bucht teilt sich in zwei ⟨weitere⟩, die durch das
seichte und zurückweichende Meer der beiden Syrten gefährlich sind. Polybios zählt zur nächsten, welche die Kleinere ist,
von Karthago aus 300 Meilen, sie selbst habe eine Öffnung
von 100 Meilen und einen Umfang von 300 Meilen. Zu Lande
aber führt der Weg zu ihr unter Beobachtung der Gestirne
durch Sandwüsten und durch ⟨Gebiete mit⟩ Schlangen. Wälder voll mit einer Unzahl von wilden Tieren schließen sich an,
und nach innen hin die Einöden der Elefanten, dann die
ungeheuren Wüsten und jenseits davon die Garamanten, die
zwölf Tagereisen von den Augilen entfernt sind. Hinter jenen
wohnte das Volk der Psyller, hinter welchen der von Wüsten
umgebene See des Lykomedes liegt. Die Augilen selbst setzt
man auf fast halbem Wege von Aithiopien an, das sich nach
Westen hin ausbreitet, und von dem Gebiet, das zwischen den
beiden Syrten liegt, in gleichem Abstand auf beiden Seiten;
die Küste zwischen den beiden Syrten aber ist 250 Meilen
lang. Dort liegt die Gemeinde von Oia, der Fluß und das
Gebiet Kinyps, die Städte Neapolis, Taphra, Habrotonon
und ein zweites Lepcis mit dem Beinamen Magna. Darauf
folgt die Größere Syrte mit einem Umfang von 625 Meilen,
aber mit einer Öffnung von 312 Meilen; hier wohnt der
Stamm der Kissipaden. In der innersten Bucht war die Küste
der Lotophagen, welche manche Machroen nannten, bei den
Altären der Philainer; diese bestehen aus Sand. Nicht weit
davon nimmt auf dem Festland ein weiter Sumpf den Fluß
Triton auf und erhält von ihm den Namen, von Kallimachos
Pallantias genannt und angeblich diesseits der Kleineren Syrte
gelegen, nach vielen ⟨anderen⟩ aber zwischen den beiden
Syrten. Das Vorgebirge, das die Größere abschließt, heißt
Boreion. Jenseits liegt die Provinz Cyrenaica.

Ad hunc finem Africa a fluvio Ampsaga populos
DXVI habet, qui Romano pareant imperio; in his
colonias sex, praeter iam dictas Uthinam, Thuburbi, oppida civium Romanorum XV, ex quibus
in mediterraneo dicenda Assuritanum, Abutu-
cense, Aborense, Canapicum, Chiniavense, Simi-
thuense, Thunusidense, Thuburnicense, Thibidru-
mense, Thibicense, Uchitana duo, Maius et Minus,
Vagense. oppidum Latinum unum Uzalitanum,
oppidum stipendiarium unum Castris Corneliis.
oppida libera XXX, ex quibus dicenda intus Achol-
litanum, Aggaritanum, Avittense, Abziritanum,
Canopitanum, Melizitanum, Materense, Salaphita-
num, Thusdritanum, Thisicense, Thunisense,
Theudense, Tagestense, Thigense, Ulusubburita-
num, Vagense aliud, Zellense, Zamense. ex reliquo
numero non civitates tantum, sed plerique etiam
nationes iure dici possunt, ut Nattabutes, Capsitani,
Musulami, Sabarbares, Massyli, Nicives, Vamacu-
res, Cinithi, Musuni, Marchubi et tota Gaetulia ad
flumen Nigrim, qui Africam ab Aethiopia dirimit.

Cyrenaica, eadem Pentapolitana regio, inlustra-
tur Hammonis oraculo, quod a Cyrenis abest
$\overline{\text{CCCC}}$ p., fonte Solis, urbibus maxime quinque,
Berenice, Arsinoe, Ptolemaide, Apollonia ipsaque
Cyrene. Berenice in Syrtis extimo cornu est, quondam vocata Hesperidum supra dictarum, vaganti-
bus Graeciae fabulis. nec procul ante oppidum
fluvius Lethon, lucus sacer, ubi horti memorantur.
abest ab Lepci $\overline{\text{CCCLXXV}}$, ab ea Arsinoe, Teu-
chira vocitata, $\overline{\text{XLIII}}$ et deinde Ptolemais, antiquo
nomine Barce, $\overline{\text{XXII}}$. mox $\overline{\text{XL}}$ promunturium Phy-
cus per Creticum mare excurrit, distans $\overline{\text{CCCL}}$ p. a
Taenaro Laconicae promunturio, a Creta vero ipsa

Bis zu dieser Grenze hat Afrika vom Fluß Ampsaga an 516
Völker, welche der römischen Herrschaft untertan sind; darunter sechs Kolonien, außer den schon genannten [§ 22.24]
Uthina und Thuburbi, 15 Städte römischer Bürger, von denen
im Landesinneren zu nennen sind die Bewohner von Assuras,
Abutuca, Abora, Canapium, Chiniava, Simithus, Thunusida,
Thuburnica, Thibidrumum, Thibica, Uchi Maius und Minus
und Vaga. Die einzige lateinische Stadt ist die von Uzalis, die
einzige steuerpflichtige die von Castra Cornelia. Es gibt 30
freie Städte, von denen im Inneren zu nennen sind: Acholla,
Aggar, Avitta, Abzir, Canopisi, Melizi, Matera, Salaphis,
Thusdrus, Thisica, Thuni, Theuda, Tageste, Thiges, Ulusubbura, ein anderes Vaga, Zella und Zama. Von der übrigen Zahl
können nicht nur Gemeinden, sondern meist auch Völkerschaften mit Recht genannt werden, wie die Nattabuten,
Kapsitaner, Musulamer, Sabarbaren, Massyler, Nikiven, Vamakuren, Kinither, Musuner, Marchuber und ganz Gätulien
bis zum Fluß Nigris, der Afrika von Aithiopien trennt.

Die Kyrenaika, auch das Gebiet der Pentapolis ⟨genannt⟩,
ist berühmt durch das Orakel des Ammon, das von Kyrene
400 Meilen entfernt ist, durch die Sonnenquelle und besonders durch die fünf Städte Berenike, Arsinoë, Ptolemaïs,
Apollonia und Kyrene selbst. Berenike liegt in der äußersten
Ecke der Syrte, einst nach unzuverlässigen Berichten der
Griechen ⟨die Stadt⟩ der oben erwähnten [§ 3] Hesperiden
genannt. Nicht weit vor der Stadt ist der Fluß Lethon und ein
heiliger Hain, wo die Gärten gewesen sein sollen. Die Stadt ist
von Lepcis 375 Meilen entfernt, davon Arsinoë, das ⟨früher⟩
Teucheira genannt wurde, 43 Meilen und hievon Ptolemaïs
mit dem alten Namen Barke 22 Meilen. Dann läuft das
Vorgebirge Phykus 40 Meilen ins Kretische Meer hinaus,
vom Vorgebirge Tainaron im lakonischen Gebiet 350 Meilen,
von Kreta aber selbst 125 Meilen entfernt. Dahinter liegt

$\overline{\text{CXXV}}$. post id Cyrene, ab mari $\overline{\text{XI}}$ passuum; a Phycunte Apolloniam $\overline{\text{XXIIII}}$, ad Cherronesum $\overline{\text{LXXXVIII}}$, unde Catabathmum $\overline{\text{CCXVI}}$. accolunt Marmaridae, a Paraetoni ferme regione ad Syrtim Maiorem usque porrecti. post eos Acrauceles ac iam in ora Syrtis Nasamones, quos antea Mesammones Grai appellavere ab argumento loci, medios inter harenas sitos. Cyrenaicus ager $\overline{\text{XV}}$ p. latitudine a litore et arboribus fertilis habetur, intus eodem spatio frugibus tantum, mox $\overline{\text{XXX}}$ latitudine et $\overline{\text{CCL}}$ longitudine lasere modo. post Nasamonas Asbytae et Macae vivunt; ultra eos Garamantes XI dierum itinere a Syrtibus Maioribus ad occidentem, et ipsi versus harenis circumdati; puteos tamen haud difficile binum ferme cubitorum altitudine inveniunt ibi restagnantibus Mauretaniae aquis. domos sale montibus suis exciso ceu lapide construunt. ab his ad Trogodytas hiberni occasus plaga dierum septem iter, cum quibus commercium gemmae tantum, quam carbunculum vocamus, ex Aethiopia invectae. intervenit ad solitudines Africae super Minorem Syrtim dictas versa Phazania, ubi gentem Phazaniorum urbesque Alelen et Cillibam subegimus, item Cidamum e regione Sabratae. ab his mons longo spatio in occasum ab ortu tendit, Ater nostris dictus, a natura adusto similis aut solis repercussu accenso. ultra eum deserta, mox Thelge, oppidum Garamantum, itemque Dedris adfuso fonte a medio die ad mediam noctem aquis

33

34

35

36

Kyrene, vom Meer elf Meilen entfernt; vom Phykus nach
Apollonia sind es 24 Meilen, zur Cherronesos 88 Meilen, von
dort zum Katabathmos 216 Meilen. Dort wohnen die Marmariden, die sich vom Gebiet von Paraitonion fast bis zur
Größeren Syrte ausbreiten. Hinter ihnen wohnen die Akraukelen und schon an der Küste der Syrte die Nasamonen,
welche die Griechen nach der Bezeichnung der Gegend früher Mesammonen nannten, da sie sich mitten zwischen den
Sandwüsten befanden. Das Gebiet von Kyrene gilt in einer
Breite von 15 Meilen an der Küste auch für Bäume als
fruchtbar, im Inneren im selben Umfang nur für Feldfrüchte,
dann in einer Breite von 30 und in einer Länge von 250 Meilen
nur für *laser*. Hinter den Nasamonen wohnen die Asbyten
und Maken; jenseits von ihnen elf Tagereisen von der Größeren Syrte gegen Westen hin die Garamanten, die auch selbst
von Sandwüsten umgeben sind; trotzdem finden sie ohne
Schwierigkeiten in einer Tiefe von etwa zwei Ellen Brunnen,
weil sich die Gewässer Mauretaniens dort sammeln. Häuser
erbauen sie mit dem wie Stein aus ihren Bergen herausgebro-
chenen Salz. Von diesen sind es sieben Tagereisen in der
Richtung des Wintersonnenunterganges zu den Trogodyten,
mit denen sie Handel ⟨treiben, aber⟩ nur mit einem aus
Aithiopien kommenden Edelstein, den wir Karfunkel nennen. Dazwischen liegt nach den bei der Kleineren Syrte
erwähnten Wüsten [§ 26] Afrikas Phazanien, wo wir den
Stamm der Phazanier und die Städte Alele und Cilliba unterworfen haben, ebenso auch Cidamus südlich vom Gebiet von
Sabrata. Von diesen an zieht sich in einer weiten Entfernung
von Osten nach Westen ein Berg, der von den Unsrigen der
„Schwarze" *[Ater]* genannt wird, weil er von Natur wie
verbrannt oder durch die Glut der Sonne versengt aussieht.
Jenseits davon sind Wüsten, dann Thelge, eine Stadt der
Garamanten, und ebenso Dedris mit einer Quelle die von
Mittag bis Mitternacht mit siedendem und in ebenso vielen

ferventibus totidemque horis ad medium diem ri-
gentibus, clarissimumque Garama, caput Garamantum; omnia armis Romanis superata et a Cornelio Balbo triumphata, uno omnium externo
curru et Quiritium iure donato; quippe Gadibus
genito civitas Romana cum maiore Balbo patruo
data est. et hoc mirum, supra dicta oppida ab eo
capta auctores nostros prodidisse, ipsum in trium-
pho praeter Cidamum et Garamam omnium
aliarum gentium urbiumque nomina ac simulacra
duxisse, quae iere hoc ordine: Tabudium oppidum,   37
Niteris natio, Miglis Gemella oppidum, Bubeium
natio vel oppidum, Enipi natio, Tuben oppidum,
mons nomine Niger, Nitibrum, Rapsa oppidum,
Viscera natio, Decri oppidum, flumen Nathabur,
Thapsagum oppidum, Tamiagi natio, Boin oppidum, Pege oppidum, flumen Dasibari, mox oppida
continua Baracum, Bulba, Alasit, Galsa, Balla, Maxalla, Cizama, mons Gyri, in quo gemmas nasci
titulus praecessit. ad Garamantas iter inexplicabile   38
adhuc fuit, latronibus gentis eius puteos, qui sunt
non alte fodiendi, si locorum notitia adsit, harenis
operientibus. proxumo bello, quod cum Oeensibus
gessere initiis Vespasiani Imperatoris, conpendium
viae quadridui deprehensum est. hoc iter vocatur
Praeter Caput Saxi. finis Cyrenaicus Catabathmos
appellatur, oppidum et vallis repente convexa. ad
eum terminum Cyrenaica Africa a Syrti Minore
$\overline{|X|} \cdot \overline{LX}$ in longitudinem patet, in latitudinem, qua
cognitum est, $\overline{DCCCCX}$.

Stunden bis Mittag mit eiskaltem Wasser fließt, sowie die sehr berühmte Hauptstadt der Garamanten Garama; über sie alle siegten die römischen Waffen und triumphierte Cornelius Balbus, der als einziger Ausländer von allen mit einem Wagen und dem Recht der Quiriten beschenkt wurde; denn dem aus Gades Stammenden wurde zusammen mit seinem Oheim väterlicherseits, dem älteren Balbus, das römische Bürgerrecht verliehen. Bemerkenswert ist auch noch der Umstand, daß unsere Autoren über die oben erwähnten, von ihm eroberten Städte berichtet haben und daß er selbst bei seinem Triumph neben Cidamus und Garama die Namen und Bilder aller anderen Stämme und Städte mitgeführt habe, die in folgender Reihenfolge vorbeimarschierten: die Stadt Tabudium, das Volk Niteris, die Stadt Miglis Gemella, das Volk oder die Stadt der Bubeies, das Volk Enipi, die Stadt Tuben, der Berg namens Niger, ⟨das Volk⟩ der Nitibres, die Stadt Rapsa, das Volk Viscera, die Stadt Decri, der Fluß Nathabur, die Stadt Thapsagum, das Volk Tamiagi, die Stadt Boin, die Stadt Pege, der Fluß Dasibari, dann die aufeinanderfolgenden Städte Baracum, Bulba, Alasit, Galsa, Balla, Maxalla und Cizama, der Berg Gyri, auf dem Edelsteine entstehen, wie die vorangetragene Inschrift verkündete. Der Weg zu den Garamanten war bis jetzt ungangbar, da Räuber dieses Stammes die Brunnen, nach denen man nicht tief graben muß, wenn Ortskenntnis vorhanden ist, mit Sand zuschütteten. Im letzten Krieg, den ⟨die Römer⟩ in den ersten Jahren des Kaisers Vespasianus mit den Bewohnern von Oia führten, entdeckte man einen um vier Tage kürzeren Weg. Diese Route heißt „Am Felskopf vorbei" *[Praeter Caput Saxi]*. Die Grenze der Kyrenaika wird Katabathmos genannt, eine Stadt und ein Tal, das sich plötzlich verengt. Bis zu diesem Grenzpunkt erstreckt sich Africa Cyrenaica von der Kleineren Syrte an 1060 Meilen in die Länge und, soweit es bekannt ist, 910 Meilen in die Breite.

Quae sequitur regio Mareotis Libya appellatur, VI
Aegypto contermina. tenent Marmarides, Adyr- 39
machidae, dein Mareotae. mensura a Catabathmo
Paraetonium $\overline{\text{LXXXVI}}$. in eo tractu intus Apis
interest, nobilis religione Aegypti locus. ab eo Par-
aetonium $\overline{\text{LXII}}$ · D, inde Alexandriam $\overline{\text{CC}}$. latitudo $\overline{\text{CLXVIIII}}$ est. Eratosthenes a Cyrenis Alexandriam terrestri itinere $\overline{\text{DXXV}}$ prodit. Agrippa 40
totius Africae a mari Atlantico cum inferiore
Aegypto $\overline{|\text{XXX}|}$ · $\overline{\text{XXXX}}$ longitudinem, Polybius
et Eratosthenes, diligentissimi existimati, ab Oce-
ano ad Carthaginem magnam $\overline{|\text{XI}|}$, ab ea Canopum,
Nili proximum ostium, $\overline{|\text{XVI}|}$ · $\overline{\text{LXXXVIII}}$ fece-
runt, Isidorus a Tingi Canopum $\overline{|\text{XXXVI}|}$ · $\overline{\text{XCVII}}$,
Artemidorus XL m. minus quam Isidorus.

Insulas non ita multas complectuntur haec maria. VII
clarissima est Meninx, longitudine $\overline{\text{XXV}}$, latitudine 41
$\overline{\text{XXII}}$, ab Eratosthene Lotophagitis appellata; oppida habet duo, Meningen ab Africae latere et altero
Phoar, ipsa a dextro Syrtis Minoris promunturio
passibus MD sita. ab ea $\overline{\text{C}}$ p. contra laevum Cercina
cum urbe eiusdem nominis libera, longa $\overline{\text{XXV}}$, lata
dimidium eius, ubi plurimum, at in extremo non
plus $\overline{\text{V}}$. huic perparva Carthaginem versus Cercini-
tis ponte iungitur. ab his $\overline{\text{L}}$ fere passuum Lopadusa, 42
longa $\overline{\text{VI}}$; mox Gaulos et Galata, cuius terra scor-
piones, dirum animal Africae, necat. dicuntur et in
Clupea emori, cuius ex adverso Cossyra cum oppido. at contra Carthaginis sinum duae Aegimoe-
roe, Arae autem scopuli verius quam insulae, inter

Das Ägypten benachbarte Gebiet, das folgt, heißt Libya
Mareotis. Die Marmariden und Adyrmachiden bewohnen es,
weiterhin die Mareoten. Die Entfernung vom Katabathmos
nach Paraitonion beträgt 86 Meilen. In diesem Landstrich
liegt im Inneren Apis, ein durch die Götterverehrung Ägyptens berühmter Ort. Davon ist Paraitonion 62,5 Meilen und
von dort Alexandreia 200 Meilen entfernt. Die Breite beträgt
169 Meilen. Eratosthenes gibt von Kyrene nach Alexandreia
auf dem Landweg 525 Meilen an. Agrippa mißt als Länge von
ganz Afrika vom Atlantischen Meer unter Einbeziehung von
Unterägypten 3040 Meilen, Polybios und Eratosthenes, die
als sehr zuverlässig galten, rechneten vom Ozean zum großen
Karthago 1100 Meilen, von da nach Kanopos, der nächsten
Mündung des Nil, 1688 Meilen, Isidoros von Tingi nach
Kanopos 3697 Meilen, Artemidoros 40 Meilen weniger als
Isidoros.

Inseln enthalten diese Meere nicht eben viele. Die berühmteste ist Meninx mit einer Länge von 25 Meilen und einer
Breite von 22 Meilen, von Eratosthenes Lotophagitis ge-
nannt; sie hat zwei Städte, Meninx auf der Seite Afrikas und
Phoar auf der anderen, sie selbst liegt vom rechten Vorgebirge
der Kleineren Syrte 1500 Schritte entfernt. 100 Meilen davon
gegen das linke Vorgebirge hin liegt Kerkina mit einer freien
Stadt gleichen Namens, 25 Meilen lang, dort, wo sie am
breitesten ist, nur die Hälfte davon, aber an der äußersten
Spitze nicht mehr als fünf Meilen breit. Mit ihr wird gegen
Karthago hin die sehr kleine Insel Kerkinitis durch eine
Brücke verbunden. Von ihnen ist das sechs Meilen lange
Lopadusa ungefähr 50 Meilen entfernt; weiterhin folgen
Gaulos und Galata, dessen Erde die Skorpione tötet, ein für
Afrika gefährliches Tier. Sie sollen auch bei Clupea zugrunde
gehen, dem Cossyra mit einer Stadt gegenüberliegt. Gegen
die Bucht von Karthago hin aber liegen die beiden Aigimuren,
die „Altäre" [Arae] sind jedoch eher Klippen als Inseln, genau

Siciliam maxime et Sardiniam. auctores sunt et has quondam habitatas subsedisse.

Interiore autem ambitu Africae ad meridiem ver-　VIII
sus superque Gaetulos, intervenientibus desertis,　43
primi omnium Libyes Aegyptii, deinde Leucoe
Aethiopes habitant. super eos Aethiopum gentes:
Nigritae, a quo dictum est flumine, Gymnetes Pha-
rusii, iam Oceanum attingentes, quos in Mauretaniae fine diximus Perorsi. ab his omnibus vastae
solitudines orientem versus usque ad Garamantas
Augilasque et Trogodytas, verissima opinione
eorum, qui desertis Africae duas Aethiopias super-
ponunt, et ante omnes Homeri, qui bipertitos tradit
Aethiopas, ad orientem occasumque versos. Nigri　44
fluvio eadem natura quae Nilo. calamum ac papy-
rum et easdem gignit animantes iisdemque tempo-
ribus augescit. oritur inter Tarraelios Aethiopas et
Oechalicas. horum oppidum Magium. quidam solitudinibus interposuerunt Atlantas, iuxta eas Aegi-
panas semiferos et Blemmyas et Gamphasantas et
Satyros et Himantopodas. Atlantes degeneres sunt　45
humani ritus, si credimus. nam neque nominum
ullorum inter ipsos appellatio est et solem orientem
occidentemque dira inprecatione contuentur ut ex-
itialem ipsis agrisque, neque in somno visunt qualia
reliqui mortales. Trogodytae specus excavant; hae
illis domus, victus serpentium carnes, stridorque,
non vox: adeo sermonis commercio carent. Garamantes matrimoniorum exsortes passim cum femi-

zwischen Sizilien und Sardinien. Es gibt Gewährsleute, die
behaupten, daß auch diese einst bewohnt gewesen, aber
eingesunken seien.

Im inneren Bereich Afrikas eher gegen Süden hin und
hinter den Gätulern, durch Wüsten getrennt, wohnen als
erste von allen die libyschen Ägypter, dann die „weißen"
[leukoi] Aithiopen. Hinter diesen leben die Stämme der Aithiopen: die Nigriten, an dem Fluß, von dem gesprochen
wurde [§ 30], die „leichtbewaffneten" *[gymnetes]* Pharusier
und die schon an den Ozean grenzenden Perorser, die wir bei
der Grenze Mauretaniens erwähnt haben [§ 10]. Von diesen
allen reichen weite Wüsten nach Osten hin bis zu den Garamanten, den Augilen und den Trogodyten, wobei die Meinung
derer sehr wichtig ist, die den Wüsten Afrikas zwei Aithiopien
zuordnen, vor allem Homer, der von den zweigeteilten Aithiopen spricht, von den nach Osten und den nach Westen
gewandten. Der Fluß Nigris hat dieselbe Eigenschaft wie der
Nil. Er bringt Schilf, Papyrus und dieselben Lebewesen
hervor und schwillt zu denselben Zeiten an. Er entspringt
zwischen den aithiopischen Tarrailiern und den Oichaliken.
Deren Stadt ist Magium. Manche versetzten die Atlanten in
die Wüsten, und neben diese die halbwilden Aigipane, die
Blemmyer, Gamphasanten, Satyrn und die „Riemenfüße"
[Himantopodes]. Die Atlanten sind der menschlichen Lebensweise entfremdet, wenn wir es glauben. Denn bei ihnen
gibt es keine Bezeichnung mit einzelnen Namen, sie sehen die
auf- und untergehende Sonne mit schrecklicher Verwün-
schung wie ein ihnen und ihren Äckern verderbenbringendes
Wesen an, und im Schlaf träumen sie nicht wie die übrigen
Menschen. Die Trogodyten graben sich Höhlen; diese dienen
ihnen als Behausungen, als Nahrung haben sie das Fleisch von
Schlangen und ⟨sie bringen nur⟩ ein Zischen, keine Stimme
⟨hervor⟩: deshalb mangelt ihnen die Verständigung durch
die Sprache. Die Garamanten schließen keine Ehen und leben

nis degunt. Augilae inferos tantum colunt. Gam-
phasantes, nudi proeliorumque expertes, nulli externo congregantur. Blemmyis traduntur capita   46
abesse, ore et oculis pectori adfixis; Satyris praeter
figuram nihil moris humani; Aegipanum qualis
vulgo pingitur forma; Himantopodes loripedes
quidam, quibus serpendo ingredi natura sit; Pharu-
sii, quondam Persae, comites fuisse Herculis ad
Hesperidas tendentis. nec de Africa plura, quae
memorentur, occurrunt.

Adhaeret Asia, quam patere a Canopico ostio ad   IX
Ponti ostium Timosthenes $\overline{|XXVI|} \cdot \overline{XXXVIII}$ p.   47
tradit; ab ore autem Ponti ad os Maeotis Eratosthe-
nes $\overline{|XV|} \cdot \overline{XLV}$, universam vero cum Aegypto ad
Tanain Artemidorus et Isidorus $\overline{|L|} \cdot \overline{XIII} \cdot DCCL.$
maria eius conplura ab accolis traxere nomina:
quare simul indicabuntur.

Proxima Africae incolitur Aegyptus, introrsus   48
ad meridiem recedens, donec a tergo praetendantur
Aethiopes. inferiorem eius partem Nilus dextera
laevaque divisus amplexu suo determinat, Canopico ostio ab Africa, ab Asia Pelusiaco, $\overline{CLXX}$
passuum intervallo. quam ob causam inter insulas
quidam Aegyptum rettulere, ita se findente Nilo, ut
triquetram terrae figuram efficiat, ideoque multi
Graecae litterae vocabulo Delta appellavere
Aegyptum. mensura ab unitate alvei, unde se primum findit in latera, ad Canopicum ostium
$\overline{CXLVI}$, ad Pelusiacum $\overline{CLVI}$ est. summa pars   49
contermina Aethiopiae Thebais vocatur. dividitur

nach Belieben mit den Frauen zusammen. Die Augilen verehren nur Götter der Unterwelt. Die Gamphasanten sind nackt und halten nichts von Kriegen, sie treten mit keinem Fremden in Verbindung. Es heißt, den Blemmyern fehlen die Köpfe, da Mund und Augen mit der Brust verhaftet seien; die Satyrn hätten außer der Gestalt nichts Menschenartiges; das Aussehen der Aigipane sei so, wie es gewöhnlich abgebildet werde; die „Riemenfüße" seien gewissermaßen Schlappfüße, deren Eigenart es sei, sich durch Kriechen fortzubewegen; die Pharusier, einst Perser, seien Begleiter des Herakles gewesen, als er sich zu den Hesperiden begab. Über Afrika gibt es weiter nichts Erwähnenswertes mitzuteilen.

Mit Afrika hängt Asien zusammen, von dem Timosthenes berichtet, daß es sich von der Mündung bei Kanopos zur Mündung des Pontos 2638 Meilen ausbreitet; von der Mündung des Pontos aber zur Mündung der Maiotis rechnet Eratosthenes 1545 Meilen, für ganz Asien jedoch einschließlich Ägypten bis zum Tanaïs geben Artemidoros und Isidoros 5013,75 Meilen an. Von den Anwohnern erhielten seine Meere verschiedene Namen: deshalb werden sie zugleich ⟨mit diesen⟩ genannt werden.

Afrika zunächst befindet sich Ägypten, das sich gegen Süden ins Innere hinzieht, bis sich dahinter die Aithiopen ausbreiten. Den unteren Teil davon umschließt der Nil, in einen rechten und in einen linken Arm geteilt, durch die Mündung von Kanopos gegen Afrika hin, gegen Asien hin durch die von Pelusion, mit einem Abstand von 170 Meilen. Aus diesem Grund rechneten manche Ägypten zu den Inseln, da sich der Nil so teilt, daß er dem Land eine dreieckige Gestalt gibt, und deshalb bezeichneten viele Ägypten mit dem Namen eines griechischen Buchstabens als *Delta*. Die Entfernung vom einheitlichen Bett, wo er sich erstmals in Arme teilt, bis zur Mündung von Kanopos beträgt 146 Meilen, zu der von Pelusion 156 Meilen. Der oberste, an Aithio-

in praefecturas oppidorum, quas νόμους vocant:
Ombiten, Apollonopoliten, Hermonthiten, Thini-
ten, Phaturiten, Coptiten, Tentyriten, Diospoliten,
Antaeopoliten, Aphroditopoliten, Lycopoliten.
quae iuxta Pelusium est regio nomos habet Phar-
baethiten, Bubastiten, Sethroiten, Taniten. reliqua
autem Arabicum, Hammoniacum tendentem ad
Hammonis Iovis oraculum, Oxyrynchiten, Leon-
topoliten, Athribiten, Cynopoliten, Hermopoli-
ten, Xoiten, Mendesium, Sebennyten, Cabasiten,
Latopoliten, Heliopoliten, Prosopiten, Panopoli-
ten, Busiriten, Onuphiten, Saiten, Ptenethum,
Ptemphum, Naucratiten, Meteliten, Gynaecopoli-
ten, Menelaiten, Alexandriae regionem, item Li-
byae Mareotis. Heracleopolites est in insula Nili   50
longa p. L̄, in qua et oppidum Herculis appellatum. Arsinoitae duo sunt; hi et Memphites usque
ad summum Delta perveniunt; cui sunt contermini
ex Africa duo Oasitae. quidam ex his aliqua nomina
permutant et substituunt alios nomos, ut Heroopo-
liten et Crocodilopoliten. inter Arsinoiten autem ac
Memphiten lacus fuit circuitu C̄C̄L̄ aut, ut Mucianus tradit, C̄C̄C̄C̄L̄ et altitudinis quinquaginta passuum, manu factus, a rege, qui fecerat, Moeridis
appellatus. inde L̄X̄ĪĪ p. abest Memphis, quondam
arx Aegypti regum, unde ad Hammonis oraculum
XII dierum iter, ad scissuram autem Nili, quod
appellavimus Delta, X̄V̄.

Nilus incertis ortus fontibus, ut per deserta et   X
ardentia et inmenso longitudinis spatio ambulans   51
famaque tantum inermi quaesitus sine bellis, quae
ceteras omnes terras invenere; originem, ut Iuba

pien grenzende Teil wird Thebaïs genannt. Er wird in Stadt-
bezirke geteilt, die sie Gaue *[nomoi]* nennen: den von Omboi,
Apollonopolis, Hermonthis, Thinis, Phaturis, Koptos, Ten-
tyra, Diospolis, Antaiopolis, Aphroditopolis und Lykopolis.
Das bei Pelusion liegende Gebiet hat die Gaue von Pharbai-
thos, Bubastis, Sethroë und Tanis. Das übrige Ägypten aber
hat den Arabischen und Ammonischen Gau, der sich bis zum
Orakel des Zeus Ammon ausdehnt, den von Oxyrynchos,
Leontopolis, Athribis, Kynopolis, Hermopolis, Xoïs, Men-
des, Sebennytos, Kabasa, Latopolis, Heliopolis, Prosopis,
Panopolis, Busiris, Onuphis, Saïs, Ptenethos, Ptemphus,
Naukratis, Metelis, Gynaikopolis, Menelaos, das Gebiet von
Alexandreia, ebenso das der Libya Mareotis. Der Gau von
Herakleopolis liegt auf einer 50 Meilen langen Nilinsel, auf
der sich auch die Stadt befindet, die nach Herakles benannt
ist. Es gibt zwei Gaue von Arsinoë; sie und der von Memphis
reichen bis in den obersten Teil des *Delta;* diesem sind gegen
Afrika hin die beiden Gaue von Oasis benachbart. Manche
verwechseln einige dieser Namen und führen andere Gaue
ein, wie den von Heroopolis und den von Krokodeilopolis.
Zwischen dem Gau von Arsinoë und dem von Memphis aber
lag ein See mit einem Umfang von 250 Meilen oder, wie
Mucianus überliefert, von 450 Meilen und einer Tiefe von 50
Schritten, künstlich geschaffen und nach dem König, der ihn
hatte anlegen lassen, See des Moiris genannt. Von dort ist
Memphis 62 Meilen entfernt, einst eine Residenz der Könige
Ägyptens, von wo es zum Orakel des Ammon zwölf Tagereisen sind, 15 Meilen aber bis zur Teilung des Nil, die wir *Delta*
genannt haben [§ 48].
    Der Nil entspringt aus nicht näher zu lokalisierenden
Quellen, so wie er auch durch Wüsten und brennend heiße
Gegenden auf der ungeheuren Strecke seiner Länge fließt und
nur durch friedliche Forschung ohne Kriege, welche alle
übrigen Länder entdeckt haben, bekannt wurde; seinen Ur-

rex potuit exquirere, in monte inferioris Mauretaniae non procul Oceano habet lacu protinus sta-
gnante, quem vocant Nilidem. ibi pisces reperiuntur alabetae, coracini, siluri. crocodilus quoque
inde ob argumentum hoc Caesareae in Iseo dicatus
ab eo spectatur hodie. praeterea observatum est,
prout in Mauretania nives imbresve satiaverint, ita
Nilum increscere. ex hoc lacu profusus indignatur
fluere per harenosa et squalentia conditque se aliquot dierum itinere, mox alio lacu maiore in Caesariensis Mauretaniae gente Masaesylum erumpit et
hominum coetus veluti circumspicit, iisdem animalium argumentis. iterum harenis receptus conditur
rursus XX dierum desertis ad proximos Aethiopas
atque, ubi iterum sensit hominem, prosilit fonte, ut
verisimile est, illo, quem Nigrim vocavere. inde
Africam ab Aethiopia dispescens, etiamsi non protinus populis, feris tamen et beluis frequens silva-
rumque opifex, medios Aethiopas secat, cognomi-
natus Astapus, quod illarum gentium lingua signifi-
cat aquam e tenebris profluentem. insulas ita innu-
meras spargit quasdamque tam vastae magnitudi-
nis, quamquam rapida celeritate, ut tamen dierum
V cursu, non breviore, transvolet. circa clarissimam
earum Meroen Astabores laevo alveo dictus, hoc
est ramus aquae venientis e tenebris, dextra vero
Astosapes, quod lateris significationem adicit; nec
ante Nilus quam se totum aquis rursus concordibus

sprung hat er, wie König Iuba ermitteln konnte, auf einem
Berg im unteren Mauretanien nicht weit vom Ozean, wo er
sich in einem See sammelt, den sie Neilis nennen. Dort findet
man Fische wie *alabeta, coracinus* und *silurus*. Auch ein
Krokodil von dort wurde von Iuba zum Beweis dafür in
Caesarea im Iseion geweiht und ist noch heute dort zu sehen.
Außerdem ist beobachtet worden, daß der Nil im gleichen
Maße anschwelle, je nachdem in Mauretanien Schnee- oder
Regenfälle vorherrschten. Sobald er aus diesem See ausgetre-
ten ist, verschmäht er es, durch sandige und wüste Gegenden
zu fließen, und verbirgt sich auf einer Strecke von mehreren
Tagereisen, bricht dann wieder in einem anderen, größeren
See beim Stamme der Masäsylen in der Mauretania Caesarien-
sis hervor und schaut sich gleichsam nach den Ansammlun-
gen der Menschen um, wofür die gleichen Tierarten als
Beweis dienen. Erneut vom Sand aufgenommen, verbirgt er
sich wieder 20 Tagesreisen in der Wüste bei den zunächst
wohnenden Aithiopen und springt, sobald er wieder den
Menschen bemerkt, mit aller Wahrscheinlichkeit in jener
Quelle hervor, die wir Nigris genannt haben [§ 30]. Von hier
an scheidet er Afrika von Aithiopien, obwohl er nicht sofort
dicht besiedelt, jedoch reich an wilden Tieren ist und Wälder
bildet, und zieht sich mit dem Beinamen *Astapus*, was in der
Sprache jener Stämme ein aus der Dunkelheit hervorströ-
mendes Wasser bezeichnet, mitten durch die Aithiopen hinzieht. Dabei bildet er unzählige Inseln und einige von so
gewaltiger Größe, daß er trotz seiner reißenden Geschwin-
digkeit dennoch fünf Tage, nicht weniger, braucht, um an
ihnen vorbeizufließen. Rund um die berühmteste von ihnen,
Meroë, heißt er in seinem linken Bett *Astabores*, d. h. Arm
des aus der Dunkelheit kommenden Wassers, zur rechten
aber *Astosapes*, was die Bezeichnung der Seite hinzufügt;
und Nil heißt er nicht eher, als bis er sich mit seinen einträch-
tigen Gewässern wieder zu einem Ganzen vereint hat, und

iunxit, sic quoque etiamnum Giris ante nominatus
per aliquot milia, et in totum Homero Aegyptus
aliisque Triton. subinde insulis impactus, totidem   54
incitatus inritamentis, postremo inclusus montibus, nec aliunde torrentior, vectus aquis properan-
tibus ad locum Aethiopum, qui Catadupi vocantur,
novissimo catarracte inter occursantes scopulos
non fluere inmenso fragore creditur, sed ruere.
postea lenis et confractis aquis domitaque violentia,
aliquid et spatio fessus, multis quamvis faucibus in
Aegyptium mare se evomat. certis tamen diebus
auctu magno per totam spatiatus Aegyptum fecun-
dus innatat terrae.

Causas huius incrementi varias prodidere; sed   55
maxime probabiles etesiarum eo tempore ex adverso flantium repercussum, ultra in ora acto mari,
aut imbres Aethiopiae aestivos, iisdem etesiis nu-
bila illo ferentibus e reliquo orbe. Timaeus mathe-
maticus occultam protulit rationem: Phialam appellari fontem eius mergique in cuniculos ipsum
amnem vapore anhelantem fumidis cautibus, ubi
conditur. verum sole per eos dies comminus facto
extrahi ardoris vi et suspensum abundare ac, ne
devoretur, abscondi. id evenire a Canis ortu per   56
introitum solis in Leonem, contra perpendiculum
fontis sidere stante, cum eo tractu absumantur
umbrae; plerisque e diverso opinatis largiorem
fluere ad septentriones sole discedente, quod in

auch dann wurde er früher über einige Meilen Giris genannt,
und von Homer auf seinem ganzen Lauf Aigyptos, von
anderen Triton. Sodann strömt er, durch Inseln eingeengt,
durch ebenso viele Hindernisse beschleunigt, schließlich von
Bergen umschlossen, nirgendwo reißender mit eiligen Wassermassen in eine Gegend der Aithiopen, die Kataduper
heißen, wo er beim letzten Katarakt zwischen den entgegen-
stehenden Felsen mit ungeheurem Getöse nicht zu fließen,
sondern herabzustürzen scheint. Dann ergießt er sich, nachdem seine Wassermassen gebrochen und seine Wildheit gezähmt worden ist, durch den langen Weg auch etwas ermü-
det, sanft ins Ägyptische Meer, wenn auch in zahlreichen
Mündungen. An bestimmten Tagen jedoch schwillt er hoch
an, überschwemmt ganz Ägypten und ergießt sich fruchtbar
über das Land.

Man hat verschiedene Ursachen dieses Anschwellens nam-
haft gemacht; am wahrscheinlichsten aber sind das Anprallen
der um diese Zeit aus entgegengesetzter Richtung wehenden
Etesien, da überdies das Meer in die Mündungsarme gedrängt
wird, oder die sommerlichen Regenfälle Aithiopiens, weil
dieselben Etesien die Wolken aus den übrigen Teilen der Erde
dorthin treiben. Der Mathematiker Timaios legte eine ge-
heimnisvolle Erklärung vor: die Quelle des Nil heiße Phiala,
und der Fluß selbst versickere in unterirdische Gänge, wobei
er zwischen den rauhen Felsen, in denen er sich verbirgt, vor
Hitze verdampfe. Wenn aber die Sonne während dieser Tage
zu nahe komme, werde er durch die Kraft ihrer Glut emporgezogen, fließe über und verberge sich wieder, um nicht ganz
verzehrt zu werden. Dies geschehe beim Aufgang des Hundssterns beim Eintritt der Sonne in das Sternbild des Löwen,
wenn das Gestirn senkrecht über der Quelle steht, da in
diesem Landstrich keine Schatten fallen; dagegen sind die
meisten der Meinung, der Fluß fließe reichlicher, wenn die
Sonne nach Norden weiterwandert, was im Sternbild des

Cancro et Leone evenit, ideoque tunc minus sic-
cari, rursus in Capricornum et austrinum polum
reverso sorberi et ob id parcius fluere. sed Timaeo si
quis extrahi posse credat, umbrarum defectus his
diebus et locis sine fine adest.

Incipit crescere luna nova, quaecumque post sol-
stitium est, sensim modiceque Cancrum sole trans-
eunte, abundantissime autem Leonem, et residit in
Virgine iisdem, quibus adcrevit modis. in totum
autem revocatur intra ripas in Libra, ut tradit Herodotus, centesimo die. cum crescit, reges aut prae-
fectos navigare eo nefas iudicatum est. auctus per
puteos mensurae notis deprehenduntur. iustum in-
crementum est cubitorum XVI. minores aquae non
comnia rigant, ampliores detinent tardius rece-
dendo. hae serendi tempora absumunt solo ma-
dente, illae non dant sitiente. utrumque reputat
provincia. in XII cubitis famem sentit, in XIII
etiamnum esurit, XIIII cubita hilaritatem adferunt,
XV securitatem, XVI delicias. maximum incremen-
tum ad hoc aevi fuit cubitorum XVIII Claudio
principe, minimum V Pharsalico bello, veluti ne-
cem Magni prodigio quodam flumine aversante.
cum stetere aquae, apertis molibus admittuntur. ut
quaeque liberata est terra, seritur. idem amnis unus
omnium nullas exspirat auras.

Krebses und des Löwen geschieht, und er vertrockne dann weniger; wenn sie aber wieder zum Sternbild des Steinbocks und zum Südpol zurückkehrt, werde er aufgezehrt und fließe deshalb spärlicher. Aber wenn jemand dem Timaios glaubt, der Fluß könne emporgezogen werden, ⟨bedenkt er nicht⟩, daß an diesen Tagen und an diesen Orten ständig das Fehlen der Schatten eintritt.

Der Nil beginnt bei dem Neumond, der auf die Sonnenwende folgt, anzuschwellen, nur allmählich und mäßig, wenn die Sonne durch das Sternbild des Krebses geht, sehr reichlich aber, wenn sie durch das des Löwen geht, und er fällt im Sternbild der Jungfrau im selben Maße, in dem er anschwoll, wieder zurück. Ganz aber tritt er, wie Herodot berichtet, am 100. Tage im Sternbild der Waage in seine Ufer zurück. Es ist für ein Unrecht gehalten worden, daß Könige oder Statthalter auf ihm fahren, wenn er anschwillt. Das Ausmaß des Anwachsens beobachtet man an den Merkzeichen in den Brunnen. Die richtige Höhe beträgt 16 Ellen. Niedrigere Wasserstände bewässern nicht alles, höhere sind hinderlich durch das langsamere Abfließen. Diese verzögern durch den nassen Boden die Saatzeit, jene lassen sie durch den trockenen Boden nicht zu. Beides ist für die Provinz von Bedeutung. Bis 12 Ellen leidet sie Hunger, bei 13 herrscht auch noch Mangel, 14 Ellen bringen Heiterkeit, 15 Sorglosigkeit und 16 Üppigkeit. Der höchste Wasserstand bis auf die jetzige Zeit herrschte mit 18 Ellen unter Kaiser Claudius, der niedrigste mit fünf im Krieg von Pharsalos, als ob der Fluß seinen Abscheu vor der Ermordung des Magnus durch ein Vorzeichen dartun wollte. Wenn die Wassermassen den höchsten Stand erreicht haben, werden sie durch die geöffneten Dämme freigelassen. Sobald irgendein Landstrich wasserfrei ist, wird gesät. Dieser Fluß erzeugt als einziger von allen keine Nebelschwaden.

Dicionis Aegyptiae esse incipit a fine Aethiopiae
Syene; ita vocatur paeninsula mille passuum ambitu, in qua castra sunt latere Arabiae, et ex adverso
insulae IIII, Philae, $\overline{DC}$ p. a Nili fissura, unde
appellari diximus Delta. hoc spatium edidit Artemidorus et in eo CCL oppida fuisse, Iuba $\overline{CCCC}$
p., Aristocreon ab Elephantide ad mare $\overline{DCCL}$.
Elephantis insula intra novissimum catarracten $\overline{IIII}$
p. et supra Syenen $\overline{XVI}$ habitatur, navigationis
Aegyptiae finis, ab Alexandria $\overline{DLXXXV}$ p.: in
tantum erravere supra scripti. ibi Aethiopicae conveniunt naves; namque eas plicatiles umeris trans-
ferunt, quotiens ad catarractas ventum est.

Aegyptus super ceteram antiquitatis gloriam $\overline{XX}$
urbium sibi Amase regnante habitata praefert; nunc
quoque multis etiamsi ignobilibus frequens. celebrantur tamen Apollinis, mox Leucotheae, Diospolis Magna, eadem Thebe, portarum centum nobilis fama, Coptos, Indicarum Arabicarumque
mercium Nilo proximum emporium, mox Veneris
oppidum et iterum Iovis ac Tentyris, infra quod
Abydus, Memnonis regia et Osiris templo inclu-
tum, $\overline{VII}$ · D p. in Libyam remotum a flumine. dein
Ptolemais et Panopolis ac Veneris iterum et in
Libyco Lycon, ubi montes finiunt Thebaidem. ab
iis oppida Mercurii, Alabastron, Canum et supra
dictum Herculis. deinde Arsinoes ac iam dicta

Unter ägyptischer Herrschaft zu stehen beginnt der Nil an
der Grenze Aithiopiens bei Syene; so heißt eine Halbinsel mit
einem Umfang von 1000 Schritten, auf der sich an der Seite
Arabiens ein befestigtes Lager befindet, und gegenüber liegen
vier Inseln und Philai, 600 Meilen von der Spaltung des Nil
entfernt, von wo an er, wie wir gesagt haben [§ 48], *Delta*
heißt. Diese Entfernung hat Artemidoros bestimmt und angegeben, daß daran 250 Städte gelegen haben, Iuba ⟨rechnet⟩
von Elephantis bis zum Meer 400 Meilen, Aristokreon 750
Meilen. Die Insel Elephantis befindet sich vier Meilen unterhalb des letzten Katarakts und 16 Meilen oberhalb von Syene,
als Endpunkt der ägyptischen Schiffahrt 585 Meilen von
Alexandreia entfernt: so sehr haben sich die oben genannten
⟨Autoren⟩ geirrt. Dort versammeln sich die Schiffe der
Aithiopen; denn diese tragen sie zusammengelegt auf den
Schultern hinüber, sooft man zu den Katarakten gelangt.
Ägypten rühmt sich, außer seinem durch hohes Alter
erlangten Ruhm, unter der Herrschaft des Amasis von 20000
Städten bewohnt worden zu sein; auch jetzt noch ist es dicht
besiedelt, wenn auch viele ⟨Siedlungen⟩ unbedeutend sind.
Gerühmt werden dennoch ⟨die Stadt⟩ des Apollon, dann die
der Leukothea, die große Stadt des Zeus, auch Thebe genannt,
bekannt durch den Ruhm der 100 Tore, Koptos, der dem Nil
zunächst liegende Stapelplatz der Waren aus Indien und
Arabien, dann die Stadt der Aphrodite und wieder eine des
Zeus, sowie Tentyris, unterhalb davon Abydos, berühmt
durch den Palast des Memnon und den Tempel des Osiris,
7500 Schritte gegen Libyen hin vom Fluß entfernt. Weiterhin
Ptolemaïs und Panopolis und wieder ⟨eine Stadt⟩ der Aphrodite und im Libyschen die der Wölfe, wo das Gebirge die
Thebaïs begrenzt. Bei diesen liegen die Städte des Hermes,
die „Alabasterstadt" *[Alabastron]*, die der Hunde und die
oben genannte des Herakles [§ 50]. Hierauf folgen ⟨die Stadt⟩
der Arsinoë und das schon genannte Memphis [§ 50]; zwi-

Memphis; inter quam et Arsinoiten nomon in Libyco turres, quae pyramides vocantur, et labyrin-
thus, in Moeridis lacu nullo addito ligno exaedifica-
tus, et oppidum Crocodilon. unum praeterea intus
et Arabiae conterminum claritatis magnae Solis
oppidum.

Sed iure laudetur in litore Aegyptii maris Alex-   62
andria, a Magno Alexandro condita in Africae parte
ab ostio Canopico $\overline{\text{XII}}$ p. iuxta Mareotim lacum;
qui locus antea Rhacotes nominabatur. metatus est
eam Dinochares architectus pluribus modis memo-
rabili ingenio; $\overline{\text{XV}}$ p. laxitate insessa ad effigiem
Macedonicae chlamydis orbe gyrato laciniosam,
dextra laevaque anguloso procursu, iam tum tamen
quinta situs parte regiae dicata. Mareotis lacus a   63
meridiana urbis parte euripo e Canopico ostio mit-
tit ex mediterraneo commercia, insulas quoque plu-
res amplexus; $\overline{\text{XXX}}$ traiectu, $\overline{\text{CCL}}$ ambitu, ut tradit
Claudius Caesar. alii schoenos in longitudinem
patere XL faciunt schoenumque stadia XXX: ita
fieri longitudinis $\overline{\text{CL}}$ p., tantundem et latitudinis.
sunt in honore et intra decursus Nili multa oppida,   64
praecipue quae nomina ostiis dedere, non omnibus
– XII enim reperiuntur superque quattuor, quae
ipsi falsa ora appellant –, sed celeberrimis VII, proximo Alexandriae Canopico, dein Bolbitino, Se-
bennytico, Phatmitico, Mendesico, Tanitico ulti-
moque Pelusiaco. praeterea Butos, Pharbaethos,

schen ihm und dem Gau der Arsinoë befinden sich auf der libyschen Seite die Türme, welche Pyramiden heißen, das Labyrinth, das am See des Moiris ohne Verwendung von Holz errichtet wurde, und die Stadt der Krokodile. Als einzige liegt außerdem in Innern und an Arabien angrenzend die hochberühmte Stadt des Helios.

Mit Recht aber soll Alexandreia an der Küste des Ägyptischen Meeres gelobt werden, das von Alexander dem Großen neben dem See Mareotis zwölf Meilen von der Mündung von Kanopos auf der Seite Afrikas gegründet worden war; diese Stelle hieß früher Rhakotes. Die Stadt hat der Baumeister Deinochares ausgemessen, der in mehrfacher Hinsicht ein bemerkenswertes Talent bewies; sie breitet sich auf einer Fläche von 15 Meilen nach der Gestalt eines am Rande mit Spitzen versehenen makedonischen Kriegsmantels aus, mit einem winkeligen Vorsprung an der rechten und an der linken Seite, wobei jedoch schon damals der fünfte Teil des Raumes für den Königspalast bestimmt wurde. Der See Mareotis im südlichen Teil der Stadt bringt durch einen Kanal von der Mündung von Kanopos Handelswaren aus dem Binnenland und umfaßt auch mehrere Inseln; die Länge der Überfahrt beträgt 30 Meilen, der Umfang 250 Meilen, wie Kaiser Claudius berichtet. Andere bestimmen seine Länge mit 40 Schoinoi und rechnen den Schoinos zu 30 Stadien: demnach ergeben sich 150 Meilen für die Länge und ebensoviel auch für die Breite. Auch innerhalb der Ausflüsse des Nil liegen viele Städte von Bedeutung, besonders die, welche den Mündungen die Namen gegeben haben, aber nicht allen – denn es finden sich zwölf Mündungen und darüber hinaus noch vier, die sie selbst als falsche Mündungen bezeichnen –, sondern den sieben berühmtesten, der Alexandreia zunächst liegenden von Kanopos, dann der von Bolbitine, der von Sebennytos, der Phatmitischen, der von Mendes, der von Tanis und als letzter der von Pelusion. Außerdem befinden sich dort Butos,

Leontopolis, Athribis, Isidis oppidum, Busiris,
Cynopolis, Aphrodites, Sais, Naucratis, unde
ostium quidam Naucratiticum nominant, quod alii
Heracleoticum, Canopico, cui proximum est, prae-
ferentes.

Ultra Pelusiacum Arabia est, ad Rubrum mare   XII
pertinens et odoriferam illam ac divitem terram et   65
Beatae cognomine inclutam. haec Catabanum et
Esbonitarum et Scenitarum Arabum vocatur; steri-
lis, praeterquam ubi Syriae confinia attingit, nec
nisi Casio monte nobilis. his Arabes iunguntur, ab
oriente Canchlei, a meridie Cedrei, qui deinde
ambo Nabataeis. Heroopoliticus vocatur alterque
Aelaniticus sinus Rubri maris in Aegyptum vergen-
tis, $\overline{\text{CL}}$ intervallo inter duo oppida, Aelana et in
nostro mari Gazam. Agrippa a Pelusio Arsinoen,
Rubri maris oppidum, per deserta $\overline{\text{CXXV}}$ p. tradit:
tam parvo distat ibi tanta rerum naturae diversitas.

Iuxta Syria litus occupat, quondam terrarum   XIII
maxuma et plurimis distincta nominibus. namque   66
Palaestine vocabatur, qua contingit Arabas, et
Iudaea et Coele, dein Phoenice et qua recedit intus
Damascena; ac magis etiamnum meridiana Babylo-
nia, eadem Mesopotamia inter Euphraten et Tigrin
quaque transit Taurum Sophene, citra vero eam
Commagene et ultra Armeniam Adiabene, Assyria
ante dicta, et ubi Ciliciam attingit Antiochia. longi-   67
tudo eius inter Ciliciam et Arabiam $\overline{\text{CCCCLXX}}$
p. est, latitudo a Seleucia Pieria ad oppidum in
Euphrate Zeugma $\overline{\text{CLXXV}}$. qui subtilius dividunt,
circumfundi Syria Phoenicen volunt et esse oram

Pharbaithos, Leontopolis, Athribis, die Stadt der Isis, Busiris,
Kynopolis, ⟨die Stadt⟩ der Aphrodite, Saïs und Naukratis,
wonach manche die Mündung von Naukratis benennen, die
andere als die Herakleotische bezeichnen und sie der von
Kanopos, der sie zunächst liegt, vorziehen.

Jenseits der Mündung von Pelusion liegt Arabien, das bis
zum Roten Meer und zu jenem gewürztragenden und reichen
Lande reicht, das unter dem Beinamen des „Glücklichen"
bekannt ist. Es heißt das Land der Katabanen, Esboniten und
skenitischen Araber; es ist unfruchtbar mit Ausnahme des
Bereiches, der das Grenzgebiet zu Syrien berührt, und es ist
nur durch den Berg Kasios berühmt. An diese schließen die
Araber an, im Osten die Kanchleer, im Süden die Kedreer, die
beide schließlich an die Nabatäer grenzen. Die eine, nach
Ägypten schauende Bucht des Roten Meeres heißt die von
Heroopolis und die andere die von Ailana, wobei zwischen
den beiden Städten Ailana und Gaza, das an unserem Meer
liegt, ein Abstand von 150 Meilen ist. Agrippa gibt von
Pelusion nach Arsinoë, einer Stadt am Roten Meer, 125
Meilen durch die Wüste an: auf einer so kurzen Strecke ist
dort die Landesnatur verschieden.

Daneben nimmt Syrien die Küste ein, einst das größte aller
Länder und mit sehr vielen Namen bezeichnet. Denn dort,
wo es an die Araber grenzt, wird es Palästina genannt, auch
Iudäa und Koile, dann Phoinikien, und weiter innen liegt das
Gebiet von Damaskos; und das Land mehr im Süden heißt
auch jetzt noch Babylonien, das zwischen Euphrat und Tigris
Mesopotamien und dort, wo es über den Tauros hinausreicht,
Sophene, diesseits davon aber Kommagene und jenseits von
Armenien Adiabene, früher Assyrien genannt, und dort, wo
es an Kilikien grenzt, Antiocheia. Seine Länge zwischen
Kilikien und Arabien beträgt 470 Meilen, die Breite von
Seleukeia Pieria zur Stadt Zeugma am Euphrat 175 Meilen.
Diejenigen, welche genauer einteilen, wollen, daß Phoinikien

maritimam Syriae, cuius pars sit Idumaea et Iudaea,
dein Phoenicen, dein Syriam. id quod praeiacet
mare totum Phoenicium appellatur. ipsa gens
Phoenicum in magna gloria litterarum inventionis
et siderum navaliumque ac bellicarum artium.

A Pelusio Chabriae castra, Casius mons, delu-　　　XIV
brum Iovis Casii, tumulus Magni Pompei, Ostra-　　 68
cine. Arabia finitur a Pelusio $\overline{LXV}$ p. mox Idumaea
incipit et Palaestina ab emersu Sirbonis lacus, quem
quidam $\overline{CL}$ circuitu tradidere. Herodotus Casio
monti adplicuit, nunc est palus modica. oppida
Rhinocolura et intus Rhaphea, Gaza et intus Anthedon, mons Argaris; regio per oram Samaria;
oppidum Ascalo liberum, Azotos, Iamneae duae,
altera intus. Iope Phoenicum, antiquior terrarum　　69
inundatione, ut ferunt, insidet collem, praeiacente
saxo, in quo vinculorum Andromedae vestigia
ostendunt. colitur illic fabulosa Ceto. inde Apollonia, Stratonis Turris, eadem Caesarea ab Herode
rege condita, nunc colonia Prima Flavia a Vespasiano Imperatore deducta, finis Palaestines,
$\overline{CLXXXVIIII}$ p. a confinio Arabiae. dein Phoenice; intus autem Samariae oppida Neapolis, quod
antea Mamortha dicebatur, Sebaste in monte, et
altiore Gamala.

Supra Idumaeam et Samariam Iudaea longe late-　　XV
que funditur. pars eius Syriae iuncta Galilaea voca-　 70
tur, Arabiae vero et Aegypto proxima Peraea, aspe-
ris dispersa montibus et a ceteris Iudaeis Iordane
amne discreta. reliqua Iudaea dividitur in topar-

von Syrien umschlossen wird, daß Syrien eine Meeresküste
habe, von der Idumäa und Iudäa ein Teil sein soll, und daß
erst dann Phoinikien und Syrien kommen. Das ganze davor-
liegende Meer heißt das Phoinikische. Der Stamm der Phoiniker selbst steht in hohem Ansehen durch die Erfindung von
Schrift, Sternkunde, Navigation und Kriegskunst.

Von Pelusion an folgen das Lager des Chabrias, der Berg
Kasios, das Heiligtum des Zeus Kasios, das Grabmal des
Pompeius Magnus und Ostrakine. Arabien endet 65 Meilen
von Pelusion entfernt. Dann fängt Idumäa an und Palästina
dort, wo der Sirbonische See hervorbricht, dessen Umfang
einige mit 150 Meilen angegeben haben. Herodot verlegte ihn
an den Berg Kasios, jetzt ist er ein mäßig großer Sumpf. Es
folgen die Städte Rhinokolura und im Inneren Rhaphea, Gaza
und im Inneren Anthedon, der Berg Argaris; das Gebiet
entlang der Küste heißt Samaria; es folgen die freie Stadt
Askalon, Azotos, die beiden Iamneia, das eine im Inneren.
Iope, ⟨eine Stadt⟩ der Phoiniker, älter als die Überschwemmung der Länder, wie sie meinen, liegt auf einem Hügel, wo
ein Felsen vorspringt, auf dem man die Spuren der Fesseln der
Andromeda zeigt. Dort wird die sagenhafte Keto verehrt.
Weiterhin folgen Apollonia, der Turm des Straton, auch das
von König Herodes gegründete Kaisareia, jetzt die von Kaiser
Vespasianus angelegte Kolonie Prima Flavia, der Grenzort
Palästinas, 189 Meilen von der Grenze Arabiens entfernt.
Hierauf folgt Phoinikien; im Inneren aber liegen die Städte
Samarias Neapolis, das früher Mamortha hieß, Sebaste auf
einem Berg und Gamala auf einem noch höheren.

Oberhalb von Idumäa und Samaria breitet sich Iudäa in die
Länge und Breite aus. Dessen an Syrien grenzender Teil heißt
Galiläa, der Arabien und Ägypten zunächstliegende aber
Peraia, das von rauhen Bergen durchzogen und durch den
Fluß Jordan von den anderen Teilen Iudäas getrennt wird.
Das übrige Iudäa wird in zehn Toparchien eingeteilt, welche

chias decem, quo dicemus ordine: Hiericuntem
palmetis consitam, fontibus riguam, Emmaum,
Lyddam, Iopicam, Acrabatenam, Gophaniticam,
Thamniticam, Betholeptephenen, Orinen, in qua
fuere Hierosolyma, longe clarissima urbium
Orientis, non Iudaeae modo, Herodium cum oppido inlustri eiusdem nominis.

Iordanes amnis oritur e fonte Paneade, qui cognomen dedit Caesareae, de qua dicemus. amnis
amoenus et, quatenus locorum situs patitur, amb-
itiosus; accolisque se praebens velut invitus
Asphaltiten lacum dirum natura petit, a quo postremo ebibitur aquasque laudatas perdit pestilenti-
bus mixtas. ergo ubi prima convallium fuit occasio,
in lacum se fundit, quem plures Genesaram vocant,
$\overline{XVI}$ p. longitudinis, $\overline{VI}$ latitudinis, amoenis cir-
cumsaeptum oppidis, ab oriente Iuliade et Hippo, a
meridie Tarichea, quo nomine aliqui et lacum appellant, ab occidente Tiberiade, aquis calidis sa-
lubri.

Asphaltites nihil praeter bitumen gignit, unde et
nomen. nullum corpus animalium recipit, tauri
camelique fluitant; inde fama nihil in eo mergi.
longitudine excedit $\overline{C}$ p., latitudine maxima $\overline{LXXV}$
implet, minima $\overline{VI}$. prospicit eum ab oriente Arabia
Nomadum, a meridie Machaerus, secunda quon-
dam arx Iudaeae ab Hierosolymis. eodem latere est
calidus fons medicae salubritatis Callirrhoe,
aquarum gloriam ipso nomine praeferens.

wir der Reihe nach anführen werden: die mit Palmwäldern bepflanzte und von Quellen bewässerte von Hierikus, Emmaus, Lydda, die von Iope, die von Akrabata, die von Gophana, die von Thamna, die von Betholeptepha und Oreine, in der Hierosolyma lag, bei weitem die berühmteste Stadt des Morgenlandes, nicht nur von Iudäa, und das Herodeion mit der bedeutenden Stadt gleichen Namens.

Der Fluß Jordan entspringt aus der Quelle Paneas, die Caesarea, von dem wir noch sprechen werden [§ 74], den Beinamen gab. Der Fluß ist anmutig und, soweit es die Beschaffenheit des Bodens erlaubt, gewunden; den Anwohnern bietet er sich dar, als ob er widerwillig dem von Natur aus abscheulichen Asphaltsee zustrebe, von dem er schließlich verschlungen wird und der sein vortreffliches Wasser durch die Vermischung mit dem übelriechenden verdirbt. Sobald daher die Gestalt der Täler die erste Gelegenheit bietet, ergießt er sich in einen See, den mehrere Genesara nennen, mit einer Länge von 16 und einer Breite von sechs Meilen, umgeben von lieblichen Städten, im Osten von Iulias und Hippos, im Süden von Tarichea – mit diesem Namen bezeichnen manche auch den See –, im Westen von Tiberias, heilbringend durch warmes Wasser.

Der Asphaltsee erzeugt nichts außer Erdpech, woher er auch seinen Namen hat. Er nimmt keinen Tierkörper auf, Stiere und Kamele treiben an der Oberfläche; daher entstand das Gerücht, daß in ihm nichts versinke. In der Länge erstreckt er sich über 100 Meilen, mit seiner größten Breite füllt er 75, mit der geringsten sechs Meilen aus. Im Osten berührt ihn das von Nomaden bewohnte Arabien, im Süden Machairus, einst die zweite befestigte Stadt Iudäas nach Hierosolyma. An derselben Seite ist die warme Quelle Kallirrhoë von besonderer Heilwirkung, die schon mit ihrem Namen den Ruhm des Wassers anzeigt.

Ab occidente litora Esseni fugiunt usque qua nocent, gens sola et in toto orbe praeter ceteras mira, sine ulla femina, omni venere abdicata, sine pecunia, socia palmarum. in diem ex aequo convenarum turba renascitur, large frequentantibus, quos vita fessos ad mores eorum fortuna fluctibus agit. ita per saeculorum milia – incredibile dictu – gens aeterna est, in qua nemo nascitur. tam fecunda illis aliorum vitae paenitentia est! infra hos Engada oppidum fuit, secundum ab Hierosolymis fertilitate palmetorumque nemoribus, nunc alterum bustum. inde Masada castellum in rupe, et ipsum haud procul Asphaltite. et hactenus Iudaea est.

Iungitur ei latere Syriae Decapolitana regio, a numero oppidorum, in quo non omnes eadem observant. primum tamen Damascum epoto riguis amne Chrysorrhoa fertilem, Philadelphiam, Rhaphanam, omnia in Arabiam recedentia, Scythopolim, antea Nysam, a Libero Patre sepulta nutrice ibi Scythis deductis, Gadara, Hieromice praefluente, et iam dictum Hippon, Dion, Pellam aquis divitem, Garasam, Canatham. intercursant cinguntque has urbes tetrarchiae regnorum instar singulae, et regna contribuuntur: Trachonitis, Paneas, in qua Caesarea cum supra dicto fonte, Abila, Arca, Ampeloessa, Gabe.

Hinc redeundum est ad oram atque Phoenicen. fuit oppidum Crocodilon, est flumen. memoria urbium Dorum, Sycaminum. promunturium Car-

Im Westen weichen die Essener von den Küsten zurück,
soweit diese ungesund sind, ein einsamer und auf dem ganzen
Erdkreis vor allen anderen merkwürdiger Stamm, ohne jede
Frau, jeder Wollust abhold, ohne Geld und nur in Gesell-
schaft von Palmen. Er erneuert sich gleichmäßig Tag für Tag
durch die Menge der Neuankömmlinge, da viele dorthin
wandern, die das Schicksal durch seine Stürme als Lebens-
müde veranlaßt, ihre Sitten anzunehmen. So besteht ein
Stamm, bei dem niemand geboren wird, über Jahrhunderte
fort, was unglaublich scheint. So fruchtbar ist für jene der
Lebensüberdruß anderer! Unterhalb von ihnen lag die Stadt
Engada, die zweite nach Hierosolyma hinsichtlich der
Fruchtbarkeit und wegen der Palmenhaine, jetzt ist sie ebenfalls ein Schutthaufen. Darauf folgt die Festung Masada auf
einem Felsen, selbst auch nicht weit vom Asphaltsee. Und bis
hierher reicht Iudäa.

Damit ist an der Seite Syriens das Gebiet der Dekapolis
verbunden, ⟨benannt⟩ nach der Zahl der Städte, bei der aber
nicht alle übereinstimmen. Zuerst ⟨nennen sie⟩ jedoch Damaskos, das durch den bei der Bewässerung erschöpften Fluß
Chrysorrhoas fruchtbar ist, sodann Philadelpheia und Raphana, die alle nach Arabien hin liegen, ferner Skythopolis,
früher Nysa, nach der von Vater Liber begrabenen Amme
von den dort angesiedelten Skythen ⟨benannt⟩, Gadara mit
dem vorbeifließenden Hieromix und das schon genannte
[§ 71] Hippos, Dion, das wasserreiche Pella, Garasa und
Kanatha. Dazwischen und rund um die Städte liegen Tetrarchien, jede einem Königreiche gleich, und sie werden auch als
Königreiche gezählt: Trachonitis, Paneas, in welcher Caesarea mit der oben erwähnten Quelle [§ 71] liegt, Abila, Arka,
Ampeloessa und Gabe.

Von dort müssen wir wieder zur Küste und nach Phoinikien zurückkehren. Hier lag die Stadt Krokodeilon, ⟨jetzt⟩
ist dort ein Fluß. Die Erinnerung an die Städte Doron und

melum et in monte oppidum eodem nomine, quondam Acbatana dictum. iuxta Getta, Geba, rivus
Pacida sive Belus, vitri fertiles harenas parvo litori
miscens; ipse e palude Cendebia a radicibus Car-
meli profluit. iuxta colonia Claudii Caesaris Ptolemais, quae quondam Acce, oppidum Ecdippa, promunturium Album. Tyros, quondam insula prae-   76
alto mari DCC passibus divisa, nunc vero Alex-
andri oppugnantis operibus continens; olim partu
clara urbibus genitis Lepci, Utica et illa Romani
imperii aemula terrarumque orbis avida Carthagine, etiam Gadibus extra orbem conditis: nunc
omnis eius nobilitas conchylio atque purpura con-
stat. circuitus $\overline{\text{XVIIII}}$ est, intra Palaetyro inclusa;
oppidum ipsum XXII stadia obtinet. inde Sarepta
et Ornithon oppida et Sidon, artifex vitri Theba-
rumque Boeotiarum parens. a tergo eius Libanus   77
mons orsus MD stadiis Zimyram usque porrigitur,
quae Coeles Syriae cognominatur. huic par, interia-
cente valle, mons adversus Antilibanus obtenditur,
quondam muro coniunctus. post eum introrsus
Decapolitana regio praedictaeque cum ea tetrarchiae et Palaestines tota laxitas. in ora autem sub-   78
iecta Libano fluvius Magoras, Berytus colonia,
quae Felix Iulia appellatur, Leontos oppidum, flumen Lycos, Palaebyblos, flumen Adonis, oppida
Byblos, Botrys, Gigarta, Trieris, Calamos, Tripolis, quam Tyrii et Sidonii et Aradii obtinent, Ortho-

Sykaminon ⟨ist noch wach⟩. Es folgen das Vorgebirge Karmelon und auf dem Berg eine Stadt gleichen Namens, einstmals Akbatana genannt. Daneben liegen Getta und Geba, der Bach Pacida oder Belos, an dessen schmalem Ufer ein zur Glasherstellung geeigneter Sand vorkommt; der Bach selbst entspringt aus dem Sumpf Kendebia an den Ausläufern des Karmelon. Daneben liegen die Kolonie des Kaisers Claudius Ptolemaïs, die einst Akke hieß, die Stadt Ekdippa und das „Weiße" *[Album]* Vorgebirge. Tyros, einst eine durch einen sehr tiefen Meeresarm von 700 Schritten ⟨vom Festland⟩ getrennte Insel, ist jetzt aber durch die Belagerungswerke Alexanders damit verbunden; einst war sie wegen ihrer Gründungen berühmt, da sie die Städte Lepcis, Utica und Karthago, jene nach der Weltherrschaft strebende Nebenbuhlerin des Römischen Reiches, angelegt und auch Gades außerhalb des Erdkreises gegründet hatte: nun aber besteht ihr ganzes Ansehen in Muscheln und Purpur. Der Umfang beträgt 19 Meilen, wenn man Alt-Tyros *[Palaityros]* einbezieht; die Stadt selbst nimmt einen Raum von 22 Stadien ein. Weiterhin folgen die Städte Sarepta und Ornithon und Sidon, die Meisterin für die Glasherstellung und die Mutterstadt des boiotischen Thebai. In seinem Rücken beginnt der Berg Libanos und reicht über 1500 Stadien bis Zimyra, welches den Beinamen von Syria Koile trägt. Diesem gegenüber, nur durch ein Tal getrennt, erstreckt sich der gleich hohe Antilibanos, einst durch eine Mauer mit ihm verbunden. Dahinter befinden sich nach innen hin das Gebiet der Dekapolis und mit ihr die vorher erwähnten [§ 74] Tetrarchien und die ganze Weite Palästinas. An der Küste aber liegen am Abhang des Libanos der Fluß Magoras, die Kolonie Berytos, die Felix Iulia heißt, die Stadt Leontos, der Fluß Lykos, Alt-Byblos *[Palaibyblos]*, der Fluß Adonis, die Städte Byblos, Botrys, Gigarta, Trieris, Kalamos und Tripolis, welche die Bewohner von Tyros, Sidon und Arados innehaben, Orthosia, der Fluß

sia, Eleutheros flumen, oppida Zimyra, Marathos
contraque Arados, septem stadiorum oppidum et
insula ducentis passibus a continente distans, regio,
in qua supradicti desinunt montes, et interiacenti-
bus campis Bargylus mons.

Incipit hinc rursus Syria, desinente Phoenice. **XVIII**
oppida Carne, Balanea, Paltos, Gabala, promun-   79
turium, in quo Laodicea libera, Diospolis, Hera-
clea, Charadrus, Posidium. dein promunturium
Syriae Antiochiae. intus ipsa Antiochia libera, Epi
Daphnes cognominata, Oronte amne dividitur. in
promunturio autem Seleucia libera, Pieria appellata. super eam mons eodem quo alius nomine,   80
Casius. cuius excelsa altitudo quarta vigilia orientem per tenebras solem aspicit, brevi circumactu
corporis diem noctemque pariter ostendens. amb-
itus ad cacumen $\overline{XVIIII}$ p. est, altitudo per direc-
tum $\overline{IIII}$. at in ora amnis Orontes, natus inter
Libanum et Antilibanum iuxta Heliopolim, oppida
Rhosos et a tergo Portae, quae Syriae appellantur,
intervallo Rhosiorum montium et Tauri. in ora
oppidum Myriandros, mons Amanus, in quo oppidum Bomitae. ipse ab Syris Ciliciam separat.

Nunc interiora dicantur. Coele habet Apameam, **XIX**
Marsya amne divisam a Nazerinorum tetrarchia,   81
Bambycen, quae alio nomine Hierapolis vocatur,
Syris vero Mabog; ibi prodigiosa Atargatis, Graecis
autem Derceto dicta, colitur; Chalcidem cognomi-
natam Ad Belum, unde regio Chalcidena fertilis-

Eleutheros, die Städte Zimyra und Marathos und diesem gegenüber Arados, eine Stadt und eine Insel von sieben Stadien, 200 Schritte vom Festland entfernt, ein Gebiet, in dem die oben genannten Berge enden und nach dazwischenliegenden Ebenen der Berg Bargylos ⟨beginnt⟩.

Hier endet Phoinikien und Syrien fängt wieder an. Dort befinden sich die Städte Karne, Balaneia, Paltos, Gabala, das Vorgebirge, auf dem das freie Laodikeia liegt, Diospolis, Herakleia, Charadros und Poseidion. Darauf folgt das Vorgebirge des syrischen Antiocheia. Im Inneren wird das freie Antiocheia selbst, mit dem Beinamen „Bei Daphne" *[Epi Daphnes]* vom Fluß Orontes durchschnitten. Auf dem Vorgebirge aber liegt das freie Seleukeia, genannt Pieria. Oberhalb davon erhebt sich ein Berg mit dem gleichen Namen wie ein anderer, der Kasios. Auf dessen höchstem Gipfel erblickt man um die vierte Nachtwache die durch die Finsternis aufgehende Sonne, so daß er bei einer kurzen Wendung des Körpers Tag und Nacht zugleich zeigt. Der Aufstieg zum Gipfel beträgt 19 Meilen, die Höhe auf dem direkten Weg vier Meilen. An der Küste aber folgen der Fluß Orontes, der zwischen Libanos und Antilibanos nahe bei Heliopolis entspringt, die Städte Rhosos und im Rücken die Pässe *[Portae]*, die die „Syrischen" heißen, im Bereich zwischen den Bergen von Rhosos und dem Tauros. An der Küste liegen die Stadt Myriandros und der Berg Amanos, auf dem sich die Stadt Bomitai befindet. Er selbst trennt Kilikien von den Syrern.

Nun soll das Landesinnere beschrieben werden. In Koile findet man Apameia, das durch den Fluß Marsyas von der Tetrarchie der Nazeriner getrennt wird, und Bambyke, das mit einem anderen Namen Hierapolis, von den Syrern aber Mabog genannt wird; dort wird die seltsame Atargatis, von den Griechen aber Derketo geheißen, verehrt; ferner Chalkis mit dem Beinamen „Am Belos", wonach das fruchtbarste Gebiet Syriens, die Chalkidene den Namen hat, und Kyrrhos,

sima Syriae, et unde Cyrrestica Cyrrum, Azetas,
Gindarenos, Gabulenos, tetrarchias duas, quae
Tigranucomatae vocantur, Hemesenos, Hylatas,
Ituraeorum gentem et qui ex his Baethaemi vocantur, Mariamnitanos, tetrarchiam, quae Mammisea   82
appellatur, Paradisum, Pagras, Penelenitas, Seleu-
cias praeter iam dictam duas, quae Ad Euphraten et
quae Ad Belum vocantur, Cardytenses. reliqua
autem Syria habet, exceptis, quae cum Euphrate
dicentur, Arethusios, Beroeenses, Epiphanenses ad
Orontem, Laodicenos, qui Ad Libanum cogno-
minantur, Lysiados, Larisaeos, praeter tetrarchias
in regna discriptas barbaris nominibus XVII.

Et de Euphrate hoc in loco dixisse aptissimum   XX
fuerit. oritur in praefectura Armeniae Maioris Ca-   83
ranitide, ut prodidere ex iis, qui proxime viderunt;
Domitius Corbulo in monte Aga, Licinius Mucianus sub radicibus montis, quem Capoten appellant,
supra Zimaram $\overline{\text{XII}}$ p.; initio Pyxurates nominatus.
fluit Derzenen primum, mox Anaeticam, Armeniae
regiones a Cappadocia excludens. Dascusa abest a   84
Zimara $\overline{\text{LXXV}}$ p.; inde navigatur Sartonam $\overline{\text{L}}$,
Melitenen Cappadociae $\overline{\text{XXIIII}}$, Elegeam Armeniae X, acceptis fluminibus Lyco, Arsania, Arsano.
apud Elegeam occurrit ei Taurus mons nec resistit,
quamquam $\overline{\text{XII}}$ p. latitudine praevalens. Ommam
vocant inrumpentem, mox ubi perfregit, Euphra-
ten, ultra quoque saxosum et violentum. Arabiam   85
inde laeva, Orroeon dictam regionem, trischoena

wonach die Kyrrhestike ⟨benannt ist⟩, sowie die Bewohner
von Azas, Gindaros und Gabula, die beiden Tetrarchien, die
Tigranukomaten heißen, die Bewohner von Hemesa, die
Hylaten, der Stamm der Ituraier, und diejenigen von ihnen,
die Baithaimer heißen, die Bewohner von Mariamne, die
Tetrarchie, die Mammisea genannt wird, Paradeisos, Pagrai,
die Peneleniten, außer dem schon genannten [§ 79] zwei
weitere Seleukeia, die „Am Euphrat" und „Am Belos" heißen, und die Bewohner von Kardytos. Das übrige Syrien aber
enthält mit Ausnahme derer, die im Zusammenhang mit dem
Euphrat besprochen werden [83 ff.], die Bewohner von Arethusa, von Beroia, von Epiphaneia am Orontes, von Laodikeia, die den Beinamen „Am Libanos" führen, von Lysias
und von Larisa, außerdem noch 17 in Königreiche eingeteilte
Tetrarchien mit barbarischen Namen.

    Es wird sehr zweckmäßig sein, an dieser Stelle auch über den
Euphrat zu sprechen. Er entspringt in der Präfektur von
Karana in Armenia Maior, wie Gewährsleute, die ihn ganz an
seiner Quelle sahen, berichteten; nach Domitius Corbulo auf
dem Berg Aga, nach Licinius Mucianus am Fuße des Berges,
den sie Kapotes nennen, zwölf Meilen oberhalb von Zimara;
am Ursprung heißt er Pyxurates. Er fließt zuerst in die
Derzene, dann in die Anaïtis, wobei er die Gebiete Armeniens
von Kappadokien trennt. Daskusa ist von Zimara 75 Meilen
entfernt; von dort segelt man 50 Meilen nach Sartona, 34 in
die Melitene in Kappadokien, zehn nach Elegeia in Armenien,
nachdem er die Flüsse Lykos, Arsanias und Arsanos aufgenommen hat. Bei Elegeia tritt ihm das Tauros-Gebirge entge-
gen, hält ihn aber, obwohl es über eine Breite von zwölf
Meilen verfügt, nicht auf. Dort, wo er ⟨ins Gebirge⟩ ein-
dringt, nennen sie ihn Ommas, dort, wo er dann durchgebro-
chen ist, Euphrates; er ist aber auch dann noch voll Felsen und
reißend. Hierauf hat er Arabien zur Linken, im Ausmaß von
drei Schoinoi ein Gebiet, das das der Orrhoëner genannt

mensura, dextraque Commagenen, disterminat,
pontis tamen, etiam ubi Taurum expugnat, patiens.
apud Claudiopolim Cappadociae cursum ad occasum solis agit. primo hunc illic in pugna Taurus
aufert victusque et abscisus sibimet alio modo vin-
cit ac fractum expellit in meridiem. ita naturae
dimicatio illa aequatur, hoc eunte quo vult, illo
prohibente ire qua velit. a catarractis iterum navigatur. $\overline{XL}$ p. inde Commagenes caput Samosata.

Arabia supra dicta habet oppida: Edessam, quae
quondam Antiochia dicebatur, Callirrhoen, a fonte
nominatam, Carrhas, Crassi clade nobile. iungitur
praefectura Mesopotamiae, ab Assyriis originem
trahens, in qua Anthemusia et Nicephorium oppida. mox Arabes, qui Praetavi vocantur; horum
caput Singara. a Samosatis autem latere Syriae Marsyas amnis influit. Cingilla Commagenen finit,
Imeneorum civitas incipit. oppida adluuntur Epiphania et Antiochia, quae Ad Euphraten vocantur,
item Zeugma $\overline{LXXII}$ p. a Samosatis, transitu
Euphratis nobile. ex adverso Apameam Seleucus,
idem utriusque conditor, ponte iunxerat. qui
cohaerent Mesopotamiae, Rhoali vocantur. at in
Syria oppida Europum, Thapsacum ...; ... quondam, nunc Amphipolis, Arabes Scenitae. ita fertur
usque Suram locum, in quo conversus ad orientem
relinquit Syriae Palmyrenas solitudines, quae usque ad Petram urbem et regionem Arabiae Felicis
appellatae pertinent.

wird, und zur Rechten Kommagene, doch trägt er dort, wo er den Tauros bezwingt, eine Brücke. Bei Klaudiopolis in Kappadokien lenkt er seinen Lauf nach Westen. Hier trägt der von ihm überwundene und durchschnittene Tauros erstmals im Kampf den Sieg davon, überwältigt ihn auf andere Weise und drängt den Geschwächten nach Süden ab. So gleicht sich jener Streit der Natur aus, da der Fluß dorthin geht, wohin er will, der Berg ihn aber hindert, so zu gehen, wie er möchte. Von den Wasserfällen an wird er wieder schiffbar. Von dort ist Samosata, die Hauptstadt der Kommagene, 40 Meilen entfernt.

Das oben genannte Arabien [§ 65] hat folgende Städte: Edessa, das einst Antiocheia hieß, das nach einer Quelle benannte Kallirrhoë und Karrhai, bekannt durch die Niederlage des Crassus. Es ist mit der Präfektur von Mesopotamien verbunden, die ihren Ursprung von den Assyrern herleitet und in der die Städte Anthemusia und Nikephorion liegen. Dann folgen die Araber, die Prätaver heißen; ihre Hauptstadt ist Singara. An der Seite Syriens aber bei Samosata mündet der Fluß Marsyas. Mit Cingilla endet Kommagene, die Gemeinde der Imeneer beginnt. Die Städte Epiphaneia und Antiocheia mit dem Beinamen „Am Euphrat" liegen am Ufer, desgleichen Zeugma, 72 Meilen von Samosata entfernt, bekannt durch den Übergang über den Euphrat. Apameia auf der gegenüberliegenden Seite hatte Seleukos, der Gründer beider Städte, durch eine Brücke verbunden. Die ⟨Araber⟩, die mit Mesopotamien verbunden sind, heißen Rhoaler. In Syrien aber ⟨kennt man⟩ die Städte Europos und Thapsakos; ⟨es folgen⟩ einst..., jetzt Amphipolis, und die skenitischen Araber. So fließt der Euphrat weiter bis zum Ort Sura, bei dem er sich nach Osten wendet und die Palmyrenischen Wüsten Syriens verläßt, die bis zur Stadt Petra und dem Gebiet des sogenannten „Glücklichen Arabien" *[Arabia felix]* reichen.

Palmyra, urbs nobilis situ, divitiis soli et aquis   88
amoenis, vasto undique ambitu harenis includit
agros ac, velut terris exempta a rerum natura, pri-
vata sorte inter duo imperia summa Romanorum
Parthorumque est, prima in discordia semper
utrimque cura. abest ab Seleucia Parthorum, quae
vocatur Ad Tigrim, $\overline{\text{CCCXXXVII}}$ p., a proximo
vero Syriae litore $\overline{\text{CCIII}}$ et a Damasco $\overline{\text{XXVII}}$
propius.

Infra Palmyrae solitudines Thelendena regio est   89
dictaeque iam Hierapolis ac Beroea et Chalcis. ultra
Palmyram quoque ex solitudinibus his aliquid obtinet Hemesa, item Elatium, dimidio propior Petrae
quam Damascus. a Sura autem proxime est Philiscum, oppidum Parthorum ad Euphraten. ab eo
Seleuciam dierum decem navigatio, totidemque
fere Babylonem. scinditur enim Euphrates a Zeug-   90
mate $\overline{\text{DLXXXXIIII}}$ p. circa vicum Masicen et parte
laeva in Mesopotamiam vadit per ipsam Seleuciam
circaque eam praefluenti infusus Tigri; dexteriore
autem alveo Babylonem, quondam Chaldaeae caput, petit mediamque permeans, item quam Mo-
thrim vocant, distrahitur in paludes. increscit
autem et ipse Nili modo statis diebus, paulum diffe-
rens, ac Mesopotamiam inundat sole obtinente XX
partem Cancri. minui incipit in Virginem e Leone
transgresso, in totum vero remeat in XXVIIII parte
Virginis.

Sed redeamus ad oram Syriae, cui proxima est   XXII
Cilicia. flumen Diophanes, mons Crocodilus, Por-   91

Palmyra, eine durch Lage, Reichtum des Bodens und an-
mutige Gewässer berühmte Stadt, umschließt ihr Gebiet auf
allen Seiten in einem weiten Umkreis mit Sandwüsten und
wird gewissermaßen durch die natürliche Lage von den anderen Ländern abgeschieden, unabhängig zwischen den zwei
überaus mächtigen Herrschaftsbereichen der Römer und
Parther, wobei in einer Auseinandersetzung ⟨seine Beset-
zung⟩ für beide Parteien immer die erste Sorge bildet. Von
Seleukeia der Parther, welches das „Am Tigris" heißt, ist es
337 Meilen entfernt, von der nächsten Küste Syriens aber 203
Meilen und von Damaskos 27 Meilen weniger.

Unterhalb der Wüsten von Palmyra liegen das Gebiet von
Thelenda und die schon genannten Städte [§ 81 f.] Hierapolis,
Beroia und Chalkis. Hinter Palmyra nimmt auch Hemesa
etwas von diesen Wüsten ein, ebenso Elatium, um die Hälfte
näher bei Petra als Damaskos. Sehr nahe bei Sura aber liegt
Philiskon, eine Stadt der Parther am Euphrat. Von ihr nach
Seleukeia ist es eine Schiffsreise von zehn Tagen und von fast
ebenso vielen nach Babylon. Denn der Euphrat teilt sich 594
Meilen von Zeugma beim Dorf Masike, geht mit seinem
linken Arm durch Seleukeia selbst nach Mesopotamien und
fällt in den Tigris, der dort nahe vorbeifließt; mit dem rechten
Lauf aber strebt er nach Babylon, der einstigen Hauptstadt
von Chaldäa, und indem er mitten durch sie, wie auch durch
die Stadt, die sie Mothris nennen, fließt, verliert er sich in
Sümpfen. Er schwillt aber auch selbst an bestimmten Tagen
wie der Nil an, allerdings mit einem geringfügigen Unterschied, und überschwemmt Mesopotamien, wenn die Sonne
den 20. Grad des Sternbildes des Krebses einnimmt. Er
beginnt wieder zu fallen, wenn die Sonne vom Sternbild des
Löwen in das der Jungfrau übergeht, tritt aber ganz zurück,
wenn sie im 29. Grad der Jungfrau steht.

Doch kehren wir zur Küste Syriens zurück, der Kilikien
zunächst liegt. Dort befinden sich der Fluß Diophanes, der

tae Amani montis, flumina Androcus, Pinarus, Lycus, sinus Issicus, oppidum Issos, item Alexandria,
flumen Chlorus, oppidum Aegaeae liberum, amnis
Pyramus, Portae Ciliciae, oppida Mallos, Magirsos
et intus Tarsos, campi Alei, oppida Casyponis,
Mopsos liberum, Pyramo inpositum, Tyros, Ze-
phyrium, Anchiale; amnes Saros, Cydnos, Tarsum   92
liberam urbem procul a mari secans. regio Celende-
ritis cum oppido, locus Nymphaeum, Soloe Cilicii,
nunc Pompeiopolis, Adana, Cibyra, Pinare, Pedalie, Alae, Selinus, Arsinoe, Iotape, Dorion iuxtaque
mare Corycos, eodem nomine oppidum et portus
et specus. mox flumen Calycadnus, promunturium
Sarpedon, oppida Holmoe, Myle, promunturium
et oppidum Veneris, a quo proxime Cyprus insula.
sed in continente oppida Mysanda, Anemurium,   93
Coracesium, finisque antiquus Ciliciae Melas amnis. intus autem dicendi Anazarbeni, qui nunc Caesarea Augusta, Castabala, Epiphania, quae ante
Oenoandos, Eleusa, Iconium, Seleucia supra amnem Calycadnum, Tracheotis cognomine, ab mari
relata, ubi vocabatur Hermia. praeterea intus flumina Liparis, Bombos, Paradisus, mons Imbarus.

Ciliciae Pamphyliam omnes iunxere neglecta   XXIII
gente Isaurica. oppida eius intus Isaura, Clibanus,   94
Lalasis; decurrit autem ad mare Anemuri e regione
supra dicti. simili modo omnibus, qui eadem com-
posuere, ignorata est contermina illi gens Oma-
nadum, quorum intus oppidum Omana. cetera castella XLIIII inter asperas convalles latent.

Berg Krokodeilos, die Pässe *[Portae]* des Amanos-Gebirges,
die Flüsse Androkos, Pinaros und Lykos, die Bucht von
Issos, sowie Alexandreia, der Fluß Chloros, die freie Stadt
Aigaiai, der Fluß Pyramos, die kilikischen Pässe, die Städte
Mallos, Magirsos und im Inneren Tarsos, die Gefilde von
Aleion, die Städte Kasyponis, das freie Mopsos, das am
Pyramos liegt, Tyros, Zephyrion und Anchiale; die Flüsse
Saros und Kydnos, der die weit vom Meer liegende freie Stadt
Tarsos durchschneidet. Es folgen das Gebiet von Kelenderis
mit einer Stadt, der Ort Nymphaion, das kilikische Soloi,
jetzt Pompeiopolis genannt, Adana, Kibyra, Pinare, Pedalie,
Alai, Selinus, Arsinoë, Iotape, Dorion und direkt am Meer
Korykos, eine Stadt, ein Hafen und eine Höhle gleichen
Namens. Weiterhin der Fluß Kalykadnos, das Vorgebirge
Sarpedon, die Städte Holmoi und Myle, das Vorgebirge und
die Stadt der Aphrodite, von wo die Insel Kypros am näch-
sten liegt. Auf dem Festland aber liegen die Städte Mysanda,
Anemurion, Korakesion und der Fluß Melas, die alte Grenze
Kilikiens. Im Inneren aber sind zu erwähnen die Bewohner
von Anazarbos, das jetzt Caesarea Augusta heißt, Kastabala,
Epiphaneia, das früher Oinoandos genannt wurde, Elëusa,
Ikonion, Seleukeia, mit dem Beinamen Tracheotis, oberhalb
des Flusses Kalykadnos, etwas vom Meer entfernt, als es noch
Hermia hieß. Außerdem befinden sich im Inneren die Flüsse
Liparis, Bombos und Paradeisos, sowie der Berg Imbaros.

Alle Autoren haben Pamphylien mit Kilikien verbunden,
wobei sie den Stamm der Isaurer unerwähnt ließen. Dessen
Städte im Inneren sind Isaura, Klibanos und Lalasis; das Land
verläuft aber von der Gegend des oben erwähnten Anemurion [§ 93] bis zum Meer herab. Auf ähnliche Weise ist allen,
die darüber geschrieben haben, der jenem benachbarte Stamm
der Omanaden unbekannt, deren Stadt Omana im Inneren
liegt. Die übrigen 44 befestigten Siedlungen sind zwischen
rauhen Bergtälern verborgen.

Insident verticem Pisidae, quondam appellati So-   XXIV
lymi; quorum colonia Caesarea, eadem Antiochia.
oppida Oroanda, Sagalessos.

Hos includit Lycaonia, in Asiaticam iurisdictio-   XXV
nem versa, cum qua conveniunt Philomelienses,   95
Thymbriani, Leucolithi, Pelteni, Tyrienses. datur et
tetrarchia ex Lycaonia, qua parte Galatiae contermina est, civitatium XIIII, urbe celeberrima Iconio.
ipsius Lycaoniae celebrantur Thebasa in Tauro,
Hyde in confinio Galatiae atque Cappadociae. a
latere auteum eius super Pamphyliam veniunt Thra-
cum suboles Milyae, quorum Arycanda oppidum.

Pamphylia ante Mopsopia appellata est. mare   XXVI
Pamphylium Cilicio iungitur. oppida Side et in   96
monte Aspendum, Plantanistum, Perga; promunturium Leucolla, mons Sardemisus; amnes Eurymedon, iuxta Aspendum fluens, Catarractes, iuxta
quem Lyrnessus et Olbia; ultimaque eius orae Phaselis.

Iunctum mare Lycium est gensque Lycia, unde   XXVII
vastus sinus. Taurus mons, ab Eois veniens litori-   97
bus, Chelidonio promunturio disterminat, inmen-
sus ipse et innumerarum gentium arbiter; dextro
latere septentrionalis, ubi primum ab Indico mari
exsurgit, laevo meridianus et ad occasum tendens
mediamque distrahens Asiam, nisi opprimenti terras occurrerent maria. resilit ergo ad septentriones
flexusque inmensum iter quaerit, velut de industria
rerum natura subinde aequora opponente, hinc
Phoenicium, hinc Ponticum, illinc Caspium et

Auf dem Bergrücken siedeln die Pisiden, die einst Solymer geheißen haben; ihre Kolonie ist Caesarea, auch Antiocheia genannt. Städte sind Oroanda und Sagalessos.

Diese umschließt Lykaonien, das zum Gerichtsbezirk von Asia gehört, wohin auch die Bewohner von Philomelion, von Thymbrion, die Leukolithen, die Bewohner von Peltai und von Tyriaion kommen. Dazu zählt auch eine Tetrarchie aus dem Teil Lykaoniens, der Galatien benachbart ist, mit 14 Gemeinden, von denen Ikonion die berühmteste Stadt ist. Vom eigentlichen Lykaonien rühmt man Thebasa am Tauros und Hyde im Grenzgebiet von Galatien und Kappadokien. An seiner Seite aber oberhalb von Pamphylien kommen die Milyen, Nachkommen der Thraker, deren Stadt Arykanda ist.

Pamphylien wurde früher Mopsopien genannt. Das Pamphylische Meer ist mit dem Kilikischen verbunden. Städte sind Side und im Bergland Aspendon, Plantaniston und Perga; das Vorgebirge Leukolla, der Berg Sardemisos; Flüsse sind Eurymedon, der an Aspendon vorbeifließt, und Katarrhaktes, an dem Lyrnessos und Olbia liegen; und die letzte Stadt dieser Küste ist Phaselis.

Mit dem Pamphylischen ist das Lykische Meer verbunden und der Stamm der Lyker, von wo an eine weite Bucht beginnt. Der Berg Tauros, der von den Küsten im Osten kommt, begrenzt sie durch das Vorgebirge Chelidonion, selbst unermeßlich groß und Herr über unzählige Stämme; mit der rechten Flanke, wo er erstmals aus dem Indischen Meere aufsteigt, richtet er sich nach Norden, mit der linken strebt er nach Südwesten, und er würde Asien in der Mitte trennen, wenn nicht dem Überwältiger der Länder die Meere entgegenträten. Er springt also nach Norden zurück und legt in einem Bogen einen ungeheuren Weg zurück, wobei ihm die Natur gleichsam absichtlich in einem fort Wasserflächen entgegensetzt, hier das Phoinikische und das Pontische Meer,

Hyrcanium contraque Maeotium lacum. torquetur   98
itaque collisus inter haec claustra et tamen victor
flexuosus evadit usque ad cognata Ripaeorum
montium iuga, numerosis nominibus et novis, qua-
cumque incedit, insignis: Imaus prima parte dictus,
mox Emodus, Paropanisus, Circius, Cambades,
Pariades, Choatras, Oreges, Oroandes, Niphates,
Taurus atque, ubi se quoque exsuperat, Caucasus,
ubi brachia emittit subinde temptanti maria similis,
Sarpedon, Coracesius, Cragus, iterumque Taurus;
etiam ubi dehiscit seque populis aperit, Portarum   99
tamen nomine unitatem sibi vindicans, quae aliubi
Armeniae, aliubi Caspiae, aliubi Ciliciae vocantur.
quin etiam confractus, effugiens quoque maria,
plurimis se gentium nominibus hinc et illinc implet;
a dextra Hyrcanius, Caspius, a laeva Parihedrus,
Moschicus, Amazonicus, Coraxicus, Scythicus appellatus, in universum vero Graece Ceraunius.

In Lycia igitur a promunturio eius oppidum   XXVIII
Simena, mons Chimaera noctibus flagrans, He-   100
phaestium civitas, et ipsa saepe flagrantibus iugis.
oppidum Olympus ibi fuit, nunc sunt montana
Gagae, Corydalla, Rhodiapolis. iuxta mare Limyra
cum amne, in quem Arycandus influit, mons Masi-
cytus, Andria civitas, Myra, oppida Aperlae et
Antiphellos, quae quondam Habesos, atque in re-
cessu Phellos; dein Pyrrha, item Xanthus, a mari
$\overline{XV}$, flumenque eodem nomine; deinde Patara,
quae prius Pataros, et in monte Sidyma, promunturium Cragus. ultra par sinus priori; ibi Pinara et   101

dort das Kaspische und das Hyrkanische Meer und gegenüber
den Maiotischen See. So windet er sich zwischen diese Hindernisse eingezwängt durch und gelangt dennoch siegreich in
Krümmungen bis zu den verwandten Ketten der Ripäischen
Berge, bemerkenswert durch zahlreiche neue Namen, wohin
auch immer er gelangt: Auf seinem ersten Teil heißt er Imaos,
dann Emodos, Paropanisos, Kirkios, Kambades, Pariades,
Choatras, Oreges, Oroandes, Niphates, Tauros und dort, wo
er am höchsten aufragt, Kaukasos, wo er sich in Arme teilt, als
ob er die Meere anzugreifen versuchte, Sarpedon, Korakesios, Kragos und wieder Tauros; auch dort, wo er sich spaltet
und sich den Völkern öffnet, behauptet er dennoch seine
Einheit durch die Bezeichnung der Pässe *[Portae]*, die an der
einen Seite die Armenischen, an der anderen die Kaspischen
und an der dritten die Kilikischen genannt werden. Ja sogar
dort, wo er gebrochen auch vor den Meeren zurückweicht,
nimmt er auf beiden Seiten die zahlreichen Namen der
Stämme an; auf der rechten wird er Hyrkanios und Kaspios,
auf der linken Parihedros, Moschikos, Amazonikos, Koraxikos und Skythikos genannt, im ganzen aber auf griechisch
Keraunios.

In Lykien folgen also von seinem Vorgebirge ⟨Chelido-
nion⟩ an die Stadt Simena, der in den Nächten feuerspeiende
Berg Chimaira, die Gemeinde Hephaistion, selbst auch auf
häufig feuerspeienden Gipfeln. Dort lag die Stadt Olympos,
jetzt sind dort die Bergsiedlungen Gagai, Korydalla und
Rhodiapolis. Am Meer liegen Limyra mit einem Fluß, in den
der Arykandos mündet, der Berg Masikytos, die Gemeinde
Andria, Myra, die Städte Aperlai und Antiphellos, das einst
Habesos hieß, und in einem Winkel Phellos; darauf folgen
Pyrrha, sowie Xanthos, 15 Meilen vom Meer entfernt, und
ein Fluß gleichen Namens; ferner Patara, das früher Pataros
hieß, und auf einem Berg Sidyma, das Vorgebirge Kragos.
Weiterhin folgt eine der vorhergehenden gleiche Bucht; dort

quae Lyciam finit Telmesus. Lycia LXX quondam
oppida habuit, nunc XXXVI habet. ex his celeberrima praeter supra dicta Canas, Candyba, ubi lau-
datur Eunias nemus, Podalia, Choma praefluente
Aedesa, Cyaneae, Cadyanda, Lisa, Melanosco-
pium, Tlos, Telandrus. conprehendit in mediter-
raneis et Cabaliam, cuius tres urbes Oenoanda,
Balbura, Bubon. a Telmeso Asiaticum mare sive   102
Carpathium et quae proprie vocatur Asia. in duas
eam partes Agrippa divisit: unam inclusit ab oriente
Phrygia et Lycaonia, ab occidente Aegaeo mari, a
meridie Aegyptio, a septentrione Paphlagonia;
huius longitudinem $\overline{\text{CCCCLXXV}}$, latitudinem
$\overline{\text{CCCXX}}$ fecit. alteram determinavit ab oriente Armenia Minore, ab occidente Phrygia, Lycaonia,
Pamphylia, a septentrione provincia Pontica, a meridie mari Pamphylio, longam $\overline{\text{DLXXV}}$, latam
$\overline{\text{CCCXXV}}$.

    In proxima ora Caria est, mox Ionia, ultra eam   XXIX
Aeolis. Caria mediae Doridi circumfunditur, ad   103
mare utroque latere ambiens. in ea promunturium
Pedalium, amnis Glaucus, deferens Telmedium,
oppida Daedala, Crya fugitivorum, flumen Axon,
oppidum Calynda. amnis Indus, in Cibyratarum
iugis ortus, recipit LX perennes fluvios, torrentes
vero amplius centum. oppidum Caunos liberum,   104
dein Pyrnos, portus Cressa, a quo Rhodus insula
passuum $\overline{\text{XX}}$, locus Loryma, oppida Tisanusa, Paridon, Larymna, sinus Thymnias, promunturium
Aphrodisias, oppidum Hydas, sinus Schoenus, regio Bubassus. oppidum fuit Acanthus, alio nomine
Dulopolis. est in promunturio Cnidos libera, Triopia, dein Pegusa et Stadia appellata. ab ea Doris
incipit.

liegen Pinara und Telmesos, das Lykien abschließt. Lykien hatte einst 70 Städte, jetzt hat es 36. Davon sind die bedeutendsten außer den oben genannten Kanas, Kandyba, wo der Hain Eunias lobend erwähnt wird, Podaleia, Choma mit dem vorbeifließenden Aidesa, Kyaneai, Kadyanda, Lisa, Melanoskopion, Tlos und Telandros. Im Landesinneren umfaßt Lykien auch Kabalien, dessen drei Städte Oinoanda, Balbura und Bubon sind. Bei Telmesos beginnt das Asiatische oder Karpathische Meer und Asien im eigentlichen Sinne. Agrippa hat es in zwei Bereiche geteilt: den einen umschloß er im Osten mit Phrygien und Lykaonien, im Westen mit dem Ägäischen, im Süden mit dem Ägyptischen Meer und im Norden mit Paphlagonien; seine Länge bestimmte er mit 475 Meilen, die Breite mit 320 Meilen. Den anderen, 575 Meilen langen und 325 Meilen breiten Teil begrenzte er im Osten mit Armenia Minor, im Westen mit Phrygien, Lykaonien und Pamphylien, im Norden mit der Provinz Pontos und im Süden mit dem Pamphylischen Meer.

An der nächsten Küste liegt Karien, dann Ionien und jenseits davon die Aiolis. Karien, das auf beiden Seiten bis ans Meer reicht, umschließt die in der Mitte liegende Doris. Darin liegen das Vorgebirge Pedalion, der Fluß Glaukos, der den Telmedios mit sich herabführt, die Städte Daidala und Krya, ⟨eine Gründung⟩ von Flüchtlingen, der Fluß Axon und die Stadt Kalynda. Der Fluß Indos, der auf den Bergen von Kibyra entspringt, nimmt 60 nie versiegende Flüsse, aber mehr als 100 Wildbäche auf. Es folgen die freie Stadt Kaunos, dann Pyrnos, der Hafen Kressa – von da sind es 20 Meilen bis Rhodos –, der Ort Loryma, die Städte Tisanusa, Paridon und Larymna, die Bucht Thymnias, das Vorgebirge Aphrodisias, die Stadt Hydas, die Bucht Schoinos und das Gebiet Bubassos. Hier lag die Stadt Akanthos, mit anderem Namen Dulopolis. Auf einem Vorgebirge liegt das freie Knidos, das erst Triopia, dann Pegusa und Stadia hieß. Bei ihm beginnt die Doris.

Sed prius terga et mediterraneas iurisdictiones 105
indicasse conveniat. una appellatur Cibyratica; ipsum oppidum Phrygiae est. conveniunt eo XXV
civitates, celeberrima urbe Laodicea. imposita est
Lyco flumini, latera adluentibus Asopo et Capro,
appellata primo Diospolis, dein Rhoas. reliqui in eo
conventu, quos nominare non pigeat, Hydrelitae,
Themisones, Hierapolitae. alter conventus a Syn-
nade accepit nomen; conveniunt Lycaones, Ap-
piani, Eucarpeni, Dorylaei, Midaei, Iulienses et
reliqui ignobiles populi XV. tertius Apameam 106
vadit, ante appellatam Celaenas, deinde Ciboton.
sita est in radice montis Signiae, circumfusa Marsya, Obrima, Orba fluminibus in Maeandrum ca-
dentibus. Marsyas ibi redditur, ortus ac paulo mox
conditus. ubi certavit tibiarum cantu cum Apolline,
Aulocrene est; ita vocatur convallis, $\overline{X}$ p. ab Apamea Phrygiam petentibus. ex hoc conventu deceat
nominare Metropolitas, Dionysopolitas, Euphor-
benos, Acmonienses, Peltenos, Siblianos, reliqui
ignobiles VIIII.

Doridis in sinu Leucopolis, Hamaxitos, Eleus, 107
Etene; dein Cariae oppida Pitaium, Eutane, Hali-
carnasus. sex oppida contributa ei sunt a Magno
Alexandro: Theangela, Side, Medmassa, Uranium,
Pedasum, Telmisum. habitatur inter duos sinus,
Ceramicum et Iasium. inde Myndos et ubi fuit
Palaemyndus, Nariandos, Neapolis, Caryanda,
Termera, libera Bargylia et, a quo sinus Iasius,

Aber es mag besser sein, zuerst die Rückseite und die
Gerichtsbezirke im Landesinneren anzugeben. Einer heißt
der von Kibyra; die Stadt selbst gehört zu Phrygien. Dorthin
kommen 25 Gemeinden, wobei Laodikeia die berühmteste
Stadt ist. Sie liegt am Fluß Lykos, wobei der Asopos und der
Kapros ihre Seiten bespülen, und sie wurde zuerst Diospolis,
dann Rhoas genannt. Die übrigen in diesem Gerichtsbezirk,
die man für erwähnenswert halten mag, sind die Bewohner
von Hydrela, Themisonion und Hierapolis. Ein anderer
Gerichtsbezirk erhielt seinen Namen von Synnas; dort kommen die Lykaonen, die Bewohner von Appia, Eukarpeia,
Dorylaion, Midaion, Iulia und weitere 15 Völkerschaften
zusammen, die unbedeutend sind. Ein dritter Gerichtsbezirk
geht nach Apameia, das früher Kelainai, dann Kibotos genannt wurde. Es liegt am Fuße des Berges Signia und wird von
den Flüssen Marsyas, Obrimas und Orbas, die in den Maiandros münden, umströmt. Der Marsyas, der entsprungen und
bald wieder verschwunden war, kommt dort wieder zum
Vorschein. Dort, wo Marsyas mit Apollon im Flötenspiel
wetteifernd gekämpft hat, liegt Aulokrene; so heißt der Tal-
kessel, zehn Meilen von Apameia in der Richtung nach
Phrygien entfernt. Aus diesem Gerichtsbezirk sollte man die
Bewohner von Metropolis, Dionysopolis, Euphorbion, Ak-
moneia, Peltai und Siblia erwähnen, die übrigen neun sind
unbedeutend.
    In der Bucht der Doris liegen Leukopolis, Hamaxitos,
Elaius und Etene; darauf folgen die Städte Kariens Pitaion,
Eutane und Halikarnasos. Diesem sind von Alexander dem
Großen sechs Städte angeschlossen worden: Theangela, Side,
Medmassa, Uranion, Pedason und Telmison. Man wohnt
dort zwischen zwei Buchten, der von Keramos und der von
Iasos. Weiterhin folgen Myndos und ⟨die Stelle⟩, wo Alt-
Myndos *[Palaimyndos]* lag, Nariandos, Neapolis, Karyanda,
Termera, das freie Bargylia, und die Stadt Iasos, nach der die

oppidum Iasus. Caria interiorum nominum fama   108
praenitet. quippe ibi sunt oppida Mylasa libera,
Antiochia, ubi fuere Symmaethos et Cranaos oppida; nunc eam circumfluunt Maeander et Mor-
synus. fuit in eo tractu et Maeandropolis, est Eume-
nia, Cludro flumini adposita, Glaucus amnis, Lysias oppidum et Otrus, Berecyntius tractus, Nysa,
Trallis, eadem Euanthia et Seleucia et Antiochia
dicta; adluitur Eudone amne, perfunditur The-
baite. quidam ibi Pygmaeos habitasse tradunt.   109
praeterea sunt Thydonos, Pyrrha, Eurome, Hera-
clea, Amyzon, Alabanda libera, quae conventum
eum cognominavit, Stratonicea, Labrayndos, Ceramus, Troezene Phorontis. longinquiores eodem
foro disceptant Orthosienses, Alindenses, Euhip-
pini, Xystiani, Hydissenses, Apolloniatae, Trape-
zopolitae, Aphrodisienses liberi. praeter haec sunt
Coscinus, Harpasa, adposita fluvio Harpaso, quo
et Trallicon, cum fuit, adluebatur.

Lydia autem perfusa flexuosis Maeandri amnis   XXX
recursibus super Ioniam procedit, Phrygiae ab   110
exortu solis vicina, ad septentrionem Mysiae, meridiana parte Cariam amplectens, Maeonia antea appellata. celebratur maxime Sardibus in latere Tmoli
montis, qui antea Timolus appellabatur, conditis;
ex quo profluente Pactolo eodemque Chrysorrhoa
ac fonte Tarni a Maeonis civitas ipsa Hyde vocitata
est, clara stagno Gygaeo. Sardiana nunc appellatur   111
ea iurisdictio, conveniuntque in eam extra praedic-
tos Macedones Cadieni, Philadelphini et ipsi in
radice Tmoli Cogamo flumini adpositi Maeonii,

Bucht von Iasos benannt ist. Karien leuchtet durch den Ruhm
der Städtenamen im Inneren hervor. Denn dort liegen die
freie Stadt Mylasa und Antiocheia, wo sich einst die Städte
Symmaithos und Kranaos befanden; jetzt umfließen sie
Maiandros und Morsynos. In dieser Gegend lag auch Maiandropolis, dort ist auch Eumeneia, das am Fluß Kludros liegt,
der Fluß Glaukos, die Stadt Lysias und Otrus, der Landstrich
der Berekynten, Nysa und Tralleis, das auch Euantheia,
Seleukeia und Antiocheia genannt wurde; es wird vom Fluß
Eudon bewässert und vom Thebaites durchflossen. Manche
überliefern, daß dort die Pygmäen gewohnt haben. Außer-
dem liegen dort Thydonos, Pyrrha, Eurome, Herakleia,
Amyzon, das freie Alabanda, das diesem Gerichtsbezirk den
Namen gab, Stratonikeia, Labrayndos, Keramos und Troi-
zene Phorontis. Auf dem gleichen Marktplatz verhandeln die
etwas entfernten Bewohner von Orthosia, Alinda, Euhippe,
Xystis, Hydissos, Apollonia, Trapezopolis und die freien
Bewohner von Aphrodisias. Außer diesen gibt es dort Koski-
nos, Harpasa, das am Fluß Harpasos liegt, von dem auch das
Gebiet von Tralleis, als es noch bestand, bewässert wurde.
　　Lydien aber, das von den Windungen des Flusses Maiandros durchflossen wird, reicht über Ionien hinaus, ist im
Osten Phrygien, gegen Norden hin Mysien benachbart, mit
dem südlichen Teil umschließt es Karien, früher hieß es
Maionien. Es ist besonders durch das am Abhang des Berges
Tmolos, der früher Timolos genannt wurde, angelegte Sardeis
berühmt; nach dem daraus hervorfließenden Paktolos und
auch nach dem Chrysorrhoas und der Quelle Tarne wurde
die Gemeinde selbst von den Maioniern Hyde genannt, berühmt durch den Sumpf des Gyges. Dieser Gerichtsbezirk
wird noch jetzt als der von Sardeis bezeichnet, und außer den
genannten kommen bei ihr zusammen die makedonischen
Bewohner von Kadoi, die von Philadelpheia und selbst die am
Fluß Kogamos am Fuß des Tmolos wohnenden Maionier, die

Tripolitani, – iidem et Antoniopolitae Maeandro
adluuntur –, Apollonihieritae, Mysotimolitae et
alii ignobiles.

Ionia, ab Iasio sinu incipiens, numerosiore ambitu litorum flectitur. in ea primus sinus Basilicus,
Posideum promunturium et oppidum, Oraculum
Branchidarum, appellatum nunc Didymei Apollinis, a litore stadiis XX, et inde CLXXX Miletus,
Ioniae caput, Lelegeis antea et Pityusa et Anactoria
nominata, super LXXXX urbium per cuncta maria
genetrix nec fraudanda cive Cadmo, qui primus
prorsam orationem condere instituit. amnis Maeander, ortus e lacu in monte Aulocrene plurimisque
adfusus oppidis et repletus fluminibus crebris, ita
sinuosus flexibus, ut saepe credatur reverti; Apa-
menam primum pervagatur regionem, mox Eume-
neticam ac deinde Hyrgaleticos campos, postremo
Cariam, placidus omnesque eos agros fertilissimo
rigans limo, ad decumum a Mileto stadium lenis
inlabitur mari. inde mons Latmus, oppida Hera-
clea, montis eius cognominis Carice, Myuus, quod
primo condidisse Iones narrantur Athenis profecti,
Naulochum, Priene, in ora, quae Trogilia appellatur, Gaesus amnis, regio omnibus Ionibus sacra et
ideo Panionia appellata; iuxta fugitivis conditum,
uti nomen indicio est, Phygela; fuit et Marathesium
oppidum. supra haec Magnesia Maeandri cognomine insignis, Thessalica Magnesia orta. abest ab

von Tripolis – sie und die von Antoniopolis wurden von
Maiandros bespült –, die von Apollonos Hieron, von Mysotimolos und andere unbedeutende.

Ionien, das an der Bucht von Iasos beginnt, dehnt sich über
eine ziemlich große Zahl von Einbuchtungen an der Küste
aus. Die erste Bucht ist dabei die Basilische, dann folgen das
Vorgebirge und die Stadt Poseideion, die Orakelstätte der
Branchiden, die jetzt die des Apollon von Didyma heißt, 20
Stadien von der Küste, und 180 Stadien von dort Miletos, die
Hauptstadt Ioniens, früher Lelegeis, Pityusa und Anaktoria
genannt, Stammutter von über 90 Städten an allen Meeren
und auch der Erwähnung würdig durch ihren Bürger Kad-
mos, der als erster ungebundene Rede zu verfassen begann.
Der Fluß Maiandros, der aus dem Bergsee Aulokrene ent-
springt, an sehr vielen Städten vorbeifließt und zahlreiche
Flüsse aufnimmt, ist durch Krümmungen so gewunden, daß
man oft glaubt, er fließe zurück; zuerst strömt er durch das
Gebiet von Apameia, hierauf durch das von Eumeneia
und dann durch die Hyrgaletischen Gefilde, schließlich durch
Karien, sanft und all diese Felder mit sehr fruchtbarem
Schlamm befeuchtend, und gleitet dann zehn Stadien von
Miletos ruhig ins Meer. Weiterhin folgen der Berg Latmos,
die Städte Herakleia nach dem Beinamen dieses Berges das
Karische, und Myus, das die aus Athen gekommenen Ionier
zuerst gegründet haben sollen, Naulochon und Priene, und
an der Küste, welche die von Trogilion genannt wird, der
Fluß Gaisos, ein Gebiet, das allen Ioniern heilig ist und
deshalb Panionion heißt; daneben liegt das, wofür der Name
zum Beweis dient, von Flüchtlingen gegründete Phygela;
untergegangen ist die Stadt Marathesion. Oberhalb davon
folgt das durch den Beinamen „Am Maiandros" gekennzeich-
nete Magnesia, das vom thessalischen Magnesia abstammt. Es
ist von Ephesos 15 Meilen, von Tralleis noch um drei Meilen
weiter entfernt. Früher hieß es Thessaloche und Mandrolytia,

Epheso $\overline{XV}$ p., Trallibus eo amplius MMM. antea
Thessaloche et Mandrolytia nominata et litori adposita Derasidas insulas secum abstulit mari. intus
et Thyatira adluitur Lyco, Pelopia aliquando et
Euhippia cognominata. in ora autem matium
Ephesus, Amazonum opus, multis antea expetita
nominibus: Alopes, cum pugnatum apud Troiam
est, mox Ortygiae, Amorges. vocata et Zmyrna est,
cognomine Trachia, et Haemonion et Ptelea. attol-
litur monte Pione, adluitur Caystro, in Cilbianis
iugis orto multosque amnes deferente et stagnum
Pegaseum, quod Phyrites amnis expellit. ab his
multitudo limi est, qua terras propagat mediisque
iam campis Syrien insulam adiecit. fons in urbe
Callippia et templum Dianae conplexi e diversis
regionibus duo Selinuntes. ab Epheso matium
aliud Colophoniorum et intus ipsa Colophon, Ha-
leso adfluente. inde Apollinis Clarii fanum, Lebedos, fuit et Notium oppidum, promunturium Corynaeum, mons Mimas $\overline{CL}$ p. excurrens atque in
continentibus campis residens. quo in loco Magnus
Alexander intercidi planitiem eam iusserat $\overline{VII} \cdot D$
p. longitudine, ut duos sinus iungeret Erythrasque
cum Mimante circumfunderet. iuxta eas fuerunt
oppida Pteleon, Helos, Dorion, nunc est Aleon
fluvius, Corynaeum, Mimantis promunturium,
Clazomenae, Parthenie et Hippi, Chytrophoria appellatae, cum insulae essent. Alexander idem per
duo stadia continenti adnectit. interiere intus
Daphnus et Hermesia et Sipylum, quod ante Tantalis vocabatur, caput Maeoniae, ubi nunc est stagnum Sale. obiit et Archaeopolis, substituta Sipylo,

und da es an der Küste liegt, hat es die Derasidischen Inseln
mit sich ⟨vereint und⟩ dem Meer entzogen. Im Inneren wird
auch Thyateira, das einst die Beinamen Pelopia und Euhippia
geführt hat, vom Lykos bespült. An der Küste aber folgt die
Orakelstätte Ephesos, ein Werk der Amazonen, früher mit
zahlreichen Namen ausgestattet: Alope, als bei Troia gekämpft wurde, dann Ortygia und Amorge. Genannt wurde es
auch Zmyrna, mit dem Beinamen Tracheia, und Haimonion
und Ptelea. Es erhebt sich am Berg Pion und wird vom
Kaÿstros bespült, der auf den Hängen des Kilbis entspringt
und zahlreiche Flüsse und den Pegaseïschen Sumpf aufnimmt, den der Fluß Phyrites bewässert. Von diesen Zuflüs-
sen wird eine Menge Schlamm mitgeführt, wodurch er das
Land erweitert und schon mitten in den Feldern die Insel
Syrie einverleibt hat. In der Stadt befinden sich die Quelle
Kallippia und die beiden Selinunten, die den Tempel der
Artemis an verschiedenen Seiten umgeben. Nach Ephesos
folgen eine andere Orakelstätte der Bewohner von Kolophon
und im Inneren Kolophon selbst, an dem der Halesos vorbeifließt. Weiterhin folgen das Heiligtum des Apollon von Klaros und Lebedos, dort lag auch die Stadt Notion, das Vorgebirge Korynaion, der Berg Mimas, der 150 Meilen ins Meer
hinausläuft und sich in zusammenhängenden Ebenen ab-
flacht. Alexander der Große hatte befohlen, diese Ebene an
dieser Stelle in einer Länge von 7,5 Meilen zu durchstechen,
um zwei Buchten zu verbinden und Erythrai samt dem
Mimas durch Wasser zu umgeben. Daneben lagen die Städte
Pteleon, Helos und Dorion, jetzt befindet sich dort der Fluß
Aleon, Korynaion, das Vorgebirge des Mimas, Klazomenai,
Parthenie und die Hippoi, Chytrophorien genannt, als sie
noch Inseln waren. Derselbe Alexander verband sie durch
einen zwei Stadien ⟨langen Damm⟩ mit dem Festland. Im
Inneren sind Daphnus, Hermesia und Sipylon, das früher
Tantalis hieß, die Hauptstadt Maioniens, wo nun der See Sale

et inde illi Colpe et huic Libade. regredientibus
inde abest $\overline{XII}$ p., ab Amazone condita, restituta ab
Alexandro, in ora Zmyrna, amne Melete gaudens
non procul orto. montes Asiae nobilissimi in hoc
tractu fere explicant se: Mastusia a tergo Zmyrnae
et Termetis Olympi radicibus iunctus in Dracone
desinit, Draco in Tmolo, Tmolus in Cadmo, ille in
Tauro. a Zmyrna Hermus amnis campos secat et
nomini suo adoptat. oritur iuxta Dorylaeum, Phrygiae civitatem, multosque colligit fluvios, inter
quos Phrygem, qui nomine genti dato a Caria eam
disterminat, Hyllum et Cryon, et ipsos Phrygiae,
Mysiae, Lydiae amnibus repletos. fuit in ore eius
oppidum Temnos, nunc in extremo sinu Myrmeces
scopuli, oppidum Leucae in promunturio, quod
insula fuit, finisque Ioniae Phocaea. Zmyrnaeum
conventum magna pars et Aeoliae, quae mox dice-
tur, frequentat praeterque Macedones Hyrcani co-
gnominati et Magnetes a Sipylo. verum Ephesum,
alterum lumen Asiae, remotiores conveniunt Cae-
sarienses, Metropolitae, Cilbiani Inferiores et Su-
periores, Mysomacedones, Mastaurenses, Briulli-
tae, Hypaepeni, Dioshieritae.

Aeolis proxima est, quondam Mysia appellata, et
quae Hellesponto adiacet Troas. ibi a Phocaea As-
canius portus. dein fuerat Larisa, sunt Cyme, My-

liegt, zugrunde gegangen. Untergegangen ist auch Archaio-
polis, das an die Stelle von Sipylon getreten war, und Kolpe,
das jenes, und Libade, das Kolpe ⟨ersetzt hat⟩. Kehrt man
von hier wieder zurück, kommt man nach zwölf Meilen an
der Küste nach Zmyrna, das von einer Amazone gegründet
worden war und von Alexander wieder aufgebaut wurde, und
man erfreut sich an dem Fluß Meles, der nicht weit davon entspringt. Die berühmtesten Berge Asiens breiten sich fast nur
in dieser Gegend aus: Mastusia im Rücken von Zmyrna, und
der mit dem Fuß des Olympos verbundene Termetis endet
beim Drakon, der Drakon beim Tmolos, der Tmolos beim
Kadmos und jener beim Tauros. Von Zmyrna an durchquert
der Fluß Hermos die Gefilde und gibt ihnen seinen Namen.
Er entspringt bei Dorylaion, einer Gemeinde Phrygiens, und
nimmt viele Flüsse auf, darunter den Phryx, der, nachdem er
dem Stamm seinen Namen gegeben hat, diesen von Karien
scheidet, ferner den Hyllos und den Kryos, die selbst auch
durch die Flüsse Phrygiens, Mysiens und Lydiens verstärkt
werden. An der Mündung des Hermos lag die Stadt Temnos,
jetzt sind am äußersten Rande der Bucht die Myrmekischen
Klippen, die Stadt Leukai auf einem Vorgebirge, das früher
eine Insel war, und Phokaia, die Grenzstadt Ioniens. Den
Gerichtstag von Zmyrna besucht auch ein großer Teil Aio-
liens, von dem bald die Rede sein wird [§ 121], und außer den
Makedonen mit dem Beinamen Hyrkaner auch die Bewohner
von Magnesia am Sipylos. Nach Ephesos aber, dem anderen
Hauptort Asiens, kommen die ziemlich entfernten Bewohner
von Kaisareia, von Metropolis, die Anwohner des Unteren
und des Oberen Kilbos, die Mysomakedonen, die Bewohner
von Mastaura, Briulla, Hypaipa und Dios Hieron.

Das nächste Land ist die Aiolis, einst Mysien genannt, und
die Troas, die am Hellespontos liegt. Dort befindet sich
unweit von Phokaia der Hafen Askanios. Ferner hatte sich
Larisa dort befunden, dort liegen Kyme, Myrina, das sich

rina, quae Sebastopolim se vocat, et intus Aegaeae,
Attaleia, Posidea, Neon Tichos, Temnos. in ora
autem Titanus amnis et civitas ab eo cognominata.
fuit et Grynia, nunc tantum portus, olim insula
adprehensa, oppidum Elaea et ex Mysia veniens
Caicus amnis, oppidum Pitane, Canaitis amnis.
intercidere Canae, Lysimachea, Atarnea, Carene,   122
Cisthene, Cilla, Cocylium, Thebe, Astyre, Chrysa,
Palaescepsis, Gergitha, Neandros; nunc est Perperene civitas, Heracleotes tractus, Coryphas oppidum, amnes Grylios, Ollius, regio Aphrodisias,
quae antea Politice Orgas, regio Scepsis, flumen
Euenum, cuius in ripis intercidere Lyrnesos et
Miletos. in hoc tractu Ide mons et in ora, quae
sinum cognominavit et conventum, Adramytteos,
olim Pedasus dicta, flumina Astron, Cormalos,
Crianos, Alabastros, Hieros ex Ida; intus mons
Gargara eodemque nomine oppidum. rursus in   123
litore Antandros, Edonis prius vocata, dein Cim-
meris, Assos, eadem Apollonia; fuit et Palamedium
oppidum; promunturium Lectum disterminans
Aeolida et Troada. fuit et Polymedia civitas,
Chrysa et Larisa alia. Zminthium templum durat,
intus Colone intercidit. deportant Adramytteum
negotia Apolloniatae a Rhyndaco amne, Eresi, Mi-
letopolitae, Poemaneni, Macedones Asculacae, Po-
lichnaei, Pionitae, Cilices Mandacandeni, Mysi
Abretteni et Hellespontii appellati et alii ignobiles.

     Troadis primus locus Hamaxitus, dein Cebrenia   XXXIII
ipsaque Troas, Antigonia dicta, nunc Alexandria   124

Sebastopolis nennt, und im Inneren Aigaiai, Attaleia, Poseideia, die „Neue Mauer" *[Neon Teichos]* und Temnos. An der
Küste aber folgen der Fluß Titanos und die nach ihm benannte Gemeinde. Hier lag auch Gryneia, jetzt nur ein Hafen,
einst mit einer Insel verbunden, es folgen die Stadt Elaia und
der aus Mysien kommende Fluß Kaikos, die Stadt Pitane und
der Fluß von Kanai. Untergegangen sind Kanai, Lysimacheia,
Atarneia, Karene, Kisthene, Killa, Kokylion, Thebe, Astyre,
Chrysa, Alt-Skepsis *[Palaiskepsis]*, Gergitha und Neandros;
jetzt ist dort die Gemeinde Perperene, die Gegend von Herakleia, die Stadt Koryphas, die Flüsse Grylios und Ollios, das
Gebiet Aphrodisias, das früher „Staatsland" *[Politike Orgas]*
hieß, das Gebiet Skepsis, der Fluß Euenon, an dessen Ufern
Lyrnesos und Miletos untergegangen sind. In dieser Gegend
befindet sich der Berg Ide und an der Küste Adramytteos, das
der Bucht und dem Gerichtsbezirk den Beinamen gab, einst
Pedasos genannt, ferner sind dort die Flüsse Astron, Kormalos, Krianos, Alabastros und Hieros aus dem Ide; im Inneren
liegt der Berg Gargara und eine Stadt gleichen Namens.
Wieder an der Küste liegen Antandros, das früher Edonis,
dann Kimmeris genannt wurde, und Assos, auch Apollonia
genannt; dort befand sich auch die Stadt Palamedion; ferner
das Vorgebirge Lekton, das die Aiolis und die Troas trennt.
Dort war auch die Gemeinde Polymedia, Chrysa und ein
anderes Larisa. Der Tempel von Zminthe ist noch vorhanden,
im Inneren ist Kolone zugrunde gegangen. Nach Adramytteos bringen ihre Rechtshändel die Bewohner von Apollonia
am Fluß Rhyndakos, die von Eresos, Miletopolis, Poimanenon, die makedonischen Askulaken, die Bewohner von Po-
lichne, von Pionai, die kilikischen Bewohner von Mandakanda, die mysischen der Abrettene, die auch Hellespontier
genannt wurden, und andere unbedeutende.

　　Der erste Ort der Troas ist Hamaxitos, ferner Kebrenia und
Troas selbst, Antigoneia genannt, jetzt die römische Kolonie

colonia Romana, oppidum Nee, Scamander amnis
navigabilis et in promunturio quondam Sigeum
oppidum; dein portus Achaeorum, in quem influit
Xanthus Simoenti iunctus stagnumque prius fa-
ciens Palaescamander; ceteri Homero celebrati,
Rhesus, Heptaporus, Caresus, Rhodius, vestigia
non habent. Granicus diverso tractu in Propontida
fluit. est tamen, ut prius, Scamandria civitas parva
ac MM · D p. remotum a portu Ilium immune,
unde omnis rerum claritas. extra sinum sunt Rhoe- 125
tea litora, Rhoeteo et Dardanio et Arisbe oppidis
habitata. fuit et Achilleon oppidum, iuxta tumulum
Achillis conditum a Mytilenaeis et mox Athenien-
sibus, ubi classis eius steterat in Sigeo. fuit et Aean-
tion, a Rhodiis conditum in altero cornu, Aiace ibi
sepulto XXX stadiorum intervallo a Sigeo, et ipso
in statione classis suae. supra Aeolida et partem
Troadis in mediterraneo est, quae vocatur Teuthrania, quam Mysi antiquitus tenuere. ibi Caicus amnis iam dictus oritur. gens ampla per se, etiam cum
totum Mysia appellaretur. in ea Pioniae, Andera, 126
Idale, Stabulum, Conisium, Teium, Balce, Tiare,
Teuthranie, Sarnaca, Haliserne, Lycide, Parthe-
nium, Gambre, Oxyopum, Lygdamum, Apollonia
longeque clarissimum Asiae Pergamum, quod in-
termeat Selinus, praefluit Cetius profusus Pindaso
monte. abest haud procul Elaea, quam in litore
diximus. Pergamena vocatur eius tractus iurisdictio. ad eam conveniunt Thyatireni, Mossyni,

Alexandria, die Stadt Nee, der schiffbare Fluß Skamandros
und auf einem Vorgebirge einst die Stadt Sigeion; weiterhin
der Hafen der Achaier, in den der mit dem Simoeis vereinigte
Xanthos mündet und der Alt-Skamandros *[Palaiskaman-
dros]*, der vorher einen Sumpf bildet; die übrigen von Homer
gerühmten Flüsse Rhesos, Heptaporos, Karesos und Rhodios
haben keine Spuren hinterlassen. Der Granikos fließt aus
einer anderen Gegend in die Propontis. Es gibt aber doch
noch, wie früher, eine kleine Gemeinde Skamandreia und
2500 Schritte vom Hafen entfernt das abgabenfreie Ilion, von
dem der ganze Ruhm der Ereignisse ausging. Außerhalb der
Bucht befinden sich die Küsten von Rhoiteion, die mit den
Städten Rhoiteion, Dardaneion und Arisbe besiedelt sind.
Hier lag auch die Stadt Achilleion, die neben dem Grabmal
des Achilleus von den Bewohnern von Mytilene und dann
von den Athenern dort angelegt worden war, wo seine Flotte
an dem Vorgebirge Sigeion gestanden hatte. Hier befand sich
auch das Aianteion, das von den Rhodiern auf der anderen
Landspitze angelegt worden war, in einem Abstand von 30
Stadien von Sigeion, wo Aias gerade auf dem Standort seiner
Flotte begraben worden war. Oberhalb der Aiolis und eines
Teiles der Troas liegt im Landesinneren ⟨eine Landschaft⟩,
die Teuthranien heißt, welche die Myser von altersher inne-
hatten. Dort entspringt der schon genannte [§ 121] Fluß
Kaïkos. Der Stamm war an sich bedeutend, auch damals, als
das ganze Land Mysien genannt wurde. In diesem Lande
liegen Pioniai, Andeira, Idale, Stabulum, Konision, Teion,
Balke, Tiare, Teuthranie, Sarnaka, Haliserne, Lykide, Parthenion, Gambre, Oxyopon, Lygdamon, Apollonia und die bei
weitem berühmteste Stadt Asiens, Pergamon, welche der
Seleinos durchquert und an der der Keteios vorbeifließt, der
auf dem Berg Pindasos entspringt. Elaia, das wir bei der Küste
erwähnt haben [§ 121], ist nicht weit entfernt. Der Gerichtsbezirk dieser Gegend wird der von Pergamon genannt. Zu

Mygdones, Germeni, Hierocometae, Perpereni, Tiareni, Hierolophenses, Hermocapelitae, Attalenses, Pandenses, Apollonidenses aliaeque inhonorae civitates. a Rhoeteo Dardanium oppidum parvum abest stadia LXX. inde $\overline{\text{XVIII}}$ promunturium Trapeza, unde primum concitat se Hellespontus.

Ex Asia interisse gentes tradit Eratosthenes Solymorum, Lelegum, Bebrycum, Colycantiorum, Tripsedorum, Isidorus Arimos et Capreatas, ubi sit Apamea condita a Seleuco rege inter Ciliciam, Cappadociam, Cataoniam, Armeniam, et quoniam ferocissimas gentes domuisset, initio Dameam vocatam.

Insularum ante Asiam prima est in Canopico ostio Nili, a Canopo, Menelai gubernatore, ut ferunt, dicta; altera iuncta ponte Alexandriae, colonia Caesaris dictatoris, Pharos; quondam diei navigatione distans ab Aegypto, nunc e turri nocturnis ignibus cursum navium regens: namque fallacibus vadis Alexandria tribus omnino aditur alveis mari: Stegano, Posideo, Tauro. in Phoenicio deinde mari est ante Iopen Paria, tota oppidum, in qua obiectam beluae Andromedam ferunt, et iam dicta Arados; inter quam et continentem L cubita alto mari, ut auctor est Mucianus, e fonte dulcis aqua tubo coriis facto usque a vado trahitur.

Pamphylium mare ignobiles insulas habet, Cilicium ex quinque maximis Cyprum, ad ortum occasumque Ciliciae ac Syriae obiectam, quondam novem regnorum sedem. huius circuitum Timosthe-

XXXIV
128

XXXV
129

127

ihm zählen die Bewohner von Thyateira, die Mossyner, die Mygdonen, die Bewohner von Germe, Hierokome, Perperene, Tiare, Hierolophos, Hermokapeleia, Attaleia, Panda, Apollonis und andere unbedeutende Gemeinden. Von Rhoiteion ist die kleine Stadt Dardaneion 70 Stadien entfernt. Von dort folgt in 18 Meilen das Vorgebirge Trapeza, wo der Hellespontos erstmals zu strömen beginnt.

Eratosthenes berichtet, daß die Stämme der Solymer, Lelegen, Bebryken, Kolykantier und Tripseder aus Asien zugrunde gegangen sind, Isidoros meint, daß die Arimer und Kapreaten ⟨nicht mehr bestehen⟩, wo zwischen Kilikien, Kappadokien, Kataonien und Armenien von König Seleukos Apameia gegründet wurde, anfangs auch Dameia genannt, weil er die sehr wilden Stämme gezähmt hatte.

Die erste der Inseln vor Asien liegt an der Mündung des Nil bei Kanopos, benannt nach Kanopos, dem Steuermann des Menelaos, wie man sagt; eine zweite, Pharos, eine Kolonie des Diktators Caesar, ist durch eine Brücke mit Alexandreia verbunden; einst war sie eine Tagereise von Ägypten entfernt, jetzt lenkt sie von einem Turm aus durch nächtliche Feuer den Lauf der Schiffe: denn wegen der trügerischen Untiefen gelangt man nach Alexandreia überhaupt nur auf drei Fahrrinnen im Meer: Steganon, Poseideion und Tauron. Im Phoinikischen Meer liegt ferner vor Iope Paria, ganz in die Stadt einbezogen, auf der angeblich Andromeda dem Ungeheuer vorgeworfen wurde, und das schon erwähnte [§ 78] Arados; zwischen diesem und dem Festland wird, wie Mucianus berichtet, süßes Quellwasser durch eine aus Leder hergestellte Röhre aus einer Meerestiefe von 50 Ellen bis an die Oberfläche geleitet.

Das Pamphylische Meer hat nur unbedeutende Inseln, das Kilikische aber Kypros, eine von den fünf größten, die gegen Osten Syrien und gegen Westen Kilikien vorgelagert ist, einst Sitz von neun Königreichen. Timosthenes gab als seinen

nes $\overline{\text{CCCCXXVII}}$ · D p. prodidit, Isidorus
$\overline{\text{CCCLXXV}}$. longitudinem inter duo promunturia,
Clidas et Acamanta, quod est ab occasu, Artemido-
rus $\overline{\text{CLXII}}$ · D, Timosthenes $\overline{\text{CC}}$; vocatam antea
Acamantida Philonides, Cerastim Xenagoras et
Aspeliam et Amathusiam et Macariam, Astynomus
Crypton et Colinian. oppida in ea XV: Nea   130
Paphos, Palaepaphos, Curias, Citium, Corinaeum,
Salamis, Amathus, Lapethos, Soloe, Tamasos, Epi-
daurum, Chytri, Arsinoe, Carpasium, Golgoe.
fuere et Cinyria, Marium, Idalium. abest ab Ane-
murio Ciliciae $\overline{\text{L}}$. mare, quod praetenditur, vocant
Aulona Cilicium. in eodem situ Elaeusa insula est et
quattuor ante promunturium ex adverso Syriae
Clides rursusque ab altero capite Stiria, contra
Neam Paphum Hiera Cepia, contra Salamina Sala-
miniae. in Lycio autem mari Idyris, Telendos,   131
Attelebussa, Cypriae tres steriles et Dionysia, prius
Charaeta dicta; dein contra Tauri promunturium
pestiferae navigantibus Chelidoniae totidem; ab his
cum oppido Leucolla, Pactyae Lasia, Nymphais,
Macris, Megista, cuius civitas interiit. multae
deinde ignobiles, sed contra Chimaeram Dolichiste, Choerogylion, Crambusa, Rhoge, Xenagora
VIII, Daedaleon duae, Cryeon tres, Strongyle et
contra Sidyma Antiochi Glaucumque versus amnem Lagusa, Macris, Didymae, Melanoscope, Aspis et, in qua oppidum interiit, Telandria proxima-
que Cauno Rhodusa.

Sed pulcherrima est libera Rhodos, circuitu   XXXVI
$\overline{\text{CXXV}}$ aut, si potius Isidoro credimus, $\overline{\text{CIII}}$, habi-   132

Umfang 427,5 Meilen an, Isidoros 375 Meilen. Als Länge
zwischen den zwei Vorgebirgen Kleides und Akamas, das im
Westen liegt, nennt Artemidoros 162,5 Meilen, Timosthenes
200 Meilen; nach Philonides wurde die Insel früher Akamantis genannt, nach Xenagoras Kerastis, Aspelias, Amathusia
und Makaria, nach Astynomos Kryptos und Kolinia. Auf
dieser Insel liegen 15 Städte: Neu- und Alt-Paphos *[Nea
Paphos, Palaipaphos]*, Kurias, Kition, Korinaion, Salamis,
Amathus, Lapethos, Soloi, Tamasos, Epidauron, Chytroi,
Arsinoë, Karpasion und Golgoi. Es gab auch Kinyreia, Marion und Idalion. Von Anemurion in Kilikien ist sie 50 Meilen
entfernt. Das Meer, das sich vor ihr ausbreitet, nennt man den
„Kilikischen Graben" *[Aulon Cilicius]*. In der gleichen Gegend befindet sich die Insel Elaiusa und vor dem Vorgebirge
gegenüber von Syrien die vier Kleiden, vor der anderen
Landspitze hingegen liegt Steiria, gegenüber von Neu-Paphos liegen die „Heiligen Gärten" *[Hiera Kepia]*, gegenüber
von Salamis die Salaminien. Im Lykischen Meer aber liegen
Idyris, Telendos, Attelebussa, die drei öden Kyprien und
Dionysia, früher Charaita genannt; weiterhin befinden sich
gegenüber dem Vorgebirge des Tauros die für die Seefahrer
gefährlichen Chelidonien, ebenfalls drei an der Zahl; darauf
folgen Leukolla mit einer Stadt, die Paktyen Lasia, Nymphaïs, Makris und Megiste, deren Gemeinde zugrunde gegangen ist. Weiterhin sind viele unbedeutend, aber gegenüber
von Chimaira liegen Dolichiste, Choirogylion, Krambusa,
Rhoge, die acht Inseln des Xenagoras, die zwei vor Daidala,
die drei vor Krya, Strongyle und gegenüber von Sidyma die
Insel des Antiochos und zum Fluß Glaukos hin Lagusa,
Makris, die Didymen, Melanoskope, Aspis und Telandria,
auf der eine Stadt zugrunde gegangen ist, sowie Rhodusa,
ganz nahe bei Kaunos.

Die schönste aber ist die freie Insel Rhodos, mit einem
Umfang von 125 Meilen, oder, wenn wir eher dem Isidoros

tata urbibus Lindo, Camiro, Ialyso, nunc Rhodo.
distat ab Alexandria Aegypti $\overline{\text{DLXXXIII}}$, ut Isidorus tradit, ut Eratosthenes, $\overline{\text{CCCCLXVIIII}}$, ut
Mucianus $\overline{\text{D}}$, a Cypro $\overline{\text{CLXXVI}}$. vocitata est antea
Ophiusa, Asteria, Aethria, Trinacria et Ombria,
Petreessa, Atabyria ab rege, dein Macaria, Aithaloessa. Rhodiorum insulae Carpathus, quae mari   133
nomen dedit, Casos, Hagne, Eulimna, Nisyros,
distans a Cnido $\overline{\text{XV}}$ · D, Porphyris antea dicta, et
eodem tractu media inter Rhodum Cnidumque
Syme; cingitur $\overline{\text{XXXVII}}$ · D, portus benigne prae-
bet VIII. praeter eas circa Rhodum Cyclopis Stega-
non, Cordylusa, Diabatae IIII, Hymos, Chalce cum
oppido, Teutlusa, Narthecusa, Dimastos, Progne et
a Cnido Cisserusa, Therionarcia, Calydne cum
tribus oppidis, Notion, Istros, Mendeteros, et in
Arconneso oppidum Ceramus. in Cariae ora, quae
vocantur Argiae numero XX, et Hyetusa, Lepsia,
Leros. nobilissima autem in eo sinu Coos, ab Hali-   134
carnaso $\overline{\text{XV}}$ distans, circuitu $\overline{\text{C}}$, ut plures existi-
mant, Merope vocata, Cea, ut Staphylus, Meropis,
ut Dionysius, dein Nymphaea. mons ibi Prion; et
Nisyron abruptam illi putant, quae Porphyris antea
dicta est. hinc Caryanda cum oppido, nec procul ab
Halicarnaso Pidossus; in Ceramico autem sinu
Priaponesos, Hipponesos, Pserima, Lepsiman-
dus, Passala, Crusa, Pyrrhaethusa, Sepiusa, Melano
paulumque a continente distans, quae vocata est
Cinaedopolis, probrosis ibi relictis a rege Alexandro.

Ioniae ora Trageas et Corseas habet et Icaron, de   XXXVII
qua dictum est, Laden, quae prius Late vocabatur,   135

glauben, von 103 Meilen, besiedelt mit den Städten Lindos, Kameiros und Ialysos, jetzt mit Rhodos. Sie ist von Alexandreia in Ägypten 583 Meilen entfernt, wie Isidoros, 469, wie Eratosthenes, 500, wie Mucianus überliefert, von Kypros 176 Meilen. Früher ist sie Ophiusa, Asteria, Aithreia, Trinakria und Ombria, Petreessa, Atabyria nach einem König, ferner Makaria und Aithaloessa genannt worden. Die Inseln der Rhodier sind Karpathos, das dem Meer den Namen gegeben hat, Kasos, Hagne, Eulimna, Nisyros, das von Knidos 15,5 Meilen entfernt ist, früher Porphyris genannt, und in derselben Gegend mitten zwischen Rhodos und Knidos Syme; es hat einen Umfang von 37,5 Meilen und bietet gastlich acht Häfen an. Außer diesen liegen rings um Rhodos das „Versteck des Kyklopen", Kordylusa, die vier Diabaten, Hymos, Chalke mit einer Stadt, Teutlusa, Narthekusa, Dimastos und Progne und bei Knidos Kisserusa, Therionarkia, Kalydne mit drei Städten, Notion, Istros und Mendeteros, und auf Arkonnesos die Stadt Keramos. An der Küste Kariens liegen die, die Argien genannt werden, 20 an der Zahl, und Hyetusa, Lepsia und Leros. Die berühmteste Insel in dieser Bucht aber ist Koos, die von Halikarnasos 15 Meilen entfernt ist, mit einem Umfang von 100 Meilen, wie mehrere meinen, Merope genannt, – Kea, wie Staphylos, Meropis, wie Dionysios ⟨überliefert⟩ –, hierauf Nymphaia. Dort befindet sich der Berg Prion; und man glaubt, daß Nisyros, das früher Porphyris genannt wurde, von jener losgerissen wurde. Weiterhin Karyanda mit einer Stadt und nicht weit von Halikarnasos Pidossos; in der Bucht von Keramos aber liegen Priaponesos, Hipponesos, Pserima, Lepsimandos, Passala, Krusa, Pyrrhaithusa, Sepiusa, Melano und etwas vom Festland entfernt die sogenannte Kinaidopolis, weil dort vom König Alexander lasterhafte Menschen zurückgelassen worden waren.

An der Küste von Ionien liegen die Trageen und die Korseen und Ikaros, über das gesprochen wurde [§ 4, 68],

atque inter ignobiles aliquot duas Camelitas Mileto
vicinas, Mycalae Trogilias tres, Psilion, Argennon,
Sandalion, Samon liberam, circuitu $\overline{\text{LXXXVII}}$ · D
aut, ut Isidorus, $\overline{\text{C}}$. Partheniam primum appellatam
Aristoteles tradit, postea Dryusam, deinde Anthe-
musam; Aristocritus adicit Melamphyllum, dein
Cyparissiam, alii Parthenopen a nympha, Stepha-
nen. amnes in ea Imbrasus, Chesius, Hibiethes,
fontes Gigartho, Leucothea, mons Cercetius. adia-
cent insulae Rhypara, Nymphaea, Achillea.

Par claritate ab ea distat $\overline{\text{XCIIII}}$ cum oppido XXXVIII
Chios libera, quam Aethaliam Ephorus prisco no-   136
mine appellat, Metrodorus et Cleobulus Chiam a
Chione nympha, aliqui a nive, et Macrim et Pityu-
sam. montem habet Pelinnaeum, marmor Chium.
circuitu $\overline{\text{CXXV}}$ colligit, ut veteres tradidere, Isidorus $\overline{\text{VIIII}}$ adicit. posita est inter Samum et Lesbum,
ex adverso maxime Erythrarum. finitimae sunt Thal-   137
lusa, quam alii Daphnusam scribunt, Oenusa, Elaphitis, Euryanassa, Arginusa cum oppido. iam hae
circa Ephesum et quae Pisistrati vocantur Anthi-
nae, Myonessos, Diarrheusa, – in utraque oppida
intercidere –, Pordoselene cum oppido, Cerciae,
Halone, Commone, Illetia, Lepria, Aethre, Sphae-
ria, Procusae, Bolbulae, Pheate, Priapos, Syce, Melane, Aenare, Sidusa, Pele, Drymusa, Anhydros,
Scopelos, Sycusa, Marathusa, Psile, Perirrheusa
multaeque ignobiles. clara vero in alto Teos cum   138
oppido, a Chio $\overline{\text{LXXII}}$ · D, tantundem ab Erythris.

Lade, das früher Late genannt wurde, und zwischen einer Anzahl von unbedeutenden die beiden Kameliten, die Miletos benachbart sind, die drei Trogilien bei Mykale, Psilion, Argennon und Sandalion, ferner das freie Samos mit einem Umfang von 87,5 Meilen oder, wie Isidoros meint, von 100 Meilen. Aristoteles berichtet, daß es zuerst Parthenia, dann Dryusa, hierauf Anthemusa genannt wurde; Aristokritos fügt hinzu, daß es Melamphyllos, hierauf Kyparissia geheißen habe, andere nannten es Parthenope nach einer Nymphe und Stephane. Auf der Insel befinden sich die Flüsse Imbrasos, Chesios und Hibiethes, die Quellen Gigartho und Leukothea, der Berg Kerketios. In der Nähe liegen die Inseln Rhypara, Nymphaia und Achilleia.

Gleich an Berühmtheit ist das freie Chios mit einer Stadt 94 Meilen davon entfernt, das Ephoros mit einem altertümlichen Namen Aithalia nennt, Metrodoros und Kleobulos nennen es Chia nach einer Nymphe Chione, andere nach dem Schnee [chion], ferner Makris und Pityusa. Auf ihr findet man den Berg Pelinnaios und den ⟨bekannten⟩ Marmor von Chios. Die Insel weist einen Umfang von 125 Meilen auf, wie die alten Autoren überliefert haben, Isidoros aber fügt neun Meilen hinzu. Sie liegt zwischen Samos und Lesbos, Erythrai direkt gegenüber. Benachbart sind Thallusa, das andere Daphnusa schreiben, Oinusa, Elaphitis, Euryanassa und Arginusa mit einer Stadt. Die folgenden Inseln liegen schon rund um Ephesos und die, welche die des Peisistratos genannt werden, Anthinai, Myonnesos und Diarrheusa, – auf beiden sind die Städte untergegangen –, Pordoselene mit einer Stadt, die Kerkien, Halone, Kommone, Illetia, Lepria, Aithre, Sphairia, die Prokusen, die Bolbulen, Pheate, Priapos, Syke, Melane, Ainare, Sidusa, Pele, Drymusa, Anhydros, Skopelos, Sykusa, Marathusa, Psile, Perirrhëusa und viele unbedeutende. Berühmt aber ist auf dem hohen Meer Teos mit einer Stadt, von Chios 72,5 Meilen, von Erythrai ebensoweit ent-

iuxta Zmyrnam sunt Peristerides, Carteria, Alo-
pece, Elaeusa, Bacchium, Aspis, Psyra, Crommyo-
nesos Megale, ante Troada Ascaniae, Plateae tres,
dein Lamiae, Plitaniae duae, Plate, Scopelos, Gethone, Arthedon, Coele, Lagusae, Didymae.

Clarissima autem Lesbos, a Chio $\overline{LXV}$, Himerte   XXXIX
et Lasia, Pelasgia, Aegira, Aethiope, Macaria appel-   139
lata. fuit VIIII oppidis incluta: ex his Pyrrha hausta
est mari, Arisbe terrarum motu subversa, Antissam
Methymna traxit in se, ipsa VIIII urbibus Asiae in
$\overline{XXXVII}$ p. vicina. et Agamede obiit et Hiera;
restant Eresos, Pyrrha et libera Mytilene, annis MD
potens. tota insula circuitur, ut Isidorus, $\overline{CLXVIII}$,   140
ut veteres $\overline{CXCV}$. montes habet Lepetymnum,
Ordymnum, Macistum, Creonem, Olympum. a
proxima continente abest $\overline{VII} \cdot$ D p. insulae adposi-
tae Sandalium, Leucae V, ex iis Cydonea cum fonte
calido. Arginusae ab Aege $\overline{IIII}$ p. distant, dein
Phellusa, Pedna. extra Hellespontum adversa Sigeo
litori iacet Tenedus, Leucophrys dicta et Phoenice
et Lyrnesos; abest a Lesbo $\overline{LVI}$, a Sigeo $\overline{XII} \cdot$ D.

Impetum deinde sumit Hellepontus, et mare in-   XL
cumbit, verticibus limitem fodiens, donec Asiam   141
abrumpat Europae. promunturium id appellavimus Trapezam. ab eo $\overline{X}$ p. Abydum oppidum, ubi
angustiae VII stadiorum. deinde Percote oppidum
et Lampsacum, antea Pityussa dictum, Parium colonia, quam Homerus Adrastiam appellavit, oppidum Priapos, amnis Aesepus, Zelia, Propontis,

fernt. Bei Zmyrna liegen die Peristeriden, Kartereia, Alopeke, Elaiusa, Bakcheion, Aspis, Psyra und Krommyonesos Megale, vor der Troas die Askanien, die drei Plateen, ferner die Lamien, die beiden Plitanien, Plate, Skopelos, Gethone, Arthedon, Koile, die Lagusen und die Didymen.

Die berühmteste Insel aber ist Lesbos, von Chios 65 Meilen entfernt, auch Himerte und Lasia, Pelasgia, Aigeira, Aithiope und Makaria genannt. Sie war durch neun Städte bemerkenswert: von diesen wurde Pyrrha vom Meer verschlungen, Arisbe durch ein Erdbeben zerstört, Methymna, selbst neun Städten Asiens auf 37 Meilen entfernt, vereinigte Antissa mit sich. Auch Agamede ging zugrunde und Hiera; übriggeblieben sind Eresos, Pyrrha und das freie Mytilene, machtvoll über 1500 Jahre. Die ganze Insel hat einen Umfang von 168 Meilen, wie Isidoros, von 195 Meilen, wie die alten Autoren ⟨berichtet haben⟩. Man findet auf ihr die Berge Lepetymnos, Ordymnos, Makistos, Kreon und Olympos. Vom nächsten Festland ist sie 7,5 Meilen entfernt. In der Nähe liegen die Inseln Sandalion und die fünf Leuken, darunter Kydonea mit einer warmen Quelle. Die Arginusen sind von Aix vier Meilen entfernt, sodann folgen Phellusa und Pedna. Vor dem Ausgang des Hellespontos gegenüber der Küste von Sigeion liegt Tenedos, auch Leukophrys, Phoinike und Lyrnesos genannt; es ist von Lesbos 56, von Sigeion 12,5 Meilen entfernt.

Von da an hat der Hellespontos eine stärkere Strömung, und das Meer, das mit seinen Wogen die Schranke durchbricht, dringt ein, bis es Asien von Europa trennt. Dieses Vorgebirge haben wir Trapeza genannt (§ 127). Zehn Meilen davon liegt die Stadt Abydos, wo die Meerenge sieben Stadien breit ist. Darauf folgen die Stadt Perkote und Lampsakon, früher Pityussa genannt, die Kolonie Parion, die Homer Adrasteia genannt hat, die Stadt Priapos, der Fluß Aisepos, Zeleia, die Propontis, – so wird ⟨der Bereich⟩ genannt, wo

– ita appellatur, ubi se dilatat mare –, flumen Gra-
nicum, Artace portus, ubi oppidum fuit. ultra insu-   142
lam continenti iunxit Alexander, in qua oppidum
Milesiorum Cyzicum, ante vocitatum Arctonnesos
et Dolionis et Didymis, cuius a vertice mons Didy-
mus. mox oppida Placia, Artace, Scylace, quorum a
tergo mons Olympus, Mysius dictus, civitas
Olympena, amnes Horisius et Rhyndacus, ante
Lycus vocatus; oritur in stagno Artynia iuxta Mile-
topolim, recipit Maceston et plerosque alios, Asiam
Bithyniamque disterminans. ea appellata est Cro-   143
nia, dein Thessalis, dein Malianda et Strymonis. hos
Homerus Halizonas dixit, quando praecingitur
gens mari. urbs fuit inmensa Atussa nomine, nunc
sunt XII civitates, inter quas Gordiu Come, quae
Iuliopolis vocatur. in ora Dascylos, dein flumen
Gelbes et intus Helgas oppidum, quae Germanico-
polis, alio nomine Boos Coete, sicut Apamea, quae
nunc Myrlea Colophoniorum, flumen Echeleos,
antiquus Troadis finis et Mysiae initium. postea   144
sinus, in quo flumen Ascanium, oppidum Bryalion,
amnes Hylas et Cios cum oppido eiusdem nominis,
quod fuit emporium non procul accolentis Phrygiae, a Milesiis quidem conditum, in loco tamen,
qui Ascania Phrygiae vocabatur. quapropter non
aliubi aptius de ea dicatur.

    Phrygia, Troadi superiecta populisque a pro-   XLI
munturio Lecto ad flumen Echeleum praedictis,   145
septentrionali sui parte Galatiae contermina, meridiana Lycaoniae, Pisidiae, Mygdoniae, ab oriente

sich das Meer erweitert –, der Fluß Granikon, der Hafen Artake, wo sich eine Stadt befand. Jenseits davon hat Alexander mit dem Festland eine Insel verbunden, auf der die Stadt Kyzikos lag, ⟨eine Gründung⟩ der Bewohner von Miletos, früher Arktonnesos und Dolionis und Didymis genannt, an deren höchster Stelle sich der Berg Didymos befindet. Weiterhin die Städte Plakia, Artake und Skylake, in deren Rücken der Berg Olympos, genannt „der Mysische", liegt, die Gemeinde der Olympener, die Flüsse Horisios und Rhyndakos, der früher Lykos genannt wurde; dieser entspringt im Sumpf Artynia bei Miletopolis, nimmt den Makestos und mehrere andere Flüsse auf und trennt Asien und Bithynien. Bithynien hieß früher Kronia, dann Thessalis, dann Malianda und Strymonis. Die Bewohner nannte Homer Halizonen, weil der Stamm vom Meer umschlossen wird. Dort befand sich eine ungemein große Stadt namens Atussa, jetzt sind dort zwölf Gemeinden, unter ihnen Gordiu Kome, das Iuliopolis genannt wird. An der Küste folgen Daskylos, weiterhin der Fluß Gelbes und im Inneren die Stadt Helgas, die Germanikopolis, mit anderm Namen „Rinderbett" *[Boos Koite]* heißt, sowie Apameia, das jetzt Myrleia heißt, ⟨eine Gründung⟩ der Bewohner von Kolophon, und der Fluß Echeleos, die alte Grenze der Troas und der Beginn von Mysien. Danach folgen eine Bucht, in die der Fluß Askanion mündet, die Stadt Bryalion, die Flüsse Hylas und Kios mit einer Stadt gleichen Namens, die ein Handelsplatz des nahe benachbarten Phrygien war, zwar von den Bewohnern von Miletos gegründet, jedoch in einer Gegend, die das Askanien Phrygiens genannt wurde. Deshalb könnte darüber nirgends geeigneter gesprochen werden.

Phrygien, das hinter der Troas und den vom Vorgebirge Lekton bis zum Fluß Echeleos genannten Völkern liegt, grenzt in seinem nördlichen Teil an Galatien, im südlichen an Lykaonien, Pisidien und Mygdonien und berührt im Osten

Cappadociam attingit. oppida ibi celeberrima praeter iam dicta Ancyra, Andria, Celaenae, Colossae,
Carina, Cotiaion, Ceraine, Conium, Midaium.
sunt auctores transisse ex Europa Moesos et Brygos
et Thynos, a quibus appellentur Mysi, Phryges,
Bithyni.

Simul dicendum videtur et de Galatia, quae su-   XLII
perposita agros maiore ex parte Phrygiae tenet   146
caputque quondam eius Gordium. qui partem eam
insedere Gallorum Tolostobogii et Voturi et Ambi-
touti vocantur; qui Maeoniae et Paphlagoniae regionem, Trogmi. praetenditur Cappadocia a septentrione et solis ortu, cuius uberrimam partem
occupavere Tectosages ac Toutobodiaci. et gentes
quidem hae, populi vero ac tetrarchiae omnes numero XCXV. oppida Tectosagum Ancyra, Trog-
morum Tavium, Tolostobogiorum Pisinuus. prae-   147
ter hos celebres Attalenses, Arassenses, Comamen-
ses, Hydenses, Hieronenses, Lystreni, Neapolitani,
Oeandenses, Seleucenses, Sebasteni, Timonianen-
ses, Thebaseni. attingit Galatia et Pamphyliae Cabaliam et Milyas, qui circa Barim sunt, et Cyllani-
cum et Oroandicum Pisidiae tractum, item Lycaoniae partem Obizenen. flumina sunt in ea praeter
iam dicta Saggarium et Gallus, a quo nomen traxere
Matris Deum sacerdotes.

Nunc reliqua in ora. a Cio intus in Bithynia   XLIII
Prusa, ab Hannibale sub Olympo condita; inde   148
Nicaeam $\overline{XXV}$ p. interveniente Ascanio lacu. dein
Nicaea in ultimo Ascanio sinu, quae prius Olbia, et
Prusias, item altera sub Hypio monte. fuere Pytho-
polis, Parthenopolis, Coryphanta. sunt in ora am-

Kappadokien. Außer den schon genannten [§ 105 ff.] befinden sich dort die sehr berühmten Städte Ankyra, Andria, Kelainai, Kolossai, Karina, Kotiaion, Keraine, Konion und Midaion. Es gibt Autoren, ⟨die behaupten⟩, daß die Möser, Bryger und Thyner, nach denen die Myser, Phryger und Bithyner benannt sind, aus Europa eingewandert sind.

Es scheint ⟨am besten zu sein⟩, gleich auch über das dahinterliegende Galatien zu sprechen, das zu einem größeren Teil das Ackerland Phrygiens und auch dessen frühere Hauptstadt Gordion einnimmt. ⟨Die Völker⟩ der Gallier, welche dieses Land besetzt haben, heißen Tolostobogier, Voturer und Ambitouer; die, welche das Gebiet von Maionien und Paphlagonien ⟨bewohnten, heißen⟩ Trogmer. Gegen Norden und Osten erstreckt sich Kappadokien, dessen fruchtbarsten Teil die Tektosagen und Toutobodiaker eingenommen haben. Dies sind die Stämme; die Völkerschaften und Tetrarchien aber sind insgesamt 195 an der Zahl. Städte sind Ankyra bei den Tektosagen, Tavium bei den Trogmern und Pisinus bei den Tolostobogiern. Neben diesen sind berühmt die Bewohner von Attaleia, Arassa, Komama, Hyde, Hieron, Lystra, Neapolis, Oianda, Seleukeia, Sebaste, Timonion und Thebasa. Galatien berührt auch Kabalien in Pamphylien und das Gebiet der Milyen, die um Baris wohnen, und die Gegend von Kyllandos und Oroanda in Pisidien, sowie den Abschnitt Obizene in Lykaonien. Außer den schon erwähnten befinden sich in Galatien die Flüsse Sangarion und Gallos, von dem die Priester der Göttermutter den Namen haben.

Jetzt ⟨besprechen wir⟩ das übrige an der Küste. Von Kios aus im Inneren liegt in Bithynien Prusa, das von Hannibal am Fuße des Olympos gegründet worden ist; von dort nach Nikaia sind es 25 Meilen, da der See Askanios dazwischenliegt. Hierauf folgt in der innersten Bucht des Askanios Nikaia, das früher Olbia hieß, und Prusias, und ebenso ein anderes ⟨Prusias⟩, das am Fuße des Berges Hypios liegt. Dort lagen

nes Aesius, Bryazon, Plataneus, Areus, Aesyros, Geudos, qui et Chryssorrhoas, promunturium, in quo Megarice oppidum fuit. inde Craspedites sinus vocabatur, quoniam id oppidum velut in lacinia erat. fuit et Astacum, unde et ex eo Astacenus idem sinus; fuit et Libyssa oppidum, ubi nunc Hannibalis tantum tumulus. est in intimo sinu Nicomedia Bithyniae praeclara. Leucatas promunturium, quo includitur Astacenus sinus, a Nicomedia $\overline{\text{XXXVII}}$ · D p., rursusque coeuntibus terris angustiae pertinentes usque ad Bosporum Thracium. in his Calchadon libera, a Nicomedia $\overline{\text{LXII}}$ · D p., Procerastis ante dicta, dein Colpusa, postea Caecorum oppidum, quod locum eligere nescissent, VII stadiis distante Byzantio, tanto feliciore omnibus modis sede. ceterum intus in Bithynia colonia Apamena, Agrillenses, Iuliopolitae, Bithynion; flumina Syrium, Laphias, Pharnucias, Alces, Serinis, Lilaeus, Scopas, Hieros, qui Bithyniam et Galatiam disterminat. ultra Calchadona Chrysopolis fuit, dein Amycopolis, a qua nomen etiamnum sinus retinet, in quo portus Amyci. dein Naulochum promunturium, Estiae, templum Neptuni. Bosporus, D p. intervallo Asiam Europae iterum auferens, abest a Calchadone $\overline{\text{XII}}$ · D p., inde fauces primae $\overline{\text{VIII}}$ · DCCL p., ubi Spiropolis oppidum fuit. tenent oram omnem Thyni, interiora Bithyni.

Is finis Asiae est populorumque CCLXXXII, qui ad eum locum a fine Lyciae numerantur. spa

Pythopolis, Parthenopolis und Koryphanta. An der Küste sind die Flüsse Aisios, Bryazon, Plataneos, Areos, Aisyros und Geudos, der auch Chrysorrhoas genannt wurde, sowie das Vorgebirge, auf dem die Stadt Megarike lag. Danach wurde die Bucht Kraspedites genannt, weil diese Stadt wie auf einem Zipfel lag. Dort befand sich auch Astakon, wonach die gleiche Bucht auch „die von Astakon" hieß; dort lag auch Libyssa, wo sich jetzt nur das Grabmal des Hannibal befindet. In der innersten Bucht liegt Nikomedeia, eine berühmte Stadt Bithyniens. Das Vorgebirge Leukatas, durch das die Bucht von Astakon geschlossen wird, ist von Nikomedeia 37,5 Meilen entfernt, und da die Landmassen wieder zusammenrücken, reicht die Enge bis zum Thrakischen Bosporos. An ihr liegt das freie Kalchadon, von Nikomedeia 62,5 Meilen entfernt, früher Prokerastis genannt, dann Kolpusa, später die „Stadt der Blinden" *[Caecorum oppidum]*, weil ⟨die Erbauer⟩ es nicht verstanden hatten, den Platz auszuwählen, obwohl Byzantion sieben Meilen entfernt war, in einer in jeder Beziehung vorteilhafteren Lage. Außerdem befinden sich innen in Bithynien die Kolonie von Apameia, die Bewohner von Agrillon und Iuliopolis und Bithynion; sowie die Flüsse Syrion, Laphias, Pharnukias, Alkes, Serinis, Lilaios, Skopas und Hieros, der Bithynien und Galatien voneinander trennt. Jenseits von Kalchadon lag Chrysopolis, weiterhin Amykopolis, nach dem noch jetzt die Bucht, in welcher der Hafen des Amykos liegt, den Namen bewahrt. Weiterhin folgen das Vorgebirge Naulochon, Hestiai und ein Tempel des Poseidon. Der Bosporos, der wiederum Asien in einem Abstand von 500 Schritten von Europa trennt, ist von Kalchadon 12,5 Meilen, die erste Enge von dort 8750 Schritte entfernt, wo die Stadt Spiropolis lag. Die ganze Küste bewohnen die Thyner, das Innere die Bithyner.

Das ist das Ende von Asien, und ⟨die Zahl⟩ der Völker, die man von dieser Stelle bis zur Grenze Lykiens zählt, beträgt

tium Hellesponti et Propontidis ad Bosporum
Thracium CCXXXVIIII p. diximus. a Calchadone
Sigeum Isidorus CCCXXII · D p. tradit.

Insulae in Propontide ante Cyzicum Elaphonne-   XLIV
sus, unde Cyzicenum marmor, eadem Neuris et   151
Proconnesus dicta. sequuntur Ophiusa, Acanthus,
Phoebe, Scopelos, Porphyrione, Halone cum oppido, Delphacie, Polydora, Artacaeon cum oppido.
est et contra Nicomediam Demonnesos, item ultra
Heracleam adversa Bithyniae Thynias, quam bar-
bari Bithyniam vocant. est et Antiochia et contra
fauces Rhyndaci Besbicos, XVIII p. circuitu. est et
Elaea et duae Rhodusae, Erebinthote, Megale,
Chalcitis, Pityodes.

282. Als Entfernung des Hellespontos und der Propontis zum Thrakischen Bosporos haben wir 239 Meilen angegeben [§ 4, 76]. Isidoros rechnet von Kalchadon zum Sigeion 322,5 Meilen.

Inseln in der Propontis sind vor Kyzikos Elaphonnesos, woher der Marmor von Kyzikos kommt, auch Neuris und Prokonnesos genannt. Es folgen Ophiusa, Akanthos, Phoibe, Skopelos, Porphyrione, Halone mit einer Stadt, Delphakie, Polydora und die der Bewohner von Artake mit einer Stadt. Gegenüber von Nikomedeia liegt auch Demonnesos, ebenso jenseits von Herakleia nach Bithynien hin Thynias, das die Barbaren Bithynia nennen. Es gibt dort auch ein Antiocheia und gegenüber der Mündung des Rhyndakos Besbikos mit einem Umfang von 18 Meilen. Es gibt auch Elaia und die beiden Rhodusen, Erebinthote, Megale, Chalkitis und Pityodes.

ANHANG

ERLÄUTERUNGEN

1 Nach der Geographie Europas, die er in den Büchern 3 und 4 behandelt hat, beginnt Plinius mit der Beschreibung der Nordküste *Afrikas* [§ 1-46]. – Die griech. Siedler in Nordafrika nannten den Landstrich westl. des Nil Libyen [Libýē] nach dem in altägypt. Quellen erwähnten Stamm der Libu, der im Bereich der h. Kyrenaïka wohnte. Diese Bezeichnung wurde von den antiken Autoren auf den ganzen Erdteil übertragen; vgl. z. B. Pindar, Pyth. 9,8; Herodot II 16,2 u. a. – *Libysches Meer:* der Meeresteil zwischen der afrikanischen Nordküste und der Insel Kreta; vgl. Mela I 21ff.; II 119; Solinus 24,2; zur Herkunft dieser sonst nicht verwendeten Bezeichnung [Varro Atacinus frg. 19 Morel = frg. 16 Buechner] vgl. Sallmann 38f.; als Quelle des übrigen Einleitungsabschnittes kommt allerdings nur Varro Reatinus [frg. 9 Detlefsen] in Frage; vgl. Sallmann 144f.; 224 Anm. 83; 232 Anm. 99. – *endet mit Ägypten:* Als Ostgrenze von Libyen = Afrika wurde allgemein der Katabathmos [§ 38] angenommen; vgl. z. B. Sallust, Iug. 17,4; 19,3; Mela I 40. – *weniger Buchten;* vgl. Sallust, Iug. 17,4, der das Meer vor Nordafrika saevom und inportuosum [stürmisch und arm an Häfen] nennt. – *Namen … größtenteils unaussprechbar:* Die Bezeichnungen der fremden Völker und Siedlungen ließen sich von den Griechen und Römern oft nur schwer wiedergeben; vgl. z. B. Plinius, nat. hist. 3,7. 28 und 139; Mela III 15 u. a. – Die

einheimischen nomadisierenden Stämme legten als Stütz-
punkte *befestigte Orte* [castella] an, von denen sich z. B. allein
im Gebiet von Karthago 83 befanden [CIL X 6104]. Eine
Siedlungsform in Städten war weithin unbekannt; vgl. z. B.
Tacitus, Ann. II 52,2 [von den Musulamiern]: gens ... nullo
etiam tum urbium cultu [„ein Stamm, ... der auch damals
noch keinerlei städtisches Leben kannte." E. Heller].

2 *Mauretanien*, h. Marokko und Algerien. Zwei einheimische *Königreiche* waren 38 v. Chr. durch Bocchus II. [gest. 33
v. Chr.] vereinigt worden; vgl. Cassius Dio XLVIII 45,1ff.;
nach einer kurzen Besetzung durch die Römer überließ Kaiser Augustus 25 v. Chr. dem Numider Iuba II. [§ 16] die
Herrschaft als Ersatz für das verlorengegangene Numidien
[§ 22]; vgl. Cassius Dio LIII 26,2. Dessen Sohn Ptolemaios
[§ 11] schlug 24 n. Chr. mit röm. Hilfe den Aufstand des
Numiders Tacfarinas nieder; vgl. Tacitus, Ann. IV 23,1-26,2.
Wegen seines Reichtums wurde er von *Kaiser Gaius* = Caligula [37-41], dem *Sohn des Germanicus* [15 v. - 19 n. Chr.],
nach Rom gerufen und dort hingerichtet [40 n. Chr.]; vgl.
Cassius Dio LIX 25,1. Nach der Niederwerfung einer Erhe-
bung [vgl. § 11] wurde das Gebiet von Kaiser Claudius [41-
54] in *zwei Provinzen*, M. Tingitana im Westen und M.
Caesariensis im Osten, geteilt; vgl. Cassius Dio LX 9,5 –
Vorgebirge Ampelusia [zu griech. ámpelos – Weinstock], h.
Kap Spartel; vgl. Mela I 25; II 96; III 107; die einheimische
Bezeichnung lautete Kóteis vgl. Strabo XVII 3,2 [s. u. Kotte];
zur Quelle [Varro frg. 11 Detlefsen] s. Sallmann 224 Anm. 83;
233f. Anm. 102. – *Lissa*, wohl = Melissa [Melitta]; vgl. Peripl.
Hann. 5 – *Kotte*; vgl. Plinius, nat. hist. 32,15; wohl = Gutte;
vgl. Peripl. Hann. 5. Beide *Städte* waren alte phoinik. Gründungen, die z. Zt. des Plinius offenbar schon untergegangen
waren; vgl. §8. – *Säulen des Herakles*, h. Meerenge von
Gibraltar; vgl. Plinius, l.c. 3,4. – *Tingi⟨s⟩*, h. Tanger, eine
angebliche Gründung des Antaios [§3]; vgl. Mela I 26;

Solinus 24,1; Martianus Capella VI 666. *Kaiser Claudius*
erneuerte den Status einer *Kolonie* des Augustus [col. *Iulia*],
währen der Beiname *Traducta* [die „Hinübergeführte"] eigentlich der augusteischen Kolonie Ioza, h. Tarifa, in der
Hispania Baetica zukam, die von Kolonisten aus Zulil [s. u.]
und Tingi angelegt worden war; vgl. Strabo III 1,8; östl.
davon lag Tingentera [„das andere Tingi"], h. Algeciras, die
Heimatstadt des Pomponius Mela; vgl. II 96. – *Baelo*, h.
Bolonia, in der *Baetica*; vgl. Plinius, l.c. 3,7. – *30 Meilen*
[= 240 Stadien] = etwa 45 km; vgl. Solinus 24,1 und Martianus Capella VI 666 [33 Meilen]. – *25 Meilen* [= 200 Stadien] =
37 km. – *Iulia Constantia Zulil* [Zilil], h. Asilah, südwestl.
von Tanger; eine *Kolonie des Augustus*, angelegt nach dem
Tode des Bocchus [§ 19], die der *Recht*sprechung des Statthalters der *Baetica* unterstand. – *32 Meilen* = etwa 48 km; zu den
Zahlenangaben [Polybios] s. Sallmann 214. – *Lixos*, Ruinen
am rechten Ufer des gleichnamigen Flusses [§ 9], nördl. vom
h. El-Araïsch [Larache], eine *Kolonie* des Kaisers *Claudius*;
vgl. Solinus 24,3 [Lix]. – *die fabelhaftesten Geschichten*; vgl.
auch Plinius, l.c. 19,63. – Zur Quelle dieses Abschnittes s.
Münzer 392 und Sallmann 44 Anm. 27; 234 Anm. 103 [Kaiser
Claudius bzw. zeitgenössischer Militärbericht des Suetonius
Paulinus § 14].

3 Der Riese *Antaios*, ein Sohn des Poseidon und der Gaia,
pflegte alle Fremden zu einem Ringkampf zu nötigen und
dann zu töten; er war praktisch unbesiegbar, weil er, sooft er
den Boden, d. h. seine Mutter Erde berührte, neue Kräfte
gewann. Der von ihm zum Kampfe herausgeforderte *Herakles* hob ihn empor und erwürgte ihn in der Luft; vgl. Ovid,
Met. IX 183f.; Iuvenal III 86ff.; Mela III 106; Solinus 24,3
u. a. – *Gärten der Hesperiden*: Die Töchter des Atlas und der
Hesperis betreuten in einem Garten den Baum mit den
goldenen Äpfeln, den einst Gaia als Hochzeitsgeschenk für
Zeus und Hera hatte sprießen lassen; er wird vom hundert-

köpfigen *Drachen* Ladon bewacht. Herakles tötete den Drachen und holte die Äpfel, um sie seinem Auftraggeber Eurystheus zu bringen; vgl. Hesiod, Theog. 215ff.; Euripides, Herakl. 394ff.; Vergil, Aen. IV 484f.; Solinus 24,4; Martianus Capella VI 667 u. a. Beide Sagen waren ursprünglich in der Kyrenaïka beheimatet; die fortschreitende Erweiterung des geographischen Horizontes durch die griech. Siedler in Nordafrika verlegte die Sitze dieser mythischen Gestalten immer weiter nach Westen an den jeweils bekannten Rand der Oikumene, ohne allerdings die älteren Lokalisierungen vollkommen in Vergessenheit geraten zu lassen; vgl. § 31. – Der *Fluß* Lixos [§ 9] mündet nach zahlreichen Windungen [Plinius: *nach gewundenem Lauf*] ins *Meer*; vor seiner *Mündung* liegt eine niedrige, aber nie überflutete *Insel*, h. Jezira, mit ausgedehnten Hainen von *Ölbäumen*; vgl. Solinus 24,5f.

4 Plinius bemüht sich im allgemeinen um ein gutes Verhältnis zu den griech. Autoren, das sowohl vom nationalen als auch vom wissenschaftlichen Standpunkt aus vertretbar ist; vgl. Sallmann 176. Gelegentlich blickt er aber als echter Römer auf die Griechen herab und distanziert sich von ihnen; vgl. z. B. nat. hist. 3, 152. – *Fluß Lixos* s. § 9; zur gleichnamigen *Stadt* s. § 2. – *Karthago* s. § 24. – *diesem gegenüber*: Beide Städte liegen etwa auf derselben geographischen Breite, doch vgl. Peripl. Hann. 8 – *Tingi* s. § 2. – *Cornelius Nepos*, HRR II frg. 13 = frg. 50 Halm = frg. 22 Marshall. Er berichtete in seinen Exempla über allerlei Merkwürdigkeiten, der er z. T. aus griech. Quellen entnommen hatte; vgl. Münzer 39; Sallmann 124f. Anm. 92; 137 Anm. 34; 139. Plinius begegnet diesen Nachrichten oft mit einer gewissen Skepsis; vgl. l.c. 2, 169f.

5 *40 Meilen* [= 320 Stadien] = etwa 59 km. Für diese und die folgenden Entfernungsangaben benützte Plinius offenbar kein Itinerar, sondern scheint ungenaue, auf fünf oder zehn Meilen abgerundete, Angaben von einer Karte abgelesen zu haben; vgl. Sallmann 214. – *Lixos* s. § 2. – *Iulia Campestris Babba*, h. Henchir Birha bei Ouezzane, eine *Kolonie des Augustus*, deren Beiname [lat. campester – auf ebenem Feld] auf eine militärische Gründung hinzuweisen scheint. – *75 Meilen* = 600 Stadien] = etwa 111 km. – *Valentia Banasa*, h. Sidi Ali Bou Djenoun am rechten Ufer des Oued Sebou, ebenfalls eine *Kolonie* des Augustus [col. Iulia V. B.] – *35 Meilen* [= 280 Stadien] = etwa 52 km; die Entfernungsangaben treffen nicht zu, da die Ortsnamen offenbar vertauscht sind. – *Volubilis* [Volubile ist Adjektiv], h. Moulay Driss [Idriss], nordwestl. von Meknes; vgl. Mela III 107. Die Stadt liegt im Binnenland und ist vom Atlantischen Ozean etwa 100 km, vom Mittelmeer etwa 150 km entfernt. – *50 Meilen* [= 400 Stadien] = etwa 74 km. – *Fluß Sububus* [Subur], h. Oued Sebou. – *Sala*, h. Sale [Chella], nördl. von Rabat; zum gleichnamigen Fluß s. § 9 [Salat]; vgl. Solinus 24,7. – Zum Vorkommen von *Elefanten* in Mauretanien s. auch Aelian, nat. anim. X 1. – *Autololen*: mächtiger gätulischer Stamm an der Westküste Afrikas am Fuße des *Atlas* [§ 6]; vgl. Solinus 24,7; Lucanus IV 677 u. a. – Zur Quelle [zeitgenössischer Militärbericht] s. Sallmann 234 Anm. 103.

6 *Atlas*: Die große Gebirgskette, die das nördl. Afrika von Westen nach Osten durchzieht, wurde nach dem Titanen Atlas benannt, der das Himmelsgewölbe auf seinen Schultern trug; vgl. Homer, Od. I 52ff.; Aischylos, Prom. 348ff. u. a. Der westl. Atlas besteht aus drei Teilen: dem Anti-Atlas, der die Randerhebung der primären Sahara-Terrasse bildet, dem Hohen Atlas [Djebel Toubkal 4165 m], der die Hochebene von Marokko beherrscht, und dem Mittleren Atlas, der im Norden in regelmäßigen Falten ausläuft. Der Sahara-Atlas und der Tell-Atlas [„Hügel-Atlas"] im Osten umschließen das Hochland der Schotts [Salzsümpfe] in Algerien und Tunesien. Im Norden herrscht mediterranes Klima, daher gibt es in den Küstengebieten Obst-, Getreide- und Weinbau;

im Süden Übergang zum Trockenklima der Sahara mit Schaf-
und Ziegenzucht; vgl. die ähnlichen Beschreibungen Mela III
100ff.; Aelian, nat. anim. VII 2; Solinus 24,8; Martianus
Capella VI 667. Erstaunlich ist die Verkennung der Gestalt
des Atlas, der nach den antiken Beschreibungen in Nord-
Süd-Richtung verläuft und dann nach Osten abknickt. –
Sandwüsten: Die Sahara [arab. sahra – Wüste] erstreckt sich
auf einer Länge von über 5000 km und einer Breite von
1500 km vom Atlantischen Ozean im Westen bis zum Niltal im
Osten.

7 Zum poetischen Charakter dieser Beschreibung s. Sall-
mann 188; 224; vgl. auch Mela III 95; Solinus 24, 8.10.12;
Martianus Capella VI 667. – *Aigipane* [griech. aigípan –
„Ziegenpan"] *und Satyrn*. Es handelt sich offenbar um Pa-
viane; vgl. Plinius, nat. hist. 6, 197; Mela I 48; Solinus 31,6.
Die Angaben über den nächtlichen *Lärm* entstammen dem
Peripl. Hann. 14; vgl. §8. – *Herakles* s. §3. – *Perseus*, der
Sohn des Zeus und der Danaë, wollte aus Abenteuerlust das
Haupt der Gorgo Medusa holen, deren Anblick jedermann in
Stein verwandelte. Er traf die sterbliche Gorgo Medusa, die
mit ihren unsterblichen Schwestern Stheno und Euryale im
äußersten Westen der Erde an der Küste des Ozeans wohnte,
schlafend an. Da er beim Heranschleichen ihr Spiegelbild in
seinem blanken Schilde beobachtete, wurde er nicht verstei-
nert und konnte ihr so mit dem von Hermes zur Verfügung
gestellten gekrümmten Sichelschwert [hárpē] das Haupt ab-
schlagen. Der Verfolgung durch die rachedurstigen Schwestern entzog er sich durch eine ebenfalls von den Göttern
erhaltene Tarnkappe, die ihn unsichtbar machte; vgl. Hesiod,
Theog. 273ff.; Ovid, Met. IV 772ff. u. a. – Zur Quelle [Corne-
lius Nepos] s. Sallmann 68f.

8 *Hanno* s. unten S. 337ff.; über seine *Aufzeichnungen* vgl.
Plinius, nat. hist. 2, 169; Mela III 89f.; Solinus 24,15; Martianus Capella VI 621. – Zur Frage, ob Plinius diese Quelle

direkt eingesehen hat, oder ob die Benützung einer Zwischenquelle [Cornelius Nepos] anzunehmen ist, s. Sallmann 62; 68; 123f. und 179. – Zu den von Hanno gegründeten, später aber untergegangenen *Städten* s. Peripl. Hann. 2.5; vgl. Artemidoros bei Strabo XVII 3,8.

9 P. Cornelius *Scipio Aemilianus* Africanus minor wurde 149 v. Chr. als Militärtribun nach *Afrika* geschickt; vgl. Cicero, de re publ. VI 9ff. [somnium Scipionis]. Wegen seiner Tüchtigkeit in militärischen und diplomatischen Belangen wurde er schon 147 v. Chr. zum Konsul gewählt und leitete die Unternehmungen gegen Karthago, die 146 v. Chr. mit der völligen Zerstörung der Stadt und der Einrichtung der röm. Provinz Africa [§ 25] endeten. – *Polybios* XXXIV 15,7 Hultsch. Er lebte als Geisel im Hause des Scipio und unternahm 146/145 v. Chr. in dessen Auftrag eine Forschungsreise, die die Fahrt des Hanno [§ 8] wiederholen sollte. Der Bericht darüber ist vielleicht außerhalb des Geschichtswerkes erschienen; er wurde von Plinius durch eine Zwischenquelle benützt; vgl. Sallmann 68 Anm. 48f. – *Fluß Anatis*, h. Oum Er-Rbia. – *496 Meilen* = etwa 734 km; vgl. Solinus 24,12. Martianus Capella VI 668. Es handelt sich offenbar um die gesamte von Polybios zurückgelegte Wegstrecke, die sich über 16 Tagereisen von je 56 Meilen = 450 Stadien = etwa 83 km erstreckt hat. [A. Klotz]. Dafür müßte allerdings die überlieferte Zahl CCCCLXXXXVI = 496 Meilen in DCCCLXXXXVI = 896 Meilen = etwa 1326 km geändert werden. – *Fluß Lixos*, h. Oued Loukkos; zur gleichnamigen Stadt s. §2. – *Agrippa*, frg. 25 Riese = frg. 59 Klotz; vgl. Sallmann 185; 213f.; 234 Anm. 103. – *205 Meilen* = etwa 300 km; vgl. Solinus 24,11. – *Meerenge von Gades* = Straße von Gibraltar; vgl. Plinius, nat. hist. 3,4. – *112 Meilen* [= 900 Stadien] = etwa 166 km, vgl. Solinus 24,11. – *Bucht Sagigi*, h. die Küstenstrecke zwischen El-Araïsch [Larache] und Rabat; identisch mit dem sog. Emporikos Kolpos [„Handelsbucht"]

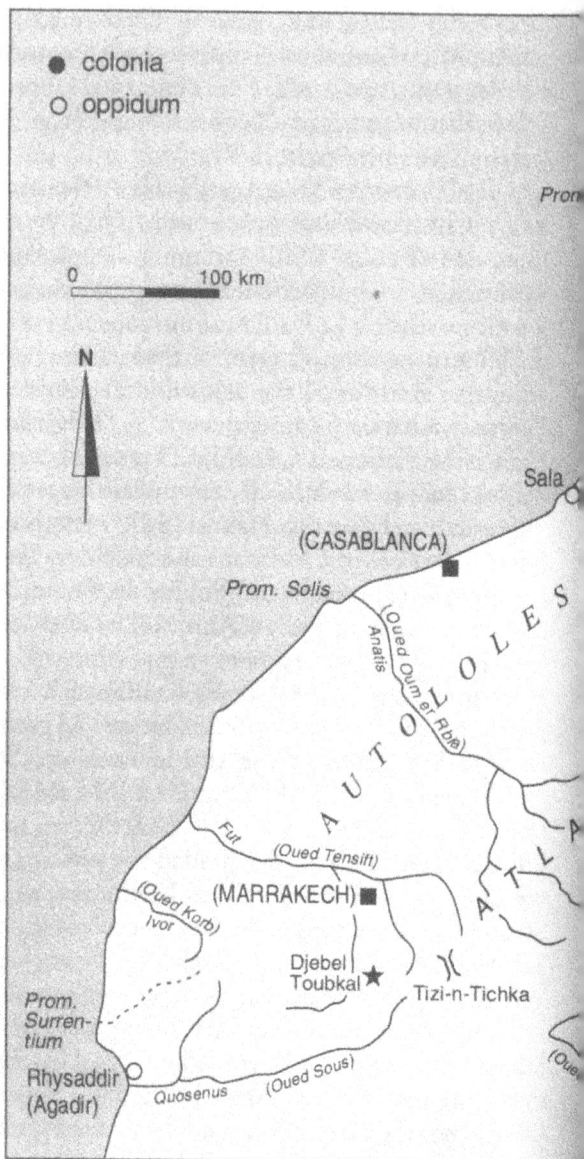

des

Malaca

Baelo

Abila
Mons

mpelusia

Tingis Tamuda

Zulil

Lixos

M A S A E S Y L I

Laud

Rhysaddir

Lixos
(Oued
Loukkos)

Banasa

Babba

Sububus
(Oued Sebou)

B A N I U R A E

Volubilis

(FÈS)

(Oued Bou Regreg)

Mulucha

(Oued Moulouya)

arou)

M O N S

Tizi-n-
Talghemt

Djebel
Ayachi

C A N A R I I

Ger

(Oued Guir)

(Oued Ziz)

ndâ)

© Artemis Verlag

bei Strabo XVII 3,2, was allerdings nur als handelsgeographische Bezeichnung zu verstehen ist. – *Mulelacha*, h. Moulay Bou Selham, südl. von El-Araïsch. – *Sububa* = Sububus s. § 5. – *Salat*, h. Oued Bou Regreg. – *224 Meilen* [= 1800 Stadien] = etwa 332 km. – *Hafen Rutubis*, beim h. Mazagan. – *Vorgebirge Solis* = Soloeis, h. Ras Beddouza [Kap Cantin], nördl. von Safi; vgl. Peripl. Hann. 3; Herodot II 32, 4; IV 43,4 u. a. Der Name Soloeis hat nichts mit lat. sol – Sonne zu tun, wie Plinius und Ptolemaeus IV 1,2 [Helíū óros] anzunehmen scheinen, sondern dürfte mit sem. sela – Fels zusammenhängen. – *Hafen Rhysaddir*, h. Safi. – *gätulische Autololen* s. § 5. – *Fluß Quosenus*, h. Oued Sous. – *Selatiter*: Anwohner des Flusses Salat [s. o.]. – *Masather*: Anwohner des *Flusses Masath*, h. Oued Massa. – *Fluß Darat*, h. Oued Drâa. – Das Vorkommen von *Krokodilen* in den Flüssen aus dem Atlas-Gebirge bezeugt auch Vitruv VIII 2,7. – Die verschiedenen Doppelerwähnungen [§ 5 und 9] beruhen auf dem Umstand, daß Plinius hier zwei verschiedene Quellen [Agrippa, Polybios] zu kontaminieren versucht hat; vgl. Sallmann 234 Anm. 103.

10 *616 Meilen* = etwa 912 km; gemeint ist die große *Bucht* zwischen Kap Ghir [Rhir] und Kap Juby; die angegebene Entfernung ist jedoch zu groß; vgl. Sallmann 214. – *Vorgebirge Surrentium*, h. Kap Ghir [Rhir], der westlichste Ausläufer des Hohen Atlas [Plinius: *Berg Braca*]. – *Fluß Salsus*, h. Saguia El-Hamra. – *Perorser* s. § 16. – *Pharusier* s. § 43. – *Daren*: *gätulischer* Stamm am Oberlauf des Darat [§ 9]. – *Daratiten*: *aithiopischer* d. h. dunkelhäutiger Stamm am Unterlauf des Darat [§ 9]. – *Fluß Bambotus*, h. Bambouk, ein Mündungsarm des Senegal; vgl. Solinus 24,14. – „*Götterwagen*" [griech. Theōn óchēma, wohl der h. Mt. Cameroun [4070 m, nach neuerer Messung 4095 m]; vgl. Peripl. Hann. 16. R. Hennig weist darauf hin, daß im Codex Palatinus 398 aus Heidelberg statt óchēma – Wagen auch óikēma – Woh-

nung gelesen werden könnte, so daß sich als Übersetzung
„Sitz, Wohnung der Götter" ergäbe; der Berg wird noch h.
von den Eingeborenen als Madungo Ma Loba – „Thron der
Götter" bezeichnet. Weitere Erwähnungen s. Plinius, nat.
hist. 2, 238; 6, 197; Mela III 94; Ptolemaeus IV 6,9. –
Vorgebirge des Hesperos [griech. hésperos – Abendstern, d. h.
Westen]: Aus allgemeinen Überlegungen wäre an den westlichen Punkt Afrikas, das Kap Verde [„grünes Vorgebirge"],
zu denken; vgl. Plinius, l.c. 2,237; 6,197. 199. 201; Mela III
99; Solinus 56,10; Martianus Capella VI 702; Ptolemaeus IV
6,2. Es handelt sich aber um ein Mißverständnis: Die Erwähnung im Peripl. Hann. 14, auf die alle späteren Nennungen
zurückgehen, spricht von keinem Vorgebirge, sondern meint
mit Hespérū Kéras [„Horn des Abendsterns"] eine große
Meeresbucht, h. Bucht von Bénin. – *Seereise von zehn Tagen
und Nächten*: etwa 2400 km. Über die durchschnittliche
Fahrleistung eines Segelschiffes macht Herodot IV 86,1f.
folgende Angaben: tagsüber 70000 Klafter = 700 Stadien =
etwa 130 km, nachts 60000 Klafter = 600 Stadien = etwa
110 km, das sind unter günstigsten Bedingungen etwa 240 km
pro Tag (Tag und Nacht zusammen).

11 Der *Freigelassene Aidemon* entfachte *unter Kaiser
Claudius* [41-54] 41 n. Chr. eine Erhebung *in Mauretanien*
[§ 2], um den Tod des *Königs Ptolemaios*, der von *Kaiser
Gaius* = Caligula [37-41] in Rom hingerichtet worden war [40
n. Chr.] zu rächen. Die Erhebung scheint vom Konsul M. Licinius Crassus Frugi rasch niedergeworfen worden zu sein;
vgl. Cassius Dio LX 8,6. Im folgenden Jahr [42 n. Chr.] kam
es zu neuerlichen Unruhen, und der röm. Anführer, der
Prätor C. Suetonius Paulinus [§ 14], gelangte auf seinen Zü-
gen bis zum *Atlas* [§ 6]; vgl. Cassius Dio LX 9,1. – Während
die Befehlshaber der kriegerischen *Unternehmungen* Mitglieder des *Senats* waren, handelte es sich bei den Statthaltern der
beiden neu eingerichteten Provinzen [§ 2] um *röm. Ritter.* –

Zur Quelle [röm. Militärbericht] s. Münzer 392; vgl. Sallmann 44 Anm. 27; 179; 234 Anm. 103.

12 *fünf ... Kolonien*: Tingi, Zulil, Lixos [§ 2.3]; Babba,
Banasa [§ 5]. – Zum Tadel an den *Männern des Ritterstandes*,
die vorgaben, *bis zum Atlas vorgedrungen zu sein* [§ 11] und
darüber zum eigenen Ruhm berichteten, s. Sallmann 180.
Unter Kaiser Claudius [41-54] gelangten griech. Freigelassene, die in den Ritterstand aufgenommen worden waren, zu
großem Einfluß und Reichtum; vgl. Plinius, nat. hist. 33,134f.
– Zu den Tischen mit Füßen aus *Elfenbein* vgl. Plinius, l.c.
12,5; Martial II 43,9; IX 22,5 u. a.; zu den kostspieligen
Möbeln aus *Zitrus*holz vgl. Plinius, l.c. 13,91ff.; Lucanus IV
424–430 u. a. – Die Zucht von *Purpurschnecken* an der Küste
des Atlantischen Ozeans hatte König Iuba II. [§ 16] organi-
siert; vgl. Plinius, l.c. 6,201; s. auch 9,127ff.; Mela III 104;
Solinus 26,1.

13 Im folgenden beruft sich Plinius auf die Aussagen von
Eingeborenen; vgl. Sallmann 179. – *150 Meilen* [= 1200 Sta-
dien] = 222 km. – *Salat* = Sala s. § 5. – *Fluß Asana* = Anatis s.
§ 9; vgl. Solinus 24,13. An der Mündung des h. Oum Er-Rbia
liegt ein bedeutender *Hafen*, h. Azemmour. – *Fluß Fut*, h.
Oued Tensift; vgl. Iosephus, ant. Iud. I 6,2 [Phoútēs]. – *Diris*:
einheimischer Name des Hohen Atlas, der noch h. von den
einheimischen Berbern Idrar-n-Deren genannte wird; vgl.
Strabo XVII 3,2 und Vitruv VIII 2,6 [Dyris]; Solinus 24,15
und Martianus Capella VI 667 [die dort überlieferte Form
Addirim geht auf eine falsche Worttrennung zurück]. – *200
Meilen* [= 1600 Stadien] = 266 km. – *Fluß Ivor*, h. Oued
Ksob, südl. von Essaouira. – Zum *Wein*bau in Mauretanien s.
Diodor III 68,2; zu den *Palmen* s. Plinius, nat. hist. 13,39; es
handelt sich um die Zwergpalme, Chamaerops humilis L.;
vgl. Solinus 24,11.

14 C. *Suetonius Paulinus* war 42 n. Chr. nach seinen erfolgreichen Unternehmungen in Mauretanien [§ 11] consul suffectus und 66 n. Chr. consul ordinarius; vgl. Tacitus, Ann. XVI 14,1; in dieses Jahr fällt auch sein Zusammentreffen mit Plinius. – Die Überquerung des Hohen *Atlas* [§ 6] im Winter 41/42 n. Chr. erfolgte wohl über den Paß Tizi-n-Talghemt [1907 m]; vgl. Solinus 24,15. – Der für den Atlas typische Baum ist die Atlas- oder Silberzeder, Cedrus atlantica [Endl.] Manetti ex Carr., die bis zu 40 m hoch wird. Die „*dünne Wolle*" ist eine Art von Flechte; vgl. Plinius, nat. hist. 13,91; Solinus 24,8; Martianus Capella VI 667. – Die *Gipfel* des Hohen Atlas sind fünf Monate im Jahr mit *Schnee bedeckt*; vgl. Solinus 24,10. – Zur Quelle [HRR II frg. 1] s. Münzer 392; Sallmann 144 Anm. 58.

15 *Zehn Tagemärsche* = etwa 300 – 400 km. – *Fluß Ger*, h. Oued Guir oder Saoura, der in der großen westlichen *Sandwüste* [Erg] versickert; vgl. Vitruv VIII 2,6 [Agger]. Daneben ist auch eine Steinwüste [Hamada] anzutreffen, aus der der Wind alles feine Bodenmaterial weggeweht hat. Sie ist dem westl. Zentralmassiv der Sahara [Hoggar oder Ahaggar], das vulkanischen Ursprungs ist, vorgelagert. Die einstigen Vulkane sind bis auf ihre Basaltschlote [Plinius: *verbrannte Felsen*], die vielfach völlig isoliert über ihre Umgebung emporragen, abgetragen worden [Blockmeere]; vgl. Solinus 24,14. – Die Tierwelt der Wüstengebiete beschreibt Strabo XVII 3,4 ganz ähnlich; vgl. Solinus 24,10; zu den *Schlangen* vgl. Mela III 100. – „*Hundefresser*" [Canarii, zu lat. canis – Hund]: Bewohner der Wüstengebiete östl. des Hohen Atlas. Sie gehören aber ebenso ins Reich der Fabel wie die Kynamolger in Libyen, die angeblich Hundeköpfe hatten; vgl. Plinius, nat. hist. 6,195; 8,104; Solinus 30,8. Offenbar liegt aber eine Verwechslung mit den Bewohnern der Fortunatae insulae, h. Kanarische Inseln, vor, die der mauretanischen Atlantikküste vorgelagert sind. Die größte dieser Inseln, h. Tenerife [Teneriffa], hieß in der Antike Canaria wegen der großen Zahl der

dort vorkommenden Hunde; vgl. Plinius, l.c. 6,205; Solinus
56,17; Martianus Capella VI 702.

16 *Aithiopien*: Ursprünglich Bezeichnung der Völker im
Südosten der Oikumene, wo die Sonne aufgeht und die Haut
der Eingeborenen dunkel gebrannt ist; vgl. z. B. Homer, Il. I
423; XXIII 206; Od. V 282 u. a. Als man später die dunkelhäutigen Nubier südl. von Ägypten kennenlernte, gab man
auch ihnen diesen Namen. – *Perorser*: nubischer Stamm in
den Wüstengebieten südl. des Darat [§ 9]; vgl. Plinius, nat.
hist. 6,195. – *Iuba* II., FGrH 275 frg. 42; vgl. Solinus 24,15; er
war nicht der *erste König über beide Mauretanien*, denn von
38-33 v. Chr. beherrschte Bocchus II. die vereinten Königreiche [§ 2]. Zu seiner schriftstellerischen Tätigkeit s. Verzeichnis der Quellenschriftsteller. Er war die Hauptquelle des
Plinius für die Beschreibung von Afrika; vgl. Münzer 411;
Sallmann 189. – *Ptolemaios* s. § 11. – *Euphorbea* s. Plinius, l.c.
25,77f.; 27,2. Es handelt sich um eine Pflanze der Gattung
Wolfsmilchgewächse [Euphorbiaceae], von der es ungefähr
7500 Arten gibt. In Frage kommen Euphorbia resinifera
Berger, Euphorbia officinarum L. var. beaumierana und Euphorbia antiquorum L., aus deren *Milchsaft* ein heilkräftiges
Harz [Euphorbion] gewonnen wurde; zur medizinischen
Anwendung s. Plinius, l.c. 25,78.143; 26,54.118; vgl. Solinus
24,9. Entdecker war der griech. *Arzt* Euphorbos, der Bruder
des Antonius Musa; dieser hatte den Kaiser Augustus von
schwerer Krankheit geheilt; vgl. Plinius, l.c. 19,126; 29,6;
Sueton, Aug. 59; 81,1; Cassius Dio LIII 30,3. Zur Schrift
Iubas über diese Pflanze s. Sallmann 86 Anm. 102.

17 Nach der Beschreibung des Bereichs westl. der Straße
von Gibraltar [§ 2-16] beginnt jetzt der Paraplus entlang der
Küste des Mittelmeeres gegen Osten; vgl. Sallmann 234. –
Provinz Tingitana: Die westl. der beiden mauretanischen
Provinzen mit der Hauptstadt Tingi [§ 2]. – *370 Meilen* = etwa
548 km; vgl. Sallmann 217 Anm. 58; die überlieferte Zahl

CLXX wäre viel zu kurz; vgl. Martianus Capella VI 668. –
Die nomadisierenden *Mauren*, die in zahlreiche *Stämme*
zerfielen, bewohnten das ganze westl. Nordafrika; vgl. Mela I
22. Ihre Herkunft ist unklar, denn die Angabe bei Sallust, Iug.
18,10 ist wertlos. In den Punischen Kriegen, aber auch in den
Auseinandersetzungen der Bürgerkriege hatten sie auf verschiedenen Seiten gekämpft und dadurch große Verluste
erlitten; vgl. Livius XXI 22,3; XXIII 26,11; XXIV 15,2;
Caesar, bell. Afr. 3,1; 6,3; 7,5; 83,3 u. a. Sie waren dunkelhäu-
tig [vgl. nhd. Mohr]. Die Form *Maurusier* war die in späterer
Zeit übliche Bezeichnung; vgl. Livius XXIV 49,5; Vergil,
Aen. IV 206 u. a. – Unter *Familien* sind die Sippenverbände
[vgl. engl. clans] zu verstehen; vgl. Sallust, Iug. 14,5.9; Mela I
42. – *Masäsyler*: libyscher Volksstamm im h. Tétouan; nicht
zu verwechseln mit den Massylern [§ 30]. Zu den dort vorkommenden giftigen Honigwaben vgl. Plinius nat. hist.
21,77. – *Baniuren*: *gätulischer Stamm* im Tal des Sububus
[Subur § 5] östl. von Banasa; vgl. Ammianus Marcellinus
XXIX 5,33 [Baiurae]. – *Autololen* s. § 5. – *Nesimer*: ein
Teilstamm, der sich offenbar nach Süden in die von den
Aithiopen [§ 16] bewohnten Wüstengebiete zurückgezogen
hatte.

18 Die *Ostseite* der Nordspitze von Marokko wird vom
300 km langen und 50 km breiten Rif-Gebirge eingenommen; höchste Erhebungen sind der Djebel Bouhalla [2170 m]
und der Djebel Tidighine [2456 m]. Zu den dortigen *Elefanten*, die ihr Verhalten nach den Mondphasen ausrichten, vgl.
Plinius, nat. hist. 8,2; Solinus 25,2. – *Berg Abila*, h. Mte. Acho
[198 m] beim h. Ceuta, die südl. der beiden „Säulen des
Herakles"; vgl. Plinius, l.c. 3,4; Mela I 27; II 95. Westl. davon
befinden sich die annähernd gleich hohen *„Sieben Brüder"*,
[Septem Fratres], h. Djebel Moussa [856 m]; vgl. Mela I 29;
Solinus 25,1; Martianus Capella VI 668. – *Inneres*, d. h.
Mittelländisches *Meer*. Hier beginnt der eigentliche Paraplus,

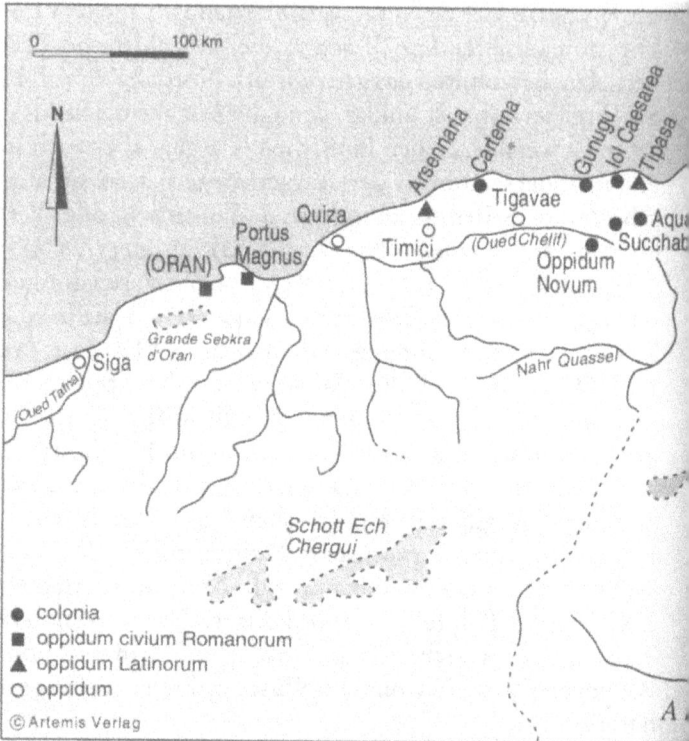

in dem aber auch andere, jüngere Notizen eingefügt sind, die hauptsächlich die Rechtsstellung der einzelnen Städte betreffen; vgl. Sallmann 233f. Anm. 102. – *Fluß Tamuda*, h. Oued Martel; vgl. Mela I 29 [Tumuada]; die Stadt an seinen Ufern ist das h. Tétouan. – *Fluß Laud*, h. Oued Laou. – *Rhysaddir*, h. Melilla, ein bedeutender *Hafen* an einem Vorgebirge, h. Cabo Tres Forcas [Cap des Trois Fourches]; zu einer gleichnamigen *Stadt* s. §9. – *Fluß Malvane*: Gemeint ist der erst später genannte Mulucha [§ 19].

19 *Siga*, Ruinen beim h. Takembrit, westl. von Oran; vgl. Mela I 29; Solinus 25,16. Dort befand sich die *Residenz des*

Map labels: (Algier), Rusguniae, Rustucurum, Rusazus, Nabar, Usar, (Oued Sébaou), Saldae, Igilgili, Tucca, (Oued Isser), (Oued Soummam), Tubusuptu, (Oued el-Kebir), (Oued Ampsaga), (Oued Sellam), — (CONSTANTINE), (Oued Seggane), (Oued Banka), Schott El Hodna, Tuben, Viscera, Tabudium, Miglis, Nigris, (Oued Djedi), Gemella, Schott Melrhir, THIOPES, Schott Mérouane

Syphax, der die verschiedenen Teilstämme der *Masäsyler* [§ 17] geeint hatte; vgl. Livius XXVIII 17,5; Martianus Capella VI 668. Im 2. Punischen Krieg stand Syphax zuerst auf der Seite der Römer; vgl. Livius XXIV 48,2; XXVII 4,5ff. Als er aber von Hasdrubal dessen Tochter Sophoni⟨s⟩ba zur Frau erhalten hatte, trat er zu den Puniern über; vgl. Livius XXIX 4,4; 23,3ff.; 28,7. Er versuchte vergeblich Frieden zu vermitteln, wurde aber von seinem Rivalen Masinissa [§ 22] besiegt und gefangen genommen; vgl. Livius XXX 8,3; Polybios XIV 7,9; Appian, Lib. 20,26; Ovid, Fasti VI 763 u. a. Nach einem Zusammentreffen mit dem Älteren Scipio wurde

er nach Rom gebracht und starb 201 v. Chr. in Gefangenschaft in Tibur; der Senat ließ ihn auf Staatskosten bestatten;
vgl. Livius XXX 13,1ff.; 16,1; 17,1, 45,2ff.; Valerius Maximus
V 1,1. – *Malaca*, h. Malaga; vgl. Plinius, nat. hist. 3.8. – *im
anderen Mauretanien*, d. h. in der Mauretania *Caesariensis*
[§ 20]. – *Bogud⟨es⟩*, ein Bruder des Bocchus II. [s. u.], beherrschte von etwa 50-44 v. Chr. den Westteil von Mauretanien. Nach Caesars Tod [44 v. Chr.] schlug er sich auf die
Seite des Antonius und wurde von den Caesarianern vertrie-
ben; gest. 31 v. Chr. – *Bocchus* II. herrschte erst nur über den
Ostteil von Mauretanien, dann ab 38 v. Chr. über das gesamte
Gebiet [§ 2]; gest. 31 v. Chr. – *„Großer Hafen"* [Portus
Magnus], Ruinen beim h. Arzew, östl. von Oran; vgl. Mela I
29. Die *Stadt* lag auf einer die Küstenebene beherrschenden
Anhöhe und wurde von *röm. Bürgern* bewohnt. – *Fluß
Mulucha*, h. Oued Moulouya; vgl. Sallust, Iug. 19,7 [Muluc-
cha]; Strabo XVII 3,6 [Molochath]; Mela I 29. Er bildete die
Grenze zwischen den beiden mauretanischen Provinzen; vgl.
Sallmann 233f. Anm. 102. Er wird hier von Plinius zu weit
nach Osten verlegt und ist mit dem Malvane [§ 18] identisch. –
Quiza, h. El-Benian am Oued Chéliff, östl. von Oran; vgl.
Mela I 31. Die Stadt war Municipium von *Peregrinen*, d. h.
Nichtbürgern. – *Cena*, h. Oued Mina, ein Nebenfluß des
Oued Chéliff. In einem Reisebericht des 15 Jhs. findet sich
noch die Bezeichnung Cen für das von diesem Flüßchen
durchflossene Gebiet. – *Arsennaria*, Ruinen beim h. Sidi Bou
Ras Taddert, west. von Ténès; vgl. Mela I 31 [Arsinna]. Die
Bewohner verfügten über *latinisches Bürgerrecht. – drei Mei-
len* = etwa 4,4 km.

20 *Cartenna*, h. Ténès; vgl. Mela I 31 [Cartinna]. Die
Kolonie wurde von Kaiser *Augustus* mit Veteranen der Legio
II Augusta aus Spanien angelegt. – *Gunugu*, Ruinen beim h.
Gouraya, west. von Cherchell. Die Gründung einer *Kolonie*
durch Veteranen einer *Prätorianerkohorte* ist selten. – *Vorge-*

birge des Apollon: In Frage kommt nur ein wenig markantes Kap bei Ténès. – *Caesarea*, h. Cherchell. Der alte punische Handelsplatz *Iol* wurde von *Iuba* II. [§ 16] unter dem Namen Caesarea zur Residenz und damit zu einer *sehr volkreichen Stadt* ausgebaut; vgl. Mela I 30 [Caesarea inlustris]; Eutropius VII 10,3 u. a. Nach der Ermordung des Ptolemaios [§ 11] wurde Caesarea die Hauptstadt der neuen Provinz Mauretania Caesariensis [§ 2] und unter Kaiser *Claudius Kolonie*; vgl. Solinus 25,16; zur Quelle [Suetonius Paulinus] s. Münzer 392; Sallmann 44 Anm. 27; 92. – „*Neustadt*" [Oppidum Novum], h. Aïn Defla [früher Duperré] im Tal des Oued Chéliff, südwestl. von Cherchell. Die Stadt wurde zwar von *Veteranen* gegründet, verfügte aber über keine weiteren Rechte. – *Tipasa*, h. Tipasa, östl. von Cherchell; ein Municipium mit *latinischem Recht*. – *Icosium*, h. Alger/Algier; vgl. Mela I 31. Der antike Name wurde mit griech. eíkosi = 20 zusammengebracht, den zwanzig Begleitern des Herakles, welche die Stadt gegründet haben sollen; vgl. Solinus 25,17; Ammianus Marcellinus XXIX 5,16. Seit *Kaiser Vespasianus* [69-79] verfügte die Stadt über latinisches Recht. – *Rusguniae*, Ruinen beim h. Bordj El-Bahri, östl. von Alger; vgl. Mela I 31 [Ruthisia]; eine *Kolonie des Augustus* [col. Iulia Pontificensis Clementia R.] mit Veteranen der Legio IX Gemella. – *Rusucurum* [Rusuccuru], h. Dellys, östl. von Alger; seit *Claudius* ein Municipium röm. *Bürger*. – *Rusazus*, h. Azeffoun, westl. von Bejaïa, eine *Kolonie des Augustus* mit Veteranen der Legio VII Macedonica [col. Iulia R. legionis VII immunis]. – *Saldae*, h. Bejaïa [früher Bougie], ebenfalls eine *Kolonie* des Augustus mit Veteranen derselben Legion [col. Iulia Augusta S. legionis VII immunis]. – *Igilgili*, h. Jijel, östl. von Bejaïa, ebenfalls eine augusteische *Kolonie*. – Zum Ganzen vgl. Martianus Capella VI 668.

21 *Tucca*, h. El-Milia an der Mündung des *Ampsaga* [s. u.]; eine weitere gleichnamige Stadt, h. Dougga, liegt in Tunesien im fruchtbaren Tal des Bagrada [§ 24]. – *Aquae* Calidae, Ruinen beim h. Hammam Righa, südwestl. von Alger, eine *Kolonie des Augustus*. – *Succhabar* [Zucchabar], h. Miliana, südl. von Alger, ebenfalls eine augusteische *Kolonie* [col. Iulia Augusta Z.] – *Tubusuptu* [Tubusuctu], h. Tiklat bei El-Kseur, südwestl. von Bejaïa, eine *Kolonie* des Augustus mit Veteranen der Legio VII Macedonica [col. Iulia Augusta T. legionis VII immunis]. – *Timici*, h. Sidi Bou Chaïb, südwestl. von Ténès. – *Tigavae*, h. Kherba am rechten Ufer des Oued Chéliff. – *Sardabal*, h. Oued Habra, ein Nebenfluß des nicht genannten Oued Chéliff. – *Aves*, h. Oued Harrach. – *Nabar*, h. Oued Hamiz; vgl. Mela I 31 [Sardabale … Aucus et Nabar]. Es handelt sich um eher unbedeutende Küstenflüsse östl. von Alger. – *Makureber*: einheimischer *Stamm* am Nordabhang des Tell-Atlas südl. von Alger. – *Fluß Usar*, h. Oued Isser, westl. von Dellys. – *Nababen*: einheimischer Stamm südwestl. von Bejaïa an den Hängen des mons Ferratus, h. Djebel Djurdjura; vgl. Ammianus Marcellinus XXIX 5,11. – *Fluß Ampsaga*, h. Oued El-Kebir; vgl. Mela I 30 [Ampsacus]; Solinus 26,1 [Amsiga]; er bildete die Grenze zwischen Mauretanien und Numidien [§ 22]; vgl. Sallmann 233f. Anm. 102. – *322 Meilen* = etwa 476 km; vgl. Martianus Capella VI 668; die Entfernung von *Caesarea* [§ 20] nach Westen zum Fluß Mulucha [§ 19] wird nicht angegeben. – *1038 bzw. 467 Meilen* = etwa 1536 bzw. 691 km; vgl. Martianus Capella VI 669. Bei der *Länge* handelt es sich um die West-Ost-Erstreckung, bei der *Breite* um die Nord-Süd-Richtung; vgl. Sallmann 208f. Anm. 35. Die Maße stammen von Agrippa, frg. 36 Klotz und stellen abgerundete Stadienmaße dar: 1038 Meilen = 8300 Stadien, 467 [eher 462] Meilen = 3700 Stadien; sie werden von den Exzerptoren z. T. fehlerhaft übernommen; vgl. Divisio 26 [Länge 1130 Meilen, Breite 462 Meilen]; Dimensuratio 25 [Länge 412 Meilen, Breite 470 Meilen]; Dicuil 3,1 [Länge 480 Meilen, Breite 368 Meilen].

22 *Ampsaga* s. § 21. – *Numidien*, h. Ostalgerien und Süd-
tunesien, das Land westl. und südl. von Karthago [§ 24]. –
Masinissa: geb. um 240 v. Chr.; er wurde in Karthago erzogen
und kämpfte im 2. Punischen Krieg in Spanien gegen die
Römer; vgl. Livius XXV 34,2; XXVII 5,11; Appian, Lib. 10.
In einem persönlichen Zusammentreffen konnte ihn der Äl-
tere Scipio für die Römer gewinnen; vgl. Livius XXVII
19,9ff.; XXVIII 35,1ff.; Valerius Maximus V 1,7. Mit röm.
Unterstützung vertrieb er seinen Widersacher Syphax [§ 19]
aus dessen Gebiet in Ostnumidien; vgl. Polybios XIV 3.9;
XV 4. Nach seiner entscheidenden Hilfe in der Schlacht bei
Zama [202 v. Chr.] wurde er von den Römern als König von
Gesamtnumidien eingesetzt; seine Expansionsbestrebungen
auf Kosten Karthagos lieferten Rom nach vier vergeblichen
Interventionen schließlich den Anlaß zum 3. Punischen Krieg
[149-146 v. Chr.]; vgl. Livius XXXIII 47,7f.; XXXIV 62,8ff.;
XL 17,1ff.; XLII 23,1ff. Er starb über 90jährig 148 v. Chr.
und galt wegen seiner einfachen, bescheidenen und bedürf-
nislosen Lebensführung als Vorbild; vgl. Polybios XXXVI
16. – *Metagonitis*: Das Land hinter dem Vorgebirge Metago-
nion, h. Kap Bougaroun, westl. von Collo; vgl. Mela I 33. –
Numider; vgl. Sallust, Iug. 18,7ff.: ... et quia saepe temptan-
tes agros alia, deinde alia loca petiverant, semet ipsi Numidas
appellavere. ceterum adhuc aedificia Numidarum agrestium,
quae mapalia illi vocant, oblonga, incurvis lateribus tecta
quasi navium carinae sunt [„... und da sie auf der Suche nach
Ackerland häufig bald in diese, bald in jene Gegend zogen,
nannten sie sich selbst *Nomaden*volk. Übrigens sind noch
heute die Häuser dieser numidischen Bauern länglich, haben
gewölbte Seitenwände, und ihre Dächer sehen einem Schiffs-
teil ähnlich; *mapalia* ist die numidische Bezeichnung."
W. Schöne]; s. auch Solinus 26,1; Martianus Capella VI 669. –
mapalia; vgl. Festus, de verb. sign. p. 132 Lindsay: mapalia
casae Poenicae appellantur; in quibus quia nihil est secreti,

solet solute viventibus obici id vocabulum [„Die punischen
Hütten werden mapalia genannt; weil in ihnen nichts verborgen bleibt, pflegt man diese Bezeichnung für die ungebunden
Lebenden anzuwenden."]; s. auch Cato, Orig. frg. IV 2 Chas-
signet = frg. 78 Peter; Vergil, Georg. III 340; Servius, Aen. I
421. Zur Bauweise [Schilf, Binsen] s. Livius XXX 3,9; Plinius,
nat. hist. 16,178 u. a. – *Chullu*, h. Collo; vgl. Solinus 26,1
[Chulli]. – *Rusicade*, h. Skikda [früher Philippeville]; vgl.
Mela I 29 [Rusigada]; 33 [Rusiccade]. – *48 Meilen* = etwa
71 km. – Die Städte *im Landesinnern* lassen sich zwanglos in
den Paraplus einfügen; vgl. Sallmann 204. – *Cirta*, h. Constantine, eine *Kolonie* des Augustus [col. Iulia Iuvenalis Ho-
noris et Virtutis C.]. Caesar hatte hier den Söldnerführer
P. *Sittius*, dem er u. a. den Sieg über die Pompeianer bei
Thapsus [§ 25] verdankte, mit einer großen Zahl seiner Anhänger angesiedelt; vgl. Appian, civ. IV 54; Mela I 30. – *Sicca*,
h. El-Kef in Tunesien, eine *andere Kolonie* des Augustus [col.
Iulia Veneria Cirta Nova S.]; dort befand sich ein Heiligtum
der Venus Erycina mit reger Tempelprostitution; vgl. Solinus
27,8; Valerius Maximus II 6,15. – *Bulla Regia*, h. Hammam
Darradji, nördl. von Jendouba; einst die Residenz [Beiname
Regia] des Numiderkönigs Hiarbas, der hier 81 v. Chr. von
Pompeius getötet wurde; vgl. Plutarch, Pomp. 12,6; Orosius,
adv. pag. V 21,13f. u. a. Die Stadt gehörte zu den 30 *freien
Städten* der Provinz Africa proconsularis; vgl. die Liste § 30. –
Tacatua, h. Chetaïbi in der Bucht von Takouch, nordwestl.
von Annaba. – *Hippo Regius*, h. Annaba [Bône]; vgl. Mela I
33; Solinus 27,7. Die Stadt war eine punische Gründung; vgl.
Diodor XX 57,6. Neben Zama [§ 30] diente sie zeitweilig den
Königen von Numidien als Residenz [Beiname Regius zur
Unterscheidung von der gleichnamigen Stadt § 26]; vgl. Silius
Ital. III 259. – *Fluß Armua*, h. Oued Mafragh, östl. von
Annaba. – *Thabraca*, h. Tabarka in Tunesien, eine *Stadt röm.
Bürger*; vgl. Mela I 33; Martianus Capella VI 669 [Tabraca]. –

Fluß Tusca, h. Oued El-Kebir, die *Grenze* zwischen *Numidien* und der Provinz Africa proconsularis [§ 25]. – Der gelbliche, von rötlichen Adern durchzogene *numidische Marmor* wurde vor allem für Türschwellen und Säulen verwendet; vgl. Horaz, Od. II 18, 4; Iuvenal 7,182f.; Sueton, Caes. 85,2; Plinius, nat. hist. 35,3; 36,49; Solinus 26,2 u. a. – Von den *wilden Tieren* sind besonders die Elefanten, die in den Kämpfen eingesetzt wurden, zu erwähnen; vgl. z. B. Frontinus, Strat. IV 18; Florus II 13,67 u. a.

23 *Tusca.* s. § 22. – *Gebiet von Zeugis* [regio Zeugitana]: die fruchtbare Küstenebene im Nordteil der Provinz *Africa* proconsularis [§ 25] vgl. Solinus 26,2; Martianus Capella VI 669; Isidorus, Orig. XIV 5,8. – „*Weißes Vorgebirge*" [promunturium Candidum], h. Ras El-Abiad [Cap Blanc], nordwestl. von Bizerte. – *Vorgebirges des Apollon*, h. Ras El-Mekhi, südöstl. von Bizerte; da es nach Osten gerichtet ist, liegt es nicht *Sardinien gegenüber*. – *Vorgebirge des Hermes*, h. Ras Addar [Cap Bon]; es schließt die Bucht von Tunis im Osten ab; vgl. Solinus 27,1. Die Entfernung nach *Sizilien* gibt Plinius, nat. hist. 3,87 mit 180 Meilen = etwa 265 km zu groß an [tatsächlich 120 km]. – *zwei Buchten*: die Bucht von *Hippo* [sinus Hipponesis], h. die flache Bucht von Bizerte, und die Bucht von Utica [§ 24: alter sinus = sinus Uticensis], h. Bucht von Tunis; vgl. Mela I 34. – *Hippo Diarrhytos* [zu griech. diarrheín – durchfließen, lat. *Dirutus*], h. Bizerte [Benzert]. Durch den Durchstich einer schmalen Landenge wurde der Binnensee von Bizerte mit dem Meer verbunden und bildete so einen geschützten Hafen; vgl. Solinus 27,7. Zum dortigen Delphin vgl. Plinius, l.c. 9,26. – *Theudalis*, h. Henchir Aouma bei Menzel Djemil, südöstl. von Bizerte; die *Stadt* war *abgabenfrei*; vgl. § 30. – Zur Quelle des ganzen Abschnittes [Varro frg. 10 Detlefsen] s. Sallmann 224f. Anm. 83.

24 *Vorgebirge des Apollon* s. § 23. – *Utica*, h. Henchir Bou Chateur bei Utique an der Mündung des Oued Medjerda;

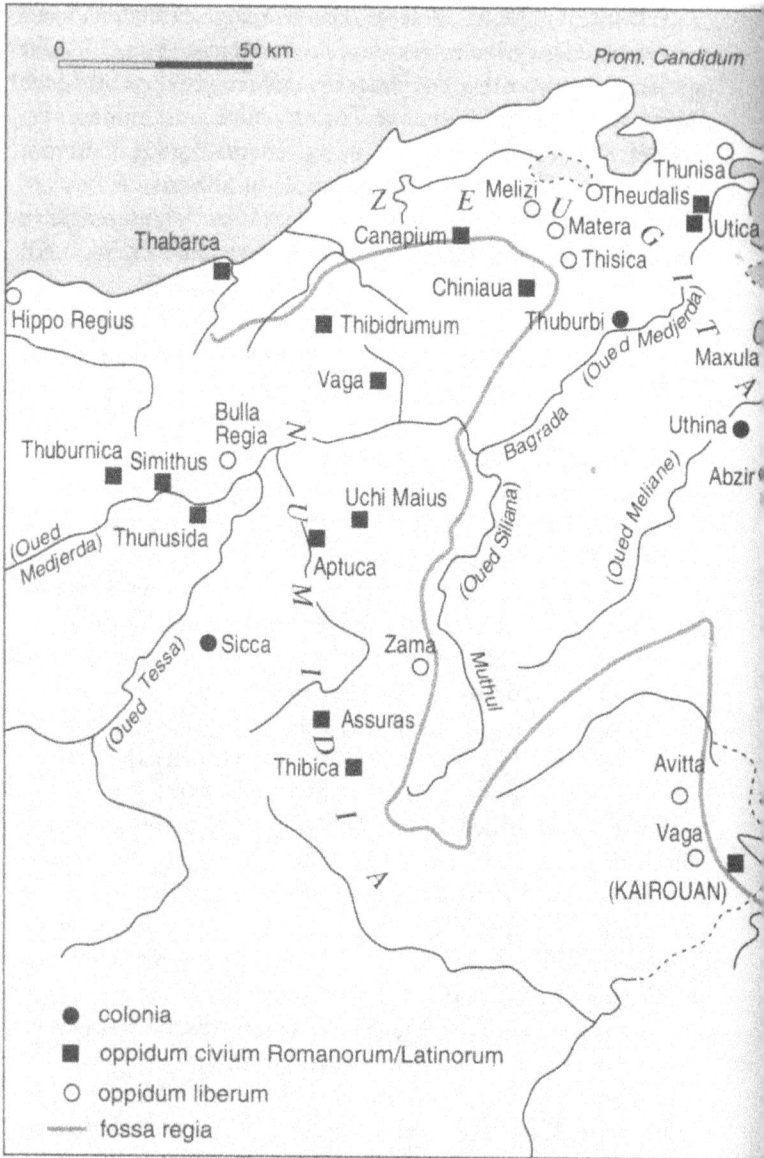

Prom. Candidum

0 _____ 50 km

Thunisa

Z   E   Melizi   Theudalis
             Canapium   Matera   Utica
Thabarca   Thisica

Chiniaua

Hippo Regius   Thibidrumum   Thuburbi

Maxula

Vaga   Bagrada (Oued Medjerda)

Bulla Regia   N   Uthina
Thuburnica Simithus   Abzir

(Oued Medjerda) Thunusida   Uchi Maius

Aptuca   (Oued Siliana)   (Oued Meliane)

Sicca   Zama

(Oued Tessa)   Muthul

Assuras   Avitta

Thibica

Vaga

(KAIROUAN)

- ● colonia
- ■ oppidum civium Romanorum/Latinorum
- ○ oppidum liberum
- ⎯ fossa regia

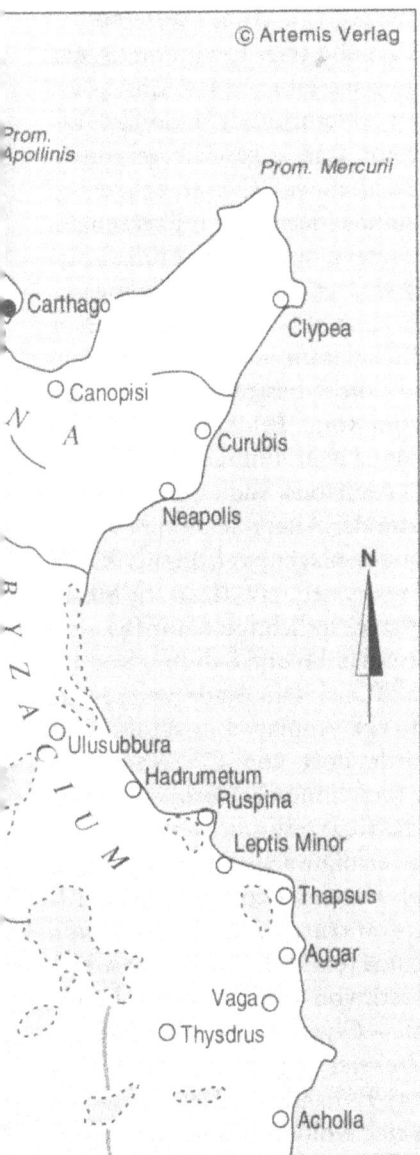

© Artemis Verlag

Prom.
Apollinis

Prom. Mercurii

Carthago

Clypea

Canopisi

N A

Curubis

Neapolis

N

B R Y Z A C I U M

Ulusubbura

Hadrumetum
Ruspina

Leptis Minor

Thapsus

Aggar

Vaga

Thysdrus

Acholla

eine phoinikische Gründung [§ 76]; vgl. Velleius Paterculus I
2,3; Mela I 34; Iustinus XVIII 4,2 und 5,12, sowie Plinius, nat.
hist. 16,216, der dieses Ereignis ins Jahr 1101 v. Chr. [1178
Jahre vor der Herausgabe der „Naturkunde"] verlegt. Die
freie *Stadt röm. Bürger* hatte von Caesar gewisse Vergünsti-
gungen [quaedam beneficia] erhalten; vgl. Caesar, bell. civ. II
36,1. – M. Porcius *Cato*, genannt Uticensis, ein überzeugter
Republikaner und Gegner Caesars, beging im Frühjahr 46
v. Chr. in Utica Selbstmord, weil er eine Begnadigung ab-
lehnte; vgl. Cassius Dio XLIII 10,3ff. – *Fluß Bagrada*, h.
Oued Medjerda; er fließt sehr langsam in zahlreichen Windungen durch eine fruchtbare, dicht besiedelte Ebene; vgl.
Mela I 34. Zu einer dort vom röm. Feldherrn M. Atilius
Regulus erlegten Riesenschlange vgl. Plinius, l.c. 8,37. –
Castra Cornelia, h. Kalaat El-Andalous, südl. der Mündung
des Oued Medjerda. Dort hatte der Ältere Scipio im Winter
204/203 v. Chr. sein Lager aufgeschlagen; vgl. Livius XXIX
35,15f.; Polybios XIV 6,7; Caesar, bell. civ. II 24,2f.; Mela I
34. Es handelt sich um eine steuerpflichtige Stadt [§ 29]. –
Karthago, h. Ruinen zwischen Salambo und Sidi Bou Saïd auf
der Halbinsel nordöstl. von Tunis. Die Stadt wurde 146
v. Chr. vollkommen zerstört; vgl. Appian, Lib. 129ff. u. a.;
doch schon 122 v. Chr. wurde dort von C. Sempronius
Gracchus eine röm. *Kolonie* [col. Iunonia *Carthago*] angelegt; vgl. Plutarch, C. Gracch. 10,2; Solinus 27,11 u. a.; die
Neugründung und der Ausbau erfolgte aber erst unter Caesar
[col. Concordia Iulia C.]; vgl. Cassius Dio XLIII 50,3; LII
43,1; Appian, Lib. 136 u. a. – *Maxula*, h. Radès, östl. von
Tunis; eine *Kolonie* des Augustus [col. Iulia Indulgentia M.].
– *Carpi⟨s⟩*, h. M'Raïssa, südöstl. von Tunis. – *Misua*, h. Sidi
Daoud, westl. von Ras Addar. – *Clypea* [Clupea], h.Kelibia,
südl. vom *Vorgebirge des Hermes* [§ 23]; vgl. Mela I 34
[Clupea]; Solinus 27,8 [Clypea]. Es handelt sich allerdings um
keine *freie Stadt*, sondern um eine Kolonie des Augustus [col.

Iulia C.]. – *Curubis*, h. Korba. – *Neapolis*, h. Nabeul; beide
Städte waren *frei*; vgl. die Liste § 30. – *Libyphoiniken*: Die mit
den einheimischen Libyern vermischten phoinikischen
[= punischen] Kolonisten; vgl. Livius XXI 22,3. – *Byzacium*:
Die Küstenebene in der Bucht von Hammamet zwischen
Nabeul und Sousse war wegen ihrer *außerordentlichen
Fruchtbarkeit* berühmt; vgl. Varro, res rust. I 44,2; Silius Ital.
IX 204f.; Solinus 27,6 [Ertrag 100%] und Plinius, nat. hist.
17,41 und 18,94 [Ertrag 150%]. Diese Angaben galten jedoch
nur für besonders gute Jahre und für bestimmte Flächen. –
250 Meilen [= 2000 Stadien] = etwa 360 km *im Umkreis*
entsprechen einem Durchmesser von etwa 115 km; vgl. Solinus 27,6; Martianus Capella VI 670.

    25 *Leptis*, h. Lemta, südl. von Monastir; zum Unterschied
von der nahezu gleichnamigen Stadt [§ 27] allgemein Minor
[„kleinere"] genannt. – *Hadrumetum*, h. Sousse, eine phoini-
kische Gründung; vgl. Solinus 27,9. – *Ruspina*, h. Menchir
Tenir bei Monastir; zur Konservierung der dortigen Feigen
vgl. Plinius, nat. hist. 15,82. Die Reihenfolge ist falsch, denn
Leptis liegt südl. von Hadrumetum und Ruspina; richtig bei
Mela I 34 [Hadrumetum, Leptis, Clupea …] und Martianus
Capella VI 670 [Adrumetus = Hadrumetum, Leptis, Ruspae
= Ruspina, Thapsus, Thenae …]. – *Thapsus*, Ruinen beim h.
Ras Dimas, östl. von Teboulba. Die Stadt wurde 46 v. Chr.
von Caesar angegriffen und ergab sich nach längerer Belage-
rung; vgl. Caesar, bell. Afr. 79; Cassius Dio XLIII 7,2f.
Damit war die Niederlage der Anhänger des Pompeius in
Afrika besiegelt. Alle vier Siedlungen waren *freie Städte*; vgl.
die Liste § 30. – *Thenae*, h. Henchir Thyna, südl. von Sfax. –
Aves: wohl kein Ortsname, sondern eine Verschreibung der
Endung des vorangehenden [B. D. Shaw]. – *Macomades*, h.
Bordj Yonga, südwestl. von Makarès. – *Tacape*, h. Gabès; zur
außergewöhnlichen Fruchtbarkeit der Gegend; vgl. Plinius,
l.c. 18,188. – *Sabrat⟨h⟩a*, h. Sabrātah, westl. von Tarabulus

[Tripolis]. – *Kleinere Syrte* s. § 26. – *Ampsaga* s. § 21. – *580 bzw. 200 Meilen* [= 1600 Stadien] = etwa 858 bzw. 296 km; vgl. Martianus Capella VI 670; zu den Maßen, die von Agrippa stammen [frg. 35 Klotz] s. Sallmann 208f. Anm. 35; sie wurden von den Exzerptoren ziemlich genau übernommen; vgl. Divisio 25 [Länge 480 Meilen, Breite 200 Meilen]; Dimensuratio 26 [Länge 480 Meilen, Breite 300 Meilen]; Dicuil 3,2 [Länge 580 Meilen, Breite 200 Meilen]; zu den Begriffen *Länge* und *Breite* s. § 21. – Nach der Zerstörung von Karthago [146 v. Chr.] richteten die Römer im Nordosten des h. Tunesien die *Provinz Africa* ein. Nach der Niederlage von Thapsus wurde das Königreich *Numidien* [§ 22], dessen König Iuba I. mit den Pompeianern verbündet gewesen war, annektiert und ebenfalls zur Provinz gemacht. Diese *neue* [nova] *Provinz* wurde mit der *alten* [vetus] zur Provinz Africa proconsularis vereinigt, deren Statthalter ehemalige Konsuln [proconsules] waren. – *Graben*: Gemeint ist die sog. fossa regia, durch die der *jüngere* Scipio *Africanus* [§ 9] aufgrund einer *Abmachung* mit den Erben des Masinissa [§ 22] die Grenze zwischen der röm. Provinz und dem Königreich Numidien markiert hatte. – *Thenae* s. o. – *Karthago* s. § 24. – *216 Meilen* = etwa 320 km; die angegebene Zahl entspricht der Wirklichkeit.

26 *dritte Bucht*: Nach den Buchten von Hippo und Utica [§ 23f.] folgen die *beiden Syrten*, die *Kleinere* [§ 25], h. Bucht von Gabès [Khalîj Gabis], und die *Größere* [Große], h. Bucht von Banghazi [Khalîj Surt]. Beide Syrten wurden von den Seefahrern wegen ihrer unberechenbaren Strömungen und ihrer wechselnden Sandbänke, die namentlich bei Stürmen den Schiffen gefährlich wurden, sehr gefürchtet; vgl. Polybios I 39,2; Sallust, Iug. 78,2f.; Solinus 27,3; Martianus Capella VI 671 u. a. Die dramatische Schilderung eines Sturmes gibt Lucanus IX 303ff. – *Polybios* XXXIV 15,8 Hultsch; s. Sallmann 68 Anm. 46f; 213f. – Zu den übrigen Maßen vgl.

Sallmann 68 Anm. 46: *100 Meilen* [= 800 Stadien] = etwa
148 km; *300 Meilen* [= 2400 Stadien] = etwa 444 km; vgl.
Agathemeros III 8 [GGM II p. 473]; Mela I 35. – Zur Beschreibung des *Landweges* s. Solinus 27,38f. – *Sandwüsten*:
Die große östliche Sandwüste [Erg] und die Libysche Wüste,
der nordöstl. Teil der Sahara, in deren Mitte die fruchtbaren
Djofra-Oasen [Wahat Al-Jufrah] liegen. – Mit den *wilden
Tieren* sind vor allem die Löwen gemeint, die auch Menschen
angriffen; vgl. Polybios XXXIV 16,2 Hultsch; Aelian, hist.
anim. III 1 und vor allem auch Plinius, nat. hist. 8,46ff.; zu
den *Elefanten* vgl. Plinius, l.c. 8,32. – *Garamanten* s. § 34. –
zwölf Tagereisen = etwa 360 km. – *Augilen* s. § 27. – Zur
Quelle vgl. Sallmann 144 Anm. 58.

27 *Psyller*: libyscher Stamm an der Großen Syrte, der im
5. Jh. v. Chr. wegen einer Dürrekatastrophe seine Wohnsitze
verlassen mußte, auf dieser Wanderung aber von den Nasamonen [§ 33] fast ganz vernichtet wurde; vgl. Herodot IV
173; Gellius, Noct. Att. XVI 11,3-8. In späterer Zeit galten
ihre Nachfahren gegen tierische, vor allem aber gegen Schlan-
gengifte, gefeit; vgl. Plinius, nat. hist. 7,14; 8,93; 11,89; 21,78;
28,30; Solinus 27,41. – *See des Lykomedes*: wahrscheinlich
einer der beiden Steppenseen südl. von Banghazi, h. Sabkhat
Shunayn und Sabkhat Ghuzayyil. – *Augilen*: Bewohner der
Oase Augila, h. Wahat Jālū, sehr weit südöstl. von Banghazi.
Die Erwähnung hier ist zu weit im *Westen*; vgl. Mela I 23. –
Aithiopien: Land der Nubier, südl. von Ägypten; vgl. § 16.
Die Karawanenstraße führte von der Oase Siwa [Oraculum
Iovis Hammonis § 49] nach Westen an die Große Syrte; die
Oase Augila lag etwa *auf halbem Wege*. – *Gebiet zwischen
den beiden Syrten*: die sog. Djofra-Oasen [Wahat Al-Jufrah]
sind von der Küste etwa 150-200 km entfernt. – *250 Meilen*
[= 2000 Stadien] = etwa 370 km; vgl. Solinus 27,40. – *Oia* , h.
Tarābulus [Tripolis]; vgl. Mela I 37. – *Fluß Kinyps*, h. Oued
Oukirré. Die Einreihung in den Paraplus ist unrichtig, da der

Fluß nicht westl., sondern südöstl. von Lebda mündet; vgl. Mela I 37. Das *Gebiet* an seiner Mündung galt als besonders fruchtbar; vgl. Herodot IV 198,1ff. – *Neapolis* [„Neustadt"], griech. Bezeichnung von Lepcis Magna [s. u.]. – *Taphra* = Taparura, h. Sfax. – *Habrotonon* = Sabratha s. § 25. – *Lepcis*, h. Lebda, östl. von Tarabulus; zum Unterschied von der fast gleichnamigen Stadt [§ 25] führte sie den *Beinamen Magna* [„Große"]; in lat. Quellen herrscht die Schreibung Lepcis statt Leptis vor; vgl. Sallust, Iug. 19,1; Tacitus, Hist. IV 50,4 u. a. Plinius gibt hier, offenbar durch das zweimalige Auftreten von Leptis [Lepcis] irritiert, eine Abfolge der Siedlungen von Osten nach Westen; vgl. Mela 34, der allerdings ebenfalls verwirrt ist [Hadrumetum, Leptis, Clupea, Habromacte = Habrotonum, Phyre = Taphra/Taparura, Neapolis ...]. Zur Quelle dieses Abschnittes [Varro frg. 10 Detlefsen] vgl. Sallmann 224f. Anm. 83. – *Größere*, d. h. Große *Syrte*, h. Khalîj Surt, die Bucht von Banghazi. – *625 Meilen* [= 5000 Stadien] = etwa 925 km; vgl. Agathemeros III 8 [GGM II p. 473]; Martianus Capella VI 671; *312 Meilen* [= 2500 Stadien] = etwa 462 km; zu diesen Maßen vgl. Sallmann 214. – *Kisippaden*: libyscher Stamm an der Küste der Großen Syrte beim h. Misrātah.

28 *Lotophagen* [griech. „Lotosesser"]: märchenhafter libyscher Stamm rund um die *innerste Bucht*, h. Bucht von Bou Grara, südl. der Insel Djerba; vgl. Homer, Od. IX 82ff.; Herodot IV 177ff.; Polybios I 39,2; Mela I 37; Solinus 27,43 u. a. Zum Vorkommen des Lotos an den *Küsten* der Syrten s. Theophrastos, hist. plant. IV 3,1ff.; Plinius, nat. hist. 13,104f. – *Machroen*: einheimische Bezeichnung der Lotophagen; vgl. Sallmann 187; für einen östl. Nachbarstamm halten sie Herodot IV 178.180,1ff.; Plinius, l.c. 7,15 [Machlyes]. – *Altäre der Philainer* [Arae Philaenorum]: am südlichsten Punkt der Großen Syrte, beim h. Ras El-Aali. Sie bezeichneten die Grenze zwischen dem Gebiet von Karthago, später der röm.

Provinz Africa, und der Kyrenaïka; vgl. Polybios III 39,2; X
40,7; Mela I 33 u. a. Die Geschichte von den zwei Brüdern
Philainos, die sich lebendig unter Hügeln aus *Sand* begraben
ließen, um den Besitz eines umstrittenen Gebietes für ihre
Vaterstadt Karthago zu sichern, erzählen ausführlich Sallust,
Iug. 79,5-10 und Mela I 38; vgl. Valerius Maximus V 6 ext. 4. –
Fluß Triton: Zufluß einer Lagune [Plinius: *Sumpf*] südl. von
Banghazi; vgl. Apollonios Rhodios IV 149; Solinus 27,43.
Gewöhnlich wurde allerdings der See Tritonis mit dem gro-
ßen Salzsee im südl. Tunesien, h. Schott El-Djerid, gleichge-
setzt; vgl. Herodot IV 178ff. – *Kallimachos*, frg. 548 Pfeiffer;
vgl. Sallmann 183. – *Pallantias*, d. h. nach Pallas Athene =
Minerva benannt. Die Göttin führte den Beinamen Tritoge-
neia, weil sie nach der Überlieferung am See Tritonis geboren
und aufgezogen wurde; vgl. Aischylos, Eum. 292; Herodot
IV 180,5; Mela I 36; Lucanus IX 348ff; Pausanias I 14,6 u. a. –
Vorgebirge Boreas [nach griech. Boréas – Nordwind], h. Ras
Taiunes, südwestl. von Banghazi; vgl. Mela I 37; Solinus 27,7;
Ammianus Marcellinus XXII 15,2. – *Provinz Cyrenaica:* Die
Nordküste Africas westl. von den Altären der Philainer [s. o.]
war schon 96 v. Chr. durch das Testament des Ptolemaios
Apion, eines illegitimen Sohnes des Ptolemaios VIII. Euergetes von Ägypten [145-116 v. Chr.], an die Römer gefallen,
aber erst 74 v. Chr. zur Provinz gemacht worden. Sie wurde
von Kaiser Augustus 27 v. Chr. mit der Insel Kreta zur
senatorischen Doppelprovinz Creta et Cyrenaica vereinigt.
29 *Fluß Ampsaga* s. § 21. – *516 Völker:* Der rechtliche
Begriff populus – „Volk" wird folgendermaßen definiert: „Er
bestimmt jede in dauerhafter Weise niedergelassene Gruppe
von Menschen, die durch ihre Herkunft und ihre Bezeichnung identifiziert und nach ihrer politisch - rechtlichen Stellung eingeteilt werden" [Ch. Saumagne]. – *sechs Kolonien:*
Cirta, Sicca [§ 22]; Carthago, Maxula [§ 24]; sowie *Uthina*, h.
Oudna, südl. von Tunis, eine Veteranenkolonie der Legio

XIII Gemina [col. Iulia Pietas Tertiadecimanorum U.] und *Thuburbi* = Thurburbo Minus, h. Tébourba, westl. von Tunis, eine Veteranenkolonie der Legio VIII Augusta [col. Victrix Iulia Felix Octavanorum Th.]. Eine zweite, gleichnamige Stadt, Thuburbo Maius, liegt weiter südl. im Tal des Oued Miliane, h. Henchir Kasbat. – Neben den Kolonien, die als Niederlassungen röm. Bürger über eine gewisse Selbstverwaltung verfügten, gab es einheimische Siedlungen, die entweder als Vollbürgergemeinden *röm. Bürger* oder als Halbbürgergemeinden mit *latinischem* Recht in das Röm. Reich aufgenommen worden waren. Zur Quelle [formula provinciae] dieser und der folgenden Liste s. Sallmann 144; 204. – *Assuras*, h. Zanfour, südöstl. von El-Kef. – *Abutuca* [Aptuca], h. Henchir Oudeka, nordöstl. von El-Kef. – *Abora*, h. ? – *Canapium*, in nicht genauer bestimmter Lage am östl. Abhang der h. Hügelkette Kroumirie östl. von Tabarca und nordwestl. von Béja. – *Chiniava*, h. Henchir Guenba, nordöstl. von Béja . – *Simit⟨t⟩hus*, h. Chemtou, westl. von Jendouba, im Tal des Oued Medjerda; berühmt durch die Steinbrüche des numidischen Marmors [§ 22] – *Thunusida*, h. Bordj Hellal, östl. von Chemtou. – *Thuburnica*, h. Henchir Sidi Ali Bel Kassem, westl. von Jendouba. – *Thibidrumum*, h. Menzel El-Gorchi, nordwestl. von Béja. – *Thibica* = Thigibba, h. Henchir Hammam Zouakra, westl. von Maktar. – *Uchi Maius*, h. Henchir Douemis, westl. von Dougga. – *Uchi Minus*, h. ? . – *Vaga*, h. Béja. – Dazu kommen noch Thabraca [§ 22] und Utica [§ 24]. – *Uzalis*, h. El-Alia, nördl. von Utique. – *Castra Cornelia* s. § 24.

30 *Acholla*, h. Ras Bou Tria, nordöstl. von Sfax. – *Aggar*, h. Henchir Maklouba, südwestl. von Mahdia. – *Avitta* Bibba, h. Henchir Bou Ftis, bei Medjez El-Bab, südwestl. von Tunis. – *Abzir* [Abbir] Cella, h. Henchir En-Naam bei Oudna, südwestl. von Tunis – *Canopisi*, beim h. Mornaguia [früher Crétéville], südwestl. von Tunis. – *Melizi*, h. Oued Meliz bei

Chemtou, westl. von Jendouba. – *Matera*, h. Mateur. –
Salaphis oder Salapha, h. Zeramdine, südöstl. von Sousse. –
Thusdrus = Thysdrus, h. El-Djem; zu einer merkwürdigen
Geschlechtsumwandlung vgl. Plinius, nat.hist. 7,36. – *Thisica*
[Thizica], h. Henchir Techga, südl. von Mateur. – *Thuni*, h.
Tunis. – *Theuda*, h. ?; vielleicht ist aber Theudalis [§ 23]
gemeint. – *Tageste* = Thageste, h. Souk Ahras, östl. von
Constantine, Alg. – *Thiges*, h. Henchir Ragoubet bei Met-
laoui, südwestl. von Gafsa. – *Ulusubbura* = Ulusippia, h.
Henchir Zembra, nordwestl. von Sousse. – *Vaga*, h. Henchir
Zaouiet bei Ksour Es-Saf, nordwestl. von El-Djem; zur
gleichnamigen *anderen* Stadt s. § 29. – *Zella*, h. Mahdia. –
Zama, h. Ksour Toual Zouamel, nördl. von Maktar; eine der
Residenzstädte des numidischen Königreiches [Beiname Re-
gia] und Schauplatz der Schlacht zwischen Hannibal und
Scipio [202 v. Chr.]; vgl. Livius XXX 29,9; Polybios XV 1ff.;
Diodor XXVII 6ff.; Eutropius III 20,1ff. u. a. – Zu diesen 18
freien Städten kommen noch zwölf weitere, bereits früher im
Rahmen der Küstenbeschreibung erwähnte: Bulla Regia
[§ 22]; Clypea, Curubis, Neapolis [§ 24]; Leptis, Hadrumetum, Ruspina, Thapsus, Thenae, Macomades, Tacape und
Sabratha [§ 25]. – *Nattabuden*: einheimischer Stamm mit den
Hauptorten Thibilis, h. Announa, und Calama, h. Guelma,
östl. von Constantine. – *Kapsitaner*: einheimischer Stamm in
der Umgebung von Capsa [§ 37]. – *Musulamer*: bedeutender
einheimischer Stamm mit dem Hauptort Thubursicu Numidarum, h. Teboursuk, zwischen Tunis und El-Kef; einer
seiner Anführer war Tacfarinas, der zwischen 17 und 24
n. Chr. mit zahlreichen numidischen und mauretanischen
Stämmen einen blutigen Guerillakrieg gegen die Römer geführt hatte; vgl. Tacitus, Ann. II 52,1f.; IV 23,2 [Musulamii].
– *Sabarbaren* [Sabarbares = Suburbures]: einheimischer
Stamm mit dem Hauptort Tigisi, h. Aïn El-Bordj, südwestl.
von Constantine. – *Massyler*: bedeutender einheimischer

Stamm in der Hochebene der Salzseen [Plateau des Sebkhas]
südl. von Constantine. Aus seiner Fürstenfamilie, die ihre
Toten in den Rundgräbern beim h. Medracen zu bestatten
pflegte, entstammte Masinissa [§ 22]; vgl. Livius XXIV 49,1. –
Nikiven: einheimischer Stamm beim h. N'Gaous, nördl. von
Batna. – *Vamakuren*: einheimischer Stamm im Tal des Flus-
ses Vamaccura, h. Oued Chemorra, mit dem Hauptort Tha-
mugadi, h. Timgad, östl. von Batna. – *Kinither*: einheimischer
Stamm an der Kleinen Syrte mit dem Hauptort Gightis, h.
Bou Grara, nordöstl. von Médenine; vgl. Tacitus, Ann. II
52,3 [Cinithii]. – *Musuner*: Teilstamm der Musulamer [s. o.]
im Gebiet von Sitifis, h. Sétif. – *Marchuber*: einheimischer
Stamm am Unterlauf des Ampsaga [§ 21] mit dem Hauptort
Chullu [§ 22]. – *Gätulien*: das von den Gätulern bewohnte
Gebiet zwischen der Kleinen Syrte und dem Atlantischen
Ozean, h. Grand Erg Oriental und Occidental in Algerien.
Die Bewohner, die in mehrere Einzelstämme zerfielen
[§ 9.10.17], entsprechen den h. Berbern [lat. barbari]; sie
wurden 5/6 n. Chr. von C. Cornelius Lentulus Gaetulicus
unterworfen; vgl. Cassius Dio LV 28,3f.; zu ihrer Lebensweise vgl. Sallust, Iug. 18,1f. – *Fluß Nigris*, h. Oued Igharghar
in Südwestalgerien; vgl. Solinus 27,5; 30,1. Seine Anwohner,
die Nigriten [§ 43], sind die h. Targi [Sg. Tuareg]. – *Aithiopien*: Man unterscheidet ein östliches, h. Nubien [§ 16.27],
und ein westliches Aithiopien, h. Mauretanien [§ 2].

31 *Pentapolis* [Gebiet von fünf Städten]: Der von Griechen
besiedelte westl. Teil der *Kyrenaika* [§ 28], h. das Bergland Al
Jabal Al Akhdar, mit *fünf Städten*; vgl. Mela I 40, dessen
Aufzählung allerdings von Osten nach Westen verläuft; Mar-
tianus Capella VI 672 und Ammianus Marcellinus XXII 16,4.
– *Orakel des Ammon*: Der Stadtgott des ägyptischen Theben
[§ 60] Ammon [Amun] wurde als Sonnengott in der h. Oase
Siwah verehrt und von den Griechen mit Zeus gleichgesetzt.
Die dortigen Quellen, vor allem die sog. *Sonnenquelle*, zeig-

ten angeblich merkwürdige Erscheinungen; vgl. Herodot IV
181,3.: „... sie führt morgens laues Wasser, mit fortschreiten-
dem Tage wird es kälter und ist um die Mittagszeit sehr
kalt ... Wenn der Tag sich neigt, läßt die Kälte des Wassers
nach, bis es bei Sonnenuntergang wieder lau wird. Dann
nimmt seine Wärme bis Mitternacht zu. Es kocht dann und
sprudelt vor Hitze. Von Mitternacht an kühlt es sich bis zum
Morgen wieder ab. Diese Quelle heißt Sonnenquelle."
[J. Feix]; s. auch Plinius, nat. hist. 2,228; Lucretius VI 848ff.;
Mela I 39 u. a. In Wirklichkeit zeigen die Quellen von Siwah
allerdings nichts von dieser Eigentümlichkeit, ihre Tempera-
tur beträgt ohne Schwankung einheitlich 28°. – *Kyrene* s.
§ 32. – 400 *Meilen* [= 3200 Stadien] = etwa 592 km; vgl.
Solinus 27,45. – *Berenike*, h. Banghazi [Bengasi]: erste griech.
Gründung im Nordteil der h. Stadt unter dem Namen Hespe-
ris oder Euhesperides mit Hinweis auf die ursprünglich in der
Kyrenaïka in der Nähe der Stadt lokalisierten *Gärten der
Hesperiden* [§ 3]; vgl. Mela I 40 [Hesperia]; westl. davon eine
Neugründung durch Ptolemaios III. Euergetes [246-221
v. Chr.] mit dem Namen der Gattin; vgl. Solinus 27,54. –
Arsinoë, h. Tukrah [Tocra]; benannt nach Arsinoë, der Mut-
ter von Ptolemaios III. Euergetes; der ältere Name lautete
Teucheira [§ 32]. – *Ptolemaïs*, h. Tulmaytah [Tolmeta]; eben-
falls eine Gründung des Ptolemaios III. als Hafen der Binnen-
stadt Barke [§ 32]. – *Apollonia*, h. Susah [Susa], der Hafen von
Kyrene [§ 32]. – *Fluß Lethon*: der Ausfluß des südl. von
Banghazi lokalisierten See Tritonis [§ 28]; vgl. Solinus 27,54;
Martianus Capella VI 672; Lucanus IX 355ff. Der Name
scheint mit dem sagenhaften Drachen Ledon [§ 3] zusammen-
zuhängen, der die *Gärten der Hesperiden* [§ 3] bewacht.

32 *Lepcis* s. § 27. – *Arsinoë-Teucheira* s. § 31. – *Ptolemaïs-
Barke* s. § 31. – *Vorgebirge Phykus*, h. Zawiyat El-Hamama,
der nördlichste Punkt der Kyrenaïka, nordwestl. von Shahhat; vgl. Plinius, nat. hist. 4,60; Mela I 37; Solinus 27,2;

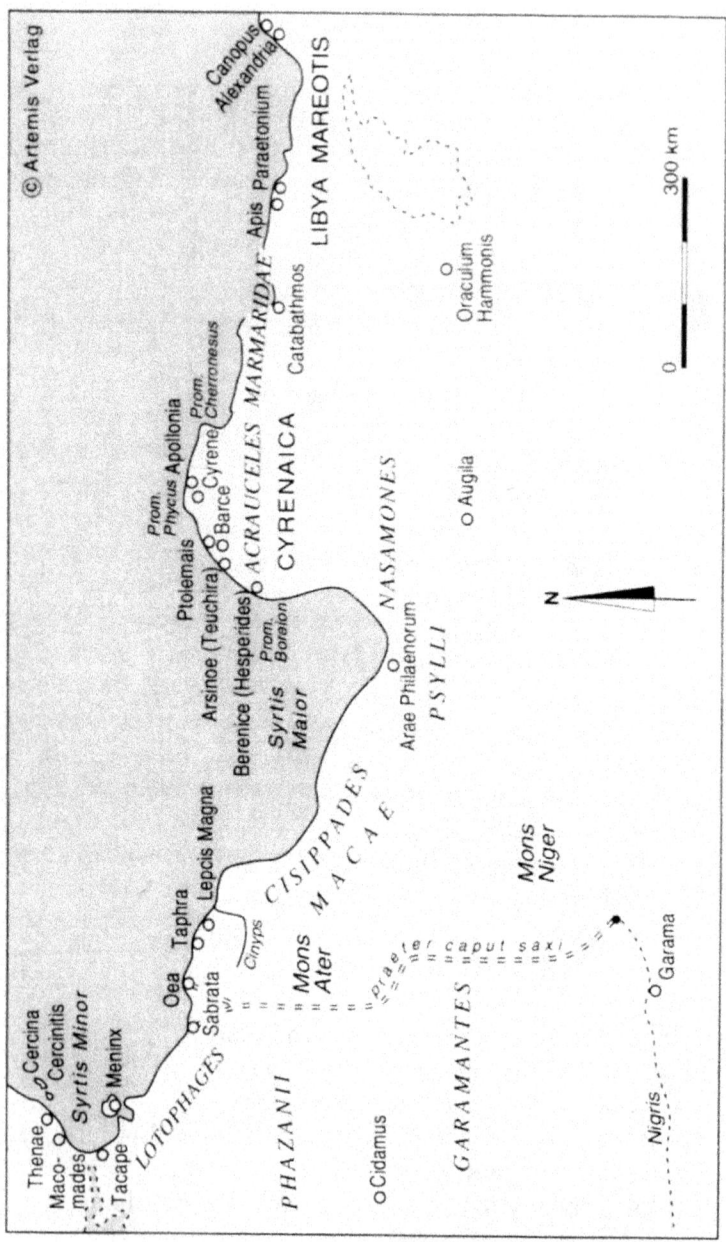

Ammianus Marcellinus XXII 15,2. Benannt nach der dort
vorkommenden Lackmusflechte oder Orseille, dem Meer –
oder Seetang [griech. phŷkos thalássion, lat. fucus marinus],
Roccella tinctoria L. = Lichen Roccella L. [Lychenophyta];
vgl. Plinius, l.c. 26,103. – *Kretisches Meer*: eigentlich der
Meeresteil nördl. von Kreta; vgl. Plinius, l.c. 3,75; 4 19.51.58;
hier aber das Meer zwischen Nordafrika und Kreta; s. Sallmann 232 Anm. 99. – *Vorgebirge Tainaron*, h. Akra Tenaron
[früher Kap Matapan], die Südspitze der Peloponnes; vgl.
Plinius, l.c. 4,15f; Solinus 27,2. – *Lakonisches Gebiet* = Lako-
nien, der südöstl. Teil der Peloponnes; vgl. Plinius, l.c. 4,16. –
350 Meilen [= 2800 Stadien] = etwa 518 km; die Entfernung
ist zu groß, daher abweichend Artemidoros bei Strabo VIII
5,1 und Agathemeros V 24 [GGM II p. 485]: 3000 Stadien =
375 Meilen = etwa 555 km; vgl. Sallmann 210 Anm. 38; 216f.
Anm. 54. – *125 Meilen* [= 1000 Stadien] = 185 km. – *Kyrene*,
h. Shahhat, eine Gründung des Battos aus Thera [631 v. Chr.];
vgl. Herodot IV 150ff.; Solinus 27,44 u. a. Die antike Stadt lag
auf den Abhängen des h. Al Jabal Al Akhdar, etwa 20 km
[Plinius: *elf Meilen* = etwa 16 km] *vom Meer entfernt*. –
Apollonia s. § 31. – *Cherronesos* [Chersonesos – „Halbinsel"],
h. Ras Et-Tin, das östl. Vorgebirge der h. Halbinsel Al Bayda.
– *Katabathmos* s. § 38. – Die Einzelmaße stammen von
Agrippa, frg. 57 Klotz; vgl. Martianus Capella VI 672:

Lepcis–Berenike	*375 Meilen* = 3000 Stadien	= etwa	555,0 km;
Berenike–Arsinoë	*43 Meilen*	= etwa	64,0 km;
Arsinoë–Ptolemaïs	*22 Meilen*	= etwa	33,0 km;
Ptolemaïs–Phykus	*40 Meilen*	= etwa	59,0 km;
Phykus–Apollonia	*24 Meilen*	= etwa	35,5 km;
Apollonia– Cherronesos	*88 Meilen*	= etwa	130,0 km;
Cherronesos– Katabathmos	*216 Meilen*	= etwa	320,0 km
	808 Meilen		

Wenn man die Entfernung zwischen den beiden Syrten [§ 27] mit 250 Meilen = 2000 Stadien hinzurechnet, ergibt sich als Länge der Kyrenaïka die Summe von 1058 Meilen, die mit der Angabe § 38 [1060 Meilen] erstaunlich genau übereinstimmt.

33 *Marmariden*: Bewohner der sog. Marmarika, h. Barqah Al Babriyah, eines felsigen und sandigen Hochlandes, das im Osten an die Halbinsel Al Bayda anschließt. Es wurde 20 v. Chr. von P. Sulpicius Quirinius dem Röm. Reich unterworfen; vgl. Florus II 31,41 u. a. – *Paraitonion*, h. Marsa Matruk; vgl. Mela I 40 [portus Paraetonius]. – *Größere Syrte* s. § 26. – *Akraukelen*: einheimischer Stamm im Hinterland der Marmarika, östl. von Barke [§ 32]; vgl. Ptolemaeus IV 4,9 [Araraukeles]. – *Nasamonen*: bedeutender Stamm östl. der Großen Syrte, dessen Lebensgewohnheiten Herodot IV 172,1ff. ausführlich beschreibt; vgl. Curtius Rufus IV 7,19 u.a.; Martianus Capella VI 672. Ihr älterer Name *Mesammonen* [Mesammones — „Söhne des Ammon", volksetymologisch umgedeutet zu griech. mésos – *mitten* und psámmos – *Sand*] weist auf die Orakelstätte des Zeus Ammon [§ 31], die sich im Hinterland ihres Siedlungsgebietes befand; vgl. Ptolemaeus IV 5,12. – Das *Küsten*gebiet von *Kyrene* [§ 32] galt als sehr fruchtbar; vgl. Herodot IV 199,1f.; Theophrastos, hist. plant. VI 6,5f. u. a. – *15 bzw. 30 Meilen* [= 120 bzw. 240 Stadien] = 22 bzw. 44 km; *250 Meilen* [= 2000 Stadien] = 370 km. – *laser* [griech. sílphion, lat. sirpe]: Eine nur in der Kyrenaïka wachsende Pflanze, aus deren Stengel und Wurzel ein harziger Milchsaft [lat. laserpicium aus lac sirpicum] gewonnen wurde, der als hochgeschätze Droge galt. Sie diente als Gewürz und medizinisch als Allheilmittel; vgl. Theophrastos, l.c. VI 3,2ff. und caus. plant. I 5,1; Dioskurides, mat. med. III 84 [94]; Plinius, nat. hist. 19,38-46; 20,34.56.141; Solinus 27,48 u. a. Trotz der erhaltenen Beschreibungen und der Abbildungen auf Münzen von Kyrene ist es bisher nicht gelungen, die Pflanze zweifelsfrei zu identifizieren. Wahrscheinlich handelt es sich um eine Ferula-Art, den Stinkasant, Ferula arsa-foetida L. [Umbelliferae-Apiaceae].

34 *Nasamonen* s. § 33 – *Asbyten*: einheimischer Stamm im Hinterland von Kyrene [§ 32]; vgl. Herodot IV 170 [Asbystai]; Solinus 28,2. – *Maken*: einheimischer Stamm am Unterlauf des Kinyps [§ 27]; vgl. Herodot IV 175,1f. – *elf Tagereisen* = etwa 300-330 km. – *Garamanten*: bedeutender einheimischer Stamm im Inneren Libyens mit dem Hauptort Garama [§ 36]; vgl. Ptolemaeus IV 6,12; ihre Lebensweise beschreibt Herodot IV 183,1ff.; vgl. Plinius, nat. hist. 6,209; 8,142.178; 13,111; Mela I 23.45. Ihre Erwähnung bei den Dichtern sollte die große Ausdehnung des Röm. Reiches bezeugen; vgl. z. B. Vergil, Ecl. 8,44; Aen. VI 794. – *zwei Ellen* = etwa 90 cm; eine Elle [cubitus] = etwa 45 cm. – Zu den *Häusern* aus *Salz* vgl. Herodot IV 185,2f.; Solinus 28,1. – *sieben Tagereisen* = etwa 210 km. – *Richtung des Wintersonnenunterganges* = Südwesten. – *Trogodyten* s. § 45. – *Aithiopien* s. § 30. – *Karfunkel* [lat. carbunculus, Deminutivum zu carbo – „kleine Kohle“, später nach nhd. Funke umgestaltet]: Bezeichnung für feurigrote Edelsteine, z. B. den Granat; vgl. Plinius, l.c. 37,92ff.122; Isidorus, Orig. XVI 14,1: carbunculus dictus, quod sit ignitus ut carbo; cuius fulgor nec nocte vincitur [„Er wird Karfunkel genannt, weil er feurig wie Kohle ist; sein Glanz wird nicht einmal von der Nacht besiegt.“]. – Zur Quelle vgl. Sallmann 144 Anm. 58.

35 *Kleinere Syrte* s. § 26. – *Phazanien*, h. Fazzan [Fezzan], eine felsige und sandige, sehr trockene Wüstenlandschaft im Südwesten Libyens mit dem Hauptort Mursuq [Marsuq]. – *Phazanier*: Bewohner von Phazanien, h. die Teda im Grenzgebiet zwischen Libyen, Niger und Tschad. – *Alele*, h. Mizdah, südl. von *Sabrat⟨h⟩a* [§ 25]. – *Cilliba*, h. Darj [Dirj], östl. von Ghadâmis. Beide *Städte* liegen an der alten Karawanenstraße, die am Nordrand des Gebirges Al Hamadah Al

Hamra entlang führte und in *Cidamus*, h. Ghadâmis an der Dreiländerecke zwischen Algerien, Tunesien und Libyen, endete. – „*Schwarzer Berg*" [Mons Ater], h. das Basaltplateau [968 m] südl. von Gharyan und Tarhunah.

36 *Thelge*, h. Taglelt bei Jarmah, nordwestl. von Murzuq. – *Garamanten* s. § 34. – *Dedris*, h. Adiri, nördl. von Jarmah. Die Besonderheiten der dortigen warmen *Quelle* beschreibt Herodot IV 181,3f. als die der Sonnenquelle in der Oase Siwah [§ 31]; vgl. Solinus 29,1 [Debris]. – *Garama*, h. Jarmah und Awbari, nordwestl. von Murzuq; vgl. Solinus 29,5. – L. *Cornelius Balbus* feierte am 27. März 19. v. Chr. einen Triumph; er war der erste Triumphator, der nicht schon von Geburt an röm. Bürger war, und zugleich der letzte Feldherr, der triumphieren konnte, ohne Mitglied des Kaiserhauses zu sein; vgl. Velleius Paterculus II 51,3; Solinus 29,7. Wie sein gleichnamiger *Oheim väterlicherseits*, L. Cornelius Balbus d. Ältere, stammte er *aus Gades*, h. Cadiz, und war vom Diktator Caesar mit dem *röm. Bürgerrecht* beschenkt worden; vgl. Plinius, nat. hist. 7,136. – Im ersten Teil eines *Triumph*zuges wurden neben ausgewählten Beutestücken *Bilder* der eroberten *Städte* und Tafeln mit den *Namen* der besiegten *Stämme* vorangetragen; vgl. z. B. Tibull II 5,116; Properz II 1,31f.; Livius V 30,2; XXVI 21,7; XXXVII 59,3; XXXVIII 43,10; Tacitus, Ann. II 41,2 u. a. – *Cidamus* s. § 35.

37 Die Liste der unterworfenen Städte und Völker stammt aus den Triumphalfasten; vgl. Sallmann 144 Anm. 58; 204f. Die Aufzählung folgt keiner genaueren geographischen Ordnung, doch zeigt sich, daß es sich um zwei verschiedene Operationen gehandelt haben muß: Im Jahre 21 [oder 20] v. Chr. erreichte eine röm. Streitmacht unter dem Statthalter der Africa proconsularis L. Cornelius Balbus [§ 36] die Gegend von Viscera, h. Biskra, und besiegte die dort wohnenden Gätuler [§ 30]. Kurz danach richtete sich eine zweite Offensive, die von Cidamus [§ 35] ausging, gegen die Garamanten

[§ 34]. Verfehlt ist die Annahme, daß die röm. Truppen bis zum nördl. Bogen des Niger, der in der Sprache der einheimischen Sonrhai Da-isa-ber [daher vermuteter Anklang an Dasibari] heißt, vorgedrungen seien. Abgesehen von der Schwierigkeit, eine derartige Expedition zeitlich unterzubringen, reichte die röm. Kenntnis über das Innere Afrikas nur über eine Ausdehnung von 910 Meilen = etwa 1350 km; vgl. Plinius, nat. hist. 6,209. Dies entspricht genau der Entfernung Sabratha – Garama über Cidamus. – *Tabudium*, h. Thouda, südöstl. von Biskra. – *Niteris*: offenbar Doublette zu Nitibres [s. u.] oder identisch mit den Nikiven [Nicives § 30]. – *Miglis Gemella*, h. die Doppeloase M'lili und Ourlai, südwestl. von Biskra. – *Bubeies*: *Volk* am h. Oued Hallouf mit dem Hauptort Tibubuci, h. Ksár Tárcine, westl. von Médenine in Tunesien; vgl. Not. dign. Occ. XXXI 10,25: Limes Bubensis. – *Enipi* = Nippi: *Volk* am Nordufer des h. Schott El-Hodna. – *Tuben* = Tubunae, h. Tobna am Oued Barika, nordwestl. von Biskra. – Auf dem *Berg namens Niger* entsprang der Fluß Nigris [§ 30.44], h. Oued Djedi, ein Nebenfluß des Oued Igharghar. Eine Identität mit dem „Schwarzen Berg" [Mons Ater § 35] ist unwahrscheinlich. – *Nitibres*: Volk südl. vom h. Schott El-Djerid; vgl. Orosius, adv. pag. I 2,44 [Natabres]. – *Rapsa* = Capsa, h. Gafsa. – *Viscera*, h. Biskra. – *Decri* = Idicra, h. Aziz Ben Tellis am Oued Dekri, einem Nebenfluß des Oued Rhummel, zwischen Constantine und Sétif. – *Fluß Nathabur*, h. Oued Seybouse beim h. Guelma, östl. von Constantine; seine Anwohner waren die Nattabudes [§ 30]. – *Thapsagum*, vielleicht die mittelalterliche Stadt Tesáua, östl. von Murzuq. – *Tamiagi*, vielleicht Danhagia, ein Berbervolk im Osten des h. Marokko. – *Boin*, h. Bou Njem, nordöstl. von Gafsa. – *Pege* = Bagai, h. Ksár Baghai, nördl. von Khenchela. – *Fluß Dasibari*, h. Oued Bel-Recheb bei Ksár Rhelane, südwestl. von Médenine. – Die Namen der *folgenden Städte* unterliegen offenbar einer gewissen Ordnung. Sie scheinen den Verlauf einer Karawanenstraße zu bezeichnen und so die zweite Phase der Expedition des Cornelius Balbus ins Kernland der Garamanten [§ 34] im h. Fezzan zu dokumentieren. – *Baracum*, h. Brake, nordwestl. von Sebka. – *Bulba* [Buluba], *Galsa*, *Balla* und *Maxalla* lassen sich nicht näher lokalisieren, *Alasit* und *Cizama* entsprechen vielleicht den h. Wasserstellen Al-Hassi und Al-Hissan, nördl. von Jarmah. – *Berg Gyri*, h. Djebel Hasawnah, nordöstl. von Jarmah. Dort befand sich ein reiches Vorkommen von Granaten und Phonolithen. – Zu den auf den Bergen Nordafrikas vorkommenden *Edelsteinen* vgl. Plinius, nat. hist. 37,104.

38 *Im letzten Krieg* …: Der Statthalter von Numidien C. Calpetanus Rantius Quirinalis Valerius Festus vertrieb in den Jahren 69/70 n. Chr. [Plinius: *in den ersten Jahren des Kaisers Vespasianus*] die räuberischen *Garamanten* [§ 34], die in den Zwistigkeiten zwischen den Städten Oia und Lepcis [§ 27] von den zahlenmäßig unterlegenen *Bewohnern von Oia* zu Hilfe gerufen worden waren; vgl. Tacitus, Hist. IV 50,4; Solinus 29,6; zur Quelle s. Sallmann 144 Anm. 58. Die Karawanenstraße, die den Gebirgsstock Al Hamadah Al Hamra im Osten umging, war um etwa 100 km [Plinius: *um vier Tage*] kürzer als die westl. Route über Cidamus [§ 35]. Ihre Entdeckung durch die Römer ermöglichte in den folgenden Jahren die Expeditionen, die unter Septimius Flaccus und Iulius Maternus bis in das Innere Afrikas vordrangen; vgl. Ptolemaeus I 8,4. – „*Felskopf*" [caput saxi]: Der markante Felsen von Gara Qunayr, südl. von Sawknah, zeigt die Form eines menschlichen Kopfes [testa Garibaldi]. – *Katabathmos* [griech. katabathmós – „Abstieg"], h. As-Sallūm, östl. von Tubruq [Tobruk], an der Stelle, wo die Felsenküste der Marmarika zurückspringt und die flache Küstenebene beginnt. Ein tief eingeschnittenes enges *Tal*, h. Akabah As-Sallum, bildete die *Grenze* zwischen der *Kyrenaïka* [§ 28] und Ägypten [§ 48]; vgl. Sallust, Iug. 17,4; 19,3; Mela I 40; Solinus

27,3 u. a. – *Kleinere Syrte* s. § 25. – *1060* bzw. *910 Meilen*
[= 8480 bzw. 7280 Stadien] = etwa 1570 bzw. 1347 km; vgl.
Agrippa, frg. 37 Riese = frg. 34 Klotz. Das Maß der *Breite* ist
nach nat. hist. 6,209 [DCCCCX m.p.] berichtigt, bleibt aber
wie auch das der *Länge* unsicher, da die Exzerptoren z. T.
ganz andere Zahlen angeben: Dimensuratio 27: Länge 980
Meilen, Breite 420 Meilen; Divisio 21: Länge 1160 Meilen,
Breite 930 Meilen.

39 *Libya Mareotis*: Landschaft westl. von Alexandreia
[§ 49] mit dem Hauptort Marea, h. Kôm El-Idris bei Mer-
gheb. Sie wurde von libyschen Stämmen bewohnt, die mehrmals ihre Unabhängigkeit gegenüber dem benachbarten
Ägypten [§ 48ff.] erkämpft hatten; vgl. Herodot II 18,2;
Thukydides I 104,1. – *Marmariden* s. § 33. – *Adyrmachiden*:
libyscher Stamm an der Küste mit dem Hauptort *Paraitonion*
[§ 33]; er war schon stark unter ägyptischen Einfluß geraten;
vgl. Herodot IV 168,1f. – *Mareoten*: Bewohner der Mareotis
[s. o.]; zur Liste der libyschen Stämme s. Sallmann 205. –
Katabathmos s. § 38. – *Apis*, h. Zawiyat Umm El-Rakham,
westl. von Marsa Matruh; vgl. Herodot II 18,2. Der schwarze
heilige Stier Apis wurde als Fruchtbarkeitsträger besonders in
Memphis [§ 50] verehrt; vgl. Ammianus Marcellinus XXII
14,7f. – *Alexandreia* s. § 49. – *Kyrene* s. § 32. – Die Maßangaben stammen von Agrippa, frg. 33 Klotz; vgl. Martianus
Capella VI 672: *86 Meilen*, besser wäre 87 oder 87,5 Meilen
[= 700 Stadien] = etwa 127 bzw. 130 km; *62,5 Meilen* [= 500
Stadien] = etwa 93 km; *200 Meilen* [= 1600 Stadien] = etwa
296 km; diese Entfernung ist viel zu lang, das richtige Maß
beträgt 100 Meilen [= 800 Stadien] = etwa 148 km. Daraus
ergeben sich folgende Einzelmaße:

Katabathmos–Paraitonion	87 Meilen [= 700 Stadien]	= ca. 130 km
Paraitonion–Alexandreia	100 Meilen [= 800 Stadien]	= ca. 148 km
Unterägypten [§ 48]	175 Meilen [= 1400 Stadien]	= ca. 259 km
	362 Meilen [= 2900 Stadien]	= ca. 537 km.

Das Maß für die Länge wird von den Exzerptoren ziemlich genau wiedergegeben: Divisio 20:364 Meilen, Dimensuratio 28:161 statt richtiger 361 Meilen; das Maß der *Breite* ergibt *169 Meilen* = etwa 250 km; vgl. Divisio 20:167 Meilen, Dimensuratio 28:180 Meilen. – *Eratosthenes*, frg. p. 307 Berger; vgl. Sallmann 189; 213; 217 Anm. 58; 219 Anm. 66. – *525 Meilen* [= 4200 Stadien] = 777 km; zur Herkunft dieser nicht von Agrippa stammenden Zahl s. Sallmann 214 Anm. 45.

40 *Agrippa*, frg. 26 Riese = frg. 58 Klotz; vgl. Sallmann 181; die Gesamtzahl setzt sich aus folgenden Einzelmaßen zusammen:

beide Mauretanien [§ 21]	1038 Meilen	
	[= 8300 Stadien]	= etwa 1536 km;
Numidien und Africa [§ 25]	580 Meilen	= etwa 858 km;
Kyrenaika [§ 38]	1060 Meilen	= etwa 1569 km;
Libya Mareotis und Unter-		
ägypten [§ 39]	362 Meilen	
	[= 2900 Stadien]	= etwa 537 km;
	3040 Meilen	= etwa 4500 km.

Polybios III 39,3: Entfernung Säulen des Herakles – Altäre der Philainer über 16000 Stadien; s. Sallmann 68 Anm. 47. – *Eratosthenes*, frg. p. 157 Berger. – *Karthago* s. § 24. – *1100 bzw. 1688* Meilen [= 8800 bzw., 13500 Stadien] = etwa 1630 bzw., 2500 km; vgl. Sallmann 68 Anm. 46. – *Isidoros*, FGrH 781 frg. 9: dort Entfernung *Tingi* [§ 2] – *Kanopos* [§ 64] 3599 Meilen; von Mayhoff verbessert: *3697 Meilen* = etwa 5472 km; vgl. Sallmann 181. – *Artemidoros*: 3697–40 *Meilen* = 3657 Meilen = etwa 5412 km; doch vgl. Sallmann 61 Anm. 27: 3559 Meilen, d. h. 3599–40 Meilen = 28472 Stadien. – Zum Verhältnis Artemidoros–Isidoros s. Sallmann 63 Anm. 34; 64; 189; 219 Anm. 67. – Die Unterschiede zwischen den einzelnen Maßzahlen sind dadurch zu erklären, daß die Messungen nach Eratosthenes, Polybios und Agrippa in zwei Teilstrecken, nach Artemidoros und Isidoros von etwas ab-

weichenden Maßpunkten aus erfolgten; vgl. Sallmann 219
Anm. 66.

41 *Meninx*, h. Djerba in der *Kleineren Syrte* [§ 25]; vgl.
Mela II 105. – *25 bzw. 22 Meilen* [= 200 bzw. 176 Stadien] =
etwa 37 bzw. 32,5 km; die Maße entsprechen ziemlich genau
der Wirklichkeit. – *Eratosthenes*, frg. p. 308 Berger; vgl.
Agathemeros V 22 [GGM II p. 483]: Länge 200 Stadien,
Breite 180 Stadien. – *Lotophagitis* = Insel der Lotophagen
[§ 28]. – *Stadt Meninx*, h. El-Kantara an der Südostküste. –
Phoar [ältere Lesart Thoar], h. Guellala an der Südküste. –
rechtes Vorgebirge, h. Ouled Mehabel, die Nordostecke der
Bucht von Bou Grara. Dort beginnt der 6530 m lange [Pli-
nius: *1500 Schritte* = etwa 2200 m] sog. „Römerdamm", der
die Insel mit dem Festland verbindet. – *100 Meilen* [= 800
Stadien] = 148 km; die tatsächliche Entfernung beträgt
90 km. – *linkes Vorgebirge*, h. das eher unbedeutende Kap bei
Thyna, südl. von Sfax. – *Kerkina*, h. Chergui; vgl. Herodot
IV 195,1ff. [Kyanis]; Mela II 105; Solinus 29,8. Die Angaben
über die Größe sind zu groß: *25 bzw. 12,5 und fünf Meilen*
[= 200 bzw. 100 und 40 Stadien] = etwa 37 bzw. 18,5 und
7,5 km; vgl. Agathemeros V 21 [GGM II 483]: Länge 200
Stadien, Breite 40 Stadien; die Insel ist nur 14 km lang und
sechs km breit. Bei den Römern diente sie als Verbannungs-
ort; vgl. Plutarch, Marius 40,13; Tacitus, Ann. I 53,4; IV 13,3.
– *Kerkinitis*, h. Gharbi; die kleinere Insel ist mit der größeren
Nachbarinsel durch eine etwa 1000 m lange *Brücke verbunden*. Beide Inseln führen h. den Sammelnamen Kerkennah. –
Die Angabe *gegen Karthago hin* ist ungenau; sie bedeutet in
Richtung gegen das Festland hin.

42 *Lopadusa*, h. Lampedusa, zwischen Malta und Tunesien; vgl. Plinius, nat. hist. 3,92; Martianus Capella VI 648
[Lampadusa]. Die Insel ist *sechs Meilen* = etwa neun km lang.
– *50 Meilen* = etwa 74 km; die tatsächliche Entfernung beträgt
135 km. – *Gaulos*, h. Gozo, nordwestl. von Malta; vgl.

Plinius, l.c. 3,92; Mela II 120; Solinus 29,8; Martianus Capella VI 648. – *Galata*, h. Jalitah [La Galite] vor der tunesischen Küste, südl. von Sardinien; vgl. Plinius, l.c. 3,92; Mela II 120. Zur dortigen *Erde*, die *die Skorpione tötet*, vgl. Plinius, l.c. 35,202; Solinus 29,8; s. dazu Sallmann 131f. Anm. 12. – *Clupea* s. § 24. Vitruv VIII 3,24 berichtet von der Erde von Ismuc bei Zama [§ 30], in der keine Schlangen gedeihen. – *Kossyra*, h. Pantelleria, südwest. von Sizilien; vgl. Ovid, Fasti III 567; Plinius, l.c. 3,92; Mela II 120 [Cossura]. – *Bucht von Karthago*, h. Bucht von Tunis [Khalîj Tunis]. – *Aigimuren* [griech. Aigímouroi], h. Djamour El-Kebir [Zembra] und Djamour Es-Seghir [Zembretta], vor der Küste nordwestl. vom h. Sidi Daoud, beim h. Ras Addar [Cap Bon]; vgl. Livius XXX 24,9. – *„Altäre"* [Arae], einige Klippen zwischen Sizilien und Sardinien; vgl. Vergil, Aen. I 109f.: saxa vocant Itali mediis quae in fluctibus Aras, / dorsum immane mari summo ... / [„Felsen inmitten der Flut, der Italiker nennt sie Altäre, / Mächtige Rücken am Spiegel des Meeres ..." J. Götte]. Mit dem Kommentar des Servius, Aen. I. 109f.: ... quae saxa ob hoc Itali Aras vocant, quod ibi Afri et Romani foedus inierunt et fines imperii sui illic esse voluerunt [„Die Italiker nennen diese Felsen deswegen Altäre, weil dort die Afrer = Punier und die Römer einen Vertrag abgeschlossen haben und übereingekommen sind, daß dort die Grenzen ihres Herrschaftsbereiches seien."]. Vielleicht handelte es sich um den Vertrag, den die Karthager mit den Römern vor dem 1. Punischen Krieg [264-241 v. Chr.] geschlossen hatten. Darin verpflichteten sich die Römer, nicht in Sizilien, die Karthager, nicht in Italien einzugreifen; vgl. Polybios III 26,2ff. [nach Philinos aus Akragas]. – *Gewährsleute* [Varro] s. Sallmann 188; 246f. Anm. 30.

43 Es folgt die Beschreibung des *inneren Bereiches Afrikas*, d. h. der von der bisher behandelten Seite des Mittelländischen Meeres abgewandten Binnenländer. Plinius rechnet dazu nicht die Wohnstätten der Negervölker des südlichen aithiopischen Küstenlandes [nat. hist. 6,187-205], sondern die innerafrikanischen Länder, deren Bewohner noch zu den Libyern gehörten. – *Gätuler* s. § 30. – Die *libyschen Ägypter* bewohnten die Oasen [§ 50] in der libyschen Wüste westl. von Mittel- und Oberägypten; vgl. Mela I 23; Orosius, adv. pag. I 2,32. – Die „weißen" *Aithiopen* [Leukoaithíopes, zu griech. leukós – weiß] sind die hamitischen Fulbe [Sg. Palo] zwischen dem h. Oued Drâa in Marokko und dem Senegal in Westafrika. Ihre Hautfarbe ist dunkeloliv; charakteristisch sind ihre Adlernasen und das lange, seidige Haar; vgl. Mela I 23; Martianus Capella VI 673. – *Aithiopen* s. § 16. – *Nigriten*: Anwohner des *Flusses* Nigris [§ 30]; vgl. Mela I 22; III 104; Martianus Capella VI 673. – *Pharusier*: Stamm im ehem. Rio de Oro in der ehem. Span. Westsahara; vgl. Mela I 22. Sie scheinen nur über primitive Waffen [griech. gymnés – *leicht-bewaffnet*], aber über außerordentlich gute Pferde verfügt zu haben; vgl. Strabo XVII 3,7. – *Perorser* s. § 16. – *Mauretanien* s. § 2. – *Garamanten* s. § 34. – *Augilen* s. § 27. – *Trogodyten* s. § 45. – *zwei Aithiopien* s. § 30; vgl. *Homer*, Od. I 22ff.: „Nun aber war er fort bei den fernen Aithiopen – / Dies sind die Menschen am Rande, ihr Volk ist geteilt; bei den einen / Steigt Hyperion empor, bei den anderen senkt er sich nieder –." [A. Weiher].

44 *Fluß Nigris* s. § 30; zu seiner Ähnlichkeit mit dem *Nil* [§ 51ff.] vgl. Mela III 16; Solinus 30,1; Martianus Capella VI 673; zur Verwendung der Bezeichnung fluvius statt des sonst üblichen amnis s. Sallmann 221; 222 Anm. 73: „Vielleicht gehört zum Pathos des Wortes amnis eine gewisse literari-sche, d. h. meist mythologische Vertrautheit, die für diesen von Juba entdeckten Fluß nicht zutraf". – *Tarrailer*: aithiopi-scher d. h. dunkelhäutiger Stamm am Oberlauf des h. Oued Djedi, eines Nebenflusses des Igharghar, am Nordabhang des Ahaggar-Massivs. – *Oichaliken*: Nachbarstamm der Tarrailer; vgl. Plinius, nat. hist. 6,194. – *Magium*: wahrscheinlich die sagenhafte, nicht lokalisierte große Stadt der westl. Aithiopen; vgl. Diodor III 53,6. – Eine ganz ähnliche Liste der Stämme Innerafrikas gibt Mela I 23; zur Quelle [Varro] s. Sallmann 94 Anm. 17; 144 Anm. 57. – *Atlanten* s. § 45. – *Aigipane* s. § 7. – *Blemmyer*: nomadischer Stamm in Unternubien am rechten Ufer des Nil, kopt. Belehmu; vgl. Theokrit 7,114; Strabo XVII 1,2 u. a. – *Gamphasanten* s. § 45. – *Satyrn* s. § 7. – *„Riemenfüße"* s. § 46.

45 Die Nachrichten über die innerafrikanischen Fabelvölker stammen zum größten Teil aus Herodot; Plinius begegnet ihnen aber mit einem gewissen Vorbehalt; vgl. Sallmann 175. Zum Ganzen vgl. Martianus Capella VI 673f. – *Atlanten* = Ataranten: nomadisierender Stamm in den unfruchtbaren Wüstengebieten im Inneren Afrikas; vgl. Herodot IV 184,1f.; Mela I 43; Solinus 31,2; Ammianus Marcellinus XV 3,6. Sie wurden oft mit den Atlanten, den sagenhaften Bewohnern des Atlas [§ 6], verwechselt. Ihre Verachtung der *Sonne* steht in krassem Gegensatz zur Verehrung dieses Gestirns durch die numidischen Völker; vgl. z. B. das Gebet Masinissas [§ 22] bei Cicero, de re publ. VI 9. – *Trogodyten* [volksetymologisch umgedeutet in Troglodýtai, zu griech. tróglē – Höhle]: Sammelname für die auf niedriger Kulturstufe stehenden, vorwiegend in *Höhlen* wohnenden Völker am Rand der Oikumene; vgl. Plinius, nat. hist. 2,178.183.228; 6,167.169; 7,23; 8,26 u. a. Hier sind die dunkelhäutigen Nubier an der Küste des Roten Meeres und in deren Hinterland gemeint; vgl. Herodot IV 183,4; Mela I 23.44; Solinus 31,3 – *Garamanten* s. § 34; zur *Ehe*losigkeit vgl. Herodot IV 172,2 [von den Nasamonen und Massageten]; vgl. Plinius, l.c. 8,178; Mela I 45; Solinus 30,2 – *Augilen* s. § 27; zur Verehrung der Ahnen vgl. Herodot IV 172,3f. [bei den Nasamonen]; Mela I 46; Solinus 31,4. – *Gamphasanten*: nicht näher zu lokalisierender Stamm im Inneren Afrikas; vgl. Mela I 23.47; Solinus 31,5. Vielleicht liegt aber nur eine Verwechslung der beiden Stammesnamen der Garamanten [§ 34] und Phazanier [§ 35] vor.

46 *Blemmyer* s. § 44; zum Fehlen der *Köpfe* vgl. Herodot IV 191,4; Mela I 47; Solinus 31,5. – *Satyrn* und *Aigipane* s. § 7. – „*Riemenfüße*" [Himantopodes, zu griech. himás, himántos – Riemen und pous, podós – Fuß; lat. loripedes, zu lorum, i – Riemen und pes,pedis – Fuß – „*Schlappfüße*"]: Ihre eigenartige Art zu gehen beschreibt Solinus 31,6: Himantopodes fluxis nisibus crurum serpunt potius quam incedunt et pergendi usum lapsu magis destinant quam ingressu [„Wegen des wankenden Schwingens ihrer Beine kriechen die H. mehr als sie gehen und sie bestimmen das Bedürfnis nach Fortbewegung mehr durch das Gleiten als durch den Schritt."]; vgl. Mela III 103. – *Pharusier* s. § 43. Sallust, Iug. 18,4 erwähnt, daß im Gefolge des *Herakles* [§ 3] auch Meder, *Perser* und Armenier von Spanien nach Afrika gekommen seien; vgl. Mela III 103; Solinus 31,6; Martianus Capella VI 674. – *Hesperiden* s. § 3.

47 Als Grenze zwischen *Afrika* und *Asien* wurde früher allgemein der Nil [§ 51ff.] angenommen; vgl. Plinius, nat. hist. 3,3; Solinus 40,1 u. a. Diese Annahme war aber schon bald wegen verschiedener Schwierigkeiten [Zuweisung des Nildeltas, Zerreißung Unterägyptens u. a. m.] aufgegeben worden, vgl. Herodot II 16,2. – *Timosthenes* s. Verzeichnis der Quellenschriftsteller. – *Kanopos* s. § 64. – *Pontos*, h. Schwarzes Meer; vgl. Plinius, l.c. 4,75-79; 6,1ff. – *2638 Meilen* [= 21100 Stadien] = etwa 3900 km; vgl. Martianus Capella VI 675. – *Maiotis*, h. Asovsches Meer; vgl. Plinius, l.c. 4,75.78. – *Eratosthenes*, frg. p. 339 Berger; vgl. Agathemeros III 10 [GGM II p. 474]: 1545 Meilen [= 12360 Stadien] = etwa 2290 km; vgl. Martianus Capella VI 675 [1675 Meilen]; vgl. Sallmann 260. – *Artemidoros* s. Verzeichnis der Quellenschriftsteller; vgl. Sallmann 61 Anm. 27 [fälschlich 6375 Meilen statt 5013,75 Meilen]. – *Isidoros*, FGrH 781 frg. 10; s.

Sallmann 63 Anm. 34. – *Tanais*, h. Don; vgl. Plinius, l.c. 3,3.5;
4,78.88.121. – *5013,75 Meilen* [= 40110 Stadien] = etwa
76420 km; vgl. Plinius, l.c. 6,209; s. Sallmann 216 Anm. 52;
219 Anm. 66f.; zur vorliegenden „doxographischen Kette"
vgl. Sallmann 181f. 188.

48 *Ägypten*: Die Flußoase und das Mündungsgebiet des
Nil; seit 30 v. Chr. als röm. Provinz persönliches Eigentum
der Kaiser, die einen Präfekten aus dem Ritterstand als ihren
Vertreter einsetzten. – *Aithiopen* s. § 16. – *unterer Teil* =
Unterägypten; vgl. Orosius, adv. pag. I 2,27. – *170 Meilen*
[= 1360 Stadien] = etwa 250 km. – Wegen seiner *dreieckigen
Gestalt*, die an die Form des *griech. Buchstabens* Δ erinnerte,
wurde das Mündungsgebiet des Nil als *Delta* bezeichnet; vgl.
Herodot II 15,1-18,3; Ammianus Marcellinus XXII 16,12
u. a. – Der Nil *teilt sich* etwa 20 km nördl. von El-Qâhira
[Kairo] in zwei *Arme*, die bei *Kanopos* bzw. *Pelusion* [§ 64] in
das Mittelländische Meer münden. – *146* bzw. *156 Meilen* =
etwa 216 bzw. 231 km; zu den Zahlen vgl. Sallmann 217
Anm. 62; sie finden sich auch in der Dimensuratio 28 und bei
Dicuil 6,2f. und entsprechen der Wirklichkeit. – Zum Ganzen
vgl. Mela I 49; Solinus 32,1; Martianus Capella VI 675.

49 *oberster Teil* = Oberägypten. – *Aithiopien* s. § 27. –
Thebaïs: Das Gebiet um die alte Hauptstadt von Oberägypten Thebai = Theben [§ 60]; zu den dortigen landwirtschaftlichen Erzeugnissen vgl. Plinius, nat. hist. 12,100; 13,47f.;
16,81; 18,170. – Sowohl Ober- als auch Unterägypten wurde
in *Gaue* [griech. nómoi] eingeteilt, die den vorgeschichtlichen
Stadtstaaten entsprechen; vgl. Herodot II 164,2; in griech.-
röm. Zeit bildeten sie aber nur mehr Kultgemeinschaften.
Mehrere erhaltene Verzeichnisse nennen höchstens 22 Gaue
in Ober- und 20 Gaue in Unterägypten; auch die Liste des
Plinius geht auf ein solches Verzeichnis zurück; vgl. Sallmann
205. – *Omboi*, h. Kôm Ombo, nördl. von Aswân [Assuan]. –
Apollonopolis = Apollinopolis [„Stadt des Apollon" = Ho-

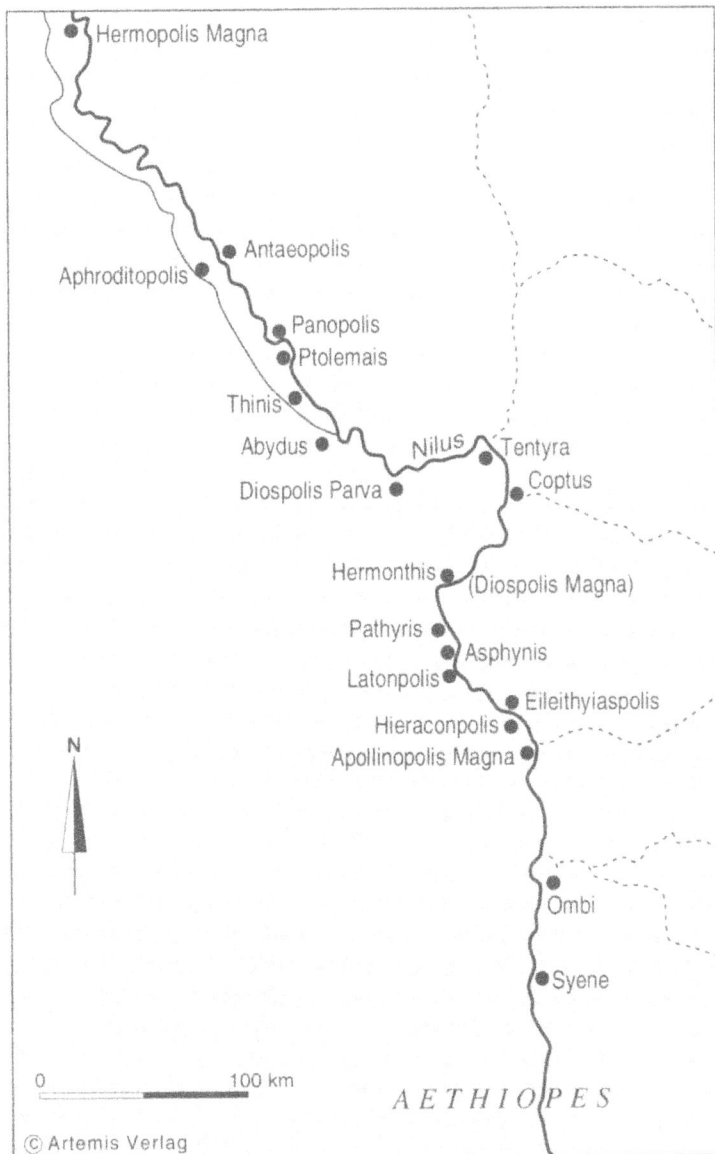

Hermopolis Magna

Antaeopolis

Aphroditopolis

Panopolis

Ptolemais

Thinis

Abydus

Nilus

Tentyra

Diospolis Parva

Coptus

Hermonthis

(Diospolis Magna)

Pathyris

Asphynis

Latonpolis

Eileithyiaspolis

Hieraconpolis

Apollinopolis Magna

N

Ombi

Syene

0   100 km

AETHIOPES

© Artemis Verlag

rus], h. Idfu [Edfu]. – *Hermonthis*, h. Armant [Erment]. – *Thinis*, h. El-Birba, westl. von Girga. – *Phaturis* = Pathyris [„Haus der Hathor" = Aphrodite/Venus, h. El-Gabalêm [Gebelên], südl. von Armant. – *Koptos*, h. Qift [Kuft], südl. von Qena [Kena]. – *Tentyra*, h. Dandara [Dendara], westl. von Qena; zur dortigen Krokodiljagd s. Plinius, l.c. 28,31.92f. – *Diospolis* parva [„kleine Stadt des Zeus" = Ammon], h. Hiw [Hû], südöstl. von Nag Hammâdi; eine gleichnamige Stadt [Diospolis magna] s. § 60. – *Antaio⟨u⟩polis* [„Stadt des Antaios" s. § 3, in dem die Griechen einen ägypt. Lokalgott zu erkennen glaubten], h. Qaw El-Kebir, südöstl. von Abu Tig. – *Aphroditopolis* [„Stadt der Aphrodite/ Venus" = Hathor] = Asphynis, h. Asfun El-Matâna, nördl. von Isna. – *Lyko⟨u⟩polis* [„Stadt des Wolfes", nach Upuaut, dem wolfsköpfigen Sohn des Osiris], h. Asyut [Assiut]. – Auf die Aufzählung oberägyptischer Gaue folgt eine Liste der Gaue Unterägyptens, die im wesentlichen von Osten nach Westen verläuft. – *Pelusion* s. § 64. – *Pharbaithos*, h. Hurbît, westl. von Abu Kebir. – *Bubastis*, h. Tell Basta, südöstl. von Zagizig [Šagašig]; dort wurde die katzenköpfige Göttin Bastet verehrt; vgl. Herodot II 67,1. – *Sethroë*, h. Tell Belîm in der Lagune Bahra El-Manzala, südöstl. von Dumyât. – *Tanis*, h. San El-Hagar, nordwestl. von Ismâilîya; zum dortigen Flachs [linum] vgl. Plinius, l.c. 19,14. – Der *Arabische Gau* umfaßte das Gebiet zwischen dem östlichsten Nilarm und dem h. Suez-Kanal; der *Ammonische Gau* reichte bis zur Oase Siwah, wo sich das *Orakel des Zeus Ammon* [§ 31] befand. – *Oxyr⟨rh⟩ynchos*, h. El-Bahnasa [Behnesa], nordwestl. von Beni Mazâr. – *Leonto⟨n⟩polis* [„Stadt der Löwen", nach der Verehrung von Schu – Luft und Tefnut – Feuchtigkeit in Gestalt eines Löwenpärchens], h. Tell Makdan bei Sahragt El-Kubra, nördl. von Benha. – *Athribis*, h. Hathribi, nördl. von Benha. – *Kyno⟨n⟩polis* [„Stadt der Hunde", nach dem hundeköpfigen Gott Anubis], h. Benha. – *Hermo⟨u⟩polis*. [„Stadt des Hermes" = Thoth], h. Damanhûr. – *Xoïs*, h. Sakha, südl. von Kafr El-Sheik. – *Mendes*, h. Tell El-Rub, südöstl. von El-Mansûra. – *Sebennytos*, h. Sammanûd, östl. von El-Mahaila el-Kubra; zum dortigen Weinbau vgl. Plinius, l.c. 14,74; zum Papyrus vgl. Plinius, l.c. 13,69. – *Kabasa*, h. Shabas El-Malh, nördl. von Disûq. – *Latopolis* [„Stadt des Latos", eines Nilfisches, Perca Niloticus L., der der Waffengöttin Neith = Minerva geopfert wurde], h. Isna [Esna]. Aber wahrscheinlich Verwechslung mit Letopolis [„Stadt der Leto/Latona" = Hathor], h. Ansîm, nordwestl. von El-Qâhira. – *Heliopolis* [„Stadt des Sonnengottes Helios" = Ra/Re], h. El-Matariya, ein nordöstl. Vorort von El-Qâhira. – *Prosopis*: auf einer durch den Nilarm von Kanopos [§ 64] und einem Nebenarm gebildeten Insel mit dem Hauptort Nikiu, h. Kôm Razîn, südwestl. von Minûf. – *Panopolis* [„Stadt des Pan" = Min] = Chemnis, h. Akhmîm, östl. von Sohâg. Diese Stadt liegt aber in Oberägypten; vgl. Herodot II 91,1f., der ihren Stadtgott noch mit Perseus gleichsetzt. Eine gleichnamige Siedlung Chemnis lag in Unterägypten im nordwestl. Delta des Nil bei Butos, wo die Göttin Uto = Leto/Latona auf einer schwimmenden Insel das Horuskind geboren haben soll; vgl. Herodot II 150,1ff. – *Busiris* [„Tempel des Osiris"], h. Abusir, südöstl. von El-Mahalla el-Kubra; vgl. Plinius, l.c. 36,76. – *Onuphis*, h. Mahallet Minûf, nördl. von Tanta. – *Ptenethos* mit dem Hauptort Butos s. § 64. – *Ptemphus*, h. Tanta. – *Naukratis*, h. Nebîra, südöstl. von Damanhûr. – *Metelis*, h. Atfih bei Fuwa, nördl. von Damanhûr. – *Gynaiko⟨n⟩polis*, [„Stadt der Frauen"] mit dem benachbarten Andronpolis [„Stadt der Männer"] beim h. Kôm El-Hisn, südwestl. von Ityai El-Bârûd. – *Menelaos*, h. Kôm El-Gize bei El-Keriun, nordöstl. von *Alexandreia* [§ 62]; vgl. Martianus Capella VI 676. – *Libya Mareotis* s. § 39.

50 *Herakleopolis* [„Stadt des *Herakles*" = Harschef], h. Ihnâsya El-Madina, westl. von Beni Suef. Die *Stadt* liegt auf

einer *Insel*, die vom *Nil* und seinem linken Nebenarm, dem h.
Bahr Yusef [Jussuf] gebildet wird; vgl. Diodor I 52,1ff.;
Martianus Capella VI 676. – *50 Meilen* = etwa 74 km. – *zwei
Gaue von Arsinoë*: Krokodeilonpolis [s. u.] und § 65. – *Memphis* s. u. – *Oasis*: In der Libyschen Wüste westl. vom Niltal
liegen drei große Oasen: 1. El-Kharga und 2. El-Dakhla, die
zur „Großen Oase" [Oasis megálē] zusammengefaßt waren,
und 3. El-Baharîya, die „kleine Oase" [Oasis mikrá]. – *Heroo⟨n⟩polis* [„Stadt der Helden"], h. Tell El-Maschuta, westl.
von Ismailîya, an dem zwischen Nil und Rotem Meer angelegten Kanal, h. Wadi Tumilât; vgl. Theophrastos, hist. plant.
IV 7,2; Plinius, nat. hist. 6,32f; Mela III 80; Iosephus, ant.
Iud. II 7,5 u. a. – *Krokodeilo⟨n⟩polis* [„Stadt der Krokodile"],
h. El-Faiyûm, der Mittelpunkt der großen, durch ein weit
verzweigtes Kanalsystem bewässerten Oase. Da es in den
verschiedenen Wasserläufen von Krokodilen wimmelte,
wurde hier der krokodilgestaltige Gott Sobek verehrt. Die
Siedlung wurde später in *Arsinoë* [§ 61] umbenannt. – *See des
Moiris*, h. Birket Qârûn am Nordrand des Faiyûm. Der z. T.
künstlich geschaffene See war im Altertum beträchtlich größer und umfaßte fast die ganze Oase; vgl. Herodot II 101,1;
149,1-5; Plinius, l.c. 36,75; Tacitus, Ann. II 61,1; Mela I 55
u. a. Seine Wasserfläche war z. T. durch Verdunstung, z. T.
durch Zuschüttung durch den Nilarm Bahr Yusef [Jussuf]
stark geschrumpft. Moiris war der Thronname des Pharao
Amenemhet III. [1844-1797 v. Chr.], der sich um die Bewässerung und den Ausbau der Oase Faiyûm sehr bemüht hatte.
– *250 bzw. 450 Meilen* [= 2000 bzw. 3600 Stadien] = etwa 370
bzw. 666 km; vgl. Sallmann 217 Anm. 56. – Licinius *Mucianus*, HRR II frg. 6. – *50 Schritte* = etwa 74 m. – *Memphis*, h.
Saqqara [Sakkâra], *15 Meilen* = etwa 22 km südl. der *Teilung
des Nil* [§ 48]. Die Siedlung war vom sagenhaften 1. Pharao
Menes [um 3000 v. Chr.] an der Grenze zwischen Ober- und
Unterägypten gegründet und zur *Residenz* des vereinigten

ägyptischen Reiches gemacht worden; vgl. Herodot II 99,2-4.
Die Keimzelle der Stadt bildete die ausgedehnte Festungsan-
lage der „Weißen Mauer" [leukòn teîchos]; vgl. Thukydides I
104; zu den ausgedehnten Waldungen vgl. Plinius, l.c. 13,65.
– 62 *Meilen* = etwa 92 km. – *Orakel des Ammon* s. § 31. –
zwölf Tagereisen = etwa 360-400 km. – *Delta* s. § 48.

51 Die Frage nach den *Quellen* des *Nil* konnte im Altertum wegen der unzureichenden Kenntnisse über das Seenge-
biet in Zentralafrika und des Hochland von Abessinien nicht
befriedigend gelöst werden. In hellenistischer Zeit bildete
sich neben der richtigen Ansicht, daß der Strom in der
Äquatorialregion entspringt, die irrige Meinung aus, daß die
Nilquellen weit im Westen liegen; vgl. vor allem Herodot II
32,2-34,2. Spätere Autoren verlegten die Nilquellen auf den
schneebedeckten Atlas [§ 6] in Mauretanien [§ 2]; vgl. z. B.
Vitruv VIII 2,7; Cassius Dio LXXVI 13,3-5. Hauptquelle für
die §§ 51-54 ist *Iuba*, FGrH 275 frg. 38; s. Münzer 53 und
Sallmann 86f.; 123 Anm. 89, die auf die Parallelen zu Mela III
96-98 hinweisen; vgl. Solinus 32,2f.; Martianus Capella VI
676; Ammianus Marcellinus XXII 15,8-10; Dicuil 6,7 u. a. –
See Neilis s. § 52. – *alabeta* [eigtl. Akk. zu griech. alábēs]:
wahrscheinlich ist der bekannteste Nilfisch, Labeo Niloticus
Cuv. = Cyprinus Niloticus Forsk., gemeint, der noch h. im
Arabischen labis oder lebes genannt wird; s. Leitner 14. –
coracinus: der zur Familie der Buntbarsche [Cichlidae] gehö-
rende Speisefisch Bolti, Labrus Niloticus = Chromis Niloti-
cus = Tilapia Nilotica; vgl. Plinius, nat. hist. 9,28; 32,56; s.
Leitner 100 s. v. coracinus 2. – *silurus*: wohl der größte
Nilfisch Lates Niloticus vgl. Plinius, l.c. 9,44; 32,125; s.
Leitner 222 s. v. silurus 3. – *Caesarea* s. § 20. – *Iseion* =
Tempel der Isis. Der chronologische Hinweis [*noch heute*]
weist auf eine zeitgenössische Quelle [Kaiser Claudius?]; vgl.
Sallmann 44 Anm. 27; 86f. Anm. 102. – Zu den verschiedenen
Theorien zur Erklärung der Nilschwelle s. § 55.

52 *Masäsylen* s. § 17. – *Mauretania Caesariensis* s. § 19. –
20 Tagereisen = etwa 600–650 km. – *Aithiopen* s. § 16. – Zur
angeblichen *Nilquelle Nigris* [§ 30] vgl. Plinius, nat. hist. 8,77;
Mela III 96 [Nuchul]; Dicuil 6,8f. Der h. Igharghar kommt
vom Nordabhang des Ahaggar [Hoggar] herab, durchquert
den Großen Östlichen Erg und endet nach längerem unterirdischen Lauf in der h. Senke von Touggourt, einer großen
Oase südl. von Biskra, in der sich mehrere *Seen* befinden; zur
poetischen Beschreibung des Laufes vgl. Solinus 32,4f.; Ammianus Marcellinus XXII 15,11ff.; s. Sallmann 221. – Die vor
allem von Herodot vertretene falsche Annahme einer Nilquelle im Westen [§ 51] war z. Zt. des Plinius längst überholt:
Unter Kaiser Augustus war 23/22 v. Chr. der Präfekt von
Ägypten C. Petronius auf einem Kriegszug gegen die nubi-
schen Aithiopen bis an einen Punkt 870 Meilen = etwa
1290 km südl. von Syene [§ 59] gelangt; vgl. Strabo XVII
1,54; Plinius, l.c. 6,181f.; Cassius Dio LIV 4f.; unter Kaiser
Nero hatten um 60 v. Chr. zwei namentlich nicht bekannte
Zenturionen von Meroë [§ 53] aus eine Expedition zur Erforschung der Nilquellen unternommen; sie waren dabei bis zu
den unüberwindlichen Pflanzenbarrieren an der Einmündung des h. Bahr El-Ghazal in den Weißen Nil [Bahr El-
Abiad] vorgedrungen; vgl. Seneca, quaest. nat. VI 8,4; Plinius, l.c. 6,181.184; zu den dort wohnenden Pygmäen vgl.
Aristoteles, hist. anim. VIII 12 und Plinius, l.c. 6,188.

53 Zum Nil als Grenzfluß zwischen *Afrika* und *Aithiopien*
s. § 48; vgl. Solinus 32,5. – *Astapus*: Der Nillauf zwischen dem
h. Atbara und El-Khartûm [Chartum] im h. Sudan; vgl.
Diodor I 37,9; Strabo XVII 1,2; Plinius, nat. hist. 7,31
[Astragus]; Mela I 50 [Astape]; Solinus 32,5. – *fünf Tage* =
etwa 200–300 km; vgl. Solinus 32,6. – *Meroë*, Ruinen beim h.
Begerawije, südl. von Atbara. Die antike Siedlung, einst die
Hauptstadt des jüngeren aithiopischen Reiches, lag auf einer
von Astapus und Astabores [s. u.] gebildeten „Insel", die

wegen ihrer Form mit einem Schild verglichen wurde; vgl.
Herodot II 29,6; Diodor I 33,1ff.; Strabo, l.c.; Vitruv VIII
2,6; Mela l.c.; Solinus 32,7. – *Astabores/-as*, h. Atbara; vgl.
Strabo XVI 4,8; Vitruv, l.c. [Astoboas]; Mela, l.c.; Solinus,
l.c.; Aelian, nat. anim. XVII 40,1 u. a. – *Astosapes* = Asta-
sobas, h. Bahr El-Azraq [Blauer Nil]; die Vorstellung, daß er
die „Insel" Meroë an der *rechten Seite* umfließt, beruht auf
der Verwechslung mit dem Astapus [s. o.]; vgl. Strabo, l.c.;
Vitruv, l.c. [Astausobas]; Solinus, l.c. – *Nil* [griech. Neilos,
lat. Nilus, mit ungeklärter Etymologie], erstmals Hesiod,
Theog. 338; Bezeichnung des Unterlaufs ab Syene [§ 59], h.
Bahr En-Nil. – *Giris* oder Siris: einheimische Bezeichnung
des Mittellaufs zwischen Syene [§ 59] und Meroë [s. o.]; vgl.
Hekataios, FGrH 1 frg. 353; Solinus 32,8. – *Homer*, Od. IV
477f.: „Ehe du nicht des *Aigyptos* vom Himmel fallendes
Wasser/Nochmals befährst…" [A. Weiher]. Der Fluß führt
hier noch den gleichen Namen wie das Land [assyr. Hikup-
tah, griech. Aigyptos als Bezeichnung der Hauptstadt Memphis – „Tempel der Macht des Ptah"]; der einheimische Name
lautete Kēme – „schwarzes Land" für den Bereich des Deltas
im Gegensatz zum „roten", der Wüste]. – *Triton*; vgl. Apollonios Rhodios IV 269. Der Wohnsitz des von Herakles
besiegten fischleibigen Seedämonen Triton, eines Sohnes des
Poseidon und der Nereide Amphitrite, wurde an die verschiedensten Gewässer Nordafrikas verlegt; vgl. auch § 29.

54 Neben der „*Insel*" von Meroë [§ 53] gab es noch eine
weitere namens Tennesis, h. El-Gezira, die im Osten vom
Blauen Nil [Bahr El-Azraq] und im Westen vom Weißen Nil
[Bahr El-Abiad] eingeschlossen wurde. Auf ihr waren die
Sebriten, Söldner des Pharaos Psammetich I [664-610
v. Chr.], angesiedelt worden; vgl. Herodot II 30,1ff.; Strabo
XVI 4,8; Plinius; nat. hist. 6,191ff. – *Hindernisse*: Gemeint
sind die sechs Katarakte [griech. kataráktēs oder katarrháktēs
– Absturz], die den Römern sicherlich bekannt waren; vgl.

§ 52. – *Kataduper: aithiopischer* d. h. nubischer Stamm am 2. Katarakt beim h. Wadi Halfa; vgl. Herodot II 17,3; Plinius, l.c. 6,178. Durch das Brausen des herabstürzenden Wassers [griech. katádupa zu dûpos – Getöse] wurden die Anwohner schwerhörig gemacht; vgl. Cicero, de re publ. VI 19; Seneca, quaest. nat. IV 2,5 und epist. VI 56,3; Plinius, l.c. 6,181; Ammianus Marcellinus XXII 15,9 u. a. – *letzter Katarakt*: der 1. [nördlichste] Katarakt beim h. Aswān; vgl. Solinus 32,7. – *Ägyptisches Meer*: Teil des Mittelländischen Meeres nördl. von Ägypten und westl. von Syrien; vgl. § 102 und Solinus 32,8; Ammianus Marcellinus XXII 15,10. – *zahlreiche Mündungen* s. § 64. – ... *ergießt sich fruchtbar über das Land*; vgl. Mela I 52.

55 Die Erforschung der *Ursachen* der sog. Nilschwelle ist eines der ältesten Probleme der griech. Naturwissenschaft. Es hat einerseits die Philosophen und Physiker, andererseits aber auch die Geographen beschäftigt. Abgesehen von kleineren, eher doxographischen Bemerkungen kann man neun größere Abhandlungen zum Thema nennen:

a. Herodot II 20,1-26,2 [mit der Kritik an drei früheren Meinungen: Thales, Euthymenes und Anaxagoras];

b. Aristoteles, frg. 248 Rose [mittelalterliches Exzerpt de inundacione Nili];

c. Theophrastos, perì hydátōn [bis auf wenige Fragmente verloren];

d. Agatharchides, FGrH 86 frg. 19 [aus Diodor I 36,7-41,10];

e. Poseidonios [bei Seneca, quaest. nat. IV 2,17-30; Lydos, de mensibus IV 68 und Lucanus X 172-331];

f. Lucretius, de rer. nat. VI 712-737;

g. Aëtios [bei Ps.-Plutarch, Placita philos. IV 1].

h. Ailios Aristeides, oratio 36 Keil = 48 Dindorf und

i. Anonymus Florentinus, FGrH 647 frg. 1.

Darin werden acht verschiedene Theorien vertreten:

1. Ozeanrückstau;
2. Schneeschmelze in Nubien;
3. Rückstau der Wolken durch die Etesienwinde;
4. Tiefenquellen;
5. unterirdische Zuflüsse;
6. Sonnensog;
7. Sonnenthermodynamik;
8. Äquatorialregen.

Zum Ganzen vgl. D. Bonneau, La crue du Nil, divinité égyptiene à travers mille ans d'histoire [332 av. – 641 ap. J.-C.] d'après les auteurs grecs et latins et les documents des époques ptolemaique, romaine et byzantine. Paris 1964. [Études et commentaires 52]; s. auch Sallmann Nr. 299. – Plinius nennt die Theorien 1 und 3 [aus Iuba]; vgl. Seneca, quaest. nat. IV 2,22; Solinus 32,9f.; Ammianus Marcellinus XXII 15,5-7. Er spricht § 51 von der Schneeschmelze und von Regenfällen im Mauretanien [vgl. Theorie 2 und 8] und deutet unter Berufung auf den *Mathematiker Timaios* [s. u.] eine kombinierte thermodynamische und mit unterirdischen Gewässern rechnende Theorie an [vgl. Theorie 4-7]. Daraus ergibt sich eine fast komplette Doxographie, die allerdings keine Hinweise auf die Herkunft der einzelnen Theorien gibt. – *Etesien* [griech. etésios – jährlich wiederkehrend]: regelmäßig Mitte Juli einsetzende kühle, kräftige Winde aus Nord bis Nordost von beachtlicher Stetigkeit und ungefähr 40tägiger Dauer; vgl. Plinius, nat. hist. 2,124.127. – *Aithiopien* s. § 30. – *Mathematiker Timaios* s. Verzeichnis der Quellenschriftsteller; vgl. Münzer 253f. Anm. 2 und Sallmann 75 Anm. 70; 188. Er wird von Plinius noch an zwei anderen Stellen als Gewährsmann für siderische Phänomene genannt: die Elongation [= Entfernung von der Sonne] des Planeten Venus beträgt 46° [nat. hist. 2,38]; als Beweis für die vermeintliche Giftigkeit des Sternbildes Skorpion [24.10. - 22.11] fallen zu dieser Zeit die Blätter von den Bäumen [nat. hist. 16,82]. – Eine *Quelle des Nil* namens *Phiala* ist sonst unbekannt; vgl. Solinus 32,11

[Phialus]. Es dürfte sich um eine Verwechslung mit dem kleinen See Phiale [griech. phiálē – Becken, Gefäß], h. Birket Er-Ram, handeln, der Paneas, die Quelle des Jordan bei Caesarea [§ 71], unterirdisch speiste; vgl. Iosephus, bell. Iud. III 10,7.

56 *Aufgang des Hundssterns* = Sirius: 18. Juli. – *Sternbild des Löwen*: 23. Juli-23. August. – *Sternbild des Krebses*: 22. Juni-22. Juli. – *Sternbild des Steinbocks*: 22. Dezember-20. Jänner. – *Timaios* s. § 55. – Zur *Schatten*losigkeit s. auch Plinius, nat. hist. 2,183f.

57 Der erste *Neumond* nach der *Sommersonnenwende* fällt in die Zeit zwischen dem 22. Juni und dem 20. Juli. – *Sternbild des Krebses* s. § 56. – *Sternbild des Löwen* s. § 56; vgl. Solinus 32,12. – *Sternbild der Jungfrau*: 24. August-23. September. – *Herodot* II 19,2: „Ich hätte gerne wissen wollen, warum der Fluß von der Sommersonnenwende an fast *100 Tagen* so wasserreich strömt und auch warum er nach deren Verlauf wieder zurückgeht, wobei er sein Bett nicht ganz füllt ...“ [J. Feix]; s. Sallmann 188. – *Sternbild der Waage*: 24. September-23. Oktober; vgl. Solinus 32,13. – Das Verbot, den Nil während des Anschwellens zu befahren, hatte kultische Gründe, wurde aber mehrmals gebrochen. – *Merkzeichen in den Brunnen*: In den Tempelanlagen an den Ufern des Nil befanden sich kleine gemauerte Becken [Nilometer], die z. Zt. der Nilschwelle die Höhe des Wasserstandes an einer Skala angaben.

58 *16 Ellen* = 7,2 m [1 cubitus = etwa 45 cm]. – *12, 13, 14, 15* und *18 Ellen* = 5,40 m, 5,85 m, 6,30 m, 6,75 m, und 8,10 m; vgl. Solinus 32,15; zu den Vor- und Nachteilen der Nilschwelle vgl. Solinus 32,14; Ammianus Marcellinus XXII 15,13; Dicuil 6,5. – *Kaiser Claudius* regierte von 41-54 n. Chr. – *fünf Ellen* = 2,25 m, vgl. Solinus 32,16. – *Krieg von Pharsalos*, h. Fársala, südl. von Lárisa; vgl. Plinius, nat. hist. 4,29. Dort fand 48 v. Chr. die Entscheidungsschlacht zwischen

Caesar und Pompeius statt; vgl. Velleius Paterculus II 52,3;
68,1; Lucanus VII 823 u. a. – Der flüchtige Cn. Pompeius
Magnus wurde einen Tag vor seinem 58. Geburtstag am 28.
September, d. h. nach Rückrechnung auf das korrekte Datum
des Iulianischen Kalenders am 25. Juli 48 v. Chr., knapp vor
der Landung bei Pelusion [§ 64] vom Tribunen L. Septimius
und vom Zenturio Salvius erschlagen; vgl. Caesar, bell. civ.
III 104,2; Velleius Paterculus II 53,3; Lucanus VIII 596ff.;
Plutarch, Pomp. 79,2; Cassius Dio XLII 4,1ff. u. a. Der
enthauptete Leichnam wurde vom Freigelassenen Philippus
und vom Quaestor Servius Codrus notdürftig bestattet; vgl.
Plutarch, Pomp. 80,3; Lucanus VIII 715ff.; zum Grabmal s.
§ 68.

59 *Syene*, h. Aswān [Assuan] am Ostufer des Nil [Plinius:
an der Seite Arabiens, d. h. gegen Osten hin] beim 1. Katarakt
[§ 54]; südl. davon beginnt *Aithiopien* [§ 30]; vgl. Plinius, nat.
hist. 6,182f. 220; 12,19; Solinus 32,16; u. a. zu den Schatten-
messungen vgl. Plinius, l.c. 2,183f. Bei Syene befanden sich
die Steinbrüche, die den sog. Rosengranit lieferten, für den
Plinius, l.c. 36,63.86 den Namen Syenit [syenites] einführte.
Der strategisch wichtige Brückenkopf [Plinius: *Halbinsel*]
wurde durch *ein befestigtes Lager* geschützt, in das die Römer
drei Kohorten verlegt hatten. – *1000 Schritte* = etwa 1480 m. –
vier Inseln: Bei Aswān liegen mehrere Inseln im Bett des Nil:
Elephantine [s. u.], Sehêl, Salûga und El-Atrûn, früher Kit-
chener-Insel genannt. – Die Insel *Philai* ist h. vom Wasser des
alten Staudammes [erbaut 1898-1902, 1912 und 1934 vergrö-
ßert] überflutet. Die guterhaltenen Tempelanlagen wurden
auf der Nachbarinsel Agilkia wieder aufgebaut. Zum Vorkommen des dortigen Bernsteines [aromatites] vgl. Plinius,
l.c. 37,145. – *600 Meilen* [= 4800 Stadien] = etwa 890 km; vgl.
Sallmann 61 Anm. 27. – *Delta* s. § 48. – *Artemidoros* s.
Verzeichnis der Quellenschriftsteller; vgl. Sallmann 87. – *250
Städte*; vgl. Martianus Capella VI 676. – *Iuba*, FGrH 275 frg.

39. – *400 Meilen* [= 3200 Stadien] = etwa 592 km. – *Aristo-kreon*, FHG IV p. 333 frg. 3. – *750 Meilen* [= 6000 Stadien] = 1110 km. – *Elephantis* = Elephantine, Insel in der Mitte des Nil gegenüber von Aswān; vgl. Plinius, l.c. 16,81; Mela I 60; Vitruv VIII 2,6; Tacitus, Ann. II 61,2; wohl benannt nach dem Elefantenhandel nach Aithiopien. Religiös galt die Insel als mythischer Quellort des Nil, der hier zwischen den Bergen Krophi und Mophi aus unendlicher Tiefe hervorströ-men soll; vgl. Herodot II 28,2. – *4000 Schritte* = etwa 5,9km. – *letzter Katarakt* s. § 54. – *16 Meilen* = etwa 23,7 km; die Entfernung ist etwas zu groß. – *585 Meilen* = 866 km; für die Entfernung Syene-*Alexandreia* [§ 62] gibt Plinius, l.c. 2,183 aus anderer Quelle 5000 Stadien = 925 km an. – *... haben sich ... geirrt*: Zu den bei den geographischen Angaben auftreten-den Widersprüchen und Abweichungen vgl. Sallmann 173.

60 Der Pharao *Amasis* [570-526 v. Chr.] galt als Freund der Griechen, seine *Herrschaft* war friedlich und brachte für *Ägypten* eine wirtschaftliche Blüte. Am Ende seiner Regie-rungszeit änderte sich die Weltlage durch das Aufkommen des Perserreiches, dem 525 v. Chr. auch Ägypten einverleibt wurde; s. auch Diodor I 68,1ff. – *20000 Städte*; vgl. Herodot II 177,1: „Zur Zeit des Königs Amasis ... soll es insgesamt 20000 Städte gegeben haben, die dicht bewohnt waren" [J. Feix]. – *Stadt des Apollon* = Apollinopolis s. § 49. – *Stadt der Leukothea*, wohl die Stadt der Geburtsgöttin Eileithya = Nechbejet, daher griech. Eileithyaspolis, h. Nekheb El-Kâb, nördl. von Idfu. – *große Stadt des Zeus* [Diospolis magna, zum Unterschied von Diospolis parva § 49]: *Thebe* = Thebai, h. Luxor und El-Karnak mit der Nekropole im sog. „Tal der Könige". Die Anlage der Stadt war sehr weitläufig; vgl. Homer, Il. IX 381ff.: hekatómpylos Thebai – hunderttoriges Theben; s. auch Mela I 60; Solinus 32,40; Ammianus Marcel-linus XXII 16,2. Zur dortigen Vegetation vgl. Plinius, nat. hist. 13,63f.; zum Vorkommen von Edelsteinen s. Plinius, l.c.

37,104.141. – *Koptos* s. § 49. Die Stadt liegt am östlichsten Punkt des Niltales und bildete den Ausgangspunkt der Handelsstraße durch das h. Wâdi Hammamât zum Roten Meer beim „Weißen Hafen" [Leukós Limén], h. Quseir [Koseir], auf der *Waren aus Indien und Arabien* nach Ägypten gebracht wurden; vgl. Plinius, l.c. 6,102f. 168; Solinus 32,41. – *Stadt der Aphrodite* s. Pathyris § 49. – *Stadt des Zeus* s. § 49. – *Tentyris* = Tentyra s. § 49. – *Abydos*, h. El-Arâba el-Madfûna, südwestl. von Balyana. Aus dem Königsnamen des Pharaos Sethos I. [1304-1290 v. Chr.] hörten die Griechen den Namen des ihnen bekannten mythischen Aithiopenkönigs *Memnon* heraus. Es handelt sich allerdings um keinen *Palast*, sondern um eine große *Tempel*anlage mit dem benachbarten Kenotaph des Sethos, der für das Grab des Osiris gehalten wurde; vgl. Solinus 32,41. – *7500 Schritte* = etwa 11 km vom Westufer des Nil entfernt.

61 *Ptolemaïs*, h. El-Manshâh, südöstl. von Sohâg; eine Gründung des Ptolemaios I. Soter [323-283 v. Chr.]. – *Panopolis* s. § 49. – *Stadt der Aphrodite* = Aphroditopolis s. § 49. – *Stadt der Wölfe* = Lykonpolis s. § 49. – *Thebaïs* s. § 49. Im Osten des Niltales beginnt die Arabische Wüste, die Höhen um 2000 m erreicht [höchste Erhebung: Djebel Shâyib El-Banat 2187 m] und steil zum Grabenbruch des Roten Meeres abfällt. Der Nordteil wurde von den Römern mons Claudianus genannt; die dortigen Granit- und Porphyrsteinbrüche waren von Kaiser Claudius [41-54] eröffnet worden; vgl. Plinius, nat. hist. 36,57. – *Stadt des Hermes* / Merkur = Thoth [Hermoupolis magna], h. El-Ashmûnein, nordwestl. von Mallawi [Mellaui]; eine gleichnamige Stadt [H. parva] liegt im Delta s. § 49. – „*Alabasterstadt*" [griech. Alábastron], h. Tell El-Amarna, südl. von Mallawi; in den Hügeln ringsrum zahlreiche Alabaster- und Kalksteinbrüche; vgl. Plinius, l.c. 37,109. – *Stadt der Hunde* [Kynonpolis] s. § 49. – *Stadt des Herakles* [Herakleopolis] s. § 50. – *Stadt der Arsinoë* = Kro-

kodeilonpolis [§ 50]. Benannt nach Arsinoë II., der Tochter
des Ptolemaios I. Sotēr und der Berenike; vgl. Plinius, l.c.
6,167. – *Memphis* s. § 50. – *Pyramiden* [griech. *pyramís* –
monumentales Königsgrab]: Die Gruppe der Pyramiden des
Cheops [ursprüngliche Höhe 146,6 m], Chefren [ursprüng-
lich Höhe 143,5 m] und Mykerinos [ursprüngliche Höhe
66,5m] liegt bei El-Gîza [Gizeh], südwestl. von Kairo am
Rande der Libyschen Wüste. Ihren Bau schildert Herodot II
124,1-129,3. – *Labyrinth*: Der ausgedehnte und vielräumige
Totentempel des Pharaos Amenemhet III. [1844-1797
v. Chr.] beim h. Hauwarêt El-Maqta, südöstl. von El-
Faiyûm, galt im Altertum als besondere Sehenswürdigkeit;
vgl. Herodot II 148, 1-6; Diodor I 61, 2; 66,3; Strabo XVII
1,37; Plinius, l.c. 36,84; Mela I 56 u. a. – *See des Moiris* s. § 50.
– *Stadt der Krokodile* [das überlieferte Crialon ist wohl eine
Verschreibung von Crocodilon] = Krokodeilonpolis s. § 50. –
Arabien s. § 65. – *Stadt der Sonne* = Heliopolis s. § 49.

62 *Alexandreia*, h. El-Iskandarîya [Alexandria]. Eine
Gründung von *Alexander d. Großen* auf einem Höhenrücken
westl. der *Mündung von Kanopos* [§ 64] und dem *See Mareo-
tis* [§ 63] an der Stelle des Städtchens *Rhakotes*; vgl. Tacitus,
Hist. IV 84,3; Pausanias V 21,8; Martianus Capella VI 676; –
zwölf Meilen = etwa 18 km. – Alexander hat 331 v. Chr. die
Stadt selbst limitiert; vgl. Arrian, Anab. III 1,5. 2,1; Curtius
Rufus IV 8,6. Die Ausführung aber lag in den Händen des
Architekten Deinokrates aus Rhodos [Plinius irrig *Dinochares*]; vgl. Vitruv II praef. 4; Solinus 32,41. Die Stadt hatte die
Gestalt eines makedonischen Kriegsmantels [chlamýs], d. h.
eines Parallelogramms mit einer Länge von 30 Stadien = etwa
5,5 km und einer Breite von 7-8 Stadien = etwa 1,3-1,5 km;
vgl. Strabo XVII 1,8 [etwas andere Maße bei Plinius: *Fläche
von 15 Meilen* = etwa 22 km; Curtius Rufus IV 8,1: Umfang
der Stadtmauer 80 Stadien = 14,8 km; Iosephus, bell. Iud. II
16,4: Länge 30 Stadien = etwa 5,5 km, Breite 10 Stadien =

1,85 km]. – *mit einem winkeligen Vorsprung . . .:* Die Halbinsel Lochias im Osten und die Insel Pharos [§ 128] im Westen, die mit dem Festland durch einen etwa 1200 m langen Damm [Heptastadion – 1295 m] verbunden war. – Die Stadt blühte schnell auf; vgl. Pausanias VIII 33,3; Ammianus Marcellinus XXII 16,7ff. u. a. Sie bildete die Residenz der Ptolemaier und war die Hauptstadt der röm. Provinz. Der *Königspalast* mit allen öffentlichen Gebäuden [Bibliothek, Theater u. a. m.] zwischen dem Heptastadion und der Halbinsel Lochias nahm den *fünften Teil* [= 20%] des verbauten *Raumes* der Stadt ein.

63 *See Mareotis:* Die große Lagune *südl.* von Alexandreia, h. Bahra Maryut, bildete einen Binnenhafen, der durch einen schiffbaren *Kanal* mit dem Portus Eunostos, dem Seehafen von Alexandreia, verbunden war. Der im Mittelalter fast ausgetrocknete See hat sich 1801 nach dem Durchstich der Dämme von Abu Qir [Abukir] durch das eindringende Meerwasser stark vergrößert und bedeckte eine Fläche von ungefähr 200 km². Die neuerliche Trockenlegung macht erst in jüngster Zeit sichtbare Fortschritte. – *Mündung von Kanopos* s. § 64. – *30 bzw. 250 Meilen* [= 240 bzw. 2000 Stadien] = etwa 44 bzw. 370 km. – *Kaiser Claudius,* HRR II frg. 4; vgl. Münzer 391; Sallmann 43; 183; 217 Anm. 56. – *40 Schoinoi* = 1200 Stadien = *150 Meilen* = etwa 222 km; *ein Schoinos* = 30 Stadien = 5,5 km; vgl. Martianus Capella VI 676.

64 Das Delta, das flache Mündungsgebiet des Nil, bildet eine Fläche von fast 24000 km². Durch zahlreiche Teilungen des Stromes entstanden die *sieben* Hauptmündungen [stómata], zu denen noch *vier falsche Mündungen* [pseudostómata] kamen. Der Verlauf der Nilarme und der zahlreichen Kanäle war vielfachen Veränderungen unterworfen; vgl. Herodot II 17,4f., der nur fünf Mündungsarme kennt. Die Siebenzahl findet sich auch bei Mela I 60; Solinus 32,8; Ammianus Marcellinus XXII 15,10 u. a.

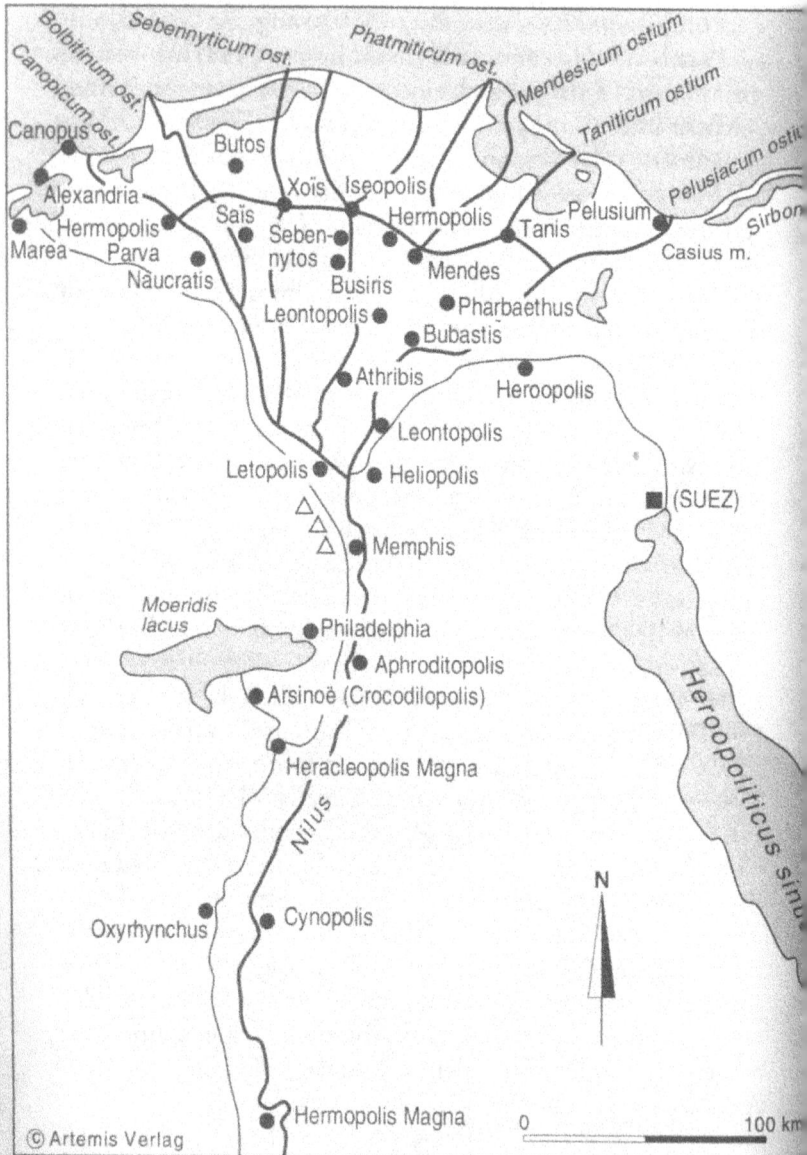

Bolbitinum ost.
Canopicum ost.
Sebennyticum ost.
Phatmiticum ost.
Mendesicum ostium
Taniticum ostium
Pelusiacum ostii

Canopus ost.
Canopus
Alexandria
Hermopolis
Parva
Marea
Naucratis
Butos
Xoïs
Saïs
Seben-
nytos
Iseopolis
Hermopolis
Busiris
Leontopolis
Tanis
Pelusium
Sirbon
Casius m.
Mendes
Pharbaethus
Bubastis
Athribis
Heroopolis
Leontopolis
Letopolis
Heliopolis
(SUEZ)
Memphis
Moeridis
lacus
Philadelphia
Aphroditopolis
Arsinoë (Crocodilopolis)
Heracleopolis Magna
Nilus
Oxyrhynchus
Cynopolis
Heroopoliticus sinus
N
Hermopolis Magna
0   100 km

© Artemis Verlag

Von Westen nach Osten ergibt sich folgende Reihenfolge;
vgl. Diodor I 33,7 [von Osten nach Westen]:

1. Mündung von *Kanopos* [ostium Canopicum] beim h. Abu
   Qir [Abukir], westl. von *Alexandreia* [§ 63]. Die griech.
   Sage leitete den Namen vom Steuermann des Menelaos
   Kanopos ab, der angeblich dort begraben war; vgl. § 128.
   Die Stadt, die über einen berühmten Tempel des Serapis
   mit einer vielbesuchten Orakelstätte verfügte, wurde als
   Vergnügungsort der Bewohner von Alexandreia berüch-
   tigt; vgl. Anakreon 22,20; Properz III 11,39; Iuvenal 6,84;
   15,46; Cassius Dio L 27,1 u. a. Hauptausfuhrartikel der
   Stadt waren Schönheitsmittel, wie Salben und Öle; vgl.
   Plinius, nat. hist. 12,109. –

2. Mündung von *Bolbitine* [ostium Bolbitinum], h. Rashîd
   [Rosetta]. Hier wurde 1799 der sog. „Stein von Rosette"
   gefunden, der 1822 die Entzifferung der Hieroglyphen
   durch J. F. Champollion ermöglichte. –

3. Mündung von *Sebennytos* [ostium Sebennyticum] s.
   § 49. –

4. *Phatmitische* Mündung [ostium Phatmiticum], h. Mündung von Dumyât [Damietta], die Hauptmündung. –

5. Mündung von *Mendes* [ostium Mendesicum] s. § 49. –

6. Mündung von *Tanis* [ostium Taniticum] s. § 49. –

7. Mündung von *Pelusion* [ostium Pelusiacum], h. Tell El-
   Farama, östl. vom Suez-Kanal; der ehem. Nilarm ist h.
   ausgetrocknet. –

Butos, h. Tell El-Farain, nordöstl. von Disûq; Hauptort des
Nomos Ptenethos [§ 49]. – *Pharbaitos* s. § 49. – *Leontopolis*
§ 49. – *Athribis* s. § 39. – *Stadt der Isis* = Iseion, h. Behbêt El-
Hagar, nordöstl. von El-Mahalla el-Kubra. – *Busiris* s. § 49. –
Kyno⟨s⟩polis [„Stadt des Hundes" = Anubis], h. Abusir
Bana, südöstl. von El-Mahalla el-Kubra; zu einer gleichnami-
gen Stadt s. § 49 und 61. – *Stadt der Aphrodite* oder Atarbe-
chis [„Ölbaum der Hathor" = Aphrodite/Venus], h. Shîbîn

El-Kôm, südl. von Tanta; vgl. Herodot II 41,5; zu einer gleichnamigen Stadt s. § 49 und 61. – *Saïs* s. § 49. – *Naukratis* s. § 49. Die dortige *Mündung* [ostium Naucraticum] wurde manchmal mit der *Herakleotischen* d. h. dem Herakles geweihten Mündung [ostium Heracleoticum] gleichgesetzt, die aber nur eine westl. Abzweigung davon ist; vgl. Tacitus, Ann. II 60,2; Solinus 32,42. Sie war durch einen Kanal mit der benachbarten Mündung von *Kanopos* verbunden und bildete keine eigene Mündung; zu den dortigen Schwalben s. Plinius, l.c. 10,94. – Zur Herkunft der Liste der Deltastädte s. Sallmann 205.

65 *Mündung von Pelusion* s. § 64. – *Arabien*: Zunächst nur die Arabische Wüste im Norden, dann die ganze Halbinsel; vgl. Mela I 61; Solinus 33,1; Martianus Capella VI 678. – *Rotes Meer* [griech. Erythrà thálatta, lat. Rubrum mare]: Es entspricht etwa dem nordwestl. Indischen Ozean, d. h. dem h. Arabischen Meer, wobei das h. Rote Meer und der h. Persische Golf als seine Buchten galten. Der Name leitet sich von den im Persischen Golf auftretenden Korallenriffen, aber auch vom Anblick der benachbarten Arabischen Wüstentafel ab. – „*Glückliches Arabien*" [Arabia felix oder beata]: Eine im Altertum übliche und bis in die Neuzeit gebräuchliche Bezeichnung für Südarabien = Jemen [Yaman], arab. Taiman; dies war wegen des Anklanges mit griech. eudaímōn – „glücklich" gleichgesetzt worden; vgl. Plinius, nat. hist. 12,51; Mela III 79; Solinus 33,4. – *Katabanen*: Bewohner der Landschaft Qatabān südl. von Saba; vgl. Plinius, l.c. 6,153. – *Esboniten*: Bewohner des h. Wadi Sirhān, östl. von Jerusalem. – *Skenitische Araber* [zu griech. skēné – Zelt, daher eigtl. „Zeltaraber"], d. h. nomadisierende Beduinen in den Wüstengebieten im Norden der Arabischen Halbinsel; zu den dort vorkommenden Datteln s. Plinius, l.c. 13,34. – *Berg Kasios* s. § 68. – *Kanchleer, arab.* Stamm, vielleicht die Bewohner einer Oase im Inneren der h. Wüste Nefūd. – *Kedreer, arab.* Stamm, wohl die bibl. Qedar, mit dem Hauptort Adumu, h. Dūnat Al-Gandal oder Al-Gauf, einer Oase am Südostausgang des Wadi Sirhān am Nordrand der Wüste Nefūd. – *Nabatäer*, arab. Stamm im Nordosten der Arabischen Halbinsel mit dem Hauptort Petra [§ 87]. Sie dehnten ihren Herrschaftsbereich durch erfolgreichen Handel bis nach Damaskos [§ 74] im Norden und bis zum Roten Meer [s. o.] im Süden aus. – *Bucht von Heroopolis* [§ 50], h. Golf von Suez [Khalîj Es-Suweis). – *Bucht von Ailana* (s. u.), h. Golf von Aqabah [Khalîj El-Aqabah]; vgl. Plinius, l.c. 6,156. – *Ailana*, h. Al Aqabah [Akaba]; vgl. Plinius, l.c. 6,156. – *Gaza* s. § 68. – *150 Meilen* = etwa 220 km. – *Agrippa*, frg. 27 Riese = frg. 56 Klotz; vgl. Sallmann 185; 217 Anm. 57; 264 Anm. 79. – *Arsinoë*, h. El-Agrûd, nordwestl. von Suez, am Ausgang des von Ptolemaios II. Philadelphos [283–246 v. Chr.] angelegten Kanals, der das Niltal mit dem Golf von Suez verband; vgl. Diodor I 33,12; Plinius, l.c. 6,167; Mela III 80; Solinus 33,2; Martianus Capella VI 677. Die Stadt ist wie die gleichnamige im h. Faiyûm [§ 50 und 61] nach Arsinoë II. benannt. – *125 Meilen* = 1000 Stadien = etwa 185 km; es handelt sich um ein griech. Schätzmaß; vgl. Herodot IV 41. Die tatsächliche Breite der Landenge von Suez beträgt an der schmalsten Stelle etwa 110 km.

66 Die Behandlung der großen, in zahlreiche Landschaften gegliederten Provinz *Syrien* bereitet Schwierigkeiten, die z. T. auf die wechselvolle Geschichte der einzelnen Gebiete zurückgehen. Die vorliegende Liste von elf Landschaften gibt den Zustand während der Seleukidenherrschaft [312-64 v. Chr.] wieder, ohne die Neuordnung durch Pompeius [64 v. Chr] zu berücksichtigen [§ 79]; vgl. Mela I 62f.; Martianus Capella VI 678. – *Araber* s. § 65. – *Palästina* s. § 69. – *Iudäa* s. § 70ff. – *Koile* s. § 77. – *Phoinikien* s. 69. – *Damaskos* s. § 74. – *Babylonien* s. § 90. – *Tigris* [Tígris, akkad. idiqlat – reißend, stark], h. Dijlah, der östl. Hauptstrom Vorderasiens [Länge

1950 km]; er entspringt im Armenischen Bergland und nähert sich beim h. Baghdād dem *Euphrat* [s. § 83 ff.] auf 30 km. Eine ausführliche Beschreibung seines Laufes s. Plinius, nat. hist. 6,127ff. – *Mesopotamien* s. § 86. – *Tauros* s. § 97ff. – *Sophene:* armen. Landschaft zwischen den Oberläufen von Euphrat und Tigris; vgl. Tacitus, Ann. XIII 7,1. – *Kommagene* s. § 86. – *Armenien* s. § 83. – *Adiabene:* assyr. Landschaft östl. vom Oberlauf des Tigris mit dem Hauptort Arbela, h. Erbil; vgl. Plinius, l.c. 6,25ff; Ammianus Marcellinus XXIII 6,20f. – *Assyrien:* Landschaft am Oberlauf des Tigris mit dem h. Hauptort Al Mawsil [Mosul]; vgl. Plinius, l.c. 6,41. – *Kilikien* s. § 91ff. – *Antiocheia* s. § 79.

67 Mit *Länge* wird in der Regel die Ost-West-Erstreckung, mit *Breite* die Nord-Süd-Ausdehnung verstanden. Wird von diesem Schema abgewichen, werden wie hier die Meßpunkte angegeben; vgl. Sallmann 208f. Anm. 35. – *Kilikien* s. § 91ff. – *Arabien* s. § 65. – *470 Meilen* [= *370 Stadien*] = etwa 700 km; diese Strecke entspricht ungefähr der Küstenlinie Issos [§ 91] – Rhinokolura [§ 68]. – *Seleukeia Pieria* s. § 82. – *Zeugma am Euphrat* s. § 86. – *175 Meilen* [= *1400 Stadien*] = etwa 260 km; vgl. Martianus Capella VI 678. Die angegebenen Maße stammen von Agrippa, frg. 28 Klotz; vgl. Divisio 19; Dimensuratio 4 [Breite fälschlich nur 370 Meilen]; Dicuil 2,4. – *Phoinikien* s. § 69. – *Syrien* s. § 79. – *Idumäa* s. § 68. – *Iudäa* s. § 70. – *Phoinikisches Meer:* Teil des Mittelländischen Meeres vor der syrischen Küste südl. von Zypern. – *Phoiniker:* Bewohner von Phoinikien [§ 69]. Sie galten als Erfinder der *Schrift*, die in der von den Griechen im 9. Jh. v. Chr. übernommenen Form zur Grundlage der europäischen Schriftsysteme wurde; vgl. Plinius, nat. hist. 7,192; Mela I 65. Außerdem beschäftigten sie sich mit *Sternkunde*; vgl. Plinius, l.c. 7,203. Ihre Expansionsbestrebungen im Bereich des gesamten Mittelländischen Meeres waren durch die Kenntnis der *Navigation* und den Einsatz einer überlegenen *Kriegs-*

kunst [Wurfmaschinen, Schleuder u. a.] erfolgreich; vgl. Plinius, l.c. 7,201.208.

68 Der athenische Söldnerführer *Chabrias* verteidigte im Sold der Pharaonen Achoris [393-380 v. Chr.] und Nektanebos [380-363 v. Chr.] das Nildelta erfolgreich gegen die Angriffe der Perser unter Artaxerxes II. [404-359/58 v. Chr.] – *Berg Kasios*: Seefahrende Anhänger des Baal Zaphon = *Zeus Kasios* hatten auf einem nur 13 m hohen Sandhügel am Westende des Sirbonischen Sees [s. u.], 15 km östl. von *Pelusion* [§ 65], ein *Heiligtum* ihres Gottes errichtet; vgl. Solinus 34,1. Zum gleichnamigen Berg bei Seleukeia s. § 80. – *Grabmal des Pompeius Magnus*: Der kleine, bescheidene Grabtempel, der von Unbekannten in der Nähe von Pelusion errichtet worden war, wurde von Kaiser Hadrian 139 v. Chr. in würdiger Art erneuert; vgl. Cassius Dio LXIX 11,1; SHA Hadr. 14,4. – *Ostrakine*, h. El-Flusîjeh am Ostende des Sirbonischen Sees [s. u.]. – *Arabien* s. § 65. – *65 Meilen* = etwa 96 km; vgl. Martianus Capella VI 679 [66 Meilen]. – *Idumäa*, hebr. Edom, das Hochland östl. und südl. vom Toten Meer. – *Palästina* s. § 69. – *Sirbonischer See*, h. Sabkhet El-Bardawîl, die Strandlagune [Plinius: *Sumpf*] östl. von Bûr Saîd [Port Saïd]; vgl. *Herodot* II 6,1; III 5,2. – *150 Meilen* = etwa 220 km; vgl. Sallmann 185. – *Rhinokolura*, h. El-Arish; vgl. Ammianus Marcellinus XXII 16,3. – *Raphea*, h. Rafiah. – *Gaza*, h. Azza [Gaza]. – *Anthedon*, h. Beit Lāhiya, nordöstl. von Azza. – *Berg Argaris*, h. der Hügel El-Muntar, südöstl. von Gaza, vielleicht aber auch der südlichste Ausläufer des Berges Karmel [§ 75] Garizim, h. Gerizim [881 m], südl. von Nâblus, der als hl. Berg galt; vgl. Iosephus, ant. Iud. XI 8,2; XIII 3,4 u. a. – *Samaria* s. § 69. – *Askalon*, h. Ashqelon [Ashkelon]; vgl. Mela I 64. – *Azotos*, h. Ashdod. – *Iamneia*, h. Yavne, nordöstl. von Ashdod; der alte Hafen, h. Minet Rubin, liegt an der Mündung des h. Nahr Rubin.

69 *Iop⟨p⟩e*, h. Yafo [Jaffa, Tel Aviv]. Die sehr alte Stadt

war seit Salomo [968-930 v. Chr.] Besitz der *Phoiniker* [§ 67],
deren König Hiram das Zedernholz zum Tempelbau in Jerusalem herbeischaffen ließ; vgl. 2. Chron. 2,15. – *Andromeda*,
die Tochter des Kepheus und der Kassiopeia, sollte einem
Seeungeheuer zum Fraße vorgeworfen werden, wurde aber
von Perseus befreit; vgl. Ovid, Met. IV 671-V 236 u. a. Die
Spuren der Fesseln werden auf einem ins Meer vorspringen-
den *Felsen* [s. § 128] gezeigt; vgl. Strabo XVI 2,28; Iosephus,
bell. Iud. III 9,3; Mela I 64; Solinus 34,2. – *Keto* [zu griech.
kêtos – Seeungeheuer], Tochter des Pontos und der Gaia, von
ihrem Bruder Phorkys Mutter zahlreicher Ungeheuer; vgl.
Hesiod, Theog. 270.295.333 u. a. Ihr angebliches Skelett war
vom Ädilen M. Aemilius Scaurus 58 v. Chr. nach Rom gebracht worden; vgl. Plinius, nat. hist. 9,11. Zum scheinbaren
Anachronismus vgl. Münzer 122f.; Sallmann 163 Anm. 100;
178. – *Apollonia*, h. Herzliyya. In der alten Phoinikerstadt
Arsuf wurde der Gott Rishpon verehrt, der von den Griechen
mit Apollon gleichgesetzt wurde. – Eine alte phoinikische
Burg [*Turm des Straton*, benannt nach einem der letzten
Könige von Sidon § 76] wurde von *Herodes* d. Gr. [37-4
v. Chr.] zu Ehren des Kaisers Augustus *Kaisareia* genannt
und zu einer prächtigen Hafenstadt ausgebaut; vgl. Iosephus,
bell. Iud. I 21, 5-8. Von *Kaiser Vespasianus* [69-79] wurde sie
zur *Kolonie* erhoben [col. *Prima Flavia* Augusta Caesarea], h.
Qesarya. – *Palästina*: Ursprünglich das Land der Philister,
die im 14 Jh. v. Chr. als Teil der sog. Seevölker in die
Randgebiete des Vorderen Orients eingedrungen waren. Sie
bewahrten lange Zeit ihre Unabhängigkeit und Eigenständig-
keit, gingen aber seit dem 8. Jh. v. Chr. in der Mischbevölke-
rung des nach ihnen benannten Landes auf, dessen ständig
wechselnde Grenzen sich nicht näher bestimmen lassen. – *189
Meilen* = etwa 280 km; vgl. Martianus Capella VI 679 [188
Meilen]. – *Arabien* s. § 65. – *Phoinikien*: Die Küstenebene
zwischen dem Vorgebirge Karmel [§ 75] im Süden und dem h.

Nahr El-Kelb im Norden. – *Samaria*: Landschaft in Mittelpalästina mit der Hauptstadt Samaria [s. u.]; ihre Bewohner waren die Samariter. – *Neapolis* [griech. „Neustadt"], h. Nâblus, eine Neugründung des Kaisers Vespasianus an der Stelle der verfallenen Stadt Sichem, h. Shekhem, in der Gegend Mabartha = *Mamortha* [aram. mabarta – Durchgang] im Tal zwischen den h. Bergen Eval [940 m] und Gerizim [§ 68] – *Sebaste*, h. Sabastiya; die alte Hauptstadt Samaria erhielt von Herodes d. Gr. zu Ehren des Kaisers Augustus den neuen Namen Sebasté [griech. Sebastós = Augustus]; sie lag am Westabhang des *Berges* Eval. – *Gamala*, beim h. Hirbet Ekdeb am Zusammenfluß des Raqqâd mit dem Yarmuk, südöstl. von Afiq, in der südl. Gaulanitis, h. Golan-Höhen; die Stadt lag auf einem ansteigenden Hügelkamm, der einem Kamelrücken glich; vgl. Iosephus, bell. Iud. IV 1,1.

70 *Iudäa*: Der von den Juden bewohnte Teil *Syriens* [§ 79]; die röm. Provinz Iudaea umfaßte 6–41 n. Chr. auch *Idumäa* [§ 68] und *Samaria* [§ 69], die nach 67 n. Chr. wieder neugebildete Provinz auch *Galiläa*, die Landschaft westl. von See Genezareth und Jordan [§ 71]; vgl. Lukas 3,1; Iosephus, ant. Iud. XVIII 1,1; Martianus Capella VI 679 u. a. – *Arabien* s. § 65. – *Ägypten* s. § 48. – *Peraia*: das dem geschlossenen Siedlungsgebiet „gegenüber" liegende Land, hier die gebirgige Landschaft östl. vom *Jordan* [§ 71]. – *Toparchien* [griech. toparchía – „Platzherrschaft" – ein typischer Ausdruck der Verwaltung unter den Seleukiden]: Das unter röm. Verwaltung stehende Kerngebiet von Iudäa wurde in mehrere [Plinius: *zehn*] Stadtterritorien gegliedert; vgl. Iosephus, bell. Iud. III 3,5; zu dieser Liste s. auch Sallmann 205. – *Hierikus*, h. Yeriko [Jericho], nordöstl. von Jerusalem; zu den dortigen *Palmwäldern* vgl. Plinius, nat. hist. 13,44. – *Emmaus*, h. Amwâs, nordwestl. von Jerusalem. – *Lydda*, h. Lod, südöstl. von Tel Aviv. – *Iope* s. § 69. – *Akrabat⟨h⟩a*, h. Aqraba, südöstl. von Nâblus. – *Goph⟨a⟩na*, h. Jifna, nördl. von

Jerusalem. - *Thamna⟨tha⟩*, Ruinen beim h. Tibne, nordöstl.
von Lod. - *Betholeptepha*, h. Bet Natav, nördl. von Lod; vgl.
Iosephus, bell. Iud. IV 8,1. - *Oreine* [zu griech. óros-Berg –
„Bergtoparchie"]: das Bergland rund um Jerusalem. - *Hierosolyma* [assyr. Urusalim – „Friedensstadt"], h. Yerushalayim
[Jerusalem]: erste Erwähnung bereits im 19. Jh. v. Chr., von
König Salomo [968-930 v. Chr.] durch den Bau des Tempels
zum religiösen Mittelpunkt der zwölf Stämme Israels gemacht; 587 v. Chr. von König Nebukadnezar zerstört, doch
nach der babylonischen Gefangenschaft wieder aufgebaut;
von Herodes d. Gr. [37-4 v. Chr.] prächtig ausgestattet; von
den Römern unter Titus 70 n. Chr. nach längerer Belagerung
zerstört; vgl. Tacitus, Hist. V 1ff.; Solinus 35,4. - *Herodeion*,
Ruinen auf dem h. Djebel Furadis, südöstl. von Jerusalem;
prachtvoll ausgestattete Residenz Herodes d. Gr. mit seinem
Grabmal; vgl. Iosephus, bell. Iud. I 13,8; 21.10; ant. Iud. XIV
13,9; XVII 8,3.

71 *Fluß Jordan* [Iordanes], h. Yardēn. Er entspringt aus
mehreren Quellen am Hermon-Gebirge [2814 m], einem
südwestl. Ausläufer des Antilibanon [§ 77], und durchfließt
dann auf einer Länge von etwa 200 km den palästin. Anteil
des sog. Syrischen Grabens bis zur Einmündung in das Tote
Meer [= *Asphaltsee* § 72]. Der alluviale Mergelboden des
Syrischen Grabens zwingt ihn zu zahlreichen Windungen, so
daß seine tatsächliche Länge ein Vielfaches der Luftlinie
beträgt; vgl. Solinus 35,1; s. auch Sallmann 221. - *Caesarea* s.
§ 74. In der Nähe der Stadt lag die *Quell*grotte *Paneas*, h.
Bânîyâs, bei der in hellenistischer Zeit der Fruchtbarkeitsgott
Pan verehrt wurde; vgl. Martianus Capella VI 679. - *See
Genesara* [= Genezareth], h. Yam Kinneret; seine *Länge*
beträgt etwa 20 km [Plinius: *16 Meilen* = etwa 23,5 km], seine
Breite etwa 11 km [Plinius: *sechs Meilen* = etwa 8,9 km]. Er
liegt in einer anmutigen Gegend, 212 m unter dem Meeresspiegel und ist sehr fischreich; vgl. Solinus 35,3. - *Iulias*,

ursprünglich Betsaida, h. Mahjar, östl. der Einmündung des
Jordan in den See; benannt nach Iulia, der Tochter des Kaisers
Augustus; vgl. Iosephus, ant. Iud. XVIII 2,1; bell. Iud. II 9,1.
– *Hippos* h. Ein Gev am Ostufer des Sees. – *Tarichea*, urspr.
Magdala, h. Migdal, nordwestl. von Teverya. – *Tiberias*, h.
Teverya, eine Gründung des Herodes Antipas zu Ehren des
Kaisers Tiberius [14-37]; vgl. Iosephus, ant. Iud. XVIII 2,3.
Südl. davon lagen die Thermalquellen von Ammathus, h.
Hammat; vgl. Iosephus, bell. Iud. IV 1,3.

72 *Asphaltsee*, h. Totes Meer [hebr. Yam Ha Melah –
„Salzmeer", arab. Bahr Lut – „Lots Meer"], ein abflußloser
See an der Grenze zwischen Israel und Jordanien, 392 m
unter dem Meeresspiegel an der tiefsten Stelle des Syrischen
Grabens. Wegen der starken Verdunstung beträgt der Salzge-
halt 27,5% [Mittelländisches Meer 2,7%]. Die angegebenen
Maße sind zu groß: *Länge* 76 km [Plinius: *100 Meilen* =
148 km], größte *Breite* 16 km [Plinius: *75 bzw. sechs Meilen* =
etwa 110 bzw. 8,9 km], h. Fläche 980 km²; Tiefe 433 m. – Das
Erdpech [griech. ásphaltos, lat. bitumen], das sich vom Boden
gelöst hatte und an der Oberfläche abgefischt werden konnte,
war sehr begehrt; vgl. Diodor II 48,6ff.; Plinius, nat. hist.
2,226; 7,65; Iosephus, bell. Iud. IV 8,.4; Solinus 35,2. –
Arabien s. § 65. Seine Bewohner waren vorwiegend *Nomaden*, d. h. Beduinen. – *Machairus*, h. Mukawir am Ostufer des
Toten Meeres, südwestl. von Madabā. Die auf einem Berg
gelegene Festung, in der Johannes d. Täufer hingerichtet
worden war [Markus 6,21ff.], bildete eines der letzten Wider-
standsnester der aufständischen Juden, dessen Verteidiger
sich erst 73 n. Chr. ergaben; vgl. Josephus, l.c. VII 6,1ff. –
Iudäa s. § 70. – *Hierosolyma* s. § 70. – *Kallirhoë* [griech. die
„Schönfließende"], h. die Thermal*quelle* von Maīn, südwestl.
von Madabā; vgl. Solinus 35,4; Martianus Capella VI 679.

73 *Essener* [griech. Essēnoí, Essaíoi, zu syr. hasja – rein]:
jüdische Gemeinschaft mit ordensähnlicher Verfassung, wohl

um 140 v. Chr. entstanden und 70 n. Chr. untergegangen. Sie
verwarfen Opfer- und Tempeldienst und hielten ihr Ritual
streng geheim; vgl. Solinus 35,9-11; Martianus Capella VI 679
u. a. Die Reste ihrer umfangreichen Bibliothek wurden seit
1947 beim h. Hirbet Qumrān, südl. von Yeriko, entdeckt.
Eine Zusammenstellung der antiken Quellen gibt A. Adam,
Antike Berichte über die Essener. 2. neubearb. u. erw. Aufl.
von Chr. Burchard, Berlin 1972. – *Engada* = Engedi, h. En
Gedi am Westufer des Toten Meeres; die Stadt wurde schon
vor der Belagerung Jerusalems von der Räuberbande der
Sikarier [„Messerhelden", zu lat. sica – Dolch] zerstört; vgl.
Iosephus, bell. Iud. IV 7,2; Solinus 35,12. – *Hierosolyma* s.
§ 70. – *Masada*, h. Massada; vgl. Martianus Capella VI 679.
Die auf einem 519 m hohen *Felsen* am Westufer des Toten
Meeres liegende *Festung* wurde von den Zeloten heldenhaft
verteidigt und konnte von den Römern erst nach längerer
Belagerung im Frühjahr 73 n. Chr. erobert werden; vgl.
Iosephus, l.c. VII 8,2-9,2. – *Asphaltsee* s. § 72. – *Iudäa* s. § 70.

74 *Dekapolis* [griech. „Zehnstadt"]: Verband der hellenistischen Städte mit jüdischer Minderheit östl. des Jordan
[Ausnahme Skythopolis s. u.]. Die Gründung des Städtebun-
des erfolgte nach der Neuordnung durch Pompeius [64
v. Chr.]; die Städte standen zwar unter der Verwaltung der
benachbarten röm. Provinz *Syrien* [§ 79], hatten aber kom-
munale Selbstverwaltung; vgl. Matthäus 4,25; Markus 5,20;
7,31; Martianus Capella VI 679 u. a. Die *Zahl der* angeschlos-
senen *Städte* war Schwankungen unterworfen; vgl. Sallmann
173; zu den dortigen Oliven vgl. Plinius, nat. hist. 15,15. –
Damaskos, h. Dimashq [Damaskus]; die Stadt wurde durch
den *Fluß Chrysorrhoas* [griech. „Goldfluß"], h. Barada, bewässert, der in sieben Arme geteilt die *fruchtbare* Ebene rund
um Damaskus durchfloß; zu den dortigen Pflaumen [pruna
Damascena] vgl. Plinius, l.c. 13,51; 15,43; zu den Terebinthen
vgl. Theophrast, hist. plant. III 15,3; Plinius, l.c. 13,54. –

Philadelpheia, h. Ammān, urspr. Rabbat Ammon als Hauptort des dort um 1200 v. Chr. seßhaft gewordenen Stammes
der Ammoniter; von Ptolemaios II. Philadelphos [283-246
v. Chr.] hellenisiert; vgl. Ammianus Marcellinus XIV 8,13. –
Raphana = Raphon, h. Er-Rafe, nördl. von Scheich Miskin;
vgl. 1. Makk. 5,37; Iosephus, ant. Iud. XII 8,4. – *Arabien* s.
§ 65. – *Skythopolis* [„Skythenstadt"], h. Bet Shean [Beisân] am
Westufer des Jordan; älterer Name *Nysa* nach der *Amme des
Vaters Liber* = Dionysos/Bacchus. Die dort *angesiedelten
Skythen* [§ 99] waren versprengte Reste nach dem zurückge-
schlagenen Einfall im 7. Jh. v. Chr.; vgl. Herodot 105,1ff.;
Solinus 36,1f. – *Gadara*, h. Umm Qeis [Qays], südöstl. vom
See Genezareth, am Fluß *Hieromix* = Hieromikes, h. Yarmuk. – *Hippos* s. § 71. – *Dion*, h. Tell El-Ashari, nordwestl.
von Deraa. – *Pella*, h. Khirbet Fahil, südöstl. von Bet Shean;
beide Städte sind Gründungen Alexanders d. Gr. und tragen
die Namen makedonischer Städte; vgl. Plinius, l.c. 4,34. 59. –
Garasa = Gerasa, h. Jerash, südöstl. von Irbid. – *Kanatha*, h.
Qanawat, südöstl. von Damaskos. – *Tetrarchien* [griech.
tetrárchēs – „Vierfürst", urspr. Herrscher über ein Viertel,
dann über eine ganze Landschaft]: kleinere Verwaltungsbe-
zirke, denen meist jüngere Mitglieder der Königsfamilie vor-
standen. – *Trachonitis* [griech. trachón – steiniger Boden]: das
vulkanische Bergland Djebel El-Drus mit dem h. Hauptort
Suweida [Suweyda], südöstl. von Damaskos. – *Paneas* =
Panias: das Gebiet von *Caesarea*, h. Bâniyâs, mit der *Quelle*
des Jordan [§ 71]; die Stadt wurde zum Unterschied von der
gleichnamigen Küstenstadt [§ 69] gewöhnlich C. Philippi
genannt; sie war Hauptort der Tetrarchie des Philippos, eines
Sohnes Herodes d. Gr., der sie zu Ehren des Augustus [Iose-
phus, ant. Iud. XVIII 2,1] oder des Tiberius [Iosephus, bell.
Iud. II 9,1] Caesarea [Kaisareia] genannt hatte; vgl. Markus
8,27 u. a. – *Abila*, h. Tell Abil, nördl. von Irbid; vgl. Iosephus,
ant. Iud. IV 8,1; V 1,1; XII 3,3. – *Arka*, h. Tell Arka, nördl.

von Trāblous; vgl. Iosephus, ant. Iud. I 6,1; berühmt durch
den Tempel der Venus [= Aphrodite] Arcitis; vgl. Macrobius,
Sat. I 21,5. – *Ampeloessa* [griech. die „Rebenreiche"]: Gebiet
um Helbūn, nördl. von Damaskos, das von alters für seinen
Weinbau berühmt war; vgl. Ezech. 27,18. – *Gabe*, h. Abu
Susa/Tell Sos, südöstl. von Hefa, am Nordwestende der
„Großen Ebene" [Ebene Jesreel oder Esdraelon] östl. von
Berg Karmel. Hier hatte Herodes d. Große eine Anzahl von
Reitern angesiedelt; vgl. Iosephus, ant. Iud. XV 8,5; bell. Iud.
III 3,1.

75 *Phoinikien* s. § 69. – *Krokodeilon*, keine *Stadt*, sondern
ein Fluß, h. Nahal Ez-Zerka. – *Doron/-s* = Dora, h. Dor bei
Nahsholim, südl. von Hefa. – *Sykaminon/-s*, h. Hefa [Haifa]
am Nordende des Berges Karmel. – *Vorgebirge Karmelon*
[hebr. Karmil – „Baumgarten"], h. Har [Berg] Karmel
[528 m], der 5-8 km breite und etwa 25 km lange nordwestl.
Ausläufer des Samarischen Berglandes, südl. von Hefa. –
Akbatana [hebr. Akamata]: kaum ein sonst unbekannter Ort
auf dem Berg Karmel, sondern eher h. Hama, nördl. von
Hims. Hier starb der Perserkönig Kambyses [529-522
v. Chr.] an einer Verletzung des Oberschenkels gemäß einem
Orakelspruch; vgl. Herodot III 64,4f.; Stephanos Byz. s. v.
Agbatana. – *Getta* [hebr. Gath], h. El-Hāratīye. – *Geba*
[hebr. Gaba], h. Tell Harbağ. Beide Orte liegen am Ostufer
des Qishon [Kishon], nordöstl. von Bēsara. – *Bach Pacida*
[Pagida], h. Qishon [Kishon], westl. von Hefa. – Er ist nicht
identisch mit dem *Belos*, h. Naamen, südl. von Akkon; an
seinen Ufern trieb der Wind einen feinen *Sand* an, der in der
Glasherstellung Verwendung fand; vgl. Plinius, nat. hist.
36,190ff.; Tacitus, Hist. V 7,2 [Belius]; Iosephus, bell. Iud. II
10,2 [Belaios] u. a. – *Sumpf Kendebia*, die h. fast ausgetrocknete Strandlagune östl. vom h. Kibbuz Kefar Masaryk. –
Ptolemaïs, älterer Name *Akke* = Akka, h. Akkon; eine Veteranen*kolonie des Kaisers Claudius* [41-54]: col. Claudia Cae-

Gindarus
Bambyce
Antiochia
Seleucia
Beroea
Casius
mons
Orontes
Chalcis ad B.
COELE
Euphrates
Sura
Seleucia
ad B.
SYRIA
Apamea
Larissa
Epiphania
Arethuse
Aradus
Hemesa
Laodicea ad L.
Paradisus
Heliopolis
Berytus
Libanus mons
Antilibanus mons
PHOENICE
Abila
Damascus
Caesarea Ph.
Tyrus
DEKA-
POLIS
Acce Ptol.
Genesara lacus
NABATAEI
GALI-
Hippus
LAEA
Dorum
Dium
Canatha
Casarea
Tarichea
Gadara
Turris
Stratonis
Scythopolis
SAMARIA
Sebaste
Pella
Apollonia
Gerasa
Ioppe
Iordanes
PERAEA
Lydda
Iamnia
Philadelphia
IUDAEA
Azotos   2   4
1   Iulias
1 = Hiericus
0   100 km
3
Asphaltites
lacus
2 = Hierosolyma
IDUMAEA
3 = Massada
4 = Engada
© Artemis Verlag
N

saris Pt.; vgl. Martianus Capella VI 680. Die Stadt war von
Ptolemaios II. Philadelphos [283-246 v. Chr.] zum Hauptort
der ägypt. Verwaltung in Syrien gemacht worden und war
auch noch z. Zt. der Kreuzzüge ein wichtiger Stützpunkt. –
Ekdippa, h. Tell Akhziv, nördl. von Akkon. – „*Weißes
Vorgebirge*" [Album promunturium], h. Ras El-Abiad, südl.
von Sour; ein schneeweißer Kalkfelsen bricht jäh zum Meer
ab.

76 *Tyros*, h. Sour [Tyr]; die Teile der urspr. Doppel*insel*
waren vom sagenhaften König Hiram I. [10. Jh. v. Chr.]
vereinigt worden; vgl. Iosephus, ant. Iud. VIII 5,3. Anläßlich
der Belagerung durch *Alexander* d. Gr. [332 v. Chr.] wurde
die Stadt durch einen Damm mit dem *Festland* verbunden;
vgl. Mela I 66. Sie war das wichtigste Handelszentrum der
Phoiniker und die Mutterstadt von *Lepcis* [§ 27], *Utica* [§ 24]
Karthago [§ 24], und *Gades* [4,119f.] – *700 Schritte* = etwa
1040 m; die tatsächliche Entfernung ist kürzer; vgl. Curtius
Rufus IV 2,7 [vier Stadien = 740 m] u. a. – *Nebenbuhlerin des
Römischen Reiches*; vgl. die ähnlichen Formulierungen Sallust, Cat. 10,1 [aemula imperii Romani]; Velleius Paterculus I
12,6 [Romani imperii aemula]; Mela I 34 [imperii eius sc.
Romani pertinax aemula] u. a. – Zum tyrischen *Purpur* vgl.
Plinius, nat. hist. 9,127.137. – *19 Meilen* = etwa 28 km. – *Alt-
Tyros* [Palaityros] = Usu, die ältere Siedlung auf dem Festland. – *22 Stadien* = etwa 4 km. Gemeint ist der gut bewässerte fruchtbare Küstenstreifen, der die Versorgung der Insel-
stadt mit Getreide, Gemüse und vor allem mit Trinkwasser
sicherstellte. – *Sarepta*, h. Sarafad, südl. von Saïda. – *Ornithon*
[polis – „Vogelstadt"], h. Aadloun, südl. von Saïda. – *Sidon*,
h. Saïda [Sidon]; zur dortigen *Glasherstellung* s. § 75; zum
dort vorkommenden Erdpech [bitumen] s. Plinius, l.c.
35,178; zum Storax vgl. Plinius, l.c. 12,125; zur guten Henna-
salbe vgl. Plinius, l.c. 13,12. – Agenor, der sagenhafte König
von Tyros oder Sidon, hatte seine Söhne Kadmos, Phoinix,

Kilix, Phineus und Thasos ausgeschickt, ihre von Zeus geraubte Schwester Europa zu suchen. Da die Suche erfolglos blieb, wagte keiner der Söhne die Rückkehr in die Heimat. Kadmos gründete das *boiotische Thebai* = Theben und wurde Stammvater des dortigen Königshauses; vgl. Hesiod, Erga 162; Herodot V 57,1f.; Ovid, Met. III 1ff. u. a.

77 *Berg Libanos* [Libanon], h. Djebel Libnân [arab. „Weißer Berg"], höchste Erhebung Qornet Es-Sauda [3088 m]. Das Gebirge ist mit ewigem Schnee bedeckt; vgl. Tacitus, Hist. V 6,2; es war vor allem wegen seiner Flora berühmt; vgl. Plinius, nat. hist. 12,104; 24,164 u. a. Die letzten unter Naturschutz stehenden bis zu 30 m hohen Zedern stehen in einem Wald am Südabhang des Gebirges, östl. vom h. Becharré. – *1500 Stadien* = etwa 280 km; vgl. Sallmann 216 Anm. 52; 217 Anm. 61. Die tatsächliche Länge beträgt nur 160 km. – *Zimyra* s. §78. – *Syria Koile* [griech. „hohles Syrien"]: urspr. nur die h. Hochebene von Beqaa zwischen Libanon und Antilibanon, dann das gesamte syr. Gebiet westl. des Euphrat. – *Antilibanos* [Antilibanon], h. Djebel Esh-Sharqi [arab. „Ostberg"]; höchste Erhebung Talat Musa [2659 m]; vgl. Martianus Capella VI 680. – *Dekapolis* s. §74. – *Tetrarchien* s. §74. – *Palästina* s. §69.

78 *Libanos* s. §77. – *Fluß Magoras*, h. Nahr Ed-Damour. – *Berytos*, h. Beyrouth [Beirût], eine *Kolonie* des Augustus [col. *Felix Iulia* Augusta B.]; vgl. Mela I 69. – *Leontos* [polis – „Löwenstadt"], h. Younié [Jounié]; die *Stadt* liegt allerdings nördl. des Nahr El-Kelb. Der bedeutendste, von Libanon herabließende Fluß Leontes, h. Nahr El-Litani, der nördl. von Sour ins Mittelländische Meer mündet, wird nicht erwähnt. – *Fluß Lykos*, h. Nahr El-Kelb. – *Alt-Byblos* [Palaibyblos], h. Maam El-Tein, südl. vom Nahr Ibrahim. – *Fluß Adonis*, h. Nahr Ibrahim. – *Byblos*, h. Jubail [Jbeil]; vgl. Mela I 67. Die phoinik. Bezeichnung Gibel [„Berg", vgl. arab. Djebel] war von den Griechen zu Byblos umgeformt worden.

– *Botrys*, h. Batroûn, nördl. von Jubail; vgl. Mela I 67. –
Gigarta, h. Msailha [Moussaylaha], an der Mündung des
Nahr El-Jâouze, nordöstl. von Batroûn. – *Trieris*, h. Anfé
[Enfé], nordöstl. von Batroûn. – *Kalamos*, h. Kalmoûn, südwestl. von Trâblous. – *Tripolis* [griech. „Dreistadt", als Um-
deutung von phoinik. tarpol-Neuland], h. El-Mina bei Trâblous [Tripoli]. Die Besiedlung durch Kolonisten aus *Tyros*
[§ 76], *Sidon* [§ 76] und *Arados* [s. u.] ist sonst nirgends belegt.
– *Orthosia*, h. Ard Artusi bei Al Abde, nordöstl. von Trâ-
blous; hier wurde die Artemis Orthosia verehrt. – *Fluß*
Eleutheros, h. Nahr El-Kebir [Kabir]; zu den dortigen Rie-
senschildkröten vgl. Plinius, nat. hist. 9,36. – *Zimyra* =
Simyra, h. Sumra an der Mündung des Nahr El-Kebir; vgl.
Mela I 67. – *Marathos*, h. Amrit, südl. von Tartûs; vgl. Mela I
67. – *Arados*, h. Arwad; die Siedlung liegt auf einer *Insel*; vgl.
Arrian, Anab. II 13,8; Curtius Rufus IV 1,5; Iosephus, ant.
Iud. I 6,2 u. a. – *sieben Stadien* = etwa 1,3 km; vgl. Sallmann
216 Anm. 52. – *200 Schritte* = etwa 300 m; vgl. Diodor
XXXIII 5,6. – *Berg Bargylos*, h. Djebel El-Ansârîye, die
nördl. Fortsetzung des Libanon [§ 77]; vgl. Martianus Ca-
pella VI 680.

79 *Syrien*: Das große Gebiet zwischen Amanos [§ 80] und
Tauros [§ 97f.], Euphrat [§ 83ff.] und Arabien [§ 65]; Palästina [§ 69] und *Phoinikien* [§ 69] wurden nicht dazu gerechnet. Nach dem Verfall der Macht der Seleukiden [190 v. Chr.]
war das Land in zahlreiche Kleinfürstentümer zerfallen; die
röm. Provinz Syria war 64 v. Chr. von Pompeius eingerichtet
worden. – *Karne*, h. Tartûs. – *Balaneia*, h. Bâniyâs. – *Paltos*,
h. Beldeh [Balda]; hier befand sich das Lager des Cassius bei
der Belagerung von Laodikeia [s. u.]; vgl. Cicero, ad fam. XII
13,4. – *Gabala*, h. Jableh [Djabla]; zum dortigen Storax s.
Plinius, nat. hist. 12,124. – *Laodikeia*, h. Al Lādhīqīyah
[Latakia], urspr. Ramitha, auf einer zwei Stadien = etwa
370 m breiten Halbinsel [Plinius: *Vorgebirge*]; vgl. Appian,

bell. civ. IV 260; von Seleukos I. Nikator [304-281 v. Chr.] zu
Ehren seiner Mutter Laodike benannt. Nach Caesars Ermordung verschanzte sich der Konsul P. Cornelius Dolabella in
der Stadt und wurde vom Caesarmörder C. Cassius Longinus
belagert [43 v. Chr.]; vgl. Cassius Dio XLVII 30,2f.; Appian,
l.c. IV 62. Als Lohn für die treue Haltung der Bewohner
verlieh M. Antonius den Status einer *freien* Stadt; vgl. Appian, l.c. V 30. Zu den dortigen Pflanzen vgl. Plinius, nat. l.c.
12,133; 21,24; 23,8. – *Diospolis* [„Stadt des Zeus"]: offenbar
ein Irrtum, da es sich um den Beinamen der Stadt Laodikeia in
Phrygien [§ 105] handelt. – *Herakleia*, in der Bucht Mīnet El-
Beïda beim Ras Esch-Schamra, nördl. von Al Lādhīqīyah. In
der Nähe liegen die Ruinen der alten Handelsstadt Ugarit. –
Charadros, h. Kaledıran, westl. von Anamur; die Stadt liegt in
Kilikien [§ 91ff.] und ist daher falsch eingereiht. – *Poseidion*,
h. Basit, nördl. von Al Lādhīqīyah – *Vorgebirge des syrischen
Antiocheia* [s. u.], h. Hınzır [Akınzı] Burun am Westabhang
des Kızıl Dağ [1795 m], nordwestl. von Antakya. – *Antio-
cheia*, h. Antakya [Hatay], eine Gründung des Seleukos I.
Nikator zu Ehren seines Vaters Antiochos; nach der Errich-
tung der Provinz Syria war die *freie* Stadt Sitz des Statthalters.
Der *Beiname „Bei Daphne"* [Epì Dáphnēs] weist auf einen
benachbarten, noch h. bestehenden Lorbeerrhain, Bêt El-Mâ,
mit einem Heiligtum des Apollon hin; vgl. Philostrat, Apoll.
Tyan. I 16; Ammianus Marcellinus XXII 13,1. Dort soll die
Nymphe Daphne auf ihrer Flucht vor Apollon in einem
Lorbeerbaum verwandelt worden sein; vgl. Ovid, Met. I
452ff.; Hygin, fab. 203. – *Fluß Orontes* s. § 80; vgl. Martianus
Capella VI 680. – *Seleukeia Pieria*, h. Samandağı [Alevısık],
südwestl. von Antakya, ebenfalls eine Gründung des Seleukos I. Nikator. Die Stadt leistete als einzige Widerstand gegen
König Tigranes I. von Armenien [83–69 v. Chr.] und behielt
nach der Einrichtung der röm. Provinz den Status einer *freien*
Stadt.

80 *Berg Kasios*, h. Djebel El-Aqra [1759 m], südl. der
Mündung des Orontes. Sitz des Kultes des Baal Zaphon =
Zeus Kasios; vgl. Mela I 61; Solinus 36,3; Ammianus Marcel-
linus XIV 8,10; zum *Berg mit dem gleichen Namen* s. § 69. –
vierte Nachtwache: 3-6 Uhr morgens; vgl. Martianus Capella
VI 680; Ammianus Marcellinus XXII 14,4. Es gab zwei
Möglichkeiten zum *Aufstieg: auf dem direkten Weg – vier
Meilen* = etwa 6 km und in Serpentinen – *19 Meilen* = etwa
28 km; vgl. Sallmann 217 Anm. 61. – *Fluß Orontes*, h. Nahr
El-Asi [Asi Nehri]; der etwa 450 km lange Strom *entspringt
zwischen Libanos und Antilibanos* [§ 77] in der Nähe vom h.
Baalbek und mündet südl. von Samandağı ins Meer. – *Heliopolis* [„Stadt des Sonnengottes"], h. Baalbek; dort wurde der
syr. Sonnengott Hadad = Helios verehrt, dessen Kult in
hellenistisch-röm. Zeit als Zeus Heliopolites = Iuppiter Helio-
politanus sehr gepflegt wurde; vgl. Macrobius, Sat. I 23,10ff.
– *Rhosos*, h. Uluçınar [Gülcihan], südwestl. von Iskenderun.
– *„Syrische Pässe"* [griech. Pýlai Sýriai, lat. Portae Syriae], h.
der Paß von Belen [750 m] in den Gavûr [Nur] Dağları
zwischen der Küstenebene von Iskenderun und der Amik-
Ebene [Amik Ovası] nördl. von Antalya. – *Berge von Rhosos*,
h. Kızıl Dağı [1795 m], der südwestl. Ausläufer der Gavûr
[Nur] Dağları. – *Tauros* s. § 94ff. – *Myriand⟨r⟩os*, h. Değir-
menbası, südwestl. von Iskenderun; vgl. Plinius, nat. hist.
2,243. – *Berg Amanos*, h. Gavûr [Nur] Dağları, das Grenzge-
birge zwischen Syrien und *Kilikien* [§ 91ff.]; vgl. Plinius, l.c.
6,124; 214;. und Mela I 69; höchste Erhebung Mıgır
[2262 m]; seine Bewohner [Amanienses] galten als besonders
räuberisch; vgl. Cicero, ad. fam. II 10,3; zum dortigen Storax
vgl. Plinius, l.c. 12,125. – *Bomitai*, h. ?; offenbar eine Kult-
stätte des Zeus Bomos oder Madbachos bei einem geweihten
Alter [griech. bōmós].

81 *Apameia*, h. Qalaat El-Mudiq, östl. von Al Lādhīqīyah,
am rechten Ufer des Orontes [§ 80]; benannt nach Apama,

der ersten Frau des Seleukos I. Nikator [312–280 v. Chr.]; vgl. Appian, Syr. 57. – *Fluß Marsyas*: keinesfalls mit dem gleichnamigen Flüssen [§ 86.106] identisch; h. Nahr Marsbān, ein östl. Nebenfluß des Orontes [§ 80] in der fruchtbaren Ebene zwischen Libanon und Antilibanon [§ 77], die gewöhnlich als Syria *Koile* [§ 77] bezeichnet wurde. – *Tetrarchie der Nazeriner*: Das von den h. Nusairiern bewohnte Gebiet im h. Djebel El-Ansārīye. – *Bambyke*, syr. *Mabog* [„Spindel“], h. Manbij, nordöstl. von Halab [Aleppo]. Den Namen *Hierapolis* [griech. „Heilige Stadt“] führte die Stadt wegen des Kultes der *Atargatis* oder *Derketo*, der Kultgenossin des Hadad = Helios [§ 80]; vgl. Plutarch, Ant. 37,1; ihren Kult beschreibt Ps.-Lukian, de dea Syria 1ff. ausführlich. – *Chalkis am Belos*, h. Qinnasrīn [„Adlernest“], südwestl. von Halab; vgl. Plinius, nat. hist. 6,159; Ammianus Marcellinus XXIV 1,9. Hauptort der Landschaft *Chalkidene*, der vom Orontes [§ 80] durchflossenen *fruchtbaren* Ebene östl. vom Djebel El-Ansārīye. – *Belos*, h. die Hügelkette Djebel Ez-Zāwīyah, östl. von Orontes. – *Kyrrhos*, Ruinen beim h. Kuros am Oinoparas, h. Nahr Afrin, nordwestl. von Halab an der Grenze gegen die Türkei; vgl. Tacitus, Ann. II 57,2. Hauptort der Landschaft *Kyrrhestike* zwischen Euphrat [§ 83] und Amanos-Gebirge [§ 80]; vgl. Cicero, ad Att. V 18,1; Plinius, l.c. 6,24. – *Azas* [Die Lesung Gazetas in den modernen Ausgaben ist eine Konjektur, um eine alphabetische Folge in dem schlecht überlieferten Text herzustellen], h. Azaz, nördl. von Halab. – *Gindaros*, h. Jandaris, nordwestl. von Halab. – *Gabula* [s. Zur Textgestaltung: Gabenos = Gabulenos], h. Jabbul, südöstl. von Halab. – *Tigranukomaten* [Das überlieferte Granucomatitae ist Schreibfehler für Tigranucomatae]: Bewohner der Tigranukomai, d. s. Siedlungen arab. Stämme, die König Tigranes II. von Armenien [95–55 v. Chr.] im Amanos-Gebirge [§ 80] angelegt hatte; vgl. Plinius, l.c. 6,142; Plutarch, Luc. 21,3 und Pomp. 39,1 u. a. – *Hemesa* = Emesa, h. Hims [Hōms]. –

Ituräer: arab. Nomadenstamm, der in den Norden Palästinas [§ 69] eingedrungen und dort seßhaft geworden war; er galt als besonders kriegstüchtig; vgl. z. B. Cicero, Phil. II 112. Die Landschaft Ituräa, die Libanon und Antilibanon [§ 77], sowie die Chalkidene [s. o.] umfaßte, zerfiel in mehrer Tetrarchien, die erst nach und nach der Provinz Syria angegliedert wurden. – *Hylaten* [„Waldbewohner", zu griech. hýlē – Wald] und *Baithaimer* [zu sem. beth – Haus]: Teilstämme der Ituräer. – *Mariamne*, h. Marjayoun, südöstl. von Saïda; vgl. Appian, Anab. II 13,8 [Mariamme].

82 *Tetrarchie Mammisea*, h. ? – *Paradeisos* [griech. „Tiergarten, Park", zu pers. pairidaëza – Umzäunung] = Triparadeisos, in der Nähe der nördl. Quelle des Orontes [§ 80]; dort hatten 321 v. Chr. die Diadochen getagt, um das Alexanderreich neu aufzuteilen; vgl. Diodor XVIII 39,1; XIX 12,2. – *Pagrai*, h. Bakras, am südl. Ausgang des Belen-Passes. – *Peneleniten*: Die Form ist offenbar verdorben; die Bewohner von Pinare [§ 92] sind kaum gemeint. – Neben dem bekannten Seleukeia Pieria [§ 79] gab es noch weitere gleichnamige Städte: *S. am Euphrat* [§ 89]; *S. am Belos* [§ 81], h. Suqaylibiyah [Sqēlebīye], südl. von Qalaat El-Mudiq. – *Kardytos* [Die Lesung Tardytenses beruht auf einer Konjektur, die eine alphabetische Folge herstellen sollte. Die falsche Einreihung geht aber wahrscheinlich schon auf die Quelle des Plinius zurück; zur Liste vgl. Sallmann 204]: Die Stadt ist durch Hekataios, FGrH 1 frg. 279f. bekannt, kann aber nicht näher lokalisiert werden. – *übriges Syrien*: das Land nördl. des Eleutheros [§ 78]. – *Euphrat* s. § 83. – *Arethusa*, h. Ar Rastan, nördl. von Hims; vgl. Plinius, nat. hist. 6,159; Plutarch, Ant. 37,1. – *Beroia*, h. Halab [Aleppo]. – *Epiphaneia am Orontes*, früher Hamāth, h. Hamāh. Die alte Stadt war wahrscheinlich von Antiochos IV. Epiphanes [175–164 v. Chr.] neu benannt worden; vgl. Iosephus, ant. Iud. I 6,2. – *Laodikeia am Libanos*, Ruinen beim h. Tell Nebi Mand auf einer Insel am

Oberlauf des Orontes [§ 80], südwestl. von Hims, das alte
Qadesch, Schauplatz der Schlacht zwischen dem Pharao
Ramses II. und dem Hethiterkönig Muwatallis [1296 v. Chr.].
Benannt nach einer Laodike aus der Familie der Seleukiden,
vielleicht nach Laodike, der Mutter von Seleukos I. Nikator
[304–281 v. Chr.] – *Lysias*, h. Qalaat Burze, nordöstl. von Al
Lādhīqīyah ; vgl. Iosephus, ant. Iud. XIV 3,2. – *Larisa* oder
Sizara, h. Schaizar, nordwestl. von Hamāh; vgl. Plinius, l.c.
6,159; Plutarch, Ant. 37,1. – *Tetrarchien* [§ 74] *mit barbari-
schen Namen* vgl. § 1.

83 *Euphrat* [Euphrátēs, hebr. perath – fruchtbar], h. Firat
Nehri [Nahr Al-Furat], der längste Fluß Vorderasiens
[2760 km]; er entspringt im Armenischen Bergland aus zwei
Quellen: die nördl. ist der *Pyxurates*, h. Kara Su, die südl. der
Arsanias [§ 84]; beide Arme vereinigen sich oberhalb von
Melitene [§ 84] zum Hauptfluß, der nach der Durchquerung
des Tauros [§ 84] bei Samosata [§ 85] längs der Ostgrenze von
Kappadokien [§ 95] in das Flachland von Mesopotamien
[§ 80] strebt. Vom Austritt aus dem Armenischen Bergland an
schlägt der Strom eine südöstl. Richtung ein, die er bis zu
seiner Mündung in den Schatt El-Arab beibehält; vgl. Sallmann 221 Anm. 72. – *Präfektur* [§ 86] *von Karana* [Karanitis],
der Landstrich um das h. Erzurum. – *Armenia Maior* [„Größeres“ oder „Groß-Armenien“]: Gebiet östl. vom Euphrat,
das zeitweilig unter der Herrschaft der Parther stand. A.
Minor [„Kleineres“ oder „Klein-Armenien“] westl. vom Euphrat, das von Pompeius Magnus 66 v. Chr. dem König
Tigranes II. [95–55 v. Chr.] entrissen worden war, wurde bis
in die Zeit Neros [54–68] abwechselnd den verschiedenen
Nachbarprovinzen zugeschlagen oder vorübergehend als au-
tonomes Königreich konstituiert; seit Kaiser Vespasianus
[69–79] war es ein Teil der Provinz *Kappadokien* [§ 95]; vgl.
Plinius, nat. hist. 6,24ff. – Cn. *Domitius Corbulo*, HRR II frg.
3; vgl. Sallmann 44. Er führte unter Nero den langwierigen

Krieg gegen den Partherkönig Vologaises I. [51-80], der
seinen Bruder Tiridates 52 als König von Armenien eingesetzt
hatte. – *Berg Aga*, h. Dumlu Dağı, nördl. von Erzurum, mit
der Quelle des h. Kara Su. – C. *Licinius Mucianus*, HRR II
frg. 7; er beteiligte sich in Corbulos Gefolge an dessen
armenischen Unternehmungen; vgl. Sallmann 45. – *Kapotes*,
h. Çengeli Dağı mit der Quelle des Sabrina, h. Karabudak
Çayı, eines rechten Nebenflusses des Kara Su; vgl. Solinus
37,1 [Catotes]; Martianus Capella VI 681. Zum Widerspruch
der Angaben der beiden Gewährsmänner s. Münzer 394 und
Sallmann 182. – *zwölf Meilen* = etwa 18 km. – *Zimara*, h.
Zimara bei Pingan am Euphrat – Knie, östl. von Divriği; vgl.
Solinus 37,1 [Zima]. – *Derzene* = Xerzene und *Anaïtis* =
Akisilene: Landschaften in Klein-Armenien am Oberlauf des
Euphrat rund um das h. Tercan und das h. Erzincan; vgl.
Strabo XI 14,5.

84 *Daskusa*, an der Einmündung des h. Arabkir Çayı in
den Kara Su beim h. Ağin, nördl. von Keban; vgl. Plinius, nat.
hist. 6,27; Orosius, Adv. pag. I 2,23 [Dacusa]. – *Zimara* s.
§ 83. Es handelt sich um die Stationen auf einem Kataplus des
Euphrat; vgl. Sallmann 217. – *75 bzw. 50 Meilen* = etwa 110
bzw. 75 km. – *Sartona*, an der Windung des Euphrat beim h.
Muşar Dağı. – *34 Meilen* = etwa 50 km. – *Melitene*: Landschaft von Melite oder Melitene, h. Malatya, eine der zehn
Strategien von *Kappadokien* [§ 95]; vgl. Tacitus, Ann. XV
26,2; Plinius, l.c. 6,9. – *zehn Meilen* = etwa 14,8 km. –
Elegeia, h. Eski Malatya, nordöstl. von Malatya, vor dem
Durchbruch des Euphrat durch den *Tauros* [§ 97]; vgl. Solinus 37,1; Standort der Legio XII fulminata [seit 70 n. Chr.];
keineswegs h. Ilıca, nordwestl. von Erzurum. – *Armenien* s.
§ 83. – *Lykos*, ein h. nicht mehr zu bestimmender Nebenfluß
des Euphrat. Aber vielleicht Verwechslung mit dem gleichnamigen Nebenfluß des Tigris [§ 66], h. Zab; vgl. Polybios V
31,3; Xenophon, Anab. II 5,1 [Zapatas]. – *Arsanias*, h. Murat

Su, der südl. Quellfluß des Euphrat [§ 83]; vgl. Plinius, l.c.
6,128. – *Arsanos*, h. Arzen, ein östl. Nebenfluß, der unterhalb
von Malatya in den Euphrat mündet; vgl. Tacitus, Ann. XV
15,3 und Cassius Dio LXII 21,1 [allerdings mit dem Arsanias
verwechselt]. – *zwölf Meilen* = etwa 18 km; vgl. Sallmann 217
Anm. 61. – *Ommas*: einheimische Bezeichnung für den Euphrat [§ 83] bei seinem Eintritt ins Gebirge. Die unverständli-
che Bezeichnung wird lat. dekliniert. Eine Beziehung zu
griech. ómma – Auge in übertragener Bedeutung für die
Durchbruchstelle wäre denkbar.

85 *Arabien* s. § 65. – *drei Schoinoi* = etwa 22 km; vgl.
Plinius, nat. hist. 12,53: schoenus patet Eratosthenis ratione
stadia XL, hoc est p. V [„Nach der Berechnung des Eratosthenes besteht ein Schoinos aus 40 Stadien, d. h. aus 5000 Schritten"]. – *Orrhoëner*: Bewohner der Landschaft Orrhoene
oder Osroene östl. und nördl. vom Euphrat [§ 83] mit dem
Hauptort Edessa [§ 86] – *Kommagene* s. § 86. – *Tauros* s. § 97.
– *Klaudiopolis*, ein nicht zu lokalisierender Ort zwischen
Melitene und Samosata; vgl. Ammianus Marcellinus XVIII
7,10 [Claudias]. – *Kappadokien* s. § 95. – *Samosata*, h. Samsat;
die Stadt ist heute im Atatürk-Staudamm versunken; in der
Nähe der antiken Stadt befand sich ein Sumpf mit brennen-
dem Schlamm [maltha]; vgl. Plinius, l.c. 2,235. – *40 Meilen* =
etwa 60 km.

86 *Arabien* s. § 65. – *Edessa*, h. Urfa; älterer Name *Antiocheia* als Gründung des Antiochos IV. Epiphanes [175–163
v. Chr.]. Die Stadt liegt in einer vom Balissos, h. Balıkh,
dessen bedeutendste *Quelle Kallirrhoe* [„Schönfließende"]
hieß, durchflossenen Ebene. – *Karrhai* [lat. Carrhae], h.
Harran [Altınbaṣak], südöstl. von Urfa. Schauplatz der *Niederlage des* M. Licinius *Crassus* gegen die Parther [53 v. Chr.];
vgl. Plutarch, Crass. 27,8ff.; Cassius Dio XL 25,1ff. – *Mesopotamien* [„Zwischenstromland", vgl. aram. beyn nahrin –
„zwischen den beiden Flüssen"]: das Land zwischen den

Unterläufen von Euphrat und Tigris. Die lat. Bezeichnung *Präfektur* entspricht einer pers. Satrapie. – *Assyrer*: Bewohner von Assyrien, dem Land östl. vom Tigris mit der Hauptstadt Assur im nördl. Irak. Sie hatten ihr Herrschaftsgebiet schon früh bis zum Euphrat ausgedehnt. – *Anthemusia*, älterer Name Charax Sidu oder Batnai, h. Suruç, südwestl. von Urfa; vgl. Plinius, nat. hist. 6,118 [Anthemus]; Tacitus, Ann. VI 41,2 [Anthemusias]; Cassius Dio LXVIII 21,1 u. a. – *Nikephorion*, h. Ar-Raqqah, an der Mündung des Balıkh in den Euphrat, südl. von Urfa; vgl. Plinius, l.c. 6,119; Florus II 11 u. a. – *Singara*, h. Sinjār, westl. von Al-Mawṣil [Mossul], in einer sehr wasserarmen Gegend; vgl. Ammianus Marcellinus XX 6,9. Hauptort der sonst unbekannten *arab. Prätaver* [Rhetaver]. – *Syrien* s. § 79. – *Fluß Marsyas*, h. Merzumen Dere, ein westl. Nebenfluß des Euphrat bei *Samosata* [§ 85]; vgl. Martianus Capella VI 681. – *Cingilla*, h. ? – *Kommagene*: Landschaft in Nordsyrien zwischen dem Südabhang des Tauros [§ 84] und dem Euphrat [§ 83]; seit 18 n. Chr. röm. Provinz, aber von 38–72 wieder selbständiges Königreich, dann Teil der Provinz Syrien [§ 79]; vgl. Plinius, l.c. 6,24.41.142. Von den Landesprodukten lobt Plinius, l.c. 10,129 die Purpurhühner [porphyriones] und l.c. 16,27; XXIV 9 die Galläpfel, vor allem aber das Commagenum, ein aus Gänsefett hergestelltes schmerzstillendes Heilmittel; vgl. Plinius, l.c. 10,55; 29,55f., 37,204. – *Imeneer*: sonst unbekannter Stamm nördl. vom h. Samsat. – *Epiphaneia und Antiocheia am Euphrat*: zwei h. nicht mehr zu lokalisierende Orte zwischen Samosata [§ 85] und Zeugma [s. u.]; vielleicht handelt es sich um Gründungen des letzten Königs von Kommagene, C. Iulius Antiochos IV. Epiphanes [38–72], der vom Statthalter von Syrien, L. Caesennius Paetus, abgesetzt wurde; vgl. Iosephus, bell. Iud. VII 7,1–3; zur Städteliste s. Sallmann 205. – *Zeugma* [griech. „Joch, Verbindung"], h. Belkıs bei Birecik, westl. von Urfa, am rechten Ufer des

Euphrat; vgl. Plinius, l.c. 6,119; Cassius Dio XLIX 19,3;
ebenso wie das *gegenüberliegende Apameia* eine Gründung
des *Seleukos* I. Nikator [312–280 v. Chr.]; beide Städte waren
durch eine Brücke verbunden; vgl. Plinius, l.c. 34,150; Tacitus, Ann. XII 12,2; Cassius Dio XL 17,3 u. a.

87 *Mesopotamien* s. §86. – *Rhoaler: arab.* Stamm im Gebiet von Birecik, noch h. Ruala. – *Syrien* s. §79. – *Europos*, h.
Jarablos, südl. von Birecik. – *Thapsakos*, h. Qalaat Ed-Dibse,
südl. des Stausees am Euphrat-Knie beim h. Maskane; einst
ein wichtiger Übergang über den Euphrat [§83]; vgl. Xenophon, Anab. I 4,11.17ff.; Diodor XIV 81,4; Arrian, Anab. II
13,1; III 7,1ff. – Zur offensichtlichen Lücke im Text s. Zur
Textgestaltung. „Schon die unverständlichen Akkusative Europum und Thapsacum beweisen, daß der Text in Unordnung und vermutlich vor quondam etwas ausgefallen ist.
Jedenfalls hat Amphipolis mit Thapsakos nicht zu tun" [E.
Honigmann]. – *Amphipolis*, älterer Name Turmeda; vgl.
Stephanos Byz. s. v. Die genaue Lage ist h. unbekannt. –
skenitische Araber s. §65. – *Sura* s. §89. – *Palmyrenische
Wüsten*: das Wüstengebiet Shāmiyah, südl. der Oase von
Tadmur. – *Petra*: Die Hauptstadt des Reiches der Nabatäer
[§65] wird durch die enge Schlucht Es-Siq bei El-Dji, südl.
von Wadi Musa, erreicht; vgl. Plinius, nat. hist. 6,144ff. –
„*Glückliches Arabien*" [Arabia felix] s. §65. – Zur Liste der
„Euphrat-Anrainer" s. Sallmann 205.

88 *Palmyra*, h. Tadmur, in einer bedeutenden Oase der h.
Wüste Shāmiyah; als bedeutender Handelsplatz für wertvolle
Güter aus Arabien und als Puffer gegen die *Parther* verdankte
die Stadt ihren Reichtum; vgl. Plinius, nat. hist. 6,144; Mar-
tianus Capella VI 681. Sie schloß sich 14–17 n. Chr. dem
Römischen Reiche an. – *Seleukeia am Tigris*, Ruinen beim h.
Tell Umar, südöstl. von Baghdād; vgl. Plinius, l.c. 6,43. – *337
Meilen* = etwa 500 km. – *203 bzw. 27 Meilen* = etwa 300 bzw.
40 km; es scheint sich um umgerechnete Stadienmaße zu

handeln, die allerdings etwas zu groß sind; vgl. Sallmann 217 Anm. 60. – *Damaskos* s. § 74.

89 *Wüsten von Palmyra* s. § 87. – *Thele⟨n⟩da,* h. Tell Ada [Eda], bei Salamīyah, südöstl. von Hamāh. – *Hierapolis* s. § 81. – *Beroia* s. § 82. – *Chalkis* s. § 81. – *Palmyra* s. § 88. – *Hemesa* s. § 81. – *Elatium* [hebr. Elath], h. Elat, westl. von Aqabah. – Die h. Entfernung *Damaskos* [§ 74] – *Petra* [§ 87] beträgt auf dem „King's Highway" über Amman etwa 300 km, die von Petra nach Elat/Aqabah 126 km. – *Sura,* h. Suriyya bei Al-Hammam, westl. von Ar-Raqqah; eine der von Domitius Corbulo 62 n. Chr. angelegten Festungen an der röm.-parth. Grenze am Euphrat; vgl. Tacitus, Ann. XV 3,4 – *Philiscum*: Stadt der *Parther* am linken Ufer des Euphrat, gegenüber von Sura. – *Seleukeia* am Euphrat: Die Stadt am linken Ufer des Flusses liegt gegenüber von Zeugma/ Epiphaneia [§ 86]; vgl. Plinius, nat. hist. 6,129f. Hier hatte sich Antiochos III. [223-187 v. Chr.] mit einer pontischen Prinzessin vermählt; vgl. Polybios V 43,1; zur Fruchtbarkeit der Gegend vgl. Plinius, l.c. 6,122; 18,170. – *Schiffsreise von zehn Tagen* = etwa 400-500 km; vgl. Martianus Capella VI 681. – *Babylon* s. § 90. – Zur Städteliste s. Sallmann 205.

90 *Euphrat* s. § 83ff. – *594 Meilen* = etwa 880 km. – *Zeugma* s. § 86. – *Dorf Masike,* wohl identisch mit der Siedlung Besechana am rechten Ufer des Euphrat, berühmt durch einen Tempel der Atargatis; vgl. Isidoros Char., GGM I 1 p. 249; kaum zu trennen vom Maskas, einem künstlichen Nebenarm des Euphrat, der die verlassene Stadt Korsote umfloß; vgl. Xenophon, Anab. I 5,4. Auch die folgenden Angaben sind ungenau: Euphrat und *Tigris* [§ 66] werden in der Gegend ihrer größten Annäherung am Mittellauf beim h. Baghdād durch zahlreiche Kanäle, darunter den Naarmalcha, h. Nahr El-Malek, verbunden; vgl. Plinius, nat. hist. 6,120 [regium flumen – „Königsfluß"]; Ammianus Marcellinus XXIV 2,7; 6,1. Der Euphrat, der seinen Lauf zu allen Zeiten

verschiedentlich geändert hat, vereinigte sich beim h. Al-
Qurnāh mit dem Tigris zum Schatt El-Arab. – *Mesopotamien*
s. § 86. – *Babylon*, Ruinen beim h. Hellah, südl. von Baghdād;
Hauptstadt von Chaldäa [akk. Kaldu], des ausgedehnten
Sumpfgebietes am Unterlauf von Euphrat und Tigris zwischen Baghdād und Basrah; vgl. Plinius, nat. hist. 6,121;
Solinus 37,2; Martianus Capella VI 681. – *Mothris* oder
Othris [Otris]: vielleicht eine Verwechslung mit Opis, einer
bereits um 3000 v. Chr. bezeugten Handelsstadt [akkad. Upi]
am westl. Ufer des Tigris an der Stelle, wo er sich in seinem
Mittellauf bis auf 30 km dem Euphrat nähert; vgl. Herodot I
189,1; Xenophon, Anab. II 4,25; Arrian, Anab. VII 7,6; 8,1
u. a. Die Stadt verlor ihre Bedeutung, als Seleukos I. Nikator
[312–280 v. Chr.] in ihrer unmittelbaren Nähe seine neue
Residenzstadt *Seleukeia* [§ 88] errichtete. – Zu den Über-
schwemmungen des Euphrat vgl. Cicero, nat. deor. II 130;
Ammianus Marcellinus XVIII 7,9 u. a.; zur *Nil*schwelle s.
§ 55. – *Sternbild des Krebses, des Löwen und der Jungfrau*: 22.
Juni – 22. Juli, 23. Juli – 23. August, 24. August – 23.
September; vgl. Solinus 37,3.

91 *Kilikien*: südöstl. Landschaft Kleinasiens, durch den
Berg Amanos [§ 80] von *Syrien* [§ 79] getrennt; vgl. Martianus
Capella VI 682. Das überhandnehmende Seeräuberunwesen
am Ende des 2. Jhs. v. Chr. veranlaßte die Römer zum Ein-
greifen und zur Errichtung einer röm. Provinz [101 v. Chr.].
Im westl. Teil reicht im sog. „Rauhen" [griech. tracheîa, lat.
aspera] Kilikien das oft steil abfallende Gebirge bis ans Meer,
während im östl. Teil die 20–70 km breite Ebene Çukorova
[campi Alei s. u.] vorgelagert ist. – *Diophanes, Androkos* und
Lykos: drei kurze, unbedeutende Küstenflüsse aus dem Amanos in die Bucht von Iskenderun. – *Berg Krokodeilos*: wahrscheinlich der h. Daz Dağı [2240 m], nördl. von Iskenderun. –
Pässe des Amanos-Gebirges: Es gibt zwei Übergänge; vgl.
Cicero, ad fam. XV 4,4. Der eine, die sog. Syrischen Pforten s.

§ 80; der andere, die Pforten des Amanos [Amanídes Pýlai], liegt etwas weiter nördl., h. Toprakkale, westl. von Osmaniye; vgl. Polybios XII 172; Arrian, Anab. II 7,1. – *Fluß Pinaros*, h. Deli Çayı; Schauplatz des Sieges Alexanders d. Gr. über Dareios III. bei Issos [Nov. 333 v. Chr.]; vgl. Polybios XII 7,4f.; Arrian, Anab. II 10,1.5. – *Bucht von Issos*, h. Iskenderun Körfezi. – *Issos*, h. Dörtyol; nach dem Sieg Alexanders in Nikopolis [„Siegesstadt"] umbenannt; vgl. Cicero, ad Att. V 20,3; Mela I 70. ; zu den dortigen weißen Zwiebeln s. Plinius, nat. hist. 19,104. – *Alexandreia*, h. Iskenderun [früher Alexandrette], eine Gründung Alexanders d. Gr. – *Fluß Chloros* = Karsos, h. Merkes Su; vgl. Xenophon; Anab. I 4,4. – *Aigaiai*, h. Yumurtalık [Ayas], südl. von Ceyhan. – *Fluß Pyramos*, h. Ceyhan Nehri; der h. Fluß hat seine Mündung im Laufe der Zeit weit nach Osten verlagert. – *Kilikische* Pässe [Kilíkiai Pýlai, lat. Ciliciae Portae], h. Paß Gülek Boğazı [1050 m] zwischen Ala Dağları im Osten und Bolkar Dağları im Westen; vgl. Xenophon, Anab. I 2,20 [ohne Namensnennung]; Arrian, Anab. II 4,2; Curtius Rufus III 4,11; Diodor XIV 20,1 u. a. – *Mallos*, beim h. Kızıltahta im h. stark veränderten Mündungsgebiet des Pyramos; vgl. Mela I 70. – *Magirsos* = Magarsos, h. Karataş an der alten Mündung des Pyramos. – *Tarsos* s. § 92. – *Gefilde von Aleion* [campi Alei]: die fruchtbare Ebene Çukorova am Unterlauf des Saros mit dem Hauptort Adana [§ 92]. – *Kasyponis*, h.?; die überlieferte Form ist höchstwahrscheinlich verstümmelt. – *Mopsos* = Mopsu⟨h⟩estia, h. Yakapınar, zwischen Adana und Ceyhan; vgl. Cicero, ad fam. III 8,10; angeblich eine Gründung des Lapithen Mopsos. – *Tyros*, h. ?; die genaue Lage ist h. unbekannt. – *Zephyrion*, h. Içel [früher Mersin]; zum Vorkommen von Molybdän s. Plinius, nat. hist. 34,173. – *Anchiale*, Ruinen beim h. Dumik Taş, östl. von Mersin; die Stadt war aber schon in der Antike verfallen.

92 *Fluß Saros*, h. Seyhan Nehri. – *Fluß Kydnos*, h. Tarsus

Çayı; sein Wasser galt als heilkräftig; vgl. Vitruv VIII 3,6;
Plinius, nat. hist. 31,11. – *Tarsos*, h. Tarsus, die Hauptstadt
der Provinz Kilikien [§ 91]; vgl. Mela I 71; Solinus 38,4; zum
dort hergestellten pardalium s. Plinius, l.c. 13,6. – *Kelenderis*,
h. Aydıncık, östl. von Anamur; vgl. Mela I 71. – *Nymphaion*,
h. ?; da die einzelnen Ortsnamen keiner erkennbaren geographischen Ordnung folgen, läßt sich die Lage nicht näher
bestimmen. – *Soloi*, h. Viranşehir, südwestl. von Mersin. Zum
Unterschied von einer gleichnamigen Stadt auf der Insel
Kypros [§ 130] das *Kilikische* genannt. Nach der Niederwerfung der Seeräuber durch Pompeius [62 v. Chr.] wurde ein
Teil von ihnen hier angesiedelt und die Stadt in *Pompeiopolis*
umbenannt; vgl. Mela I 71; Solinus 38,9; zur dort hergestellten Krokos-Salbe vgl. Plinius, l.c. 13,5; zu einer merkwürdigen Quelle vgl. Plinius, l.c. 31,17. – *Adana*, h. Adana; in der
Antike auch Antiocheia ad Sarum [A. am Saros] genannt. –
Kibyra, h. Güney Kalesi, nordwestl. von Alanya; eine gleichnamige Stadt s. § 103ff. – Die Reihenfolge der Orte entspricht
keiner geogr. Ordnung; daher konnten *Pinare, Pedalie, Alai
und Dorion* bis jetzt nicht lokalisiert werden. – *Selinus*, h.
Gazipaşa [früher Selinti], nordwestl. von Anamur. – *Arsinoë*,
h. Ruinen beim h. Softa Kale, östl. von Anamur. – *Iotape*, h.
Aitap, nordwestl. von Gazipaşa; benannt nach Iotape, der
Tochter des Antiochos IV. Epiphanes von Kommagene. –
Korykos, beim h. Kızkalesi [„Mädchenburg"], das die Einfahrt in den Hafen schützt; westl. davon befindet sich eine
ausgedehnte Höhle, h. Cennet ve Cehennem [„Himmel und
Hölle"]; vgl. Plinius, l.c. 31,30.54; Mela I 72; Solinus 38,7;
zur dortigen Vegetation vgl. Plinius, l.c. 13,67; 21,31. – *Fluß
Kalykadnos*, h. Göksu Nehri. – *Vorgebirge Sarpedon*, h.
Incekum Burnu, südwestl. der Mündung des Göksu Nehri;
einst die Grenze des Herrschaftsbereiches des sagenhaften
trojanischen Helden Sarpedon; vgl. Mela I 77. – *Holmoi*, h.
Taşucu in der gleichnamigen Bucht; der Hafen von Seleukeia

[§ 93]. – *Myle* = Mylai, h. Manastir, im innersten Winkel der Bucht von Taşucu. – *Stadt der Aphrodite* = Aphrodisias, h. Ovacık, am Nordabhang einer schmalen Landzunge [Plinius: *Vorgebirge*], südwestl. von Silifke; vgl. Livius XXXIII 20,4f.; Martianus Capella VI 682. – *Insel Kypros* s. § 129.

93 *Mysanda* oder Musbanda, Ruinen beim h. Akyaka, östl. von Anamur. – *Anemurion*, h. Anamur. – *Korakesion*, h. Alanya. – *Fluß Melas*, h. Manavgat Çayı; zeitweilig die *Grenze* zwischen *Kilikien* [§ 91] und Pamphylien [§ 94]; vgl. Mela I 93; Ammianus Marcellinus XIV 2,9f., der die Unwegsamkeit des Flußtales hervorhebt. – *Anazarbos*, h. Anavarza, nordöstl. von Ceyhan; die Siedlung war 19 v. Chr. von Kaiser Augustus anläßlich eines Besuches zur Stadt erhoben worden: *Augusta Caesarea* A. – *Kastabala* oder Hieropolis [„Heilige Stadt"], beim h. Bodrum Kale, nördl. von Osmaniye, am Oberlauf des Ceyhan; vgl. Plinius, nat. hist. 6,8. Hier wurde die Göttin Perasia = Artemis verehrt; zu den dortigen Hundeherden vgl. Plinius, l.c. 8,142. – *Epiphaneia*, früher *Oiniandos*, beim h. Erzin, nördl. von Dörtyol; eine Gründung von Antiochos IV. Epiphanes [175–164 v. Chr.]. – *Eleusa* = Elaiusa [zu griech. élaios – wilder Olivenbaum], später Sebasté [„Heilige"] genannt, h. Ayaş, nordöstl. von Silifke; die ursprüngliche Insel war schon im Altertum verlandet. – *Ikonion* s. § 95; hier offenbar falsch eingereiht. – *Seleukeia Tracheotis* [oder Tracheia, zu griech. trachýs – rauh], älterer Name *Hermia*, h. Silifke. Die Gründung von Seleukos I. Nikator [312–280 v. Chr.] liegt *oberhalb des Flusses Kalykadnos* [§ 92]. – Die vorliegende Liste der Siedlungen folgt dem lat. Alphabet; vgl. Sallmann 147 Anm. 63. – *Fluß Liparis*, h. Mezitli Su; sein Wasser war besonders ölig; vgl. Vitruv VIII 3,8: flumen nomine Liparis, in quo natantes aut lavantes ab ipsa aqua unguntur [„ein Fluß namens L., in dem die Leute, die darin schwimmen oder baden, vom Wasser selbst eingeölt werden." C. Fensterbusch]. – *Fluß Bombos*

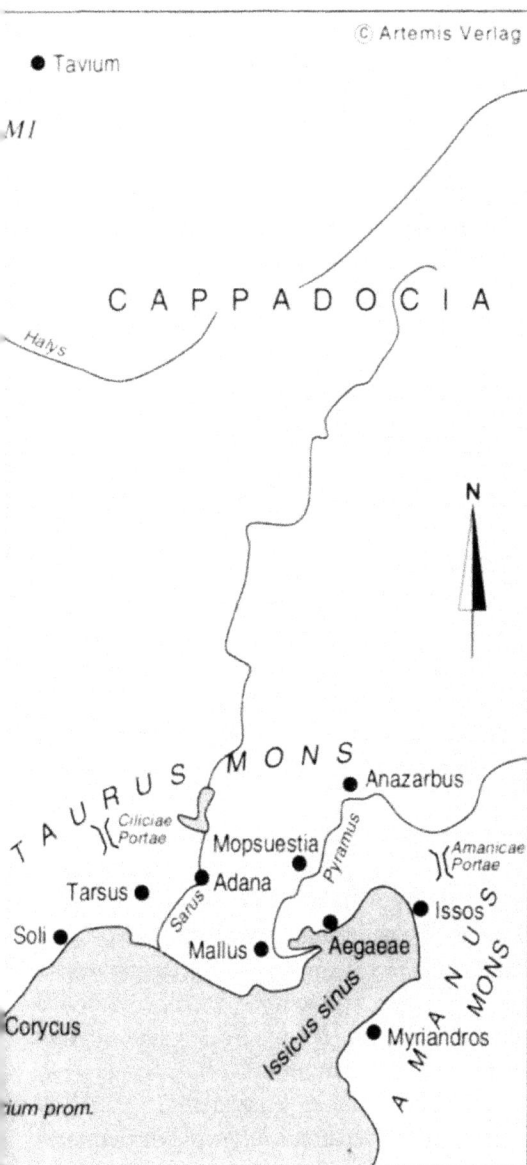

[griech. bómbos – dröhnend, brummend], h. ein Nebenfluß des Pyramos [§ 91] im Gebiet von Arabissos, h. Yarpuz. – *Fluß Paradeisos*, h. Bertiz Çayı, ebenfalls ein Nebenfluß des Pyramos [§ 91]. – Der *Berg Imbaros* läßt sich h. nicht mehr lokalisieren.

94 *Pamphylien* [„Land aller Stämme"]: Das im Westen an *Kilikien* [§ 91] angrenzende Bergland stand unter den verschiedensten Herrschern und gehörte ab 158 v. Chr. zu Pergamon [§ 126]; es wurde allerdings 133 v. Chr. nicht in die röm. Provinz Asia [§ 102f.] einbezogen, sondern geriet erst 102 v. Chr. im Rahmen der Bekämpfung der kilikischen Seeräuber unter die direkte Verwaltung der neuen Provinz Kilikien. – *Isaurer*: räuberischer Stamm im h. Geyik Dağı [2840 m], nördl. von Alanya; 46–44 v. Chr. von P. Servilius Isauricus unterworfen; vgl. Appian, Mithr. 75; Cassius Cio LV 28,3; Zosimus I 69,1. – Plinius versucht hier eine Lücke in seinen Quellen zu schließen; vgl. Sallmann 180. – *Isaura*, Hauptort der Isaurer: I. vetus, h. Zengibar Kale, und I. nova, h. Dorla, beide beim h. Bozkır, südöstl. von Seydişehir. – *Klibanos*, älterer Name von Germanikopolis, h. Ermenek, nördl. von Anamur. – *Lalasis*: Gebiet des Stammes der Lalassen mit dem Hauptort Ninica, h. Mut, nordwestl. von Silifke. – *Anemurion* s. § 93. – *Omanaden*: räuberischer *Stamm* am Südufer des h. Suğla Gölü, 25 v. Chr. vom röm. Statthalter P. Sulpicius Quirinius unterworfen; vgl. Tacitus, Ann. III 48,1 [Homonadenses]. – *Omana⟨da⟩*, an der Quelle des Melas [§ 93], h. Manavgat Çayı, beim h. Gemboz Gölü, im höchsten Teil des Tauros [§ 97]; zu der im griech. Alphabet abgefaßten Liste s. Sallmann 147 Anm. 63. – *Pisiden*: Bewohner von Pisidien [§ 145], einer Hochebene im Bereich des West-Tauros, h. Sultan Dağları [2160 m], in der sich einige größere Seen, darunter der h. Beyşehir Gölü und der h. Egridir Gölü, befinden. Sie sprechen eine dem Lykischen verwandte Sprache und werden auch als *Solymer* bezeichnet;

vgl. Homer, Il. VI 184.204; Od. V 283. – *Antiocheia*, h.
Yalvaç, südwestl. von Akşehir. Von Kaiser Augustus wurde
die Stadt zur *Kolonie* erhoben: col. *Caesarea* Ant.; vgl.
Paulus, Dig. XV 8,10. – *Oroanda*: eigentlich keine *Stadt*,
sondern das Gebiet östl. vom h. Beyşehir Gölü mit dem
Hauptorten Pappa, h. Yumuslar, nordöstl. von Beyşehir, und
Misthion/Misthia, h. Fasılar, östl. von Beyşehir; vgl. Poly-
bios XXI 44,7, 46,1; Livius XXXVIII 18,2; Cicero, de leg.
agr. II 50 [ager Oroandicus]. – *Sagalessos* [Sagalassos], h.
Ağlasun, südl. von Isparta.

95 *Lykaonien* [vgl. Lykien § 100ff.; kaum „Land des Ly-
kaon" vgl. Ovid, Met. I 237ff.]: Landschaft im mittleren
Kleinasien; sie wird gegen die Nachbarländer *Kappadokien*
[6,8ff] im Osten, *Galatien* [§ 146] im Norden, Phrygien
[§ 145f.] im Westen und Pisidien und Isaurien [§ 94] im Süden
nicht scharf abgegrenzt und stand stets unter der Verwaltung
der 133 v. Chr. eingerichteten Provinz *Asia* [§ 102f.]. – *Philomelion*, h. Akşehir; vgl. Cicero, ad fam. III 7,5f.; ad Att. XV
4,2. – *Thymbrion*, beim h. Doğanhisar, südöstl. von Akşehir;
vgl. Xenophon, Anab. I 2,13. – *Leukolithen* [griech. leukós –
weiß, líthos – Stein], h. ? – *Peltai*, s. § 106. – *Tyr⟨i⟩aion*, beim
h. Ilgın, östl. von Akşehir; vgl. Xenophon, Anab. I 2,14. –
Tetrarchie …: Es handelt sich um einen Bereich Lykaoniens,
der etwa 130 v. Chr. an *Galatien* [§ 145f.] angeschlossen
worden war; vgl. Martianus Capella VI 682. – *Ikonion*, h.
Konya; vgl. Xenophon, Anab. I 2,19; Cicero, ad fam. III 5,4;
6,6; 7,4f.; 8,4; XV 3,1; 4,2 u. a. – *Thebasa am Tauros* s. § 147. –
Hyde, h. Gölören, nordöstl. von Karapınar. – *Pamphylien* s.
§ 94. – *Milyen*: sagenhaftes Volk, das seinen Ursprung von
Milya, einer Tochter des Zeus, herleitete; ihr Bruder [oder
Gatte] war Solymos, der Ahnherr der lykischen Solymer
[§ 94]; vgl. Herodot I 173,2; VII 7,7. Sie bewohnten das
Bergland im nördl. Lykien [§ 100f.]; vgl. Arrian, Anab. I 24,5.
Ihre Sprache ist mit dem Lykischen verwandt, eine Beziehung

zu der der *Thraker* [4,40f.] wird h. von der Wissenschaft verneint. – *Arykanda*, h. Arif, nördl. von Finike. Auf Grund ihrer Lage aber kaum eine Stadt der Milyen.

96 *Pamphylien* s. §94. Der ältere Name *Mopsopien* geht auf den sagenhaften Seher Mopsos zurück, einen Enkel des Teiresias. Er hat den Tempel des Apollon von Klaros [§116] gegründet. – *Pamphylisches Meer*: Bucht von Antalya [Antalya Körfezi]. – *Kilikisches Meer*: der Meeresteil südl. von Kilikien [§91] zwischen den Buchten von Iskenderun und Antalya. – *Side*, h. Selimiye, westl. von Manavgat, an der Mündung des Melas [§93]. – *Aspendon* = Aspendos, h. Balkesu, östl. von Serik; vgl. Xenophon, Anab. I 2,12; Mela I 78 u. a. – *Plantaniston*, vielleicht jüngerer Name von Syllion, Ruinen beim h. Asar Köyi, nordöstl. von Antalya. – *Perga* = Perge, Ruinen beim h. Aksu, nordöstl. von Antalya; vgl. Polybios V 72,9; Arrian, Anab. I 26,1; 27,5; Livius XXXVIII 37,9ff.; Mela I 79. – *Vorgebirge Leukolla* = Leukotheion, h. vielleicht die merkwürdige Landzunge Cilvarda Burnu westl. von Antalya. – *Berg Sardemisos*, h. Tahtali Dağı [2366 m], südwestl. von Antalya; vgl. Mela I 79. – *Fluß Eurymedon*, h. Köpru Çayı bei Serik, östl. von Antalya; vgl. Arrian, Anab. I 27,1; Mela I 78 u. a. – *Fluß Katarrhaktes* [„Wasserfall"], h. Düden Çayı, westl. von Antalya, benannt wegen seines jähen Absturzes zur Küste; vgl. Mela I 79. – *Lyrnessos* = Lyrnas, beim h. Kemer, südwestl. von Antalya. – *Olbia*, h. Çakırlar, westl. von Antalya. – *Phaselis*, h. Tekırova, an der Küste südl. von Antalya; Grenzstadt gegen Lykien [§100]; vgl. Martianus Capella VI 682. Die Stadt war durch ihre Blumenzucht und die Herstellung wohlriechender Salben berühmt; vgl. Plinius, nat. hist. 13,5; 21,24; 23,95.

97 *Pamphylisches Meer* s. §96. – *Lykisches Meer*: der Meeresteil südl. u. westl. von Lykien [§100] und östl. von Rhodos [§132]. – *Lyker*: ein ursprünglich aus Kreta eingewanderter *Stamm*, der sich unter den verschiedensten Herren in mehreren kleinen Stadtstaaten lange Zeit eine politische Unabhängigkeit bewahren konnte. Ihre nur durch wenige Inschriften bekannte Sprache ist mit dem Hethitischen verwandt. – *Tauros:* Das südanatolische Randgebirgssystem [türk. Toros], das sich von Karien [§ 103] und Lykien [§ 100] im Westen [West-Tauros mit dem Kızlarsivrisi, 3070 m] über Kilikien [§ 91] in der Mitte [Mittlerer Tauros mit dem Mededsiz, 3585 m] hinzieht, wo er sich in den Amanos [§ 80] nach Südosten und den Antitauros [Ala Dağı, nach Norden teilt; das Stammgebirge reicht nach Nordosten bis zum Ararat-Hochland [Innerer oder Zentraler Ost-Tauros mit dem Ararat, 5165 m], nachdem sich ein anderer Antitauros [Äußerer Ost-Tauros mit dem Cilo Dağı, 4168 m] nach Südosten abgespalten hat; zur dramatischen Ekphrasis s. Sallmann 224. – *Vorgebirge Chelidonion* [zu griech. chelidón – Schwalbe], h. Yardimci Burun bei den Chelidonischen Inseln [§ 131]; vgl. Solinus 38,10. – *Indisches Meer,* h. Arabisches Meer [Ak Deniz]. – *Phoinikisches Meer* s. § 67. – *Pontisches Meer,* h. der Südteil des Schwarzen Meeres [Kara Deniz]; vgl. Plinius, nat. hist. 2,173. – *Kaspisches und Hyrkanisches Meer,* h. Darya-ye Khazar [Kaspiyskoye More, Kaspisee]. – *Maiotischer See,* h. Azovskoye More [Asowsches Meer]; vgl. Plinius, l.c. 4,78; zum Ganzen vgl. Solinus 38,11.

98 *Ripäische Berge:* Ein in der antiken Literatur oft genannter, aber nicht näher lokalisierter Gebirgszug, der ganz Nordasien und den Nordosten Europas durchzog; vgl. Plinius, nat. hist. 4,78. – Die Aufzählung der einzelnen Gebirgszüge erfolgt ohne topographische Fixierung und ohne Abgrenzung gegeneinander, jedoch im allgemeinen von Osten nach Westen fortschreitend. – *Imaos* [sanskr. himavat – schneereich]: östl. Himalaya [Mt. Everest oder Tschomolungma, 8848 m]; vgl. Plinius, l.c. 6,60; Solinus 38,12. – *Emodos* [sanskr. haimavati – zum Aufenthalt des Schnees gehörig]: westl. Himalaya [Nanga Parbat oder Diamir,

8125 m]; vgl. Plinius, l.c. 6,56.64.88 [Hemodus]; Mela I 81
[Haemodes]. – *Paropanisos* [altiran. upairisaena – oberhalb
des Adlerfluges]: Hindukusch [Tirich Mir, 7690 m] und seine
westl. Ausläufer; vgl. Plinius, l.c. 6,48.60.71; Curtius Rufus
VII 4,31 [Parapamisus]; Mela I 81 [Propanisus]; Solinus 38,12
[Propanisus]. Seine Anwohner waren die Parapanisadai; vgl.
Diodor XVII 82; Arrian, Anab. IV 22,4f.; V 3,2.11,3; VI
15,3.26,1; Curtius Rufus VII 3,6; Mela I 13 [Propanisadae].
Sie lebten sehr einfach und primitiv, waren aber harmlos und
gutmütig. – *Kirkios*: ein sonst unbekannter Gebirgszug im
östl. Iran. – *Kambades*: Kuh-e Parsu [3393 m], der nördlichste Ausläufer des Sagros-Gebirges [Kuhha-ye Zagros], nordöstl. von Kermanshāh. An seinem Fuß liegt Bagistana, h.
Bisotun, wo der Perserkönig Dareios I. [522–486 v. Chr.]
seine Taten in einer Inschrift festhalten ließ, die durch ihre
Dreisprachigkeit [Altpersisch, Elamisch und Babylonisch]
die Entzifferung der Keilschrifttexte sehr erleichterte. – *Pariades* = Paryadres [altiran. paruadri – reich an Felsen]:
Elburs-Gebirge [Kuhha-ye Alborz mit dem Damavand,
3670 m], nördl. von Teheran [Tehran]; vgl. Plinius, l.c. 6,25
[Parihedri montes]. – *Choatras* [avest. khwathra-Glanz]:
Kuhrud-Gebirge [Kuhha-ye Qohrud mit dem Shur Kuh,
4075 m], östl. von Isfahan [Esfahan]; vgl. Solinus 38,12. –
Oreges oder *Oroandes*: Elwend-Gebirge [Kuh-e Alvand,
3571 m], südl. von Hamadan. – *Niphates* [zu griech. niphás –
Schnee]: Tendürek Dağı [3433 m], nordöstl. des Van-Sees
[Van Gölü]; vgl. Horaz, Od. II 9,20; Vergil, Georg. III 30;
Mela I 81; Solinus 38,12; Martianus Capella VI 683; Ammia-
nus Marcellinus XXIII 6,13 u. a. – *Tauros* s. §97. – *Kaukasos*:
Sammelname für die Gebirgszüge zwischen dem Schwarzen
und dem Kaspischen Meer; vgl. Plinius, l.c. 6,40ff.; Mela I
81.109, Solinus 38,12; Martianus Capella VI 683 u. a. Vom
Hauptkamm, h. Bolschoi Kawkas [Elbrus 5633 m] gehen
mehrere Gebirgsketten spitzwinkelig nach Süden. – *Sarpedon*

s. § 92; vgl. Martianus Capella VI 683. – *Korakesios*: ein Ausläufer des h. Toros Dağları im „Rauhen" Kilikien [§ 91], östl. von Korakesion [§ 93]. – *Kragos* s. § 100.

99 *Armenische Pässe* [Arméniai Pýlai]: Ein h. nicht mehr zu lokalisierender Übergang über den Antitauros [§ 97]; vgl. Mela I 81; Solinus 38,13; Orosius, adv. pag. I 2,40. – *Kaspische Pässe* [Káspiai Pýlai]: Der 12 km lange und sehr schmale Übergang von Firūzkūh im südl. Elburs-Gebirge zwischen Teheran [Tehran] und Semnan, auf dem die Seidenstraße die Salzwüste Dasht-i-kavir umging; vgl. Plinius, nat. hist. 6,40.43ff.61.76, Mela I 81; Solinus 38,13; Martianus Capella VI 683. – *Kilikische Pässe* s. § 91. – *Hyrkanios*: nach der Landschaft Hyrkanien [pers. Varkanija – „Wolfsland"] im Südostwinkel des Kaspischen Meeres; vgl. Plinius, l.c. 6,46.113; Mela I 13; III 39.41; Solinus 38,12. – *Kaspios*: nach dem großen Stammesverband der Kaspier am Unterlauf des Araxes, h. Aras [Araks], im h. Aserbeidschan mit dem Hauptort Baku; sie hatten einst große Teile des westl. Iran bewohnt; vgl. Plinius; l.c. 6,4f.114.217; Mela III 39; Solinus 38,12. Sie züchteten Hunde, die mit ihren Herren in den Kampf zogen und auch ehrenvoll bestattet wurden; vgl. Valerius Flaccus VI 107. – *Pariedros* s. Pariades § 98. – *Moschikos*: nach dem großen Stammesverband der Moscher im südl. Kolchis, h. Georgien [russ. Grusinien], mit dem Hauptort Batumi; vgl. Plinius, l.c. 6,29; Mela I 109; Solinus 38,12. – *Amazonikos*: nach dem sagenhaften Volk der Amazonen, kriegerischer Frauen, die an der Südküste des Schwarzen Meeres zwischen Sinope, h. Sinop, im Westen und Trapezus, h. Trabzon, im Osten einen „Weiberstaat" mit der Hauptstadt Themiskyra, h. Terme, gegründet hatten; vgl. Plinius, l.c. 6,10; Mela I 13; Solinus 38,12. – *Koraxikos*: nach den Koraxern, einem Volk an den westl. Hängen des Kaukasos bis ans Schwarze Meer; vgl. Plinius, l.c. 6,15.26; Mela I 109f.; Martianus Capella VI 683. – *Skythikos*: nach der großen Volksgruppe der Skythen, die in verschiedenen Wellen aus den weiten Steppen Eurasiens nach Westen eingewandert waren und sich vor allen in der h. Ukraine und auf der Halbinsel Krim niedergelassen hatten; vgl. Plinius l.c. 3,80; Mela I 11f.; II 2; III 38; Solinus 38,12; Martianus Capella VI 683. – *Keraunios* [griech. keraunós – Donnerkeil]: der östl. Teil des Kaukasos nach dem Kaspischen Meere hin; vgl. Mela I 109; III 39; Solinus 38,13; Martianus Capella VI 683.

100 *Lykien:* Die von den Lykern [§ 97] bewohnte Halbinsel im südl. Kleinasien zwischen Pamphylien [§ 94] im Osten und Karien [§ 103] im Westen; die Städte [s. § 101] waren zu einem lockeren Bund [koinón] zusammengeschlossen und konnten lange eine gewisse Selbständigkeit bewahren; seit 43 n. Chr. zusammen mit Pamphylien röm. Provinz. – *Vorgebirge Chelidonion* s. § 97 – *Simena*, h. Kale auf der Kekova Adasi, östl. von Kaş. Die Stadt ist falsch eingereiht. – *Berg Chimaira*: ursprünglich die Schlucht von Avlan im Tale des Xanthos [s. u.] im Westen der Halbinsel, wo die Chimaira, ein *feuerspeiendes* Mischwesen aus Löwe, Ziege und Schlange von Bellerophon getötet werde; vgl. Homer, Il. VI 179ff.; Hesiod, Theog. 319ff. Später wurde die Sage nach *Hephaistion*, h. Yanartaş [türk. „brennender Stein"], südl. von Tekırova, an die Ostküste verlegt; vgl. Plinius, nat. hist. 2,236; Seneca, Epist. IX 79, 3; Solinus 39,1; Martianus Capella VI 683. – *Olympos*, Ruinen beim h. Deliktaş bei Çıralı, östl. von Kumluca, und südl. vom gleichnamigen Berg, h. Tahtalı Dağı [2375 m]; Hauptstützpunkt der Seeräuber, von P. Servilius Vatia zerstört [77/76 v. Chr.]; vgl. Cicero, Verr. I 56; Eutrop VI 3; Florus I 41,5; Solinus 39,2, aber später wieder aufgebaut. – *Gagai*, h. Aktas bei Yeniceköy, südöstl. von Kumluca. – *Korydalla*, h. Kumluca. – *Rhodiapolis*, h. Ömer Beleni, nördl. von Kumluca; zur Liste im griech. Alphabet s. Sallmann 147 Anm. 63. – *Limyra*, h. Turunçova, nördl. von Finike; die Stadt lag am *Fluß* Limyros, h. Göksu, in den der

Arykandos, h. Başkos Çayı mündet; vgl. Mela I 82. – *Berg Mas⟨s⟩ikytos*, h. Akdağ [3073 m] mit seinen Ausläufern. – *Andria⟨ke⟩*, h. Andriaki, der Hafen von *Myra*, h. Kocademre bei Demre, westl. von Finike; zur wundertätigen Quelle des Apollon s. Plinius, l.c. 32,17. – *Aperlai*, h. Siçak Iskelesi [früher Avasari], südöstl. von Kaş. – *Antiphellos*, h. Kaş [früher Andifli], älterer Name *Habes⟨s⟩os*, der Hafen von *Phellos*, h. Çukurbağ, nördl. von Kaş; die Stadt lag etwas erhöht am h. Felendağı [750 m]. – *Pyrrha*, vielleicht die gleichnamige Stadt § 109. – *Xanthos*, h. Kınık, südöstl. von Fethiye; der *Fluß gleichen Namens* [griech. xanthós – gelb] = Sirbis, h. Eşen oder Koca Çayı; vgl. Mela I 82. – *15 Meilen* = etwa 22 km. – *Patara*, h. Kelemiş, westl. von Kalkan; vgl. Plinius, l.c. 2,243; angeblich eine Gründung des *Pataros* = Eikadios, eines Sohnes von Apollon und Lykia, der Tochter des Flußgottes Xanthos; vgl. Servius, Aen. III 332. In der Nähe befand sich ein hl. Hain des Apollon Patrôos mit einer Orakelstätte; vgl. Herodot I 182,2; Mela I 82. – *Sidyma*, beim h. Diudurga Asarı, südl. von Fethiye, auf einem steil abfallenden *Berg*rücken. – *Vorgebirge Kragos* [s. § 98], Ak oder Yedi Burun, südl. von Fethiye, der westlichste Ausläufer des Bey Dağları; vgl. Mela I 82.

101 *gleiche Bucht*, h. Fethiye Körfezi zwischen den Vorgebirgen Kurdoğlu Burun im Westen und Iblis Burun im Osten; daran schließt sich eine ähnliche kleinere Bucht an, die im Süden durch das Ak oder Yedi Burun abgeschlossen wird – *Pinara*, h. Minare, südöstl. von Fethiye. – *Telmes⟨s⟩os*, h. Fethiye; die Grenzstadt gegen Karien [§ 103]; vgl. Mela I 82; Solinus 40,1; Martianus Capella VI 684. – Der Bund der lykischen *Städte* umfaßte etwa 100 v. Chr. 23 stimmberechtigte Vollmitglieder, wobei die sechs größten Städte [Xanthos, Patara, Pinara, Olympos, Myra und Tlos] über je drei Stimmen, andere weniger bedeutende Städte nur über eine oder zwei Stimmen verfügten; vgl. Strabo XIV 3,3 [nach

Artemidoros]; Martianus Capella VI 684. – *Kanas*: wohl kein Ortsname, sondern Verdopplung der Anfangssilbe des nächsten Wortes; vgl. Aves § 25. – *Kandyba*, h. Gendeve, nordwestl. von Kaş; beim hl. Hain Eunias handelt es sich offenbar um die dem Apollo Patroos geweihte Orakelstätte im benachbarten Patara [§ 100]. – *Podaleia*, vielleicht beim h. Söğle, südöstl. von Elmalı. – *Choma*, beim h. Hacımusalar, südwestl. von Elmalı; zur Liste im griech. Alphabet s. Sallmann 147 Anm. 63. – *Fluß Aidesa*, h. Akçayı, der in den h. Kara Gölü mündet. – *Kyaneai*, h. Yavu, östl. von Kaş; in der Nähe befand sich ein Heiligtum des Apollon Thyrxeus; vgl. Pausanias VII 21,13. – *Kadyanda*, h. Üzümlü, nordöstl. von Fethiye. – *Lis⟨s⟩a*, h. Kızılağaç, auf der Halbinsel von Sarsıla, westl. von Fethiye. – *Melanoskopion*: Hauptort der Insel Melanoskope [§ 131]. – *Tlos*, beim h. Düver, südl. von Kemer, am Ostufer des Xanthos [§ 100]. – *Telandros*, h. Nif, am Oberlauf des Glaukos [§ 103]. – *Kabalien*: Landschaft im Grenzgebiet von Lykien [§ 100], Phrygien [§ 145], Pisidien [§ 145] und Pamphylien [§ 94], die von lydischen Maioniern [§ 110] besiedelt war; vgl. Herodot VII 77. – *Oinoanda*, Ruinen beim h. Incealiler, westl. von Elmalı. – *Balbura*, Ruinen beim h. Çölkayığı bei Dirmil, südöstl. von Gölhisar – *Bubon*, h. Ibecik, südl. von Gölhisar; dort wurde die sog. kimolische Kreide [creta Cimolia] gefunden; vgl. Plinius, nat. hist. 35,196. – Diese drei Städte waren mit Kibyra [§ 105] zu einer Tetrapolis [„Vierstadt"] vereinigt, die von L. Licinius Murena aufgelöst wurde [84 v. Chr.].

102 *Telmes⟨s⟩os* s. § 101. – *Asiatisches oder Karpathisches Meer*: der Meeresteil östl. von Kreta und südl. der Kykladen und Sporaden, benannt nach der Insel Karpathos [§ 133]. – *Agrippa*, frg. 28 Riese = frg. 25 und 26 Klotz; vgl. Sallmann 180.185. Kleinasien wird in *zwei Bereiche* geteilt, wobei auf die röm. Provinzeinteilung keine Rücksicht genommen wird. Asia citerior im *Westen* umfaßt folgende Landschaften: die

Provinzen Asien und Bithynien, sowie *Paphlagonien* [§ 146],
Pisidien [§ 145], Lykien [§ 100], *Pamphylien* [§ 94], *Lykaonien* [§ 95] und Galatien [§ 146], das zwar nicht ausdrücklich
genannt, aber unter *Phrygien* [§ 145] einbegriffen ist. Für Asia
superior im Osten bleiben die spätere *Provinz Pontos* [6,1f],
Armenia Minor [§ 83], Kappadokien [§ 145] und Kilikien
[§ 91]. Asia citerior: *Länge 475 Meilen* [= 3800 Stadien] =
etwa 700 km, *Breite 320 Meilen* [= 2560 Stadien] = etwa
470 km, vgl. Martianus Capella VI 684: 470 Meilen bzw. 300
Meilen. Asia superior: Länge *575 Meilen* [= 4600 Stadien] =
etwa 850 km, Breite *325 Meilen* [= 2600 Stadien] = etwa
480 km; zusammen also 1050 Meilen = etwa 1550 km, 645
Meilen = etwa 950 km; vgl. Plinius, nat. hist. 6,24: 1250
Meilen [ungenaue Schätzzahl = 10000 Stadien] und 640 Meilen, sowie vgl. Martianus Capella VI 690: 1140 Meilen; s. auch
Divisio 16 und 17 [mit stark abweichenden Zahlen: Asia cit.:
Länge 700, Breite 400 Meilen; Asia sup.: Länge 800, Breite
220 Meilen] und Dicuil 2,3 [mit den gleichen Zahlen wie
Plinius]. – *Ägäisches Meer* [Ägäis]: der Teil des Mittelmeeres
zwischen der Ostküste Griechenlands und Kleinasiens; vgl.
Plinius, l.c. 4,9. – *Ägyptisches Meer* s. § 54. Plinius ändert hier
die feststehende Reihenfolge Agrippas *[Osten–Westen,
Norden–Süden]*, um die beiden Meeresteile zusammenstellen
zu können. – *Pamphylisches Meer* s. § 96.

103 *Karien*: Küstenlandschaft im südwestl. Kleinasien
zwischen den Flüssen Indos [s. u.] im Süden und Maiandros
[§ 113] im Norden. – *Ionien* s. § 112f. – *Aiolis* s. § 121; vgl.
Martianus Capella VI 685. – *Doris* s. § 107. – *Vorgebirge
Pedalion*, h. Kurdoğlu Burun, der südlichste Ausläufer der
Halbinsel von Sarsila; vgl. Mela I 83. – *Fluß Glaukos* [griech.
glaukós – blaugrün], h. Nif Çayı. – *Telmedios*, h. Aygır Çayı,
ein Nebenfluß des Nif Çayı. – *Daidala*, h. Inlice Asarı, östl.
von Göcek; vgl. Livius XXXVII 22,3. – *Krya*, Ruinen beim h.
Taşyaka, südwestl. von Göcek; vgl. Mela I 83. – Beide Städte

lagen in der sog. Peraia [dem „gegenüber" liegenden Gebiet, vgl. § 70], dem Festlandbesitz der Insel Rhodos [§ 132], dessen Siedlungen als Gründungen von Auswanderern [Plinius: *Flüchtlingen*] wie die der Mutterinsel behandelt wurden; vgl. Livius XXXII 33,6: regio est continentis adversus insulam, vetustae eorum dicionis [„Das ist das Gebiet des Festlandes der Insel gegenüber, das seit alter Zeit unter ihrer Herrschaft gestanden hatte." H. J. Hillen]. – *Fluß Axon*, h. Kargı Çayı, westl. von Fethiye. – *Kalynda*, h. Kozpınar, östl. von Dalaman. – *Fluß Indos*, h. Dalaman Çayı, im Oberlauf auch Koca oder Morzon Çayı; seine Quellen liegen in den Bergen nördl. von *Kibyra* [§ 105] am Eşler Dağı [2254 m]; zu seinem angeblichen Wasserreichtum vgl. Sallmann 221. An seinem Ufer lag das Kastell Thabusion; vgl. Livius XXXVIII 14,2.

104 *Kaunos*, h. Dalyan, an der Mündung des Flusses Kalbis, h. Dalyan Çayı, der den Ausfluß des h. Koyceğiz Gölü bildet. Die Bewohner scheinen autochthon gewesen zu sein; vgl. Herodot I 172,1f.; sie konnten ihre Freiheit gegenüber fremden Herrschern, vor allem gegen die Insel Rhodos [§ 132], über längere Zeiten bewahren; vgl. Plinius, nat. hist. 35,101; Dio Chrys. XXXI 125. Der Aufenthalt in der Stadt war ungesund; vgl. Mela I 83; Plinius, l.c. 11,130 [lienosi – gallenkranke Leute]; trotzdem war die Gegend fruchtbar, berühmt waren die kaunischen Feigen [Cauneae] vgl. Cicero, div. II 82; Columella X 414; Plinius, l.c. 15,83 u. a.; besondere Heilkraft hatte das dort gewonnene Meersalz [Caunites sal]; vgl. Plinius, l.c. 31,99. – *Pyrnos*, h. Büyükkaraağaç, nordwestl. von Dalyan. – *Kressa* oder Kasara, h. Aziziye an der Ostseite der Halbinsel von Bozburun, nur *20 Meilen* = etwa 30 km von *Rhodos* [§ 132] entfernt. – *Loryma*, Ruinen beim h. Bozuk in der Oplosika-Bucht [nach hoplothḗkē – Arsenal, von Konstantinos Porphyrogenitos im 10. Jh. angelegt] an der äußersten Spitze der Halbinsel von Bozburun beim Kap Karaburun; vgl. Livius XXXVII 17,8; XLV 10,4 u. a. Die

Form *Larymna* [Mela I 84 Larumna] scheint eine Doublette zu sein, vielleicht gab es aber auch zwei Häfen. – *Tisanusa* oder Thyssanos, h. Cumhuriyet Makallesi [früher Saranda], südl. von Marmaris. – *Paridon* = Pandion, beim h. Bayir, östl. von Bozburun; vgl. Mela I 84 [Pandion collis]. – *Bucht Thymnias*, h. Sömbeki Körfezi, südl. von Bozburun. – *Vorgebirge Aphrodisias*, ein h. namenloses Kap westl. von Bozburun, das die beiden Buchten trennt; vgl. Mela I 84 [promunturium Aphrodisium]. – *Hydas*, h. Selimiye bei Turgut, nordöstl. von Bozburun; vgl. Mela I 84 [Hylas]. – *Bucht Schoinos*, h. Hisarönü Körfezi, nördl. von Bozburun. – *Bubassos* oder Bybassos, h. Hisarönü, südwestl. von Marmaris; die Stadt verfügte über ein größeres *Gebiet*, in dem noch eine weitere Siedlung, Kastabos, h. Pazarlık, lag. – *Akanthos* oder *Dulopolis* [„Sklavenstadt", zu griech. dûlos – Sklave], Ruinen beim h. Datça, südl. von Reşadiye. – *Knidos*, h. Kinidos Harabekri bei Tekir an der äußersten Spitze der Halbinsel von Reşadiye in äußerst günstiger Lage mit zwei Häfen; vgl. Herodot I 172,2; Catull 36,13 [harundinosa Gnidos – schilfbewachsenes Knidos]; Ovid, Met. X 531 [piscosa Gnidos – fischreiches Knidos]; Mela I 84 u. a. Andere Namen der sehr alten Stadt, die ursprünglich weiter östl. beim h. Datça lag, waren *Triopia*, nach der Landspitze Triopion, h. Deveboynu Burun [Kap Krio], sowie *Pegusa* [zu griech. pēgé – Quelle] und *Stadia* [zu griech. stádion – Rennbahn], was auf die zu Ehren des Apollon Triopos veranstalteten Spiele hinweist, vgl. Herodot I 144,1f. Im Rundtempel der Aphrodite Euploia befand sich das berühmte Standbild der Göttin von Praxiteles; vgl. Plinius, l.c. 7,127; 36,20f. – *Doris* s. § 107.

105 Die folgenden Listen enthalten Gemeinden aus verschiedenen *Gerichtsbezirken* der röm. Provinz Asia; dabei führt Plinius aber nur die seiner Meinung nach bedeutenderen Gemeinden an, die in seiner Vorlage nach regionalen Gesichtspunkten geordnet waren; vgl. Sallmann 151. – *Kibyra*,

h. Gölhisar [Horzum]; bedeutende Handelsstadt im Grenzgebiet zwischen Lykien [§ 100] und *Phrygien* [§ 115f.]; vgl.
Horaz, Epist. I 6,33 [Cibyratica negotia – Geschäfte mit
Kibyra]. Nach einem Erdbeben erhielt die Stadt Steuerfrei-
heit für drei Jahre [23 n. Chr.]; vgl. Tacitus, Ann. IV 13,1. –
Laodikeia, h. Goncalı, nördl. von Denizli; durch ein Erdbeben fast ganz zerstört [60 n. Chr.]; vgl. Tacitus, Ann. XIV
27,1. Eine Gründung von Antiochos II. Theos [261–246
v. Chr.] zu Ehren seiner Schwestergemahlin Laodike an der
Stelle einer älteren Siedlung *Diospolis* [„Zeusstadt"] oder
Rhoas [„Fließende"]. Die Stadt lag über dem *Fluß Lykos*, h.
Çürük Su, dessen Lauf tief eingeschnitten ist; vgl. Herodot
VII 30,1; Plinius, nat. hist. 2,225; seine Nebenflüsse *Asopos*
und *Kapros*, h. Gümüş Çayı und Başly Çayı flossen dicht an
der Stadt vorbei. – *Hydrela*: das Gebiet zwischen Lykos und
Maiandros [§ 113] knapp vor dem Zusammenfluß; vgl. Livius
XXXVIII 56,3 [ager Hydrelitanus]. – *Themisonion*, beim h.
Dodurga, nördl. von Acıpayam, im Tal des Kazanes, h.
Karahüyük Çayı; vgl. Livius XXXVIII 14,1 [Casus amnis];
benannt nach Themison, einem Freund des Antiochos II.
Theos [261–246 v. Chr.]. – *Hierapolis* [„Heilige Stadt"], h.
Pamukkale, nordöstl. von Denizli, wo eine Thermalquelle
ausgedehnte Sinterterrassen bildet. – *Synnas* oder Synnada, h.
Şuhut, südl. von Afyon; vgl. Diodor XX 107,3f.; Livius
XXXVIII 15,14; beim benachbarten Dorfe Dokimeion kam
ein alabasterartiger Marmor mit rötlichen Flecken vor, der
viel verwendet wurde; vgl. Plinius, l.c. 35,3 [lapis Synnadi-
cus]. – *Lykaonen* s. § 95. – *Appia*, h. Pınarcık [früher Abiye]
am Oberlauf des Tembris, h. Porsuk Çayı, südl. von Kütahya; offenbar benannt nach App. Claudius Pulcher, der als
Statthalter von Kilikien [53–51 v. Chr.] der Vorgänger Cice-
ros war; vgl. Cicero, ad fam. III 8,2f.; 9,1. – *Eukarpeia*, beim
h. Emirhisar, südwestl. von Afyon. – *Dorylaion*, h. Sarhüyük,
nordwestl. von Eskişehir. – *Midaion* s. § 145. – *Iulia* Polybo-

tos, h. Bolvadin, nördl. von Çay, am Westufer des h. Eber
Gölü. Die Bewohner [Iulienses] scheinen in irgendeiner
Form von C. Iulius Caesar priviligiert worden zu sein.

106 *Kelainai*, h. Dinar, von Antiochos I. Soter [280–261
v. Chr.] durch die nach seine Mutter Apama benannte Neugründung *Apameia Kibotos* [§ 127] ersetzt. – *Berg Signia*, das
Nordende des h. Söğül Dağı, südl. von Dinar. – *Fluß Marsyas*,
h. Dinar Su; vgl. Sallmann 221. Er entspringt ebenso wie der
Maiandros [§ 113], in den er nach kurzem Lauf einmündet,
unterhalb der Akropolis von Kelainai; vgl. Herodot VII 26,3;
Xenophon, Anab. I 2,8; Livius XXXVIII 13,6; Curtius Rufus
III 1,3; Plinius, nat. hist. 31,19 u. a.; zwei weitere Nebenflüsse
des Maiandros im Stadtbereich waren *Obrimas*, h. Menderes
Düden Su, und *Orbas* [Orgas], h. Norgaz Çayı; vgl. Dio
Chrys, or. 35,15 [Orgas]. – *Aulokrene* s. § 113. – Der phrygi-
sche Quelldämon *Marsyas* hatte *Apollon* zu einem musikali-
schen Wettstreit zwischen *Flöte* und Leier herausgefordert.
Der Gott siegte durch eine List und zog dem Unterlegenen,
den er auf einer Platane aufgehängt hatte, bei lebendigem
Leibe die Haut ab; vgl. Plinius, l.c. 16,240. Aus dem Blut des
Getöteten und den Tränen der trauernden Waldgottheiten
bildete sich der gleichnamige Fluß; vgl. Ovid, Met. VI
382–400; Hygin, fab. 165.191; Martianus Capella VI 685 u. a.
Die abgezogene Haut des Besiegten wurde in einer Grotte bei
Kelainai gezeigt; vgl. Herodot VII 26,3 u. a. – *zehn Meilen* =
etwa 15 km; vgl. Sallmann 217 Anm. 62. – *Metropolis* [„Mutterstadt"], beim h. Tatarlı, nordöstl. von Dinar, in einer sehr
fruchtbaren Ebene; vgl. Livius XXXVIII 15,13 [Metropolita-
nus campus]. – *Dionysopolis* [„Stadt des Dionysos"], h. Uk-
kuyular, nördl. von Çal am Oberlauf des Büyük Menderes;
vgl. Cicero, ad Q. frat. I 2,4. Hauptort der sog. Hyrgaletischen Gefilde [campi Hyrgaletici § 113], wo Dionysos/Bac-
chus besonders verehrt wurde. – *Euphorbion*, beim h. Hay-
darlı, nordöstl. von Dinar. – *Akmoneia*, h. Ahat, östl. von

Uşak; vgl. Cicero, pro Flacco 34. – *Peltai*, beim h. Karayah-
şilar am Oberlauf des Büyük Menderes, südl. von Çivril; vgl.
Xenophon, Anab. I 2,10. – *Siblia*, beim h. Evciler, westl. von
Dinar.

107 *Doris*: dorische Niederlassungen an der Küste *Kariens*
[§ 103] und auf den benachbarten Inseln, die sich zu einer
Hexapolis [Bund von sechs Städten] zusammengeschlossen
hatten: Ialysos, Lindos und Kamiros auf der Insel Rhodos
[§ 132], Kos [§ 134], Knidos [§ 104] und Halikarnassos [s. u.];
vgl. Herodot I 144,1. Die übrigen dorischen Siedlungen der
Umgebung standen teils in abhängigen, teils in feindseligen
Verhältnissen zum Bunde oder zu einzelnen Städten desselben. – *Leukopolis* [„weiße Stadt"], beim h. Körmen Iskelesi,
an der Nordseite der h. Halbinsel von Reşadiye; vgl. Mela I 85
[Leuca]. – *Hamaxitos* [vgl. § 124], h. ?. – *Elaius*, h. Reşadiye
[früher Elaki]. – *Etene*, h. ?. Die beiden h. nicht mehr zu
lokalisierenden Siedlungen müssen ebenfalls an der Nordseite
der h. Halbinsel von Reşadiye gesucht werden. – *Pitaion*:
Eine Konjektur, doch liegt auch hier das mißverstandene
poli-mation [„kleinstädtisch"] einer griech. Quelle vor, das
falsch getrennt wurde und zur Bildung eines sonst nicht
bezeugten Städtenamens führte; vgl. Plinius, nat. hist. 4,59. –
Eutane, Ruinen auf dem h. Hügel Altınsıvrisi bei Taşbükü,
nördl. von Marmaris; vgl. Mela I 84 [Euthana]. – *Halikarnas-
⟨s⟩os*, h. Bodrum; zur Landwerdung der ursprünglichen
Insel Zephyrion vgl. Plinius, l.c. 2,204; zum günstigen Hafen
und zum Grabmal des Maussolos [Maussoleion] vgl. Vitruv
II 8,10f.; Mela I 85; Plinius, l.c. 35,172; 36,30f. u. a. – Der
Satrap Maussolos [377–353 v. Chr.] vereinigte *sechs* kleinere
und unbedeutende *Städte* im Hinterland seiner neuen Residenz Halikarnassos durch Synoikismos mit der größeren
Siedlung; vgl. Strabo XIII 1,59 [nach Kallisthenes]: *Theangela*, älterer Name Syangela, Ruinen beim h. Etrim, östl. von
Bodrum. – *Side* oder Sibda, beim h. Belen, nordwestl. von

Bodrum. – *Medmassa* oder Madnassa, beim h. Aş Göl, nordwestl. von Bodrum – *Uranion*, h. Burgaz bei Yalikavak,
nordwestl. von Bodrum. – *Pedason* oder Pedesa, beim h.
Bitez, nördl. von Bodrum. – *Telmison* oder Telmessos, beim
h. Gürice bei Ortakent, westl. von Bodrum. Plinius schreibt
diese Maßnahme irrtümlich *Alexander d. Großen* zu. – *Bucht
von Keramos* [§ 109], h. Gökova Körfezi. – *Bucht von Iasos*
[s. u.], h. Güllük Körfezi; vgl. Mela I 85. – *Myndos*, eine
Neugründung des Maussolos, beim h. Gümüşlük, westl. von
Bodrum; neuer Name vielleicht *Neapolis* [„Neustadt"]; vgl.
Mela I 85; zur Landwerdung der vorgelagerten Insel Aithusa
s. Plinius, l.c. 2,204. Die ältere Siedlung *Alt-Myndos* [Palai-
myndos] der einheimischen Lelegen [§ 127] lag beim h. Boz-
dağı, südöstl. von Gümüşlük. – *Nariandos* = Naryandos, h. ?
– *Karyanda*, h. Salih Adasi, eine kleine Insel im Südteil des
Güllük Körfezi; vgl. Mela I 85 [Caruanda]. – *Termera*,
Ruinen beim h. Aspat, südwestl. von Bodrum. – *Bargylia*, h.
Varvil, südl. von Güllük; vgl. Mela I 85 [Bargylos]. Die Stadt
wurde von Philipp V. von Makedonien eingenommen [198
v. Chr.], aber von den Römern erobert und für *frei* erklärt,
vgl. Polybios XVI 24,1ff.; XVIII 2,2ff.; 48,1; Livius XXXII
33,6; XXXIII 30,3; 35,2; 39,2; Plutarch, Flam. 12,1 u. a. –
Iasos, Ruinen beim h. Asin Kuren, nördl. von Güllük; zu den
dortigen Delphinen vgl. Plinius, l.c. 9,27.

108 *Karien* s. § 103. – *Mylasa*, h. Milas; die Residenz des
Satrapen Hekatomnos, des Vaters des Maussolos, blieb stets
mit gewissen Vorrechten ausgestattet; vgl. Polybios XXI
48,4; Livius XXXVIII 39,8. – *Antiocheia*, h. Kuyucak, östl.
von Nazilli; eine Anlage des Antiochos I. Soter [280–261
v. Chr.] an der Stelle der früheren *Städte Symmaithos und
Kranaos* am Übergang der alten Fernstraße über den Maiandros [§ 113]; vgl. Livius XXXVIII 13,4. – *Morsynos*, h. Dan-
dalas [Vandalas] Su, im Oberlauf auch Geyre Çayı, ein linker
Nebenfluß des Büyük Menderes. – *Maiandropolis* = Magne-

sia s. § 114. – Die folgenden Örtlichkeiten am Mittellauf des
Maiandros [§ 113] gehören eigentlich zu Phrygien [§ 145]. –
Eumeneia, h. Işıklı, westl. von Çivril; benannt von Attalos II.
von Pergamon [160–138 v. Chr.] nach seinem Bruder Eume-
nes II. Soter [197–160 v. Chr.]; vgl. Eutrop IV 4,2. – *Fluß
Kludros* oder Klydros, h. Işıklı Su, der den h. Işıklı Gölü zum
Büyük Menderes entwässert. – *Fluß Glaukos* [s. § 103], h.
Kufi Çayı, ein linker Nebenfluß der Büyük Menderes. –
Lysias = Lysinia, Ruinen beim h. Üveyik Burun am Westufer
des h. Burdur Gölü, südl. von Dinar; vgl. Polybios XXI 36,2;
Livius XXXVIII 15,8 [Lysinoë]. – *Otrus*, h. Emirhisar, westl.
von Sandikli. – *Berekynten*: großer phryg. Stamm am Oberlauf des Maiandros [§ 113] und am Sangarios [§ 147]; vgl.
Servius, Aen. VI 784. Sie verehrten die Große Mutter Kybele
in orgiastischen Umzügen; vgl. Vergil, Aen. VI 784ff. [Bere-
cyntia mater]; IX 82 [genetrix Berecyntia]; IX 619f. [buxus
Berecyntia matris Idaeae]; Horaz, Od. IV 4,22 [tibia Bere-
cyntia]. Der von ihnen bewohnte Landstrich war besonders
reich an Buchsbäumen; vgl. Plinius, nat. hist. 16,71. – *Nysa*,
beim h. Sultanhisar, östl. von Aydın. – *Tralleis*, beim h.
Aydın; berühmt durch seine Geschirrerzeugung; vgl. Plinius,
l.c. 35,161. Von den älteren Bezeichnungen sind *Euantheia*
[„Schönblühende"] und *Antiocheia* weder durch Münzen
noch durch Inschriften bezeugt, *Seleukeia* geht wohl auf
Seleukos I. Nikator [312– 280 v. Chr.] zurück. Unter Kaiser
Augustus wurde die Stadt durch ein Erdbeben zerstört [27
v. Chr.]; aus Dankbarkeit für die kaiserliche Hilfe nahm sie
den Beinamen Kaisareia [vgl. § 120] an; vgl. Strabo XII 8,18.
Da die Stadt nördl. des Maiandros [§ 113] am Südabhang der
sog. Messogis, h. Aydın Dağlari, liegt, gehört sie eigentlich
schon zu Lydien [§ 110]. Von einer aus dem Steinboden des
Nike-Tempels bei der Caesarstatue herauswachsenden
Palme, die so den Sieg über Pompeius ankündigte, vgl. Caesar, bell. civ. III 105,5; Valerius Maximus I 6,12; Plinius, l.c.

17,244 u. a. – *Eudon⟨os⟩* und *Thebaites*, zwei rechte Nebenflüsse des Büyük Menderes, h. Tabakhane Dere und einer der
kleinen Bäche, die die Hochebene östl. von Aydın zerteilen.

  109 *Pygmäen:* Als Wohnsitze der zwerghaften Pygmäen
[zu griech. pygmé – Faust] galt ursprünglich nur das Land
südl. von Ägypten, wo sie in beständigem Kampf mit den
Kranichen standen; vgl. Homer, Il. III 6; Aristoteles, hist.
anim. VIII 12,2; Mela III 81; Plinius, nat. hist. 6,188. Die
Tatsache, daß die Kraniche im Sommer weiter im Norden
hausen, führt zur Annahme der Wohnorte der Pygmäen an
den Ufern des Strymon, h. Struma, in Thrakien; vgl. Iuvenal
V 167; Plinius, l.c. 4,44; Solinus 69,3. Für eine Lokalisation
im h. Kleinasien fehlt aber jede Grundlage. – *Thydonos*, h. ?;
die überlieferte Form scheint irgendwie verstümmelt zu sein.
– *Pyrrha*, h. Akköy, südöstl. von Balat. – *Eurome* oder
Euromos, h. Ayaklı, nordwestl. von Milas. – *Herakleia* Sal-
bake, h. Vakıf bei Pınarcık, nordwestl. von Milas, am Westabhang des Salbakos, h. Ilbir Dağı [1083 m]. – *Amyzon*, h.
Gaffarlar, nordwestl. von Karpuzlu. – *Alabanda*, h. Arabhi-
sar, westl. von Çine. – *Stratonikeia*, h. Eskihisar, östl. von
Milas. – *Labrayndos* oder Labra⟨u⟩nda, beim h. Beypunar,
nördl. von Milas. Dort wurde der Zeus Labrayndos [zu
lábrys – Doppelaxt] oder Stratios verehrt; vgl. Herodot V
119,1; Aelian, nat. anim. XII 30; Plinius, l.c. 32,16. – *Keramos*, h. Ören, südöstl. von Milas, am Nordufer des h. Gökova
Körfezi. – *Troizene Phorontis*, vielleicht beim h. Akçaova,
südl. von Çine. Der Beiname soll die Stadt von der gleichnamigen in der Argolis unterscheiden; vgl. Plinius, l.c. 4,18. –
Orthosia, beim h. Yenipazar, östl. von Aydın. – *Alinda*, h.
Karpuzlu [früher Demircideresi], südl. von Aydın. – *Euhippe*, beim h. Dalama, südöstl. von Aydın. – *Xystis* = Kys,
beim h. Bozdoğan. – *Hydisos*, h. Karacahisar, südl. von Milas.
– *Apollonia*, h. Medet bei Tavas, südl. von Denizli. – *Trapezopolis* [zu griech. trápeza – Tisch], beim h. Boli bei Babadağı,

westl. von Denizli; am flachen Nordabhang des h. Ak Dağı
[2308 m]. – *Aphrodisias*, beim h. Geyre, östl. von Karacasu. –
Koskinos = Koskinia [zu griech. kóskinon – Sieb], beim h.
Ary Tepe bei Dalama. – *Harpasa*, beim h. Atça, westl. von
Nazilli; zu einem dortigen Wackelstein [cautes mirabilis] s.
Plinius, l.c. 2,210. – *Fluß Harpasos*, h. Ak Çayı, ein linker
Nebenfluß des Büyük Menderes; vgl. Livius XXXVIII 13,2f.
– *Tralleis* s. § 108.

110 *Lydien*: Landschaft im westl. Kleinasien nördl. des
Flusses Maiandros [§ 113]; älterer Name *Maionien*, der aller-
dings ursprünglich nur für die sog. Katakekauménē [„ver-
branntes Land"], das vulkanische Gebiet am Oberlauf des
Hermos [§ 119], dann aber für das ganze Land zwischen den
beiden Flüssen galt. – *Ionien* s. § 112. – *Phrygien* s. § 145. –
Mysien s. § 121. – *Karien* s. § 103. – *Berg Tmolos*, h. Boz
Dağlari [höchste Erhebung Boz Dağı 2137 m]; vgl. Vergil,
Georg. I 56; Solinus 40,9; Martianus Capella VI 686; älterer
Name *Timolos*; vgl. z. B. Ovid, Met. VI 15; XI 86 [sonst
immer Tmolus]. Reiche Metallverkommen, vor allem von der
Gold-Silber-Legierung Elektron; vgl. Plinius, nat. hist.
9,139; 33,80; 36,46. Zum dortigen Wein vgl. Theophrast, hist.
plant. IV 5,4; Vergil, Georg. II 98; Vitruv VIII 3,12; Plinius,
l.c. 14,74 u. a. – *Sardeis*, Ruinen beim h. Sartmustafa, westl.
von Salihli. Residenz der Dynastie der Mermnaden [Gyges,
Kroisos], seit 129 v. Chr. unter röm. Verwaltung; älterer
Name *Hyde*; vgl. Homer, Il. XX 385. Nach dem verheeren-
den Erdbeben vom Jahre 17 n. Chr. war die Stadt fünf Jahre
abgabenfrei; vgl. Tacitus, Ann. II 47,2. – *Paktolos*, Beiname
Chrysorrhoas [„Goldfluß"], h. Sart Çayı; der aurifer amnis
[goldführende Fluß] wird in der Dichtung sehr gepriesen; vgl.
z. B. Vergil, Aen. X 142; Ovid, Met. XI 86f.; Iuvenal V 14,299
u. a.; zu den dortigen Goldfunden vgl. Plinius, l.c. 33,66;
Solinus 40,10; Martianus Capella VI 686. – *Tarne*: angeblich
eine *Quelle*, aber eher ein älterer Name von Sardeis; vgl.

Homer, Il. V 44. - *Maionier*: Bewohner von Maionien [s. o.];
vgl. Herodot I 7,3 [Meïer]. - *Sumpf des Gyges*, h. Marmara
Gölü [„Marmorsee"], nordwestl. von Salihli. Es handelt sich
um eine künstliche Anlage, um Sardeis vor den Überschwem-
mungen des Hermos [§ 119] zu bewahren; vgl. Homer, Il. II
865; XX 391; Herodot I 93,5. In der Nekropole im Süden des
Sees beim h. Bin Tepe befindet sich neben dem Grab des
Alyattes, des Vaters von Kroisos, auch der angebliche Tumulus des Gyges [gest. um 650 v. Chr.]; vgl. Herodot I 93,2ff.;
Hipponax, frg. 7 Degani = frg. 42 Masson.

111 *Sardeis* s. § 110. - *Kadoi*, h. Gediz; eine Niederlassung
makedonischer Krieger im Quellgebiet des Hermos [§ 119];
vgl. Polybios XXXIII 12,2. - *Philadelpheia* [„Bruderliebe"],
h. Alaşehir; eine Gründung von Attalos II. Philadelphos
[160/159 - 139/138 v. Chr.]. - *Fluß Kogamos*, h. Alaşehir oder
Derbent Çayı, ein Nebenfluß des Hermos [§ 119], der im
Tmolos [§ 110] entspringt. - *Maionier* s. § 110. - *Tripolis*
[„Dreistadt"], h. Yenicekent, östl. von Buldan; ursprüngli-
cher Name Apollonia als pergamenische Gründung gegen das
seleukidische Laodikeia am Lykos [§ 105]. - *Antoniopolis*:
wohl ebenfalls ein älterer Name für Tripolis, der auf eine
nicht faßbare Beziehung zum Triumvirn M. Antonius hinzuweisen scheint. - *Maiandros* s. § 113. - *Apollonos Hieron*
[„Heiligtum des Apollon"], vielleicht die Ruinen beim h.
Kadıköy, nördl. von Buldan. - *Mysotimolos*, beim h. Ovacık,
westl. von Buldan.

112 *Ionien*: Das von Griechen besiedelte Küstenland im
westl. Kleinasien zwischen den Flüssen Maiandros [§ 113] im
Süden und Hermos [§ 119] im Norden; genauere Grenzen
lassen sich nicht angeben. - *Bucht von Iasos* s. § 107. -
Basilische Bucht, h. Akbük Limani, die nördlichste Bucht des
Göllük Körfezi. - *Vorgebirge Poseidion*, h. Tekağaç Burun
[früher Kap Marmaras], südwestl. von Didim [Yenıhisar];
dort befand sich ein großer Altar des Poseidon Helikonios;

vgl. Pausanias VII 24,5. – Das Priestergeschlecht der *Branchi-*
den, der Nachkommen des mythischen Sehers Branchos [zu
griech. bránchos – heiser], betreute in *Didyma*, h. Didim, das
Orakel des Apollon; vgl. Mela I 86; Pausanias VII 2,6. Der alte
Tempel wurde 494 v. Chr. von den Persern zerstört, das
Kultbild des Apollon geraubt; vgl. Herodot VI 19,3; Plinius,
nat. hist. 34,75; Pausanias I 16,3. Der Wiederaufbau wurde
erst im 4. Jh. v. Chr. in großartiger Weise begonnen; vgl.
Pausanias VII 5,4. – *20 Stadien* = etwa 3,7 km. An der *Küste*
lag der antike Hafen Panormos, h. Altınkum; vgl. Herodot I
157,3; Pausanias V 7,5 u. a. – *180 Stadien* = etwa 33 km; vgl.
Sallmann 216 Anm. 52. Die „heilige Straße" zwischen Didyma und Miletos war allerdings nur 18 km lang. – *Miletos*, h.
Balat; vgl. Herodot I 142,3; Mela I 86; ältere Namen der Stadt
waren *Lelegeis*, nach dem Stamm der Lelegen [§ 127], *Pi-*
tyus⟨s⟩a [zu griech. pítys – Fichte] und *Anaktoria*, nach dem
autochthonen Heros Anax; vgl. Pausanias VII 2,5. – Die
Wertung der Kolonisationstätigkeit ist etwas übertrieben;
hervorzuheben sind vor allem die zahlreichen Pflanzstädte
rings um das Schwarze Meer, so z. B. Histropolis, Odessos,
Pantikapaion u. a.; vgl. Plinius, l.c. 4,44.45.87. – *Kadmos*, der
Sohn des Pandion aus Miletos, war als Verfasser einer Geschichte seiner Heimatstadt und der Besiedlung der kleinasiatischen Küste angeblich der älteste griech. Historiker; vgl.
Plinius, l.c. 7,205; Solinus 40,12.

113 *Fluß Maiandros*, h. Büyük Menderes; er entspringt bei
Kelainai [§ 106] im See *Aulokrene* [„Flötenquelle"], h. Pınar-
başı Gölü; vgl. Livius XXXVIII 15,12 [Rhocrini fontes].
Nach stark gewundenem Lauf [vgl. nhd. Mäander] mündet er
bei *Miletos* [§ 112] in einem breiten Anschwemmungsgebiet
in das Ägäische Meer; vgl. Solinus 40,8. Er schob dabei seine
Mündung immer weiter hinaus und verschüttete die ehem.
Bucht von Latmos, indem er sie immer mehr vom offenen
Meer abschnürte; zur dramatischen Schilderung seines Lau-

fes s. Sallmann 221. – *Apameia* Kibotos = Kelainai s. § 127. –
Eumeneia s. § 108. – *Hyrgaletische Gefilde* [Hyrgaletici
campi], die *sehr fruchtbare* Ebene bei Dionysopolis [§ 106]. –
Karien s. § 103. – *zehn Stadien* = 1,85 km; vgl. Solinus 40,8. –
Berg Latmos, h. Beşparmak Dağı [„Fünffinger-Berg"], wegen
des gezackten Grats auf dem Gipfel, 1360 m]; hier soll die
Mondgöttin Selene ihrem Geliebten Endymion in einer
Höhle in ewigen Schlaf gehalten haben; vgl. Cicero, Tusc.
disp. I 92; Mela I 86; Pausanias V 1,5 u.a. Die dortigen
Skorpione wurden nur Einheimischen gefährlich; vgl. Plinius, nat. hist. 8,229. Die ehem. Bucht von Latmos ist durch
die Aufschüttungen des Büyük Menderes z.T. zu einem
Landsee geworden, h. Bafa Gölü. – *Herakleia*, Ruinen beim
h. Kapıkırı, nördl. von Bafa. Zum Unterschied von anderen
gleichnamigen Städten wurde die Stadt am Latmos die *Karische* genannt. – *Myus*, Ruinen beim h. Azap Gölü, östl. von
Balat, einem ebenfalls durch die Ablagerungen des Büyük
Menderes abgeschlossenen ehem. Meeresarm. Die Stadt war
eine der ältesten Gründungen der *aus Athen gekommenen
Ionier*, verlor aber bald jegliche Bedeutung und trat hinter
dem benachbarten Miletos [§ 112] zurück; vgl. Herodot I
142,3; Vitruv IV 1,4; Velleius Paterculus I 4,3; Pausanias VII
2,10 u.a. – *Naulochon*, Ruinen beim h. Doğanbey an der
Lagune Dil Gölü, nordwestl. von Balat. – *Priene*, Ruinen
beim h. Güllübahçe, südwestl. von Söke, an der alten, später
verlandeten Mündung des Maiandros; vgl. Herodot I 142,3;
Mela I 87; Pausanias VII 2,10 u.a. – *Trogilion*, h. Dip Burun,
der westl. Ausläufer des Berges Mykale [§ 135], gegenüber
der Insel Samos [§ 134]. – *Fluß Gaisos* [vielleicht zu griech.
gaîsos – Wurfspeer]: ein im Sommer fast ausgetrockneter, im
Winter aber reißender Wasserlauf beim h. Kelebeş am Süd-
westabhang des Mykale [§ 135]; vgl. Herodot IX 97 [Gaison];
Mela I 87. – *Panionion*: heiliger Bezirk beim h. Güzelçamlı
am Nordabhang des Mykale [§ 135] mit einem Heiligtum des

Poseidon Helikonios, wo der Bund [koinón] der ionischen Städte Kleinasiens das Fest der Panionia feierte; vgl. Herodot I 148,1f; Vitruv IV 1,4; Mela I 87 u. a.

114 *Phygela* [zu griech. phygé – Verbannung], h. Kuşadası [früher Scala nouva], südwestl. von Selçuk; vgl. Mela I 88. Die Gründungsgeschichte wird sonst nirgends erwähnt. – *Marathesion*, offenbar der ältere Name der Neugründung Phygela. – *Magnesia*, Ruinen südl. vom h. Ortaklar, westl. von Germencik, am rechten Ufer des *Maiandros* [§ 113]; vgl. Herodot I 161; III 122,1; Diodor XI 57,7; Livius XXXVII 45,1; Tacitus, Ann. III 62,1 u. a. Es handelt sich um die Tochterstadt des *thessalischen Magnesien* s. Plinius, nat. hist. 4,32; darauf weist der älterer Name *Thessaloche* hin. Die ebenfalls ältere Bezeichnung *Mandrolytia* steht in Zusammenhang mit der Verehrung des einheimischen Gottes Mandros, in dessen Kult die heilkräftige Pflanze mandragóras – Alraune eine große Rolle spielte; vgl. Plinius, l.c. 25,147f. – *Ephesos* s. § 115. – *15 Meilen* [= 120 Stadien] = etwa 22 km. – *Tralleis* s. § 108. – 18 Meilen [= 15 + *3 Meilen*] = etwa 26,5 km. – Zu den schon im Altertum verlandeten *Derasidischen Inseln* vgl. Plinius, l.c. 2,204.

115 *Thyateira*, Ruinen beim h. Akhisar, am h. Gördük Çayı; zum *Beinamen Pelopia*, nach Pelops, dem Sohn des Tantalos, der aus Phrygien oder Lydien stammte, vgl. Stephanos Byz. s. v.; er hat aber ebenso nur poetischen Charakter wie *Euhippia* [griech. eúhippos – gut zu Pferde, rossereich]. – *Ephesos*, h. Efes bei Selçuk; angeblich eine Gründung von *Amazonen* [§ 99]; vgl. Mela I 88; Solinus 40,2; dann eine Siedlung von einheimischen Karern und Lelegen [§ 127], ehe sich ionische Griechen dort niederließen. Deren Ansiedlung verlegte König Lysimachos [305–281 v. Chr.] in die Senke zwischen den h. Hügeln Panayir Dağı und Bülbül Dağı. Die Bezeichnung *Orakelstätte* [das überlieferte matium ist zu mantium = manteîon zu verbessern; vgl. Zur Textgestaltung]

weist auf das Heiligtum einer einheimischen Naturgöttin, die
später mit Artemis gleichgesetzt wurde. Deren Tempel, das
Artemision, galt als eines der Sieben Weltwunder und war 356
v. Chr. in der Nacht, in der Alexander d. Große geboren
wurde, von Herostratos in Brand gesteckt worden; vgl.
Aelian, nat. anim. VI 40; Valerius Maximus VIII 14 ext. 5;
Solinus 40,4 u. a. Als Erbauer galten Chersiphron und sein
Sohn Metagenes; vgl. Plinius, nat. hist. 7, 125;36,95; Vitruv
VII praef. 11.16. Weitere Namen der Stadt waren: *Alope*: die
falsche Lesung Alope statt Alybe Homer, Il. II 857 für die
Stadt Zeleia an der Propontis [§ 141] war irrtümlich auf die
Gegend von Ephesos bezogen worden; *Ortygia* [zu griech.
órtyx – Wachtel]: nach einer lokalen Sage der Hain, in dem
Leto/Latona Artemis und Apollon geboren hatte; vgl. Taci-
tus, Ann. III 61,1; von Strabo XIV 1,20 nach Ephesos verlegt,
obwohl allgemein die Insel Delos als Geburtsort der beiden
Götter galt; *Amorge*: nach Amorges, dem Sohn des Satrapen
Pissuthnes, der 413 v. Chr. mit Hilfe Athens gegen den
persischen Großkönig Xerxes II. rebellierte; vgl. Thukydides
VIII 3,5; *Zmyrna Tracheia* [griech. trachýs – steinig, rauh]:
ein Stadtviertel [tópos] von Ephesos am zerklüfteten Ostab-
hang des h. Panayir Dağı; vgl. Strabo XIV 1,4 [nach Hippo-
nax]; *Haimonion*: nach Haimon, dem mythischen Stammvater der Haimonen, der Ureinwohner Thessaliens; vgl. He-
sych s. v. Haimonia; *Ptelea* [griech. pteléa – Ulme]: Bezeichnung eines Stadtteils von Ephesos, inschriftlich belegt, z. B.
CIG 2967 u. a. – *Berg Pion*, h. Panayir Dağı; vgl. Pausanias
VII 5,10. – *Kaÿstros*, h. Küçük Menderes; vgl. Herodot V 100;
Arrian, Anab. V 6,7; Mela I 88 u. a. Die Anschwemmungen
des Flusses bewirkten, daß die Bucht an seiner Mündung
verlandete und die Stadt Ephesos schließlich etwa 10 km im
Landesinneren liegt; vgl. Sallmann 221. – *Kilbis*: der Westabhang des Tmolos [§ 110], an dem der Fluß Kilbos [§ 120]
entspringt. – *Pegaseïscher Sumpf*, h. Cellat Gölü, östl. von

Selçuk; vgl. Aelian, hist. anim. XVI 38; sein Hauptzufluß, h.
Fitrek Çayı, hat vielleicht den antiken Namen des sonst
unbekannten *Flusses Phyrites* bewahrt. – *Insel Syrie*, h. der aus
der sumpfigen Küstenebene herausragende Hügel Kuru tepe,
nordwestl. vom Artemision; vgl. Plinius, l.c. 2,204. Die
Quelle Kallippia [vgl. griech. kalós – schön und híppos –
Pferd] läßt sich nicht mehr lokalisieren. Vielleicht ist aber
Callinia zu lesen [J. M. Cook], und es bestand irgendeine
Beziehung zu dem aus Ephesos stammenden Elegiker Kalli-
nos [7. Jh. v. Chr.]. – Die *beiden Selinunten* waren zwei h.
nicht mehr näher zu bestimmende Wasserläufe in der sumpfigen Küstenebene im Norden der antiken Stadt; vielleicht h.
Abuyat Dere und ein anderer zweiter Bach nördlich davon;
zum Namen vgl. Selinusia, h. Alaman Gölü, nordwestl. von
Efes; vgl. Strabo XIV 1,26.

116 *Ephesos* s. § 115. – *Kolophon*, Ruinen beim h. Değir-
mendere, südl. von Izmir; vgl. Pausanias VII 3,1ff. – *Halesos*,
h. Avcı Çayı, sein Wasser galt als außergewöhnlich kalt; vgl.
Pausanias VII 5,10 [Ales]. – *Heiligtum des Apollon von
Klaros*, Ruinen beim h. Ahmetbeyli, nordwestl. von Selçuk;
vgl. Thukydides III 33,2; Mela I 88; Solinus 40,13; Martianus
Capella VI 686. Die dortige *Orakelstätte* [zu matium – manteîon s. § 115] beschreibt Tacitus, Ann. II 54,3: non femina
illic, ut apud Delphos, sed certis e familiis et ferme Mileto
accitus sacerdos numerum modo consultantium et nomina
audit; tum in specum degressus, hausta fontis arcani aqua,
ignarus plerumque litterarum et carminum edit responsa
versibus compositis super rebus, quas quis mente concepit
[„Nicht eine Frau ist dort, wie in Delphi, sondern ein aus
bestimmten Familien und in der Regel aus Milet berufener
Priester läßt sich nur die Zahl der Ratsuchenden und ihre
Namen sagen; dann steigt er in eine Höhle hinab, trinkt
Wasser aus einem geheimnisvollen Quell und gibt, meist ohne
sich auf die Schrift und die Dichtkunst zu verstehen, Antwor-

ten in Versform über die Dinge, an die jeder gerade gedacht hat." E. Heller]. – *Lebedos*, Ruinen beim h. Kimituria, nordwestl. von Selçuk; vgl. Herodot I 142,3; Thukydides VIII 19,4; Horaz, Epist. 6f. u. a. – *Notion*, der Hafen von Kolophon an der Mündung des h. Avcı Çayı liegt durch die Veränderungen des Küstenverlaufs nicht mehr am Meer. – *Vorgebirge Korynaion* s. § 117. – *Berg Mimas* s. § 117. – *150 Meilen* = etwa 222 km; die Zahl ist viel zu groß; vielleicht handelt es sich um Stadien [150 Stadien = 27,75 km]. – *Alexander der Große* hatte den Plan, die Halbinsel von *Erythrai* [§ 136] zwischen *zwei Buchten*, dem h. Sığacık Körfezi im Süden und dem h. Güzelbahçe Körfezi im Norden, zu durchstechen; vgl. Pausanias II 1,5. – *7,5 Meilen* [= 60 Stadien] = etwa 11 km.

117 *Pteleon*: Ein nur vorübergehend selbständiger fester Platz an der Westküste der Bucht von Erythrai [§ 136], dessen genaue Lage noch nicht mit Sicherheit nachgewiesen wurde; vgl. Thukydides VIII 24,2; 31,2. – Die Erwähnung von *Helos* [„Sumpf"] und *Dorion*, die nicht lokalisiert werden können, ist verdächtig; vgl. Homer, Il. II 594: „Pteleon auch und Helos und Dorion . . ."; es handelt sich um Städte in Messenien; vgl. Plinius, nat. hist. 4,15. – *Fluß Aleon*, ein Flüßchen, das durch Erythrai [§ 136] floß. Sein aus warmen Quellen stammendes Wasser war salz- und schwefelhaltig und es hieß, daß sein Genuß den Körper behaart mache; vgl. Plinius, l.c. 31,14. – *Vorgebirge Korynaion* [zu griech. korýnē – Keule], h. Çolak Burun, nordwestl. von Ildir. – *Mimas-Gebirge*, h. Ak Dağı oder Boz Dağı [1212 m], auf der Nordhälfte der Halbinsel von Karaburun. Es galt wegen der starken Stürme an der schmalen Durchfahrt bei der im Westen benachbarten Insel Chios [§ 136] als für die Schiffahrt besonders gefährlich; vgl. Homer, Od. III 172 [von Cicero, ad Att. XVI 14,2 zitiert]; Pausanias VII 4,1; Ammianus Marcellinus XXXI 14,8 u. a. – *Klazomenai*, Ruinen beim h. Çeşmealtı, nördl. von Urla, an

der Westseite des Izmir Körfezi. Die Stadt war durch ihre
Fischsauce [garum] berühmt; vgl. Plinius, l.c. 31,94; zum
dortigen Wein vgl. Plinius, l.c. 14,72. – Die vorgelagerte *Insel
Parthenie* [zu griech. parthénos – Jungfrau], h. Klazümen,
ließ *Alexander* d. Große durch einen *Damm mit dem Festland*
verbinden; vgl. Mela I 89; Pausanias VII 3,8f. – *zwei Stadien* =
etwa 370 m; die Angabe ist zu kurz [tatsächlich etwa 600 m]. –
Hippoi [„Pferde"], die kleinen *Inseln* vor Erythrai [§ 136], h.
Karabağ und Yassi Ada. – *Chytrophorien* [„Topfträger"], zu
griech. chýtros – Topf]: Sammelname für die vor Klazomenai
[§ 136] liegenden Inseln; benannt nach Chytrion, der Vorläufersiedlung von Klazomenai auf dem Festland. – *Daphnus* [zu
griech. dáphnē – Lorbeer] und *Hermesia,* zwei h. nicht mehr
zu lokalisierende untergegangene Siedlungen im Sipylos-
Massiv, h. Manisa Dağı, nordöstl. von Izmir. – Die Stadt
Sipylon, früher *Tantalis,* ist während eines Erdbebens im *See
Sale* = Saloë, h. Kara Gölü, nordöstl. von Izmir, versunken;
vgl. Plinius, l.c. 2,205; Solinus 40,14; Pausanias VII 24,13 u. a.
– *Maionien* s. § 110; vgl. Martianus Capella VI 686. – *Archaio-
polis* [„alte Stadt"], *Kolpe* und *Libade* [vgl. Lebedos § 116]:
ebenfalls untergegangene Nachfolgestädte von Sipylon.

118 *zwölf Meilen* = etwa 18 km; die Entfernung ist viel zu
groß; es wird sich daher wohl um 12 Stadien = etwa 2,2 km
handeln. – *Zmyrna* [Smyrna], h. Izmir. Eine ältere, angeblich
von einer *Amazone* [§ 99] gegründete, seit dem 3. Jt. v. Chr.
bestehende Siedlung auf der Halbinsel von Bayraklı, nördl.
von Izmir [Palaiazmyrna – „Alt-Zmyrna"] war von ionischen
Kolonisten aus Kolophon [§ 116] ausgebaut worden; vgl.
Herodot I 150,1 u. a.; sie wurde um 600 v. Chr. von Lyderkö-
nig Alyattes zerstört; vgl. Herodot I 16,2 u. a. *Alexander* d.
Große legte um den Pagos-Hügel, h. Kadife Kale [türk.
„Samtburg"], eine neue Stadt an; vgl. Pausanias VII 5,1f. Zum
dortigen Wein vgl. Plinius, nat. hist. 16,115 und 14,54 [Pram-
nios]; zum Bleiweiß [cerussa] vgl. Plinius, l.c. 35,37. – *Fluß*

Meles, h. wohl Sevdikköy Dere oder Halka Pınar [türk. „Rundquelle", vom runden Quellbecken], ein kleiner Bach, der zwischen Palaizmyrna und der hellenistischen Neugründung in die Izmir Körfezi mündet; vgl. Solinus 40,15; Martianus Capella VI 686. – *Mastusia* [zu griech. mastós – Brust], h. Dikmen Dağı [1017 m] mit dem doppelgipfeligen Iki Kardes [türk. „Zwei Brüder"] an der Südküste des Izmir Körfezi beim h. Incıraltı, westl. von Izmir. – *Termetis*: ein östl. Ausläufer der Mastusia, zu dem der Stadthügel Pagos [s. o.] und dessen Nachbarhügel Koryphe [zu griech. koryphé – Scheitel], h. Değirmen Tepe [türk. „Windmühlen-Hügel", 84 m] gehörten; vgl. Pausanias VII 5,9. – *Olympos*, h. Kemalpaşa oder Nif Dağı [1510 m], östl. von Izmir; zum dortigen Weinbau vgl. Athenaios, Deipn. II 38f. – *Drakon* [griech. drákōn – Drache], ein westl. Ausläufer des *Tmolos* [§ 110], benannt nach einem markanten Gipfel; ein östl. Ausläufer des Tmolos ist der *Kadmos*, h. Eşler Dağı [2528 m], südl. vom h. Honaz, dem antiken Kolossai [§ 145]. – *Tauros* s. § 97.

119 *Zmyrna* s. § 118. – *Fluß Hermos*, h. Gediz Nehri, im Oberlauf Muraddağı Su; vgl. Homer, Il. XX 392; Hesiod, Theog. 343; Herodot I 80,1; V 101,2; Mela I 89; Solinus 40,15; Martianus Capella VI 686 u. a.; zu seinem Lauf vgl. Sallmann 221. – *Dorylaion* s. § 105. – *Phrygien* s. § 145. – *Phryx* = Phrygios, jüngerer Name des *Hyllos*, h. Kum Çayı; vgl. Homer Il. XX 392; Herodot I 80,1. – *Kryos* [Krios], h. Nif Çayı. – *Mysien* s. § 121. – *Lydien* s. § 110. – *Temnos*, Ruinen beim h. Güreçe bei Emiralem, westl. von Manisa; vgl. Herodot I 149,1. Durch ein Erdbeben zerstört [17 n. Chr.] und daher für fünf Jahre von allen Abgaben befreit; vgl. Tacitus, Ann. II 47,3. – *Myrmekische Klippen* [zu griech. mýrmex – Ameise]: eine Dünenkette an der Ostseite des Izmir Körfezi, an der h. Mündung des Gediz Nehri, südl. vom h. Bozolan. – *Leukai*, Ruinen am h. Höhenrücken Üç Tepeler, südöstl. von Foça; eine Gründung des pers. Flottenführers Tachos [383 v. Chr.]; vgl. Diodor XV 18,1; 19,1. – *Phokaia* [zu griech. phŏkē – Robbe], h. Foça, nördl. der h. Mündung des Gediz Nehri; vgl. Pausanias VII 3,10. Mutterstadt zahlreicher Pflanzstädte wie z. B. Massilia, h. Marseille, und Emporiae, h. Ampurias; vgl. Plinius, nat. hist. 3,34.22. – *Ionien* s. § 122.

120 *Zmyrna* s. § 118. – *Aiolien* = Aiolis s. § 121. – Im 3. Jh. v. Chr. wurden *Hyrkaner* aus ihrer Heimat am Kaspischen Meer [vgl. § 97] an den Mittellauf des Hermos [§ 119] umgesiedelt. In ihre Niederlassung Hyrkanis, h. Papasly, nordöstl. von Izmir, wurden zum Schutze gegen die kelt. Galater von den Seleukiden Soldaten, die *Makedonen* waren, verlegt. Die Stadt wurde durch das Erdbeben des Jahres 17. n. Chr. zerstört; vgl. Tacitus, Ann. II 47,3. – *Magnesia am Sipylos*, h. Manisa am Nordabhang des h. Manisa Dağı [1517 m]; auch diese Stadt wurde durch das Erdbeben sehr in Mitleidenschaft gezogen; vgl. Plinius, nat. hist. 2,205; Tacitus, l.c. Am südwestl. Stadtrand befindet sich der sog. „Niobefelsen"; vgl. Pausanias I 21,3. – *Ephesos* s. § 114. – *Kaisareia* = Tralleis § 108. – *Metropolis* [„Mutterstadt"], h. Torbalı, südöstl. von Izmir; vgl. Aelian, nat. anim. XVI 38. – *Kilbos*: ein kleiner Nebenfluß des Kaÿstros [§ 115], der an den Hängen des Berges Kilbis [§ 115] am Westabhang des Tmolos [§ 110] entspringt; vgl. Nikandros, Ther. 634. Die *Oberen* Kilbianer wohnten am Oberlauf des Kaÿstros mit den Hauptorten Koloë, h. Keles bei Kiraz, und Palaiopolis [„Alte Stadt"], h. Baliamboli bei Beydağı; die *Unteren* am Mittellauf mit dem Hauptort Neikaia, Ruinen beim h. Ajasurat, westl. von Bayındır. In ihrem Gebiet fand man die beste Mennige; vgl. Vitruv VII 8,1 und Plinius, l.c. 33,114. – *Mysomakedonen*: Ihre Wohnsitze lagen beim h. Sarıgöl, südöstl. von Alaşehir. Es scheint sich um mysische und makedonische Kolonisten zu handeln, die von den Seleukiden zur Sicherung der Kaÿstros-Ebene angesiedelt worden waren. – *Mastaura*, Ruinen nördl. vom h. Nazilli. – *Briulla*, beim h. Burhaniye, südwestl. von Buldan. – *Hypaipa*, Ruinen nördl. von Ödemiş; Heimat der Arachne; vgl. Ovid, Met. VI 13; XI 152ff. – *Dios Hieron* [„Heiligtum des Zeus"], später Pyrgion genannt, h. Birgi, östl. von Ödemiş.

121 *Aiolis*: Landschaft an der Westküste Kleinasiens nördl. des Hermos [§ 119] bis zur *Troas* [§ 124]. Sie wird von den Aiolern, einem schon vor der dorischen Wanderung vor allem in Thessalien und Boiotien ansässigen Griechenstamm, bewohnt. – *Mysien*: ursprünglich nur das von den Mysern [§ 145] bewohnte Binnenland östl. von Aiolis und Troas [§ 124], dann aber das ganze Gebiet südl. von *Hellespontos* und Propontis [§ 141] und westl. von Rhyndakos [§ 142]; vgl. Mela I 90. – *Askanios*, offenbar der *Hafen* von *Phokaia* [§ 119], beim h. Yenifoça. – Eine ganz ähnliche Liste der aiolischen Städte bringt Herodot I 149,1 [elf Namen: Kyme, Lerissai = Larissa, Neon Teichos, Temnos, Killa, Notion, Aigioressa = Attaleia, Pitane, Aigaiai, Myrina und Gryneia]. – *Laris⟨s⟩a*, beim h. Burunçuk, nördl. von Menemen; dort befand sich eine Ansiedlung ägypt. Söldner; vgl. Xenophon, Kyr. VII 1,45. – *Kyme*, beim h. Aliağa, am h. Nemrut Limani; angeblich ebenfalls eine Gründung einer Amazone; vgl. Mela I 90. Beide Städte führten zur Unterscheidung von anderen gleichnamigen Städten den Beinamen Phrikonis, weil ihre aiolischen Gründer eine Zeit lang in Lokris am Berg Phrikion, h. eine der Höhen des Kallidromon–Gebirges oberhalb der Thermopylen, gewohnt hatten; vgl. Strabo XIII 3,3; durch das Erdbeben schwer beschädigt [17 n. Chr.]; vgl. Tacitus, Ann. II 47,3. – *Myrina*, Ruinen beim h. Kalbak Saray an der Mündung des Güzelhisar Çayı, südwestl. von Bergama; eine Gründung eines sonst unbekannten Myrinos; vgl. Mela I 90; nach dem Wiederaufbau nach der Zerstörung durch das Erdbeben [17 n. Chr.] nannte sich die Stadt *Sebastopolis* [„Kaiserstadt"]; vgl. Tacitus, Ann. II 47,3. – *Aigaiai*, Ruinen beim h. Nemrut Kale, südl. von Bergama; auch diese Stadt wurde durch das Erdbeben schwer zerstört; vgl. Tacitus, l.c. – *Attaleia*, beim h. Selçuklu, nördl. von Akhisar; älterer Name Agroeira vgl. Stephanos Byz. s. u. – *Poseideia*, eine h. nicht mehr zu lokalisierende Siedlung, offenbar mit einem Heiligtum des Poseidon. – *„Neue Mauer"* [griech. néon teîchos], beim h. Yanık, nördl. von Menemen. Eine von den Bewohnern von Kyme gegen die von Larissa angelegte Befestigung. – *Temnos* s. § 119. – *Fluß Titanos* oder Titnaios, h. Koca Çayı. Bei der *nach ihm benannten Gemeinde* handelt es sich offenbar um Tisna, Ruinen in einem Seitental des Koca Çayı, das seine Selbständigkeit aber schon früh verloren haben dürfte. – *Gryneia* oder Gryneion, h. Çifit Kaleşi, südwestl. von Bergama; ein berühmtes Heiligtum des Apollon; vgl. Xenophon, Hell. III 1,6; Vergil, Ecl. VI 72; Pausanias I 21,7. Parmenion, ein Feldherr Alexanders d. Großen, nahm die Stadt ein [335 v. Chr.] und versklavte die Bewohner; vgl. Diodor XVII 7,9. Die Siedllung bestand als *Hafen* weiter, eine vorgelagerte *Insel* verlandete. – *Elaia* s. § 126. – *Fluß Kaikos* s. § 125. – *Pitane*, h. Çandarlı, südwestl. von Bergama – *Kanai* s. § 122; der dortige *Fluß*, der in die Bucht von Bademli mündet, ist h. namenlos.

122 *Kanai*, Ruinen beim h. Bademli, nördl. von Denızköy; vgl. Livius XXXVI 45,8; XXXVII 8,6. 9,6.12,4. Die Stadt lag auf dem Vorgebirge Kane, h. Kara Dağı, gegenüber der Insel Lesbos [§ 139]; vgl. Mela I 91 [Cyna]. – *Lysimacheia*: Es handelt sich wohl um die Stadt auf der Thrakischen Chersonesos beim h. Kavak, südl. von Kadıköy, die 309 v. Chr. von Lysimachos gegründet worden war; vgl. Diodor XX 29,1f.; Livius XXIII 38,11; Pausanias I 9,9 u. a. Nach wechselvollem Schicksal gehörte sie ab 188 v. Chr. zur Herrschaft von Pergamon [§ 126], wurde aber um 144 v. Chr. vom Thrakerkönig Diegylis erobert und zerstört; vgl. Diodor XXXIII 14,1ff. – *Atarnea* = Atarneus, Ruinen beim h. Dikili, süd-

westl. von Bergama; vgl. Herodot I 160,5; Pausanias IV 35,10
u. a.; infolge ungünstiger Natureinflüsse [Mückenplage] ver-
ödet; vgl. Plinius, nat. hist. 37,156; Pausanias VII 2,11. –
Karene, Ruinen beim h. Bademli, südwestl. von Bergama. –
Kisthene [zu griech. kísthos – Zistrose, Cistus Creticus];
Ruinen beim h. Ayvalık, südwestl. von Burhaniye; vgl. Mela I
91 [Cisthena]. – *Killa*, beim h. Zeitünlü bei Edremit; mit
einem Heiligtum des Zeus Killaios; vgl. Homer, Il. I 38.452. –
Kokylion, Ruinen beim h. Köseler, nordwestl. von Ayvacık;
vgl. Xenophon, Hell. III 1,16 [Kokylis]. – *Thebe*, Hauptort
der Ebene östl. vom h. Edremit; vgl. Xenophon, Anab. VII
8,7; Mela I 91; von Achilleus zerstört; vgl. Homer, Il. I 366f. –
Astyre, Ruinen südl. vom h. Güre, westl. von Edremit;
bekannt durch warme Quellen; vgl. Xenophon, Hell. IV
1,41; Mela I 91 [Astura]; Pausanias IV 35,10. – *Chryse*
[„Goldene“]: die ältere Siedlung lag westl. vom h. Edremit;
vgl. Homer, Il. I 37 u. a.; die Neugründung [§ 123] beim h.
Gülpınar, westl. von Ayvacık; vgl. Mela I 91. – „*Alt–Skepsis*“
[Palaiskepsis], Vorläufersiedlung von Skepsis [s. u.]. – *Gergi-
tha* oder Gergis, Ruinen westl. vom h. Salihler, südl. von
Ovacık. 399 v. Chr. vom Spartiaten Derkylidas erobert; vgl.
Xenophon, Hell. III 1,16ff.; Diodor XIV 38,2ff. u. a. Seine
Bewohner werden von Attalos I. von Pergamon [214-197
v. Chr.] an den Oberlauf des Kaïkos [§ 125] verpflanzt; vgl.
Strabo XIII 1,70. – *Neandros* = Neandreia, Ruinen beim h.
Körüktaşi, südöstl. von Geyikli; die Stadt war von Antigo-
nos Monophthalmos [333–301 v. Chr.] durch Synoikismos
mit Alexandreia/Antigoneia [§ 124] vereinigt worden; vgl.
Xenophon, Hell. III 1,16 u. a. – *Perperene*, Ruinen beim h.
Bağyüzü, südl. von Burhaniye. – *Landstrich von Herakleia*:
Küste beim h. Sarımsaklı, zwischen Ayvalık und Altınova. –
Koryphas [zu griech. koryphé-Scheitel, Gipfel], Ruinen beim
h. Eski Meserlik, südl.von Altınova; vgl. Strabo XIII 1,51.
[Koryphantis]. – *Flüsse Grylios* und *Ollios*, zwei Nebenflüsse

des Euenos [s. u.]; h. vielleicht der Madra Çayı und der Karınca Çayı. – *Aphrodisias*: eine vollkommen unbekannte Gegend; auch die ältere Bezeichnung „*Staatsland*" [Politiké Orgás] ist sonst nirgends bezeugt. – *Skepsis*, Ruinen am h. Kurşunlu Tepe am Oberlauf des Skamandros [§ 124]. Die Bewohner waren von Antigonos Monophthalmos ebenfalls nach Alexandreia/Antigoneia [§ 124] verpflanzt worden; sie kehrten aber zurück und erbauten in der Nähe der zerstörten alten Stadt [Palaiskepsis] eine neue Siedlung, die Stadt Nee [§ 124]; vgl. Strabo XIII 1,45. – *Fluß Euenon* = Euenos, h. Havran Çayı. – *Lyrnes⟨s⟩os*, h. Havran, südöstl. von Edremit; vgl. Homer, Il. II 690; XIX 60; XX 22.191. – *Miletos*, Ruinen beim h. Kemer, östl. von Edremit; von der gleichnamigen Stadt in Ionien [§ 112] zu unterscheiden. – *Berg Ide* [Ida], h. Kaz Dağı an der Nordseite des Edremit Körfezi; vgl. Homer, Il. II 821; IV 475, der ihn als polypîdax[quellenreich] bezeichnet. – *Adramytteos*, h. Edremit, älterer Name *Pedasos*; im innersten Winkel einer *Bucht*, h. Edremit Körfezi; vgl. Mela I 91 [Adramytion]. – Bei den *Flüssen Astron, Kormalos, Krianos, Alabastros und Hieros* handelt es sich um fünf vom Südabhang des h. Kaz Dağı in den Edremit Körfezi fließende Bäche, darunter h. Tahta Su, Papazli Su, Mihli Çayı und Muzıratlı Su. – *Berg Gargara*, h. Kirklar Tepe [1770 m], die höchste Erhebung des Kaz Dağı; vgl. Homer, Il. VIII 48; XIV 282.352; XV 152 [Gargaron]; Mela I 93; Macrobius, Sat. 20; die gleichnamige *Stadt* lag beim h. Çipne, westl. von Edremit.

123 *Antandros*, beim h. Altınoluk, westl. von Edremit; Mittelpunkt des Handels mit dem Holz aus dem Ida [§ 122]; vgl. Xenophon, Hell. I 1,25; Vergil, Aen. III 6; die älteren Namen *Edonis* und *Kimmeris* spielen auf die thrak. Edonen [vgl. Plinius, nat. hist. 4,40] und die Kimmerier [vgl. Plinius, l.c. 6,35] an, die die Stadt u. a. unterworfen hatten; vgl. Herodot V 26; Xenophon, Anab. VII 8,7; Mela I 92 u. a. Zu einer bemerkenswerten Platane und zu auffällig knarrenden

Balken vgl. Plinius, l.c. 16,133.223. – *Assos*, h. Behramkale,
südwestl. von Ayvacık; der Name *Apollonia* geht auf Apollo-
nis, die Gattin von Attalos I. Soter [241–197 v. Chr.] von
Pergamon, zurück. Bekannt war der sog. lapis Assius, gen.
Sarkophagstein, ein leichenverzehrender Kalkstein; vgl. Plinius, l.c. 2,210; 28,97; 36,131ff. u. a. – *Vorgebirge Lekton*, h.
Baba Burun, südwestl. von Gülpınar; die Grenze zwischen
Aiolis [§ 121] und *Troas* [§ 124]; vgl. Homer, Il. XIV 283;
Herodot IX 114,1 u. a. – *Polymedia* = Polymedion, beim h.
Asarlik, westl. von Behramkale. Die Bezeichnung *Palamedion* weist in volksetymologischer Umdeutung auf das angebliche Grabmal des mythischen Helden Palamedes in dieser Gegend; vgl. Philostratos, Apoll. Tyan. IV 13. – *Chrysa* s.
§ 122. – *Laris⟨s⟩a*, Ruinen an der Mündung des Satnioeis, h.
Tuzla Çayı, westl. von Ayvacık. – *Tempel von Zminthe*
[Sminthe]: Heiligtum des Apollon Smintheus [„Mäusever-
treiber"] beim h. Gülpınar, wo zahme Mäuse gehalten wurden; vgl. Homer, Il. I 39; Aelian, nat. anim. XII 5. – *Kolone*,
besser Kolonai, Ruinen auf dem h. Beselik Tepe bei Babade-
reköy, westl. von Ayvacık; ebenfalls mit Alexandreia/Anti-
goneia [§ 124] vereinigt; vgl. Xenophon, Hell. III 1,13.16;
Pausanias X 14,1 u. a. – *Adramytteos* s. § 122. – *Apollonia*, h.
Gölyazı am Ostufer des Apolloniatis lacus, h. Uluabat Gölü.
Die Bezeichnung *am Rhyndakos* [§ 142] ist ungenau, da der
Fluß weit von der Stadt am Westufer des Sees ein- und
ausfließt; so soll die Stadt von anderen gleichnamigen Siedlungen [s. o.] unterschieden werden. – *Eresos* s. § 139. –
Miletopolis s. § 142. – *Poimanenon*, beim h. Manyas, südl.
vom h. Kuş Gölü. – Die *Askulaken* waren offenbar *makedonische* Soldaten, die zum Schutz gegen die kelt. Galater [§ 146]
im Grenzgebiet angesiedelt worden waren; vgl. Kadoi [§ 111]
und Hyrkanis [§ 120]. – *Polichna*, Ruinen beim h. Cırpılar am
Oberlauf des Aisepos [§ 141], nördl. von Edremit. – *Pioniai* s.
§ 126. – *Mandakanda*, vielleicht die Ruinen beim h. Kepsut,

östl. von Balıkesir; hier waren offenbar *kilikische* Siedler angesiedelt worden. – *Abrettene*: Landschaft im nördl. Mysien [§ 121] zwischen den Flüssen Rhyndakos und Makestos [§ 142], die bis zur Südküste des Hellespontos [§ 141] gereicht haben muß; vgl. die Bezeichnung *Hellespontier* für ihre Bewohner.

124 *Troas*: die Nordwestecke Kleinasiens mit dem gleichnamigen Hauptort [s. u.]. – *Hamaxitos* [vgl. griech. hamaxitós – Fahrweg]: Ruinen beim h. Göztepe, westl. von Gülpınar; offenbar eine Gründung der Achaier ; vgl. Thukydides VIII 101; Diodor XIV 38 u. a. – *Kebrenia* oder Kebren, Ruinen am h. Dede Dağı [763 m] bei Akpınarköy, südl. von Bayramiç; eine Gründung der Bewohner von Kyme [§ 121]; vgl. Xenophon, Hell. III 1,17; Demosthenes 23,154 u. a. – *Troas*: Die älteste Siedlung beim h. Odun, südwestl. von Geyikli, wurde von Antigonos Monophthalmos [333–301 v. Chr.] durch Ansiedler aus den umliegenden Städten erweitert und *Antigoneia* genannt; vgl. Strabo XIII 1,47.52. Lysimachos [305–281 v. Chr.] nannte diese Stadt Alexandreia Tr.; vgl. Strabo XIII 1,26.33; Livius XXXV 42,2; XXXVII 35,2f. Von Caesar wurde sie zur *Kolonie* erhoben [col. *Alexandria* Augusta Tr.] und hätte sogar Hauptstadt des Röm. Reiches werden sollen; vgl. Sueton, Caes. 79,3. – *Nee* = Nea [„Neue"], vielleicht beim h. Yeniköy, südl. von Kumkale; vgl. Plinius, nat. hist. 2,210. – *Fluß Skamandros*, h. Küçük Menderes; er kommt aus dem Ida-Gebirge [§ 122], doch verlegte Homer, Il. XXII 148ff. seine beiden Quellen, eine kalte und eine warme, in die Nähe von Ilion; vgl. Mela I 93. Nach Homer, Il. XX 74 haben die Götter den Fluß *Xanthos* [s. § 100] genannt; Vergil nennt ihn nur mit diesem Namen; vgl. Aen. I 473; V 803.808; Plinius, l.c. 2,230 u. a. – *Vorgebirge Sigeion*, h. Kumkale, gegenüber der Südspitze der Thrakischen Chersonnesos; vgl. Plinius, l.c. 2,245; 4,49; Mela I 93 u. a.; Ruinen einer gleichnamigen *Stadt* beim h. Yenişehir,

südl. von Kumkale in strategisch wichtiger Lage; vgl. Herodot V 94,1f.; Aristoteles, hist. anim. V 15,3; 17,5; Livius
XLIV 28,6 u. a. – *Hafen der Achaier*: Die breite Bucht
zwischen Sigeion im Westen und Rhoiteion [§ 125] im Osten;
vgl. Strabo XIII 1,31; Mela I 93 u. a. – *Simoeis*, h. Dümrek
Çayı, ein Nebenfluß des Skamandros, mit dem er sich knapp
vor der Mündung vereinigt; vgl. Homer, Il. V 774. – *Alt-
Skamandros* [Palaiskamandros]: Der Skamandros, der durch
aufgeschüttete Sandbänke im Bereich seiner Mündung die
Küstenlinie mehrfach verändert hatte, bildete mehrere ausge-
trocknete Bette, von denen eines [Plinius: *Sumpf*] so genannt
wurde. – *Homer*, Il. XII 20ff. nennt die aus dem Ida-Gebirge
[§ 122] herabkommenden Flüsse *Rhesos*, *Heptaporos* [„sieben
Furten"], *Karesos* und *Rhodios*; vgl. Hesiod, Theog. 340ff.
Die genauere Lokalisierung der vier eher unbedeutenden
Flüßchen war schon im Altertum nicht mehr recht möglich;
vgl. Strabo XII 3,27; XIII 1,44. In Frage kommen Karaatlı
Çayı und Kırkgeçit [„40 Furten"], zwei Nebenflüsse des
Granikos [§ 141], sowie Gönikagonya und Salak Dere, zwei
Nebenflüsse des Aisepos [§ 141]. – *Propontis* s. § 141. –
Skamandreia, Ruinen in der Nähe der Quelle des Skaman-
dros an der Nordseite des Ida-Gebirges [§ 122]. – *2500
Schritte* = etwa 3,7 km. – *Ilion* = Troia, der Schauplatz des
sog. Trojanischen Krieges; die Ruinen von Hisarlık [h.
Truva] liegen etwa 6 km von der türkischen Westküste und
etwa 4,5 km von den Dardanellen entfernt in der weiten
Ebene des Skamandros am rechten Ufer des Flusses zwischen
diesem und dem weiter nördl. von rechts einmündenden
Simoeis [s. o.]. Die seit dem 3 Jt. v. Chr. bestehende Siedlung
[homerisches Ilion: Schicht VIIa] wurde mehrmals zerstört
und wieder aufgebaut, um 1100 v. Chr. aber verlassen und
erst um 750 v. Chr. von aiolischen Griechen neu besiedelt.
Die verhältnismäßig unbedeutende Siedlung konnte unter der
Herrschaft der Diadochen ihre Unabhängigkeit bewahren

und war seit 204 v. Chr. mit Rom verbündet; vgl. Livius
XXIX 12,14.

125 *Rhoiteion*, h. Eski Kale [früher Palaeokastro] bei In-
tepe; vgl. Herodot VII 43,2; Mela I 95 u. a. Die Küste springt
hier zu einem gleichnamigen Vorgebirge vor. – *Dardaneion*
oder Dardanos, Ruinen beim h. Mal Tepe, südwestl. von
Çanakkale; vgl. Mela I 95 [Dardania]. Angeblich eine Gründung des Zeussohnes Dardanos; vgl. Homer, Il. XX 216. Die
Stadt gab der h. Meeresstraße der Dardanellen, im Altertum
Hellespontos [§ 141], den Namen. – *Arisbe*, Ruinen beim h.
Beybas, nordöstl. von Çanakkale; vgl. Homer, Il. II 836;
Vergil, Aen. IX 264. u. a. – *Achilleion*, befestigter Ort südl.
vom h. Kumkale; benannt nach dem angeblichen *Grabmal
des Achilleus*; vgl. Herodot V 94,2; Solinus 40,17; eine Grün-
dung der *Bewohner von Mytilene* [§ 139]. – *Sigeion* s. § 124. –
Aianteion: auf der anderen Landspitze, d. h. beim Rhoiteion
[Plinius: a Rhodiis – *von den Rhodiern* beruht auf einem
Irrtum]; hier soll Neoptolemos, der Sohn des Achilleus, die
Asche des *Aias* bestattet haben; vgl. Servius, Aen. II 506; Mela
I 96. – *30 Stadien* = etwa 5,5 km; vgl. Solinus 40,18 [40
Stadien]; s. dazu auch Sallmann 216 Anm. 52. – *Aiolis* s. § 121.
– *Troas* s. § 124. – *Teuthranien*: Landschaft am Unterlauf des
Kaïkos mit dem Hauptort Teuthranie [§ 126]; vgl. Plinius,
nat. hist. 2,201; Solinus 40,20; Martianus Capella VI 686;
benannt nach dem myth. König Teuthras, der die an der
Küste der *Myser* [§ 145] gestrandete Athena-Priesterin Auge
mit ihrem Söhnchen Telephos aufgenommen und geheiratet
hatte; vgl. Pausanias VIII 4,9. – *Fluß Kaïkos*, h. Bakır Çayı,
der beim h. Çandarli, südl. von Bergama, ins Meer mündet;
vgl. Herodot VII 42,1; Ovid, Met. XV 278f. u. a. – *Mysien* s.
§ 121.

126 *Pioniai*, Ruinen am Nordufer des Tuzla Çayı, östl.
von Ayvacık; vgl. Pausanias IX 18,4. – *Andeira*, am Oberlauf
des Küyük Menderes, südl. von Bayramiç; vgl. Strabo XIII

1,56. – *Idale Stabulum* [„Standort auf dem Ida"]: Gemeint ist offenbar der südl. Gipfel des Ida-Gebirges [§ 122] mit einem Tempel des Zeus, der dort seinen Lieblingsaufenthaltsort hatte; vgl. Homer, Il. VIII 48; XIV 292.352; XV 152 u. a. – *Konision*, h. ?; doch vgl. Hierokles 663,9 [Koniosine], der den Ort in der Nähe von Pioniai ansetzt. – *Teion* ist vollkommen unbekannt, doch vielleicht ist Tieion [oder Tios], h. Hisarönü an der Südküste des Schwarzen Meeres, östl. von Zonguldak, gemeint; vgl. Plinius, nat. hist. 6,4; Mela I 104; Strabo XII 3,10 u. a. – *Balke*, ein h. unbekannter Ort an der Propontis [§ 124]; vgl. Stephanos Byz. s. v. Balkeia. – Es scheint, daß diese Örtlichkeiten, die alle nicht in Teuthranien [§ 125] liegen, falsch eingereiht sind. – *Tiare*, Ruinen beim h. Kozak, nordwestl. von Bergama; vgl. Hierokles 661,8 [Tiarai] und Strabo XIII 1,51. – *Teuthranie*, Vorläufersiedlung von Pergamon am Unterlauf des Kaïkos [§ 125] beim h. Kırıklar, südwestl. von Bergama; vgl. Pausanias I 4,5. – *Sarnaka*, *Lykide*, *Oxyopon* und *Lygdamon* lassen sich nicht näher lokalisieren, da weitere Erwähnungen im Schrifttum fehlen. – *Haliserne* oder Halisarna ist ebenfalls nicht näher lokalisierbar, muß aber in der Nachbarschaft von Teuthranie, vielleicht beim h. Kadriye am Unterlauf des Kaïkos [§ 125] liegen; vgl. Xenophon, Anab. VII 8,17. – *Parthenion* und *Apollonia* waren am Mittellauf des Kaïkos [§ 125] südöstl. vom h. Göçbeyli unmittelbar benachbart; vgl. Xenophon, Anab. VII 8,15ff.; Strabo XIII 4,4. – *Gambre* oder Gambreion, beim h. Kınık, östl. von Bergama; vgl. Xenophon, Hell. III 1,6. – *Pergamon*, h. Bergama. Mittelpunkt der antiken Stadt war der 335 m hohe Burgberg, der im Westen vom *Seleinos*, h. Üçkemer oder Bergama Çayı, und im Osten vom *Keteios*, h. Kestel Çayı, *der auf dem Berg Pindasos*, h. Madra Dağı [1338 m] nördl. von Bergama, *entspringt*, umflossen wird; vgl. Xenophon, Anab. VII 8,8f. u. a. Hauptstadt des um 280 v. Chr. von Philetairos [283–263 v. Chr.] gegründeten Pergamenischen

Reiches, das unter Eumenes II. Soter [197–160 v. Chr.] eines
der mächtigsten Kleinasiens war. Der letzte König Attalos
III. Philometor [139–133 v. Chr.] vermachte sein Reich den
Römern, die daraus 131 v. Chr. die Provinz Asia bildeten. –
Elaia s. § 121. – *Thyateira* s. § 115. – *Mossyner*: Völkerschaft
an der Südküste des Schwarzen Meeres, westl. von Kerasos,
h. Giresun; vgl. Xenophon, Anab. V 4,2f. [Mossynoikoi];
Curtius Rufus VI 4,17 [Mosyni]; Mela I 106 [Mossyni];
Ammianus Marcellinus XXII 8,21 [Mossynoeci] u. a. Benannt nach ihrem turmartigen Holzhaus [móssyn]; vgl. Xe-
nophon, l.c. V 4,26; Mela, l.c. – *Mygdonen*: thrak. Volks-
stamm, der z. T. nach Kleinasien auswanderte und u. a. auch
das Gebiet östl. des Rhyndakos [§ 142] besiedelte; vgl. § 145.
– *Germe*, h. Soma, östl. von Bergama. – *Hierokome*, besser
Hierakome [„heiliges Dorf"], Ruinen beim h. Sazoba, südl.
von Akhisar; vgl. Polybios XVI 1,8; XXXII 27. Nach dem
Erdbeben von 17 n. Chr. unter dem neuen Namen Hierokai-
sareia wieder aufgebaut; vgl. Tacitus, Ann. II 47,4; III 62,2. –
Perperene, Ruinen beim h. Bağyüzü, nordwestl. von
Bergama, zu einer Quelle, die Erde zu Stein verhärtete vgl.
Plinius, l.c. 31,29. – *Hierolophos* [„heiliger Hügel"], Ruinen
beim h. Beyoba, südl. von Akhisar, mit einem Tempel der
Artemis. – *Hermokapeleia*, Ruinen beim h. Gölmarmara,
südöstl. von Akhisar. – *Attaleia* s. § 121. – *Panda*, Ruinen
beim h. Sarı Çam, südwestl. von Akhisar; dort befand sich ein
Heiligtum des Apollon. – *Apollonis*, Ruinen beim h. Mecidiye
[früher Palamut], südwestl. von Akhisar; vgl. Cicero, ad Q.
fr. I 2,10 u. a. Eine Gründung von Eumenes II. Soter [197–160
v. Chr.] an der Stelle der älteren Siedlung Doidye zu Ehren
seiner Mutter Apollonis; vgl. Strabo XIII 4,4. Durch das
Erdbeben von 17 n. Chr. ebenfalls zerstört; vgl. Tacitus,
Ann. II 47.3.

127 *Rhoiteion* s. § 125. – *Dardaneion* s. § 125. – *70 Stadien*
= etwa 13 km. – *18 Meilen* = etwa 27 km; die Entfernung ist

viel zu groß, es müssen 18 Stadien = etwa 3,3 km gemeint sein. – *Vorgebirge Trapeza* [griech. trápeza – Tisch], h. Kepez Burun, südwestl. von Çanakkale. – *Hellespontos* s. § 141. – *Eratosthenes*, frg. p. 335 Berger. – *Solymer* s. § 94. – *Lelegen*: vorgriech. Volk in Karien [§ 103]; vgl. Homer, Il. X 429; XX 96; XXI 86; Herodot I 171,2. – *Bebryken*: untergegangenes Volk in Bithynien [§ 143] und Mysien [§ 121]. – Die ehemaligen Wohnsitze der *Kolykantier* und *Tripseder* sind unbekannt. – *Isidoros*, FGrH 781 frg. 19; vgl. Sallmann 51 Anm. 6; 219 Anm. 68. – *Arimer*: Bewohner von Arima, einer sagenhaften Gebirgsgegend, in der das hundertköpfige Ungeheuer Typhon [Typhoeus] beheimatet war; vgl. Homer, Il. II 783; Hesiod, Theog. 820ff.; Pindar, frg. 93 Snell = frg. 72 Werner. Als Heimat des Typhon, der die schreckenerregenden Naturphänomene verkörperte, wird Kilikien – Nordsyrien angenommen. – *Kapreaten*: Bewohner des ausgedehnten Sumpfgebietes von Kapreia zwischen Perge und Aspendos [§ 96], östl. vom h. Antalya; vgl. Plinius, nat. hist. 31,73. – *Kilikien* s. § 91. – *Kataonien*: Landschaft im östl. Kleinasien, der Südostteil von *Kappadokien* [§ 145] mit dem Hauptort Tyana, h. Kemerhisar, südöstl. von Niğde. – *Armenien* s. § 83. – *Apameia* Kibotos [sem./griech. kibótós – Truhe], eine Neugründung von Antiochos I. Soter [280–260 v. Chr.], nicht von *Seleukos* I. Nikator [312–280 v. Chr.], etwas unterhalb von Kelainai [§ 106]; vgl. Livius XXXVIII 13,5; Solinus 40,7; älterer Name *Dameia* [zu griech. damázein – zähmen].

128 *Mündung ... bei Kanopos* s. § 64. Die kleine unbewohnte *Insel* war früh verlandet; sie ist *nach Kanopos, dem Steuermann des Menelaos, benannt*, der angeblich durch einen Schlangenbiß ums Leben kam und hier begraben wurde; vgl. Mela II 103; Tacitus, Ann. II 60,1; Solinus 31,1; Ammianus Marcellinus XXII 16,14 u. a. Er wurde als südlichster Stern erster Größe, der den Griechen bekannt war, in das Sternbild Argo versetzt; vgl. Servius, Aen. XI 263. – *Pharos*:

die vor *Alexandreia* [§ 62] liegende Insel; vgl. Homer, Od. IV
354f. Sie wurde von Alexander dem Großen durch einen etwa
1200 m langen Damm [Plinius: *Brücke*] mit dem Festland
verbunden. Der 400 Ellen [= etwa 180 m] hohe Leucht*turm*
war unter Ptolemaios II. Philadelphos [285– 246 v. Chr.] vom
Architekten Sostratos aus Knidos erbaut worden und gehörte
zu den Sieben Weltwundern; vgl. Plinius, nat. hist. 36,83. Er
stürzte 1303 und 1326 bei Erdbeben ein, bedeutende Reste
sind im h. Fort Kaït Bey erhalten. Die Angabe, daß eine
Kolonie Caesars auf der Insel lag, ist ungenau; vgl. Caesar,
bell. civ. III 112,3: in hac sunt insula domicilia Aegyptiorum
et vicus oppidi magnitudine [„Auf der Insel liegen Häuser der
Ägypter und ein Quartier im Umfang einer kleinen Stadt." O.
Schönberger]; zu den dortigen unschädlichen Skorpionen s.
Plinius, l.c. 11,89. – *eine Tagereise*: diese Angabe von Homer,
Od. IV 356 galt bereits im Altertum als Übertreibung, ob-
wohl mit einer Vorschiebung der Küste durch die An-
schwemmung des Nilschlammes zu rechnen ist; vgl. Seneca,
quaest. nat. VI 26; Mela II 104; Plinius, l.c. 2,201; 13,70 u. a. –
Die Lage der *Fahrrinnen* [alvei] *Steganon, Poseideion und
Tauron* ist nicht mehr näher zu bestimmen; vgl. Solinus,
32,43 [Posideo, Tegano, Tauro]. – *Phoinikisches Meer* s. § 67.
– *Paria*: ein vor der Einfahrt in den alten Hafen von *Iope*
[§ 69] liegendes Felsenriff, auf dem *Andromeda* [§ 69] *dem
Ungeheuer* vorgeworfen worden sein soll. Zur Quellenfrage
s. Münzer 123; Sallmann 163 Anm. 100. – Zu den marinen
Süßwasserquellen von *Arados* [§ 78] vgl. Plinius, l.c. 2,227. –
Mucianus, HRR II frg. 8; vgl. Sallmann 46 Anm. 36. – *50
Ellen* = etwa 22,5 m.

129 *Pamphylisches Meer* s. § 96. – *Kilikisches Meer* s. § 69.
– *Kypros,* h. Kypros [Kibris, Zypern]. Die *Insel* ist mit
9251 km² größer als Korsika [8722 km²] und Kreta
[8373 km²], aber kleiner als Sardinien [24089 km²] und Sizilien [25462 km²]. – *Syrien* s. § 79. – *Kilikien* s. § 91. – *neun*

Königreiche: Gemeint sind die neun bedeutenderen Städte, die von Königen beherrscht wurden; vgl. Diodor XVI 42,4; Mela II 102. Es handelt sich um Lapethos, Kition, Keryneia, Amathus, Marion, Soloi, Salamis, Paphos und Chytroi oder Kurion [§ 130]. – *Timosthenes* s. Sallmann 54. Mit ihm beginnt eine sog. doxographische Kette; vgl. Sallmann 189. – *427,5 Meilen* [= 3420 Stadien] = etwa 633 km. – *Isidoros*, FGrH 781 frg. 13. – *375 Meilen* [= 3000 Stadien] = etwa 555 km; vgl. GGM II p. 509. Die tatsächliche Länge der Küste beträgt rund 780 km. – *Vorgebirge Kleides* [griech. kleis, kleidós – Hahn, Schlüssel], h. Kap Apostolos Andreas, die Nordostecke der Insel, zu den dortigen Inseln s. § 130. – *Vorgebirge Akamas* [griech. akámas – unruhig, unermüdlich], h. Kap Arnautis [Akamas], die Westecke der Insel; zum dortigen Feuerstein vgl. Plinius, nat. hist. 36,137. – *Artemidoros* s. Sallmann 54. – *162,5 Meilen* [= 1300 Stadien] = etwa 240 km; vgl. Sallmann 61 Anm. 27. – *200 Meilen* [= 1600 Stadien] = etwa 296 km; vgl. Eratosthenes, frg. p. 338 Berger; Agathemeros IV 16 [GGM II p. 476:1300 Stadien]; Orosius, adv. pag. I 2,96: Länge 175 Meilen [= 1400 Stadien] = etwa 260 km; Breite 125 Meilen [= 1000 Stadien] = etwa 185 km. Die tatsächliche Länge beträgt 227 km, die Breite 96 km. – *Philonides*, FGrH 121 frg. 1. – *Akamantis*: älterer Name der Insel nach dem oben genannten Vorgebirge Akamas, aber auch Beiname der auf Zypern besonders verehrten Aphrodite. – *Xenagoras*, FGrH 240 frg. 26b. – *Kerastis* [zu griech. kéras – Horn], wegen der Form der Insel mit dem auf den Kartenbildern übertrieben markierten Vorgebirge Kleides. – *Amathusia*: Beiname der Aphrodite nach der Verehrung in der Stadt Amathus [§ 130]; vgl. Catull 68,51; Ovid, Amor. III 15,15; Tacitus, Ann. III 62,4. – *Astynomos* s. Verzeichnis der Quellenschriftsteller. Die Beinamen *Aspelias*, *Makaria* [griech. makários – begütert, reich], *Kryptos* [griech. kryptós – verborgen, geheim] und *Kolinia* haben dichterischen und

mythischen Charakter und erlangten niemals praktische Bedeutung.

130 *Neu-Paphos* [Nea Paphos], h. Paphos, an der Süd-
westküste beim h. Episkopi, westl. von Limassol. – *Alt-
Paphos* [Palaipaphos], beim h. Kuklia auf einer Anhöhe etwa
15 km südöstl. von Paphos; vgl. Vergil, Aen. X 51 [celsa
Paphos]; Mela II 102. – *Kurias*, eine 6-10 km breite, 9 km
nach Süden vorspringende flache Halbinsel an der Südküste;
vgl. Aelian, nat. anim. XI 7. Sie umfaßt das Gebiet der Stadt
Kurion, einer Tochterstadt von Argos; vgl. Herodot V 113,1.
– *Kition*, h. Larnaka, eine Gründung der Phoiniker; vgl.
Cicero, de fin. IV 56; zu einem dortigen Salzsee vgl. Plinius,
nat. hist. 31,75. – *Korinaion* = Keryneia, h. Kyrenia [Girne],
an der Nordküste. – *Salamis*, beim h. Enkomi an der Ostküste
nördl. von Famagusta. – *Amathus*, beim h. Limassol; eine
vorphoinikische Siedlung, Hauptort der Verehrung der
Aphrodite; vgl. Vergil, Aen. X 58; Pausanias IX 41,2 u. a. –
Lapethos, beim h. Lapithos [Lapta] an der Nordküste, westl.
von Kyrenia. – *Soloi*, h. Soli, westl. von Karavostasi [Gemiko-
nagi], an der Nordküste in der Bucht von Morfu [Güzelyurt
Körfezi]. – *Tamas⟨s⟩os*, beim h. Pera, südwestl. von Nikosia;
Mittelpunkt der Kupfergewinnung; vgl. Homer, Od. I 184
[Temese]; Ovid, Met. X 644ff. u. a. – *Epidauron*, h. ?; es gibt
keinen weiteren Beleg für diesen Ortsnamen auf der Insel
Kypros. Vielleicht ist aber das Asklepieion, das Heiligtum des
Gottes Asklepios mit angeschlossenem Therapiezentrum, bei
Paphos gemeint. – *Chytroi*, Ruinen beim h. Kythrea [Değir-
menlik], nordöstl. von Nikosia. – *Arsinoë*, beim h. Polis an
der Nordwestküste in der Bucht von Chrysochu; benannt
nach Arsinoë, der Frau des Ptolemaios II. Philadelphos [285 –
245 v. Chr.]. – *Karpasion*, Ruinen beim h. Rizokarpaso [Dip-
karpaz] an der Nordostspitze der Insel; der Name wurde
später auf die ganze Halbinsel übertragen [Karpasia]. – *Golgoi*, Ruinen beim h. Athienu am Südrand der sog. Mesao-

ria-Ebene, südöstl. von Nikosia; eine der Hauptstätten des Aphrodite-Kults; vgl. Theokrit 15,100; Catull 36,11; 64,96; Pausanias VIII 5,2. – *Kinyreia*: ein nicht lokalisierter Ort auf der Halbinsel Karpasia; vgl. Diodor XX 47,2; benannt nach dem mythischen Priesterkönig Kinyras. – *Marion*, älterer Name von Arsinoë [s. o.]. – *Idalion*, Ruinen beim h. Dhali, südl. von Nikosia; ebenfalls einer der Hauptorte des Aphrodite-Kults; vgl. Theokrit 15,100; Vergil, Aen. I 693. – *Anemurion in Kilikien* s. § 130. – *50 Meilen* [= 400 Stadien] = etwa 74 km. – *„Kilikischer Graben"* [Aulon Cilicius]: der Meeresteil zwischen Kypros und Kilikien; vgl. Orosius, adv. pag. I 2,96. – *Insel Elaiusa* s. § 93. – *vier Kleiden*: Klippen vor dem Vorgebirge Kleides [§ 129]. – *Steiria*, h. die Insel Hg. Georgios in der Bucht von Chrysochu. – *„Heilige Gärten"* [Hieria Kepeia], h. Geroskipos, südöstl. von Paphos, mit einem Heiligtum der Aphrodite. Es handelt sich aber um keine Insel. – *Salaminien*: Küsteninseln vor *Salamis* [s. o.] in der Bucht von Famagusta.

131 *Lykisches Meer* s. § 97. – *Idyris*, besser Idyros, keine Insel, sondern eine Stadt, h. Kemer, südl. von Antalya, mit einem gleichnamigen Fluß, h. Kemer Çayı. – *Telendos*, ebenfalls keine Insel, sondern die Stadt an der Mündung des h. Arab Su, südwestl. von Antalya. – *Attelebussa* [„Heuschreckeninsel", zu griech. attélebos – Heuschrecke], h. eine verlandete Insel, südl. von Antalya. – *Kyprien*, die h. Inselgruppe Uçadalar, südl. von Tekirova. – *Dionysia⟨s⟩*, älterer Name *Charaita*, h. eine namenlose Insel, nordöstl. vom Gelidonya Burun. – *Vorgebirge des Tauros* = Chelidonion s. § 97. – *Chelidonien* [„Schwalbeninsel", zu griech. chelidón – Schwalbe], h. die Inselgruppe Beşadalar, südl. vom Gelidonya Burun; vgl. Plinius, nat. hist. 2,227; 9,180; Mela II 102. – *Leukolla*, eine h. nicht mehr zu bestimmende Insel mit einer *Stadt*, offenbar ein Irrtum; vgl. § 96. – *Paktyen*, Inseln westl. vom Gelidonya Burun, darunter *Lasia* [zu griech. lásios –

bewachsen], *Nymphaïs* [„Nympheninsel"] und *Makris* [s.
§ 136], h. Iç Ada und Çam Ada. – *Megista* [Megiste –
„Größte"], h. Meghiste, ehemals Castellorizo, türk. Meis Ada;
vgl. Livius XXXVII 45,2; die *zugrundegegangene Gemeinde*
Kisthene [vgl. § 122] war Besitz von Rhodos [§ 132]. – *Chimaira* s. § 100. – *Dolichiste*, h. Kekova Ada, östl. von Kaş; auf
ihr lag die Stadt Simena [§ 100], h. Kale; vgl. Stephanos Byz.
s. v. Doliche. – *Choirogylion* [„Schweinetasche", zu griech.
choîros – Schweinchen und gýlios – Tasche, Behälter], h.
Heybeli Ada oder Yılan Ada, westl. von Kaş. – *Krambusa*
[„Kohlinsel", zu griech. krámbē – Kohl], h. Kara Ada, westl.
von Meghiste. – *Rhoge* [zu griech. rhōgé – Spalt], h. Ro oder
Ag. Georgios, westl. von Kaş. – *Inseln des Xenagoras*, h. die
Inselgruppe Çatal Adaları, südl. von Kalkan, mit den Hauptinseln Volos und Orchendra. Es handelt sich aber nicht um
acht Inseln; anscheinend ist mit der Zahl der Umfang der
größeren Insel Volos gemeint; vgl. GGM I p. 493. Benannt
sind die Inseln vielleicht nach dem rhodischen Lokalhistoriker Xenagoras; vgl. § 129. – *Daidala* und *Krya* s. § 103. –
Strongyle [„Rundinsel", zu griech. strongýlos – rund], h.
Strongili, nordwestl. von Fethiye. – *Sidyma* s. § 100. – Eine
Insel des Antiochos ist unbekannt. – *Fluß Glaukos* s. § 103. –
Die folgenden Inseln liegen im h. Fethiye Körfezi: *Lagusa*
[„Haseninsel", zu griech. lágos – Hase], *Makris* [s. § 136],
Didymen [„Zwillingsinseln", zu griech. dídymos – Zwilling],
h. Yassıca Adaları, *Melanoskope* mit der Stadt Melanoskopion [§ 101], *Aspis* [„Schild"] und *Telandria*, h. Tersane Ada,
mit der *Stadt* Telandros [§ 101]. – *Rhodusa* [„Roseninsel", zu
griech. rhódon – Rose], h. Yılancık Ada, südöstl. von Marmaris. – *Kaunos* s. § 104.

132 *Rhodos*, h. Rhodos; die Insel stand seit 306 v. Chr. in
freundschaftlicher Beziehung zu Rom; vgl. Polybios XXX
5,6; sie konnte den Status einer *freien* Stadt bis in die Kaiserzeit bewahren. – *125 Meilen* [= 1000 Stadien] = 185 km; vgl.

Agathemeros V 26 [GGM II p. 487]: 1300 Stadien; vgl.
Sallmann 215. – *Isidoros*, FGrH 781 frg. 12. – *103 Meilen*
[= 824 Stadien] = etwa 150 km; vgl. Sallmann 51 Anm. 7. Die
Insel ist 78 km lang und 35 km breit. – Das Gebiet der drei
selbständigen *Städte Lindos* an der Ostküste, h. Lindos,
Kameiros, Ruinen südwestl. vom h. Kalavarda, und *Ialysos*,
Ruinen südwestl. vom h. Trianda, an der Nordwestküste
waren in zahlreiche Demen geteilt; vgl. Homer, Il. II 656;
Mela II 101 u. a. Die namengebende Siedlung *Rhodos* war eine
Neugründung des 5. Jhs. v. Chr. an der Nordspitze der Insel.
– *Alexandreia in Ägypten* s. § 62. – *583 Meilen* = etwa 863 km.
– *Isidoros*, FGrH 781 frg. 14. – *469 Meilen* = etwa 694 km. –
Eratosthenes, frg. p. 118 Berger. – *500 Meilen* = etwa 740 km.
– *Mucianus*, HRR frg. II 9 Peter. – *Kypros* s. § 129. – *176
Meilen* = etwa 260 km; zur „doxographischen Kette" s. Sall-
mann 188. – *Ophiusa* [„Schlangeninsel"]; vgl. Strabo XIV 2,7;
Asteria [„Sterninsel"]; *Aithreia* [zu griech. aithría – heiterer
Himmel]; *Trinakria* [zu griech. treîs ákroi – drei Vorgebirge];
Ombria [zu griech. ómbros – Regen]; *Petreessa* [„Felsenin-
sel"]; *Atabyria* [nicht *nach einem König*, sondern nach Ata-
byrion, h. Attaviros, 1215 m, dem höchsten Berg der Insel,
mit einem Heiligtum des Zeus Atabyrios; vgl. Pindar, Ol.
7,87; Diodor V 59,2]; *Makaria* [§ 129]; *Aithaloessa* [zu griech.
aithalóeis – rußig]: wie bei Kypros [§ 129] haben aber auch
diese Namen nur dichterischen und mythischen Charakter.

133 *Karpathos*, h. Karpathos, zwischen Kreta und Rhodos; die Insel gibt dem Karpathischen Meer [§ 102] den
Namen; vgl. Plinius, nat. hist. 4,71; Mela II 114. – *Kasos*, h.
Kassos, südwestl. von Karpathos; vgl. Plinius, l.c. 4,70. –
Hagne [„Heilige", zu griech. hagnós – heilig, verehrungswür-
dig], h. vielleicht Makri, nordwestl. von Rhodos. – *Eulimna*,
h. Alimia, westl. von Rhodos; vgl. Plinius, l.c. 4,71. – *Nisyros*,
h. Nissiros; älterer Name *Porphyris* [„Purpurne"]. – *Knidos* s.
§ 104. – *15,5 Meilen* = etwa 23 km. – *Rhodos* s. § 132. – *Syme*,

h. Simi; vgl. Mela II 111; die Insel ist stark gegliedert und weist zahlreiche Buchten [Plinius: *acht Häfen*] auf. – *37,5 Meilen* [= 300 Stadien] = etwa 55 km. – Die antiken Namen der verstreuten, oft sehr kleinen Inseln, die h. meist unbewohnt sind, lassen sich nicht immer mit Sicherheit bestimmten Inseln zuweisen. – *„Versteck des Kyklopen"* [Cyclopis Steganon]: offenbar eine h. nicht mehr zu lokalisierende kleine Insel in der Nähe von *Rhodos* [§ 132]; auch die mythologische Anspielung ist nicht nachzuvollziehen. – *Kordylus⟨s⟩a* [„Beuleninsel", zu griech. kordýlē – Beule], h. Kandeleusa, südwestl. von Nissiros. – *Diabaten* [„Durchgänge"], vier h. namenlose Klippen südwestl. von Simi. – *Hymos*, h. Nimos, nördl. von Simi. – *Chalke* [„Eherne", zu griech. chalkós – Erz], h. Charki, westl. von Rhodos; vgl. Plinius, l.c. 4,71 [Chalcia]; Mela II 111 [Chalkis]; im Norden der Insel gab es einen überaus fruchtbaren Landstrich; vgl. Theophrastos, hist. plant. VIII 2,9 [Chalkia]; Plinius, l.c. 17,31. – *Teutlus⟨s⟩a* [„Mangoldinsel", zu griech. teûtlon – Mangold], h. Sesklion, südl. von Simi. – *Narthekus⟨s⟩a* [„Steckenkrautinsel", zu griech. nárthēx – Steckenkraut], ein h. namenloses Inselchen zwischen Alimia und Charki; vgl. Plinius, l.c. 2,204. – *Dimastos* [„Doppelbrust", zu griech. mastós – Brust], h. das Inselchen Ag. Theodoros, westl. von Alimia. – *Progne*, eine h. nicht mehr zu identifizierende Insel bei Rhodos. – *Knidos* ş. § 104. – *Kisserus⟨s⟩a* [„Bimssteininsel", zu griech. kissērís – Bimsstein] und *Therionarkia* [zu griech. therionárkē – eine unbekannte magische Pflanze; vgl. Plinius, l.c. 24,163; 25,113], vielleicht die h. unbewohnten Inseln östl. von Kalimnos. – *Kalydne* [ältere Namensform; vgl. Herodot VII 99,2] = Kalymne [jüngere Form; vgl. Ovid, Met. VIII 222; Plinius, l.c. 4,71; Mela II 111 u. a.], h. Kalimnos; die Insel war dicht besiedelt; Plinius nennt *drei Städte: Notion, Istros und Mendeteros*, die sich jedoch nicht näher lokalisieren lassen. Die Insel verfügte über eine üppige Vegetation; vgl.

Ovid, ars am. II 81 [silvisque umbrosa Calymne]; sie produ-
zierte vorzüglichen Honig; vgl. Ovid, Met. VIII 222; Plinius,
l.c. 11,32. – *Arkonnesos* [„Schutzinsel", zu griech. árkos –
Schutz, Abwehr], h. Kara Ada, südl. von Bodrum, mit einer
Befestigung, die den Hafen von Halikarnassos [§ 107] gesi-
chert hat; vgl. Arrian, Anab. I 23,3 [Akronesos]. Die Erwähnung der *Stadt Keramos* [§ 109] beruht auf einem Irrtum. –
Karien s. § 107. – *Argien*: Die kleinen Inseln rund um das h.
Arki. – *Hyetus⟨s⟩a* [„Regeninsel", zu griech. hyetós – Re-
gen], h. Refulia, südl. von Arki. – *Lepsia*, h. Lipsi. – *Leros*, h.
Leros.

134 *Koos*, h. Kos; vgl. Mela II 101; ältere Namen waren
Merope und *Meropis*, die auf die Bezeichnung der Ureinwohner als Meropes nach dem myth. König Merops anspielen; s.
Staphylos, FGrH 269 frg. 9; vgl. Pindar, Nem. 4,26; Thukydides VIII 51,2; Diodor XIII 43,2; Pausanias VI 14,12 u. a. –
Dionysios, GGM I p. LXXXI. – *Nymphaia* [„Nympheninsel",
sel", zu griech. nymphaîos – den Nymphen heilig]: über die
Verehrung der jugendlichen Nymphen auf der Insel Kos
fehlen alle weiteren Zeugnisse. – *15 bzw. 100 Meilen* [= 120
bzw. 800 Stadien] = etwa 22 bzw. 148 km; vgl. Agathemeros
V 26 [GGM II p. 487]: 550 Stadien; die Insel ist 43 km lang
und bis zu 10 km breit. – *Berg Prion* [griech. príon – Säge], h.
der zackige Höhenzug [615 m] an der Südküste der Insel, an
dem das berühmte Asklepieion lag. – *Nisyros* – *Porphyris* s.
§ 133. – *Karyanda* s. § 107. – *Halikarnasos* s. § 107. – *Pidossos*,
h. Kara Ada, südl. von Bodrum. – Da die *Bucht von Keramos*
[§ 107] mit Ausnahme von Arkonnesos [§ 133] und Kedreai,
beim h. Tasbükü, nördl. von Marmaris, keine Inseln aufweist
und einige der genannten Inseln außerhalb davon lokalisiert
werden können, ergeben sich Zweifel an den Angaben des
Plinius. – *Priaponesos* [„Insel des Priapos"] und *Hipponesos*
[„Pferdeinsel"], vielleicht die h. unbewohnten Inseln südwestl. von Kalimnos. – *Pserima*, h. Pserimos [oder Kappari],

zwischen Kos und Kalimnos. – *Lepsimandos*, h. Kalolimnos, nordöstl. von Kalimnos. – *Passala*, der Hafen von Mylasa [§ 108], keine Insel; vgl. Pausanias VIII 10,4. – *Krusa*, eine kleine Insel östl. von Kalimnos, h. Gümüşlük; vgl. Plinius, nat. hist. 4,70. – *Pyrrhaithus⟨s⟩a* [„Feuerverbrannte"], *Sepius⟨s⟩a* [„Tintenfischinsel", zu griech. sēpía – Tintenfisch] und *Melano* [zu griech. mélas – schwarz] lassen sich ebenso wenig lokalisieren wie *Kinaidopolis* [„Wüstlingsstadt", zu griech. kínaidos – Wüstling], eine von *Alexander* d. Großen angelegte Strafkolonie.

135 *Ionien* s. § 112. – *Trageen* [s. Zur Textgestaltung], h. Agathonisi, südöstl. von Samos; vgl. Thukydides I 116 [Tragia]; Plinius, nat. hist. 4,71 [Tragia]. Der Wechsel zwischen Singular und Plural kommt wohl daher, daß eine größere Insel von einer Anzahl kleinerer umgeben war. – *Korseen* [Corseae], h. Phurni, südwestl. von Samos. – *Ikaros*, h. Ikaria; vgl. Plinius, l.c. 4,68. Nach der Sage ist Ikaros hier abgestürzt; vgl. Ovid, Met. VIII 195ff.; Aelian, nat. anim. XV 28; Solinus 11,30. – *Lade* oder *Late*, eine ehem., h. verlandete Insel im Delta des Kaÿstros [§ 115]; vgl. Herodot VI 7,11; Thukydides VIII 17,3; Pausanias I 35,6 u. a. – *Kameliten*: zwei Inselchen nordöstl. von *Miletos* [§ 112]. – *Trogilien*: Eine Gruppe von *drei* kleinen *Inseln* [*Psilios* zu griech. psilós – nackt, kahl; *Argennos* zu griech. argennós – weiß und *Sandalion* § 140], die dem Vorgebirge Trogilion [§ 113] als westl. Ausläufer des Berges *Mykale*, h. Dilek Dağı [1237 m], vorgelagert waren. – *Samos*, h. Samos; vgl. Mela II 101. Kaiser Augustus hielt sich im Winter 31/30 v. Chr. hier auf; vgl. Sueton, Aug. 17,3; Appian, civ. IV 176ff.; anläßlich eines zweiten Aufenthaltes erklärte er 21/20 v. Chr. die Insel für *frei*; vgl. Cassius Dio LIV 9,7. – *87,5 Meilen* [= 700 Stadien] bzw. *100 Meilen* [= 800 Stadien] = etwa 130 bzw. 148 km; vgl. Agathemeros V 26 [GGM II p. 487: 630 Stadien] und GGM II p. 510: 800 Stadien. Die Insel ist etwa 45 km lang und etwa

19 km breit. – *Isidoros*, FGrH 781 frg. 15; vgl. Sallmann 189. – *Aristoteles*, frg. 570 Rose. – *Parthenia* [zu griech. parthénos – Jungfrau] spielt auf eine besondere Funktion der Göttermutter Hera an, die auf Samos verehrt wurde; vgl. Pausanias VII 4,4. Die anderen Beinamen weisen auf die üppige Vegetation, vor allem auf den prächtigen Baumwuchs, hin: *Dryus⟨s⟩a* [zu griech. drys – Eiche]; vgl. Herakleides Pont., FHGr II p. 215 frg. X; *Anthemus⟨s⟩a* [zu griech. anthémion – Blume]; *Melamphyllos* [„Schwarzblatt"]; vgl. Aristokritos, FGrH 93 frg. 3; Strabo X 2,17; XIV 1,15; *Kyparissia* [zu griech. kypárissos – Zypresse]; vgl. Iamblychos, Pyth. 3. – *Parthenope*, Tochter des Ankaios, des Königs der Lelegen [§ 127] auf Samos, von Apollon Mutter des Lykomedes; vgl. Pausanias VII 4,1. – *Stephane* [zu griech. stéphanos – Kranz, Krone] bezieht sich offenbar auf die Vertikalgliederung der Landschaft im Ostteil der Insel, wo sich viele isolierte Kegelformen mit sanften Abhängen zeigen. – Zu den Metonomasien vgl. Sallmann 187. – *Imbrasos*, h. einer der Trockenbäche westl. von Pythagorion [Tigani] in der Nähe des Heraions. An seinem Ufer zeigte man den Keuschlammstrauch [Vitex agnus castus], bei dem die Göttin Hera geboren worden sein soll; vgl. Pausanias VII 4,4; Apuleius, Met. VI 459. Die beiden anderen *Flüsse Chesios* und *Hibiethes* lassen sich mit keinem der h. Trockenbäche identifizieren. – Auch die *Quellen Gigartho* und *Leukothea* sind nicht mit Sicherheit zu lokalisieren, obwohl einige sehr starke Quellen, vor allem beim h. Mytilini, vorhanden sind. – *Berg Kerketios*, h. Kerketeos Oros [1433 m] im Westen der Insel. – *Rhypara* [zu griech. rhýpos – Schmutz], h. Samiopula, südl. von Samos. – Die beiden anderen *Inseln Nymphaia* [s. § 134] und *Achilleia* [„Insel des Achilleus"] lassen sich h. nicht mehr näher bestimmen.

136 *Chios*, h. Chios; vgl. Mela II 101. Die Bewohner galten als besonders reich und glücklich; vgl. Thukydides VIII 45,4. Die Insel mit einer gleichnamigen *Stadt* an der Ostküste konnte lange Zeit ihre Unabhängigkeit bewahren; erst Mithridates verpflanzte 86 v. Chr. ihre Bewohner nach Pontos, doch erneuerte Cornelius Sulla nach deren Rückführung 85 v. Chr. den Status einer *freien* Gemeinde; vgl. Appian, Mithr. 46f.; zu den dortigen landwirtschaftlichen Produkten vgl. Plinius, nat. hist. 12,72 [mastix]; 14,73 [vinum]; 15,69 [ficus] u. a. – *94 Meilen* = etwa 140 km; die Entfernung wird von Samos [§ 135] aus gerechnet; vgl. Plinius, l.c. 2,245; – *Ephoros*, FGrH 70 frg. 165; vgl. Sallmann 74 Anm. 66. – *Aithalia* [„Rußige“, zu griech. aíthalos/aithálē – Ruß]; vgl. Stephanos Byz. s. v. Aithale. – *Metrodoros*, FGrH 184 frg. 9; vgl. Sallmann 53 Anm. 11. – *Kleobulos*, FHG IV p. 365. – *Chia* [erg. insula – Insel]: Die *Nymphe Chione* [„Schneejungfrau“, zu griech. chión – *Schnee]*, eine Tochter des Daidalion, gebar gleichzeitig dem Hermes den verschlagenen Autolykos und dem Apollon den sangeskundigen Philammon. Als sie mit ihrer Schönheit prahlte, wurde sie von Artemis getötet, die den untröstlichen Vater in einen Habicht verwandelte; vgl. Ovid, Met. XI 301–327. Später wurde der Name Chione charakteristisch für ein schamloses Weib; vgl. Iuvenal 11, 136. – *Makris* [zu griech. makrós – groß, langgestreckt] wegen der länglichen Gestalt; *Pityus⟨s⟩a* s. § 112. – *Berg Pelinnaios*, h. Pelineon [1297 m], im Nordteil der Insel. – Der *Marmor von Chios* war schwarz oder buntscheckig [versicolor]; vgl. Plinius, l.c. 36,46.49; Theophrast, de lapid. 7; Isidoros, Orig. XVI 5,17. – *125 Meilen* [= 1000 Stadien] bzw. 134 [125 + 9] Meilen = etwa 185 bzw. 200 km; vgl. Agathemeros V 26 [GGM II p. 487]: 660 Stadien und GGM II p. 510: 1600 Stadien; s. Sallmann 54. – *Isidoros*, FGrH 781 frg. 16; vgl. Sallmann 183. – *Samos* s. § 135. – *Lesbos* s. § 139. – *Erythrai* [zu griech. erythrós – rötlich wegen der anstehenden Trachytfelsen], beim h. Ildırı auf der Halbinsel westl. von Izmir. 137 Die folgenden Listen der kleineren Inseln vor der Westküste Kleinasiens sind „one of the more confused passa-

ges in Pliny's geographical books" [H. T. Wade-Gery]. Die
genannten Inseln lassen sich h. nur z. T. näher bestimmen, da
die geographische Ordnung, die im wesentlichen von Süden
nach Norden fortschreitet, bisweilen arg gestört ist und sich
auch einige Halbinseln oder sogar manche Landorte in den
Listen finden, die Plinius aus seinen oft mißverstandenen und
ungeschickt benützten Quellen [offenbar Spezialkarten
griech. Ursprungs] in ziemlicher Unordnung zusammenge-
stellt hat. – Die erste Liste nennt die Inseln rund um Chios
[§ 136]: *Thallus⟨s⟩a* [zu griech. thallós – grüner Zweig] oder
Daphnus⟨s⟩a [„Lorbeerinsel", zu griech. dáphnē – Lorbeer],
h. Kara Ada in der Bucht von Ildırı, östl. von Chios.
–*Oinus⟨s⟩a* [„Weininsel", zu griech. oînos – Wein], h.
Inusse, eine Gruppe von fünf kleinen Inseln, nordöstl. von
Chios: vgl. Herodot I 165,1; Thukydides VIII 24,2; Stephanos Byz. s.v. – *Elaphitis* [zu griech. élaphos – Hirsch] und
Euryanassa [zu griech. euryánax – weitgebietend], offenbar
zwei kleinere Inseln westl. von Chios, h. Strofili Ada und
Boğaz Ada. – *Arginus⟨s⟩a* s. § 140. – An der Küste vor
Ephesos [§ 114] befinden sich keine *Inseln*. Plinius scheint
eine antiquarische Notiz über *Peisistratos* mißverstanden zu
haben; kaum wahrscheinlich der Verbesserungsvorschlag
von H. T. Wade-Gery; vgl. Sallmann 49 Anm. 1. – Während
sich *Anthinai* und *Diarrheus⟨s⟩a* [„Durchflossene"] nicht
näher lokalisieren lassen, handelt es sich bei *Myonnesos*
[„Mäuseinsel"] um einen steil aufragenden, nur durch eine
schmale Landzunge mit dem Festland verbundenen Küsten-
vorsprung südl. von h. Doğanbey; vgl. Livius XXXVII 27,7.
– *Pordoselene* [vgl. griech. pordé – Furz, daher meist Porose-
lene geschrieben; vgl. Pausanias III 25,7], h. Alibey Ada,
nordwestl. von Ayvalık, mit der *Stadt* Selene, h. Alibey, in
der Südostecke; vgl. Stephanos Byz. s. v. Selene; zu den
dortigen Wieseln vgl. Plinius, nat. hist. 8,226. Es handelt sich
um die Hauptinsel der Inselgruppe der Hekatonnesoi [„100

Inseln"] östl. von Lesbos [§ 139]; vgl. Herodot I 151,2; Diodor XIII 77,20; Strabo XIII 2,5; Stephanos Byz. s. v. u. a. – Die Lage der *Kerkien* ist unbekannt; vielleicht ist aber Chalkis [vgl. Chalkitis § 151] gemeint, h. Çıplak Ada, östl. von Lesbos. – *Halone* [kaum zu griech. hals – Salz, sondern eher zu griech. hálōs – Tenne, wegen der flachen Gestalt]; vgl. Plinius, l.c. 2,202; aber vielleicht Verwechslung mit Halone = Halonnesos in der Propontis [§ 151]. – Die übrigen Inseln scheinen alle zur Gruppe der Hekatonnesoi zu gehören, ohne daß sich allerdings eine von ihnen näher lokalisieren ließe: *Lepria* [zu griech. leprós – schuppig, von der schuppenförmigen Steinoberfläche]; *Aithre* [griech. aíthrē – gute Luft]; *Sphairia* [„Kugelige", zu griech. sphaîra – Kugel, wegen ihrer kugelförmigen Gestalt vom Meer aus gesehen]; *Prokus⟨s⟩en* [„Hirschkalbinseln", zu griech. prox – Hirschkalb] und *Bolbulen* [„Zwiebelinseln", zu griech. bolbós – Zwiebel]. – *Priapos*: offenbar eine Verwechslung mit der gleichnamigen Stadt an der Propontis [§ 141]. – *Syke* [„Feigenbaum"], *Melane* [s. § 134] und *Ainare* [vgl. Ainaria, h. Ischia; s. Plinius, l.c. 3,82] können ebenfalls mit keiner bekannten Insel identifiziert werden. – Die Namen der Insel *Kommone*, *Illetia* und *Pheate* scheinen verstümmelt zu sein, da sie mit keiner griech. Bezeichnung in Verbindung gebracht werden können. – *Sidus⟨s⟩a*, keine Insel, sondern eine h. nicht mehr zu lokalisierende Örtlichkeit auf dem Festland bei Erythrai [§ 136]; vgl. Thukydides VIII 24,2 und Stephanos Byz. s. v. – Die folgenden Inseln liegen alle in der Bucht von Smyrna [§ 117], h. Izmir Körfezi, in deren westl. Teil ehemals acht Inseln lagen; vgl. Strabo XIV 1,36. Doch bemerkte schon der Reisende R. Chandler [1764/65] von den Inseln vor Klazomenai [§ 117]: „Their number was eight but I could only count six". – *Pele*, h. eine der Inseln der Gruppe Hekim Adaları, nördl. von Klazomenai [§ 117]; zu den dortigen bitteren Fischen (amari pisces) vgl. Plinius, l.c. 32,18. – *Drymus⟨s⟩a*, h. Uzun Ada; vgl.

Thukydides VIII 31,3; Polybios XXI 48,3; Livius XXXVIII
39,3; Stephanos Byz. s. v. – *Anhydros* [griech. ánhydros –
wasserarm]: kaum Name einer bewohnten Insel, sondern
wohl Beiwort zu *Skopelos* [„Klippe, Felsen", zu griech. skó-
pelos], einer h. nicht mehr zu lokalisierenden felsigen Insel. –
Sykus⟨s⟩a [„Feigeninsel", vgl. Syke o.], vielleicht keine Insel,
sondern = Sykaminos, eine inschriftlich bekannte Siedlung
nordwestl. von Palaiazmyrna [§ 118], bekannt durch ihre
Maulbeer- und Feigenbäume. – *Marathus⟨s⟩a* [„Fenchelin-
sel", zu griech. márathos – Fenchel], h. die südlichste Insel der
Gruppe Hekim Adaları; vgl. Thukydides VIII 31,3; Stephanos Byz. s. v. – *Psile* [zu griech. psilós – nackt, kahl] und
Perirrheus⟨s⟩a [„Ringsumflossene"]: zwei h. nicht mehr zu
bestimmende Inselchen, die wie andere *unbedeutende*, offenbar unbewohnte der Küste vorgelagert waren.

138 *Teos*, Ruinen beim h. Sığacık, südl. von Seferihisar;
vgl. Livius XXXVII 27,9. Da die angegebenen Entfernungen
für Teos passen, ist die von H. T. Wade-Gery vorgeschlagene
Konjektur Tenedos nicht gerechtfertigt, obwohl die Abfolge
von Süd nach Nord gestört ist. – *Chios* s. § 136. – *72,5 Meilen*
[= 580 Stadien] = etwa 107 km. – *Erythrai* s. § 136. – Die
folgenden Inseln liegen in der Bucht von *Zmyrna* [§ 118], h.
Izmir Körfezi oder in deren unmittelbarer Umgebung: *Peristeriden* [„Taubeninseln", zu griech. peristerá – Taube], h. die
Gruppe Çiçek Adalari. – *Kartereia*, der Hafen von Phokaia
[§ 119]; vgl. Thukydides VIII 101,2. – *Alopeke* [zu griech.
alópex – Fuchs] und *Elaius⟨s⟩a* [zu griech. élaios – Ölbaum],
wahrscheinlich Nachbarinseln von der h. Uzun Ada. – *Bakcheion*, eine kleine Insel nordwestl. von Phokaia [§ 119]; vgl.
Livius XXXVII 21,7. – *Aspis* [s. § 131], h. Antipsara, südwestl. von Psara. – *Psyra*, h. Psara, nordwestl. von Chios; vgl.
Homer, Od. III 171 [Psyria], von Cicero, ad Att. XVI 14,2
zitiert. – Die beiden nächsten Namen gehören offenbar zusammen, so daß *Krommyonesos Megale* [„große Zwiebelin-

sel", zu griech. krómmyon – Zwiebel und megálē – große] zu lesen ist. Die Insel ist h. nicht näher zu bestimmen. – Die Inseln *vor* der Küste *der Troas* [§ 121] lassen sich h. nicht näher lokalisieren: die *Askanien* [vgl. § 144], *drei Plateen* [zu griech. platýs – breit, flach], *Lamien, zwei Plitanien, Plate* [zu griech. plátē – Ruder] und *Skopelos* [§ 137]. – *Gethone*, ein h. nicht näher zu lokalisierendes Städtchen in der Troas; vgl Plinius, nat. hist. 4,74; wohl identisch mit Gentinos bei Stephanos Byz. s. v. – *Arthedon* ist nicht näher zu lokalisieren. – *Koile* [zu griech. koílos – hohl], der tief eingeschnittene Hafen vom h. Kilya an der Küste der Thrak. Chersonnesos, gegenüber von Abydos [§ 141]; vgl. Plinius, l.c. 4,47 [Caela oppidum] und 74 [Coelos]; Mela II 26 [portus Coelos]; Ammianus Marcellinus XXII 8,4 [Coela]. – *Lagusen* [s. § 131], h. Tavşan Adaları, nördl. von Bozca Ada; vgl. Athenaios, Deipnosoph. I 30d. – *Didymen* [s. § 131], h. Orak Ada und Yılan Ada, zwischen Bozca Ada und Tavşan Adaları.

139 *Lesbos*, h. Lesvos; vgl. Mela II 101. – *Chios* s. § 136. – *65 Meilen* [= 520 Stadien] = etwa 95 km. – Von den poetischen Nebennamen ist lediglich *Pelasgia* [nach dem vorindogerm. Pelasgern; vgl. Plinius, nat. hist. 3,50] literarisch bezeugt; vgl. Strabo V 2,4; die anderen werden nur von Plinius genannt: *Himerte* [zu griech. himertós – lieblich]; *Lasia* [s. § 131]; *Aigeira* [zu griech. aígeiros – Schwarzpappel]; *Aithiope* [zu griech. aíthiops – verbrannt aussehend, vgl. Aithiopes § 16]; *Makaria* [s. § 129; zum Kult des Dionysos Makar vgl. Homer, Il. XXIV 544]. – *Pyrrha*, Ruinen beim h. Kurtir in der Bucht von Kalloni [Kolpos Kallonis]. Der Zeitpunkt der angeblichen Überschwemmung durch das *Meer* ist nicht zu bestimmen; vgl. Plinius, l.c. 2,206 [dort irrtümlich an die Maiotis versetzt]. – *Arisbe*, Ruinen nordwestl. von Kalloni, angeblich durch ein *Erdbeben* zerstört. – *Methymna*, h. Mithymna an der Nordküste; die Stadt dehnte ihr Gebiet durch Annexion von Arisbe [s. o.] und *Antissa*, Ruinen auf

der Halbinsel Ovriokastro nordwestl. von Skalochorio; vgl.
Livius XLV 31,14; zum früheren Inselcharakter s. Plinius, l.c.
2,204.206. – *37 Meilen* = etwa 55 km. – *Agamede*, Ruinen
beim h. Achladeri in der Bucht von Kalloni. – *Hiera* [„Heilige", zu griech. hierós – heilig], Ruinen beim h. Geras im
Südosten der Insel. – *Eresos*, Ruinen beim h. Skala an der
Westküste, südl. vom h. Eressos. – *Pyrrha*, Neugründung auf
den Höhen beim h. Polychnitos; in der Nähe befand sich das
Flüßchen Aphrodision, dessen Wasser Frauen angeblich unfruchtbar machte; vgl. Theophrast, hist. plant. IX 18,10;
Plinius, l.c. 31,10. – *Mytilene*, h.Mytilini an der Ostküste; vgl.
Mela II 101. Die Stadt, die fast die ganze Insel beherrschte,
war seit 190 v. Chr. mit Rom verbündet; vgl. Livius XXXVII
12,5; 21,4. Sie schloß sich aber an Mithridates an und wurde
erst 79 v. Chr. nach langer Belagerung unterworfen; der
Fürsprache des Pompeius beim Senat verdankte sie den Status
einer *freien* Stadt; vgl. Plutarch, Pomp. 42,4; Velleius Paterculus II 18,1.

140 *168 Meilen* = etwa 250 km; vgl. Agathemeros V 26
[GGM II p. 487]: 1100 Stadien und GGM II p. 510: 1180
Stadien. – *Isidoros*, FGrH 781 frg. 17; vgl. Sallmann 54.183. –
195 Meilen [= 1560 Stadien] = etwa 290 km. – *Lepetymnos*, h.
Levetimnos [836 m] beim h. Mithymna im Norden. – *Or-
dymnos*, h. Ipsilon [511 m] beim h. Sigrion im Westen; vgl.
Theophrastos, hist. plant. III 18,13. – *Makistos*, ein h. nicht
mehr zu bestimmender Bergrücken; vgl. Aischylos, Agam.
289. – *Kreon*, h. ? Bei beiden Bergen handelt es sich wohl um
die h. namenlosen Gipfel am Westufer der Bucht von Kalloni.
– *Olympos*, h. Olibos [986 m] bei h. Ayiassos im Süden. – *7,5
Meilen* [= 60 Stadien] = etwa 11 km; vgl. Agathemeros V 26.
Die Angabe entspricht der Wirklichkeit. – *Sandalion* [zu
griech. sándalon – Sandale, wegen der Form], h. Iskele Ada
bei Altınova, h. eine Halbinsel. – *Leuken* [zu griech. leukós –
leuchtend, weiß], fünf kleine Inseln und einige Klippen nord-

östl. von Lesvos. – *Kydonea* = Kydonia [zu griech. kydónion mélon – Quittenapfel], h. Çıplak Ada, westl. von Ayvalık [türk. "Quittenstadt"]; zur dortigen Thermal*quelle* vgl. Plinius, nat. hist. 2,232. – *Arginusen* [zu griech. arginóeis – weißschimmernd], h. Kız Kulesi Adaları, drei kleine Inseln am südl. Ausgang aus dem Sund von Lesvos. Bekannt durch den Seesieg der Athener gegen die Spartaner und deren Strategen Kallikrates, an den sich der sog. Arginusen-Prozeß [406 v. Chr.] anschloß, in dem die siegreichen Athener ihre verantwortlichen Strategen wegen der infolge eines Sturmes nicht erfolgten Bergung der Schiffbrüchigen zum Tode verurteilten; vgl. Thukydides VIII 101; Xenophon, Hell. I 6,19ff.; Cicero, de off. I 24 u. a. – *Aix* [griech. aix – Ziege], eine Klippe zwischen Tenedos [s. u.] und Chios [§ 138], die dem Ägäischen Meer den Namen gab; vgl. Plinius, l.c. 4,51. – *vier Meilen* = etwa 6 km. – *Phellus⟨s⟩a* [zu griech. phellós – Korkeiche] und *Pedna*, zwei kleine Inseln an der Westküste von Lesvos, nordwestl. von Eressos. – *Hellespontos* s. § 141. – *Sigeion* s. § 124. – *Tenedos*, h. Bozca Ada; Standort der Griechen vor der Eroberung Troias; vgl. Homer, Il. I 38.452; XI 625; Mela II 100 u. a.; weitere Namen *Leukophrys* [„Weißumrandete", zu griech. leukós – leuchtend, weiß und ophrýs – Braue wegen der auffallenden Kalkfelsen]; vgl. Servius, Aen. II 21; Pausanias X 14,3; *Phoinike* [„Purpurrote", zu griech. phoînix – Purpur] und *Lyrnes⟨s⟩os* [vgl. § 122]; zu einer merkwürdigen Quelle vgl. Plinius, l.c. 2,229. – *Lesbos* s. § 139. – *56 Meilen* = etwa 83 km. – *12,5 Meilen* [= 100 Stadien] = 18,5 km; vgl. Plinius, l.c. 2,245.

141 *Hellespontos*: Meerenge zwischen der Thrak. Chersonesos und der Westküste der Troas. Sie ist etwa 65 km lang und durchschnittlich 5-6 km breit, die schmalste Stelle etwa 1220 m; h. Dardanellen [nach der Stadt Dardaneion § 125], türk. Çanakkale Boğazi; vgl. Plinius, nat. hist. 4,49; Mela I 96. – *Vorgebirge Trapeza* s. § 127. – *10 Meilen* [= 80 Stadien] =

Map of western Asia Minor showing the regions of Thracia, Mysia, Troas, Aeolis, Ionia, Lydia, Caria, Phrygia, and Lycia, with the islands of Imbros, Tenedos, Lesbos, Chios, Ikaros, Samos, Kos, Telos, and Rhodos.

Pontus Euxinus
Bosporus
Propontis
Hellespontus
Scamander
Ide mons
Caicus
Macestos
Rhyndacus
Sangarius
Hermus
Maeander
Indus

THRACIA
Byzantium
Calchadon
Nicomedia

Nicaea
Cius
Miletopolis
Prusa
Agrillium

Imbros
Lampsacus
Cyzicus
Abydus
Tene-dos
Ilium
TROAS
Scepsis
MYSIA
Alexandria Troas
Antandrus
Adramyttium
Lesbos
AEOLIS
Pergamum
Stratoniceia
Ancyra
Elaea
Thyateira
Iulia
Cyme
Phocaea
Magnesia ad Sipylum
Chios
Temnos
Trocetta
Sardes
Maeonia
Eucarpia
Eumeneia
PHRYGIA
Clazomenae
Smyrna
Colophon
Hypaepa
Philadelphia
Apameia
IONIA
Lebedus
Clarus
Ephesus
Tralles
Hierapolis
Ikaros
Samos
Magnesia
Euhippe
Laodiceia
Aphrodisias
Heracleia
Comama
Miletus
Didyma
Labraynda
Iasus
Mylasa
CARIA
Myndus
Caryanda
Theangelia
Cibyra
Bubon
Halicarnassus
Caunus
Oenoanda
Kos
Telmessus
Phaselis
Cnidus
Tlos
Pinara
LYCIA
Telos
Loryma
Xanthus
Patara
Myra
Rhodos

© Artemis Verlag

0   100 km

N

14,8 km. – *Abydon* = Abydos; vgl. Plinius, l.c. 4,49; Mela I
97. Im dortigen Gymnasion wurde ein kleiner Meteorstein
gezeigt; vgl. Plinius, l.c. 2,149. – *sieben Stadien* = 1,3 km; vgl.
Plinius, l.c. 4,49. – *Perkote*, h. Bergaz, nördl. von Umurbey;
vgl. Homer, Il. II 835; XI 229; Herodot V 117; Xenophon,
Hell. V 1,23. – *Lampsakon* = Lampsakos, h. Lapseki; vgl.
Mela I 97; älterer Name *Pityussa* [§ 112]; vgl. Stephanos Byz.
s. v. Lampsakos. – *Parion*, h. Kemer, westl. von Karabiga; vgl.
Homer, Il. II 828: *Adrasteia* [zu griech. ádrastos – unentrinn-
bar]; seit Kaiser Augustus Kolonie [col. Gemella Iulia Pa-
riana]; vgl. Sallmann 187. – *Priapos*, h. Karabiga an der
Mündung des Biga Çayı. Die Stadt war offenbar dem Frucht-
barkeitsgott Priapos geweiht; vgl. Plinius, l.c. 4,75. – *Fluß
Aisepos*, h. Gönen Çayı; vgl. Homer, Il. II 825; IV 91; XII 21.
– *Zeleia*, beim h. Sarıköy; vgl. Homer, Il. II 824; IV 103.121. –
Propontis, h. Marmara–Meer, türk. Marmara Denizi, das
Binnenmeer zwischen Thrakien und Kleinasien; vgl. Plinius,
l.c. 4,76. – *Fluß Granikon* = Granikos, h. Kocabaş Çayı, Çap
Çayı und an der Mündung Biga Çayı, östl. von Karabiga; vgl.
Mela I 98. Berühmt durch den Sieg Alexanders gegen die
Perser [334 v. Chr.]; vgl. Arrian, Anab. I 13ff.; Diodor XVII
18ff. u. a.; seine Nebenflüsse waren Rhesos und Heptaporos
[§ 124]. – *Artake*, h. Erdek, an der Südküste der h. Kapıdağı
Yarımadası.

142 *Kyzikon* = Kyzikos, h. Belkis bei Edincik am Südende
der Halbinsel [früher Insel] *Arktonnesos* [„Bäreninsel"], h.
Kapıdağı Yarımadası, eine Tochterstadt von *Miletos* [§ 112];
vgl. Mela I 98; Velleius Paterculus II 7,7. Die Stadt besaß zwei
Häfen, die durch überbrückte Kanäle verbunden waren; vgl.
Sallust, Hist. III frg. 37 Maurenbrecher; Frontin, Strat. III
13,6 u. a. Die poetischen Bezeichnungen *Dolionis* und *Didymis* = Dindymis weisen auf den thrak. Stamm der Dolionen,
der das Hinterland von Kyzikos bewohnte, bzw. auf den
Berg Didymos = Dindymos, h. Kapıdağ [782 m]; die volks-

etymologische Deutung der thrak. Bezeichnung [griech. dídymos – Zwilling] wurde schon von Strabo XII 8,11 abge-
lehnt [monophyés – aus einem Stück]. – *Plakia*, Ruinen beim
h. Kurşunlu, östl. von Bandirma; vgl. Mela I 98. – *Artake* s.
§ 141. – *Skylake*, beim h. Yenice, nördl. von Karacabey; eine
schon früh bedeutungslos gewordene Siedlung der Pelasger
[§ 139]; vgl. Herodot I 57,2; Mela I 98; Valerius Flaccus III 36
[Scylaceon]. – *Berg Olympos*, h. Ulu Dağı [2543 m], südöstl.
von Bursa; zum Unterschied zu den anderen gleichnamigen
Bergen [§ 118.140] wird er der „*Mysische*" Olympos genannt;
vgl. Mela I 98. – *Olympener*: Bewohner der Südabdachung
des Olympos beim h. Soğukpınar; vgl. Herodot VII 74,2. –
Horisios, offenbar Schreibfehler für Tarsios, h. Çakıroba
Çayı, ein Nebenfluß des Aisepos [§ 141]. – *Rhyndakos*, früher
Lykos, h. Adırnas oder Kırmastı Çayı; er *entspringt* nicht *im
Sumpf Artynia*, h. Uluabat [oder Apolyont] Gölü, sondern
durchfließt nur den westl. Teil dieses Sees und vereinigt sich
dann mit dem Makestos [s. u.]; der gemeinsame Lauf beider
bis zur Mündung in die Propontis [§ 141] galt im Altertum als
Unterlauf des Rhyndakos, wird aber h. offensichtlich als
Unterlauf des *Makestos*, h. Simav Çayı, empfunden und trägt
darüber hinaus konsequenterweise den Namen Koca Dere;
vgl. Polybios V 77,8 [Megistos]; vgl. Sallmann 221. Er galt als
Grenze zwischen den röm. Provinzen *Asia* und *Bithynien*
[§ 143]; zu den dortigen Schlangen vgl. Plinius, nat. hist. 8,36;
Mela I 99; Aelian, nat. anim. II 21,2; s. Sallmann 131f.
Anm. 12. – *Miletopolis*, Ruinen beim h. Melde bei Karacabey
am Westufer des Uluabat Golü.

143 *Bithynien*: Der nordwestl. Teil Kleinasiens, der seit
297 v. Chr. von einheimischen Königen, die ihre Selbständigkeit behaupten konnten, beherrscht wurde. Als 74 v. Chr. der
letzte König Nikomedes IV. Philopator starb, hatte er Rom
zum Erben eingesetzt. Pompeius errichtete 64 v. Chr. unter
Einbeziehung von Gebieten am Pontos die Provinz Bithynia

et Pontus; diese reichte vom Rhyndakos [§ 142] im Westen bis zum Sangarios [§ 147] im Osten. – Plinius führt hier mehrere alte Namen an: *Kronia* weist auf den Titanen Kronos, dessen Kult weit verbreitet war, ehe er von Zeus verdrängt wurde; *Thessalis* nach der nordgriech. Landschaft Thessalien; vgl. Plinius, nat. hist. 4,29; *Malianda* ist ein ungeklärter mythischer Name; *Strymonis* als Heimat der Strymonier, wie die Bithyner [§ 145] nach ihrer alten Heimat am Fluß Strymon, h. Strimon/Struma, auf der Balkanhalbinsel genannt wurden; vgl. Herodot VII 75,2. – *Halizonen* [zu griech. hals – Salz und zónē – Gürtel]: bei *Homer*, Il. II 856 und V 39 ein bithyn. Hilfsvolk der Troianer; vgl. Sallmann 187. – *Attusa*, offenbar Hattusa, die Hauptstadt des um 1200 v. Chr. untergegangenen Hethiter-Reiches in Zentral–Kleinasien, Ruinen beim h. Boğazkale [Boğazköy], etwa 150 km östl. von Ankara. – *Gordiu Kome* [„Dorf des Gordios“, des myth. Gründers von Phrygien; vgl. Iustinus XI 7,5ff.], z. Zt. des Augustus in *Iuliopolis* [„Stadt des Iulius“] umbenannt; Ruinen beim h. Emrem Sultan, südöstl. von Nallıhan. Plinius verwechselt es hier mit Gordion [§ 146]. – *Daskylos* = Daskyleion, h. Eşkel Liman, nordöstl. von Karacabey. Eine gleichnamige Stadt lag beim h. Hisartepe bei Ergili am Südufer des Kuş Gölü westl. von Aksakal; vgl. Xenophon, Hell. IV 1,15; Mela I 99. – *Fluß Gelbes*, h. Keten Dere, westl. von Mudanya. – *Helgas* oder *Boòs Koíte* [„Rinderbett“, zu griech. bûs, boós – Rind und koítē – Bett], ältere Namen von Kaisareia, Ruinen beim h. Zeytinbağı, westl. von Mudanya; anläßlich eines Besuches des Germanicus im Jahre 17 n. Chr. nahm die Stadt den Beinamen Germanike = *Germanikopolis* [„Stadt des Germanicus“] an; vgl. Tacitus, Ann. II 54,1. – *Apameia*, beim h. Mudanya, von König Prusias II. [182 – 149 v. Chr.] an der Stelle des von *Kolophon* [§ 116] aus gegründeten *Myrleia* angelegt und nach seiner Gattin Apame benannt; vgl. Strabo XII 4,3; Mela I 99; Stephanos Byz. s. v.; unter Kaiser Augustus wurde *Apameia* zur Kolonie erhoben [col. Iulia Concordia Augusta A.]. – *Fluß Echeleos*, h. Parmaklar Dere, südl. von Gemlik; die *Grenze* zwischen der *Troas* [§ 124] und *Mysien* [§ 121].

144 *Fluß Askanion* = Askanios, h. Göl Deresi und Garsak Su, der Ausfluß des gleichnamigen Sees [§ 148] in die *Bucht von Kios*, h. Gemlik Körfezi; vgl. Vergil, Georg. III 270. – *Bryalion* = Bryllion, anderer Name von Daskyleion s. § 143. – *Hylas*: andere Bezeichnung für den *Fluß* bei Kios, abgeleitet von Lokalheros Hylas, der von Herakles geraubt und zu seinen Abenteuern mitgenommen wurde. Die Nymphe der Quelle Pegai bei Kios verliebte sich in den Jüngling und zog ihn zu sich in die Tiefe; vgl. Apollonios Rhod. I 1207ff. Noch nach Jahrhunderten wanderten die Bewohner von Kios durch die Wälder und riefen den Namen des Hylas; vgl. Solinus 42,2. – *Kios*, h. Gemlik, mit einem gleichnamigen *Fluß* = Askanios; vgl. Mela I 99. Die *Stadt* war eine Tochterstadt von *Miletos* [§ 112] und ein wichtiger *Handelsplatz*. Nach der Zerstörung durch Philipp V. von Makedonien [221–179 v. Chr.] wurde die Stadt von Prusias I. [230–182 v. Chr.] wieder aufgebaut und führte seither auch den Namen Prusias [ad mare – am Meer, zum Unterschied zur gleichnamigen Stadt [§ 148]. – *Phrygien* s. § 145. – *Askanien*: Das Land rund um den See Askanios [§ 148], benannt nach Askanios, der gewöhnlich als Sohn des Aineias galt; die Römer nannten ihn auch Iulus und hielten ihn für den Ahnherrn des iulischen Geschlechtes; vgl. Vergil, Aen. I 267f. u. a.

145 *Phrygien*: Das von den indogerm. Phrygern [s. u.] bewohnte Land westl. des Halys, h. Kızıl Irmak; nach dem Einfall der Kelten [§ 146] gingen wesentliche Teile im Süden verloren; seit 133 v. Chr. im Rahmen der Provinz Asia unter röm. Herrschaft. – *Troas* s. § 124. – *Vorgebirge Lekton* s. § 123. – *Fluß Echeleos* s. § 143. – *Galatien* s. § 146. – *Lykaonien* s. § 95. – *Pisidien*: Landschaft in Kleinasien im Bereich

der westl. Ausläufer des Tauros [§ 84]; vgl. Plinius, nat. hist.
6,24. - *Mygdonien*: Das von den thrak. Mygdonen bewohnte
Gebiet nördl. des Olympos und östl. des Rhyndakos [§ 142];
vgl. Solinus 40,9; Martianus Capella VI 686. – *Kappadokien*:
Landschaft im mittleren Kleinasien mit dem Hauptfluß Ha-
lys, h. Kızıl Irmak; vgl. Plinius, l.c. 6,8. – Zur folgenden Liste
im griech. Alphabet s. Sallmann 101; 147 Anm. 63: *Ankyra*,
beim h. Sındırgı am Westufer des h. Çaygören Barajı am
Oberlauf des Makestos [§ 142]. – *Andria* = Andeira, s. § 126. –
Kelainai s. § 106. – *Kolossai*, Ruinen beim h. Honaz, östl. von
Denizli. – *Karina* h. ?; vielleicht ist Karima zu lesen; vgl.
Ptolemaeus V 4,6. Die genaue Lage in der Nähe des großen
Halys-Bogens ist unbekannt. – *Kotiaion* = Kotyaion, h.
Kütahya. – *Keraine*, h. ?; vielleicht ist aber Keramon agora
[„Topfmarkt"], beim h. Usuzköy, östl. von Uşak gemeint;
vgl. Xenophon, Anab. I 2,10. – *Konion* = Ikonion s. § 95. –
Midaion, beim h. Alpi, östl. von Eskişehir, am Nordufer des
Tembris, h. Porsuk Çayı, benannt nach dem myth. Phryger-
könig Midas. – *Möser*: mächtiger Stammesverband im Nord-
westen der Balkanhalbinsel; vgl. Plinius, l.c. 4,41; ein Teil-
stamm wanderte nach Kleinasien und nannte sich dort *Myser*.
– *Bryger* [Brygen]: thrak. Stamm im Tal des Erigon, h. Crna
Reka; vgl. Plinius, l.c. 4,40; der nach Kleinasien ausgewan-
derte Teil des Stammes nannte sich *Phryger* [Phrygen]. –
Thyner: thrak. Stamm an der Südwestküste des Schwarzen
Meeres beim Vorgebirge Thynias, h. Igne Ada Burun; vgl.
Plinius, l.c. 4,41; ein Teil siedelte später an der Südküste des
Schwarzen Meeres bei der Insel Thynias [§ 151] und nannte
sich *Bithyner*; zum Ganzen s. Sallmann 186.

146 *Galatien*: Der von den eingewanderten *Galliern* =
Kelten nach 278 v. Chr. besetzte südl. *Teil Phrygiens* [§ 145]
im Zentrum von Kleinasien zwischen den Flüssen Sangarios
[§ 147] im Westen und Halys, h. Kızıl Irmak, im Osten.
Neben bewaldetem Bergland gab es in den Flußtälern frucht-

bares *Ackerland* und Viehweiden. – *Gordion*, Ruinen beim h. Yassıhüyük, nordwestl. von Polatlı; die alte *Hauptstadt* Phrygiens; vgl. Xenophon, Hell. I 4,1. Berühmt durch den von Alexander d. Großen durchgeschlagenen sog. Gordischen Knoten; vgl. Arrian, Anab. II 3ff.; Curtius Rufus III 1,11ff. – *Tolostobogier* [Tolistobogier]: kelt. Volk am Oberlauf des Sangarios [§ 147] im westl. Galatien mit dem Hauptort *Pisinus* = Pessinus, h. Sivrihisar; vgl. Polybios XXI 37,2; Livius XXXVIII 15,15. – *Voturer und Ambitouter:* Teilstämme der Tolostobogier; vgl. Solinus 41,1. – *Maionien* s. § 110. – *Paphlagonien:* Landschaft an der Südküste des Schwarzen Meeres; vgl. Plinius, nat. hist. 6,5ff. – *Trogmer* [Trokmer]: kelt. Volk am rechten Ufer des Halys im östl. Galatien mit dem Hauptort *Tavium*, Ruinen beim h. Büyüknefes bei Musabeyli, westl. von Yozgat. – *Kappadokien* s. Plinius, l.c. 6,8f. – *Tektosagen*: kelt. Volk im Zentrum von Galatien mit dem Hauptort *Ankyra*, h. Ankara; vgl. Livius XXXVIII 16,12. Im Tempel des Augustus und der Dea Roma wurden bedeutende Reste des Tatenberichtes des Kaisers Augustus [Res Gestae Divi Augusti] gefunden [Monumentum Ancyranum]. Zu einem gleichnamigen Ort in Phrygien s. § 145. – *Toutobodiaker*: Teilstamm der Tektosagen. Die drei kelt. Völkerschaften der Tolostobogier, Trogmer und Tektosagen wurden von je vier Tetrarchen [vgl. § 74] beherrscht. Anstelle der zwölf Tetrarchen unterstellte Pompeius 63 v. Chr. jeden Stamm einem einzigen Tetrarchen, von denen Deiotaros, der Tetrarch der Tolstobogier, nach dem Tode der beiden anderen 44 v. Chr. als König die Alleinherrschaft erlangte. Obwohl er in der Folge Pompeius unterstützt hatte, konnte er nach einem Prozeß in Rom, in dem ihn Cicero gegen Caesar verteidigte [oratio pro rege Deiotaro], seine Herrschaft bis zu seinem Tode [40 v. Chr.] behaupten. Als einer seiner Nachfolger Amyntas 25 v. Chr. im Kampf gegen die Omanaden [§ 94] in Pisidien [§ 145] fiel, wandelte

Augustus den Klientelstaat der kelt. Galater in eine röm. Provinz um.

147 *Attaleia* s. § 126. – *Arassa* = Araxa, h. Ören, östl. von Bodrum. – *Komama*, h. Şerefönü bei Ürkütlü, südl. von Burdur; von Kaiser Augustus zur Kolonie [col. Iulia Augusta Prima Fida C.] erhoben. – *Hyde* s. § 95. – *Hieron* oder Sykeon, h. Cayırhan, südöstl. von Beypazarı. – *Lystra*, h. Hatunsaray, südwestl. von Konya; eine Kolonie des Kaisers Augustus [col. Iulia Felix Gemina L.]. – *Neapolis* s. § 107. – *Oianda* ist vollkommen unbekannt; vielleicht ist aber der nördl. zu Galatien gehörige Teil von Oroanda [§ 94] gemeint. – *Seleukeia* = Tralleis § 108. – *Sebaste* [s. § 69], h. Selçukler, südl. von Uşak; der alte Name lebt in der modernen Siedlung Sıvaslı weiter. – *Timonion*, Hauptort der Landschaft Timonitis am Sangarios [s. u.] zwischen Nikaia [§ 148] und Nikomedeia [§ 149]. – *Thebasa* s. § 95. – *Galatien* s. § 146. – *Kabalien* s. § 101. – *Pamphylien* s. § 146. – *Milyer* s. § 95. – *Baris*, h. Isparta. – *Kyllandos*, h. Ula, südöstl. von Muğla. – *Oroanda in Pisidien* s. § 94. – *Obizene*: Landschaft im nördl. *Lykaonien* [§ 95] mit dem Hauptort Laodikeia, h. Ladik, nördl. von Konya. – *Sangarion* = Sangarios, h. Sakarya Nehri, der Hauptfluß im nordwestl. Kleinasien; vgl. Homer, Il. III 187; XVI 719; Hesiod. Theog. 344 u. a.; er galt als besonders fischreich; vgl. Livius XXXVIII 18,8. – *Gallos*, h. Gök Su bei Yenişehir; er mündet westl. von Osmaneli in den Sakarya Nehri. Nach ihm wurden die verschnittenen *Priester der Göttermutter* Kybele, die gálloi, benannt; vgl. Martianus Capella VI 687 u. a. Das Wasser des Flusses machte angeblich rasend; vgl. Ovid, Fasti IV 361ff.; Plinius, nat. hist. 31,25 u. a.

148 *Kios* s. § 144. – *Prusa*, h. Bursa. König Prusias I. [230–182 v. Chr.] hat unter Mitwirkung des Karthagers *Hannibal*, der in *Bithynien* [§ 143] im Exil lebte, die verstreuten Siedlungen am Südabhang des *Olympos* [§ 142] durch Synoikismos vereinigt; vgl. Strabo XII 4,3; Dion Chrys., or. 45. – *Nikaia*,

h. Iznik am Ostufer des *Sees Askanios*, h. Iznik Gölü; die Angabe, daß die Stadt früher *Olbia* geheißen habe, ist falsch, denn diese Stadt lag in h. unbekannter Lage am Südufer des h. Izmit Körfezi; vgl. Mela I 100. – *25 Meilen* = 37 km. – *Prusias*, anderer Name für Kios [§ 144]. – Eine gleichnamige Stadt [Pr. sub Hypio], h. Üskübü, nördl. von Düzce, liegt *am Fuß des Berges Hypios*, h. Kaplandede Dağı [1152 m]. – Die folgenden Städte bestanden z. Zt. des Plinius nicht mehr: *Pythopolis*, eine Gründung des Theseus zu Ehren des pythischen Apollon am Südufer des h. Iznik Gölü; vgl. Aristoteles, mir. ausc. 54; Plutarch, Thes. 26, [nach Menekrates, FGrH IIIC 701 frg.1]. – *Parthenopolis* [„Jungfrauenstadt"], wahrscheinlich am Fluß Parthenios, h. Koca Irmak, beim h. Bartin. – *Koryphanta*, in h. unbekannter Lage, aber vielleicht Verwechslung mit Koryphas [§ 122]; zum Vorkommen einer bestimmten Art von Muscheln [ostrea Coryphantena] vgl. Plinius, nat. hist. 32,62. – Die *Flüsse Aisios, Bryazon, Plataneos, Areios, Aisyros* und *Geudos* oder *Chrysorrhoas* [s. § 74] lassen sich h. nicht mehr näher bestimmen; sie münden alle in den h. Izmit Körfezi. – *Megarike*, Ruinen auf einem *Vorgebirge*, h. Çatal Burun, nördl. von Altınova am Izmit Körfezi. – *Kraspedites* [zu griech. kráspedon – Saum, *Zipfel*], die innerste *Bucht* des h. Izmit Körfezi. – *Astakon* = Astakos [zu griech. astakós – Hummer], beim h. Izmit am Ostende der *Bucht*, h. Izmit Körfezi; vgl. Mela I 100; in ungesunder, sumpfiger Lage; vgl. Polyainos II 30,3. – *Libyssa*, beim h. Tavşancıl, westl. von Izmit an der Nordküste des Izmit Körfezi; dort befand sich das *Grabmal des Hannibal* [gest. 183 v. Chr.]; vgl. Solinus 42,3; Martianus Capella VI 687; Pausanias VIII 11,11. Kaiser Septimius Severus [193–211] hat den Bau mit weißem Marmor verkleiden lassen; vgl. Tzetzes, Chil. I 803ff.

149 *Nikomedeia*, h. Izmit [verkürzt aus Iznikmet]; eine Gründung von Nikomedes I. [279–250 v. Chr.] durch Synoikismos mehrerer älterer Siedlungen, darunter Astakon

[§ 148], als Residenz der Könige von Bithynien [§ 143]. – *Vorgebige Leukatas*, h. Jelken Kaja Burun bei Darıca, am Eingang in den Iznik Körfezi; mit weißlichen Kalkfelsen [griech. leukós – weiß]. – *Bucht von Astakon* s. § 148. – *37,5 Meilen* [= 300 Stadien] = etwa 55 km. – *Thrakischer Bosporos* s. Plinius, nat. hist. 4,76. – *Kalchadon* oder Kalchedon, h. Kadıköy; vgl. Mela I 101; ältere Namen *Prokerastis* [zu griech. kéras – Horn, d. h. Meeresbucht] und *Kolpusa* [zu griech. kólpos – Bucht]. Die Tochterstadt von Megara wurde spöttisch wegen ihrer im Vergleich zu *Byzantion* [Plinius, l.c. 4,46.78] schlechteren Lage am Ostufer des Bosporos *„Stadt der Blinden"* genannt; vgl. Herodot IV 144,2; Strabo VII 6,2; Tacitus, Ann. XII 63,1. In den Kämpfen mit Athen, den Persern und mit Sparta vermochte sie immer wieder ihre vorübergehend verlorene Unabhängigkeit zurückzugewinnen; im 3. Makedonischen Krieg [171 – 168 v. Chr.] war sie mit den Römern verbündet und schickte ein Kontingent von Schiffen; vgl. Livius XLII 56,6. – *sieben Meilen* = etwa 10 km. – *62,5 Meilen* [= 500 Stadien] = etwa 93 km. – *Apameia* s. § 143. – *Agrillon*, h. Bilecik. Die überlieferte Lesart Agrippenses ist in Agrillenses zu korrigieren; vgl. Zur Textgestaltung. – *Iuliopolis* s. § 143. – *Bithynion*, h. Bolu, von Kaiser Claudius in Klaudiopolis umbenannt; vgl. Cassius Dio LXIX 11,2. – Die Lokalisierung der folgenden *Flüsse* ist z. T. sehr hypothetisch: *Syrion, Laphias, Alkes, Serinis und Lilaios* lassen sich nicht näher lokalisieren; *Pharnukias*, h. Uzun Çayı, der nordwestl. von Nikaia [§ 148] in den h. Iznik Gölü mündet; vgl. Suidas s. v. Pharnoutis; *Skopas*, ein rechter Nebenfluß des Sangarios [§ 147] bei Iuliopolis, beim h. Nallıhan; vgl. Prokopios, de aedif. V 4; *Hieros* [griech. hierós – heilig, göttlich], die gräzisierte Form für Siberis, h. Aladağ Çayı, der Grenzfluß zwischen *Bithynien* [§ 143] und *Galatien* [§ 146]; zur Liste allgemein vgl. Sallmann 205; 223 Anm. 77.

150 *Kalchadon* s. § 149. – *Chrysopolis* [„Goldstadt"], h.

Üsküdar, der asiatische Teil von Istanbul; vgl. Xenophon, Anab. VI 6,38; Ammianus Marcellinus XXII 8,7 u. a. – *Amykopolis*, h. Beykoz, in einer *Bucht* am Ostufer des Bosporos, h. Hünkiar Iskelessi, mit einem *Hafen*. – *Amykos*, der mythische König der bithynischen Bebryken [§ 127], war ein Sohn des Poseidon, der allen Fremden die Landung verwehrte und sie im Faustkampf erledigte; vgl. Plinius, nat. hist. 16,239; erst Polydeukes konnte ihn besiegen; vgl. Apollonios Rhod. II 1ff. – *Vorgebirge Naulochon* [griech. Schiffslager, Ankerplatz], beim h. Anadolu Hısarı; die Reihenfolge von Süden nach Norden ist hier gestört. – *Estiai* = Echaia, h. Kandilli. – Der Standort des *Tempels des Poseidon* ist unbekannt. – *Thrakischer Bosporos* s. Plinius, l.c. 4,76. – *500 Schritte* = 740 m; vgl. Sallmann 215 Anm. 50; 216 Anm. 54. – *12,5 Meilen* bzw. *8750 Schritte* [= etwa 100 bzw. 70 Stadien] = etwa 18,5 bzw. 13 km. – *Spiropolis*, offenbar verschrieben für Hieropolis, wo sich das Heiligtum [hierón] des Zeus Urios befand; beim h. Anadolu Kavağı, nördl. von Beykoz. – *Thyner-Bithyner* s. § 145. – *Lykien* s. § 100. – *282 Völker* [vgl. § 29]: Von diesen Gemeinden führt Plinius insgesamt etwa 260 in den Beschreibungen der einzelnen Gerichtsbezirke an. Es gelingt ihm aber nicht, diese Gerichtsbezirke deutlich zu umgrenzen, weil er zugleich Rücksicht auf seine geographische Quelle nahm, die von dieser Einteilung keine Mitteilung machte. – *Hellespontos* s. § 121. – *Propontis* s. § 141. – *239 Meilen* = etwa 355 km; vgl. Plinius, l.c. 4,76. – *Isidoros*, FGrH 781 frg. 18; vgl. Sallmann 185. – *Sigeion* s. § 124. – *322,5 Meilen* [= 2580 Stadien] = etwa 480 km.

151 *Propontis* s. § 141. – *Kyzikos* s. § 142. – *Elaphonnesos* [„Hirscheninsel", zu griech. élaphos – Hirsch], *Neuris* [zu griech. neûron – Sehne] oder *Prokonnesos* [„Reh- oder Hirschkalbinsel", zu griech. prox – Reh, Hirschkalb], h. Marmara Ada; vgl. Mela II 99. Im Norden der Insel befinden sich die Steinbrüche, in denen ein weißer, von blauen und

schwarzen Adern durchzogener *Marmor* gebrochen wurde,
der viel verwendet wurde; vgl. Vitruv II 8,10; X 2,15; Plinius,
nat. hist. 36,47; 37,185. – *Ophius⟨s⟩a* [s. § 132], h. Avşa oder
Türkeli Ada, südwestl. von Marmara Ada. – *Akanthos* [zu
griech. ákanthos – Bärenklau, eine Pflanze], h. Ekinlik Ada,
südwestl. von Marmara Ada. – *Phoibe* [„Leuchtende", zu
griech. phoîbos – leuchtend], h. Koyun Ada, südl. von Marmara Ada. – *Skopelos* [s. § 138], vielleicht die Klippe Hayırsız
Ada, westl. von Marmara Ada. – *Porphyrione* [zu griech.
porphyríōn – Wasserhuhn], vielleicht identisch mit *Halone*
[s. § 137], h. Paşalimanı Ada, südl. von Marmara Ada, *mit
einer Stadt*, h. Balıklı. – *Delphakie* [zu griech. délphax –
Ferkel] und *Polydora* [zu griech. polýdōros – reich ausgestat-
tet], vielleicht h. Fener Ada, östl. von Marmara Ada. – *Artake*
s. § 141. – *Nikomedeia* s. § 149. – *Demonnesos*, besser Demonesoi [„Fettinseln", zu griech. dēmós – Fett]: Gruppe der sog.
„Prinzeninseln", h. Kızıl Adaları, beim Eingang in den Bosporos [§ 150]; die einzelnen Inseln s. u. – *Herakleia* in *Bithynien*, h. Ereğli; vgl. Plinius, l.c. 6,4. – *Thynias*, h. Kefken,
westl. der Mündung des Sakarya; vgl. Mela II 98; zur Bezeichnung *Bithynia* s. § 145. – *Antiocheia* ist vollkommen
unbekannt. – *Rhyndakos* s. § 142. – *Besbikos*, h. İmralı Ada,
ursprünglich mit dem Festland verbunden; vgl. Plinius, l.c.
2,204. – *18 Meilen* = etwa 26 km. – Die folgenden Inseln
gehören zur Gruppe der Demonesoi [s. o.]: *Elaia* [s. § 126], h.
Kınalı Ada, die nördlichste der Prinzeninseln; *Rhodusen* [s.
§ 131], die beiden westlichsten Inseln, h. Sivri Ada und Yassı
Ada; *Erebinthote* [zu griech. erébinthos – Kichererbse], h.
Sedef Ada; *Megale* [s. § 138], die größte Insel, h. Büyük Ada;
Chalkitis [zu griech. chalkós – Kupfer, wegen der rötlichen
Erde], h. Heybeli Ada; *Pityodes* [zu griech. pítys – Fichte],
kaum h. Pide Ada, nördl. von Heybeli Ada, sondern eher h.
Burgaz Ada; aber vielleicht auch nur ein poetischer Beiname.

VERZEICHNIS DER SACHBEZÜGE

zwischen Plinius, *naturalis historia*,
Solinus, *Collectanea rerum memorabilium*
und Martianus Capella, *De nuptiis Mercurii et Philologiae:*

Plinius	Solinus	Martianus Capella
§ 1	24,2	–
2	24,1.3	VI 666
3	24,3.4.6.5	VI 667
5	24,7	–
6	24,8	VI 667
7	24,10.8.12	VI 667
8	24,15	–
9	24,12.11	VI 668
10	24,14	–
12	26,1	–
13	24,13.15.11	VI 667
14	24,15.8.10	VI 667
15	24,14.10	–
16	24,15.9	–
17	–	VI 668
18	25,2.1	VI 668
19	25,16	VI 668
20	25,16.17	VI 668
21	–	VI 668 f.
22	26,1; 27,7	VI 669
23	26,2; 27,1.7	VI 669
24	27,6.8	VI 670
25	–	VI 670
26	27,3.38	VI 671
27	27,40.41	VI 671
28	27,43.7	–
30	27,5; 30,1	–
31	27,45.54	VI 672
32	27,2.3.44	VI 672
33	–	VI 672
34	28,1 2	–
36	29,1.5.7	–
38	29,6; 27,3	–
39 f.	–	VI 672
42	29,8	–
43	–	VI 673

Plinius	Solinus	Martianus Capella
§ 44	30,1	VI 673
45	31,2.3; 30,2;	
	31,4.5	VI 673 f.
46	31,5.6	VI 674
47	40,1	VI 675
48	32,1	VI 675
49 f..	–	VI 676
51	32,2.3	VI 676
52	32,4.5	–
53	32,5–8	–
54	32,7.8	–
55	32,10.9.11	–
57	32,12.13	–
58	32,14–16	–
59	32,16	VI 676
60	32,40.41	–
62	32,41	VI 676
63	–	VI 676
64	32,8.42	–
65	33,1.2.4	VI 677
66 f.	–	VI 678
68	34,1	VI 679
69	34,2	VI 679
70	35,4	VI 679
71	35,1.3	VI 679
72	35,2.4	VI 679
73	35,9.10.11.12.	VI 679
74	36,1.2	VI 679
75	–	VI 680
77 ff.	–	VI 680
80	36,3	VI 680
83	37,1	VI 681
84 f.	37,1	–
86	–	VI 681
88 f.	–	VI 681
90	37,2.3	VI 681
91	–	VI 682
92	38,4.9.7	VI 682
93 ff.	–	VI 682
97	38,10.11	VI 683
98	38,12.11	VI 683
99	38,13.12	VI 683
100	39,1.2	VI 683
101	–	VI 684
102	40,1	VI 684
103	–	VI 685

Plinius	Solinus	Martianus Capella
§ 106	40,7	VI 685
110	40,9.10	VI 686
112	40,12	–
113	40,8	VI 685
115	40,2	–
116	40,13	VI 686
117	40,14	VI 686
118f.	40,15	VI 686
125	40,17.20	VI 686
126	–	VI 686
128	31,1; 32,43	–
145	40,9	VI 686
146	41,1	–
147	–	VI 687
148	42,3	VI 687

ZUR TEXTGESTALTUNG

Der vorliegende lateinische Text folgt im wesentlichen der kritischen Ausgabe von *K. Mayhoff*, Leipzig 1906 (Neudruck Stuttgart 1967), auf deren Apparat verwiesen wird. Die Textausgaben von *D. Detlefsen*, Berlin 1866 und Berlin 1904 (Neudruck Roma 1972) und die zweisprachigen Editionen von *H. Rackham*, London – Cambridge, Mass. 1942 und *A. Barchiesi – R. Centi – M. Corsaro – A. Marcone – G. Ranucci*, Torino 1982 (Übersetzung und Erläuterungen Buch 5: *M. Corsaro*) wurden zum Vergleich herangezogen; der entsprechende Band der zweisprachigen Ausgabe von *J. Beaujeu, A. Ernout, J. André* u. a., Paris, ist noch nicht erschienen, lediglich die §§ 1–46 (L'Afrique du Nord) liegen in einer kommentierten Ausgabe von *J. Desanges*, Paris 1980, vor.

Im einzelnen ergeben sich folgende Textabweichungen:

§	Detlefsen 1866	Detlefsen 1904	Mayhoff 1906	Rackham 1942	Desanges 1980	Corsaro 1982	Tusculum 1993
1	Aegypto	Aegypto	Aegyptio	Aegypto	Aegypto	Aegypto	Aegypto
	principio	principio	principio	principio	principio	principio	principio
	Mauretaniae	Mauritaniae	Mauretaniae	Mauretaniae	Mauretaniae	Mauretaniae	Mauretaniae
	extumum	extimum	extumum	extremum	extumum	extumum	extumum
2	Cotte	Cottae	Cottae	Cotte	Cottae	Cottae	Cotte
	XXX	XXXIII	XXX	XXX	XXX	XXX	XXX
	Zulil	Zulil	Zulil	Zulil	Zilil	Zilil	Zulil
	XXXV	XXXV	XXXV	XXXV	XXXII	XXXV	XXXII
3	dracones	dracones	dracones	draconis	draconis	dracones	draconis

§	Detlefsen 1866	Detlefsen 1904	Mayhoff 1906	Rackham 1942	Desanges 1980	Corsaro 1982	Tusculum 1993
4	excelsiore	excelsiorem	excelsiore	excelsiore	excelsiore	excelsiore	excelsiore
7	amne Lixo	amne Lixo	amne Lixo	amne Lixo	amni Lixo	amne Lixo	amne Lixo
	haut alio	haut alio	haut alio	haut alio	alio	haut alio	haud alio
9	Anatim	Anatim	Anatim	Anatim	Anatim ⟨...⟩	Anatim ...	Anatim
	ab eo Lixum	ab eo, Lixum	ab eo Lixum	ab eo Lixum	⟨...⟩ ab eo Lixum	...ab eo Lixum	ab eo Lixum
	Masatos	Masatos	Masatos	Masatos	Masathos	Masatos	Masathos
	Masathat	Masath	Masathat	Masathat	Masath	Masath	Masath
10	in mediterraneo	in mediterraneo	in mediterraneo	in mediterraneo	⟨in⟩ mediterraneo	in mediterraneo	in mediterraneo
	Daratitas	Daratitas	Daratitas	Daratitas	Darathitas	Daratitas	Daratitas
	Bambotum	Bambotum	Bambotum	Bambotum	Bambotum	Bambotum	Bambotum
	Hesperium	Hesperium	Hesperu	Hesperium	Hesperu	Hesperu	Hesperu
	navigatione	navigatione	navigationem	navigatione	navigatione	navigationem	navigationem
	a ceteris	a ceteris	ceteris	a ceteris	ceteris	ceteris	ceteris
11	in Mauretania	in Mauritania	in Mauretania	in Mauretania	in Mauretania	in Mauretania	in Mauretania
	Ptolemaeum	Ptrolemaeum	Ptolemaeum	Ptolemaeum	Ptolemaeum	Ptolemaeum	Ptolemaeum
12	(ut diximus)	(ut diximus)	ut diximus	(ut diximus)	ut diximus	ut diximus	ut diximus
	famae	famae	famae	fama	fama	famae	famae
	cum indagare	cum indagare	si indagare	cum indagare	cum indagare	cum indagare	cum indagare
13	Addirim	ad Dirim	ad Dirim	ad Dirim	⟨ad⟩ Addirim	ad Addirim	ad Dirim
	extare	ibi fama extare	ibi pauca extare	ibi pauca extare	ibi fanum exstare	ibi pauca extare	ibi fanum exstare
14	transgressus	transgressus	transgressus	transgressus	emensus transgressus	transgressus	transgressus
15	his	his	iis	his	iis	iis	his
16	Ptolemaei	Ptrolomaei	Ptolemaei	Ptolemaei	Ptolemaei	Ptolemaei	Ptolemaei
	Mauretaniae	Mauritaniae	Mauretaniae	Mauretaniae	Mauretaniae	Mauretaniae	Mauretaniae
	CLXX	CLXX	CLXX	CLXX	CCCLXX	CCCLXX	CCCLXX
17	gentes in ea	gentes in ea	gentes in ea	gentes in ea	gentes in ea	gentes in ea	gentes in ea
	Autoteles	Autoteles	Autololes	Autoteles	Autoteles	Autoteles	Autololes

§	Detlefsen 1866	Detlefsen 1904	Mayhoff 1906	Rackham 1942	Desanges 1980	Corsaro 1982	Tusculum 1993
18	his in Abyla ii iuncti Abylae ab his	his in Abyla ii iuncti Abylae ab his	iis in Abila iuncti Abilae ab iis	his in Abyla ii iuncti Abylae ab his	his in Abila ii iuncti Abilae ab his	iis in Abila iuncti Abilae ab iis	his in Abila iuncti Abilae ab his
19	situm Mauretaniae oppido Cenitana	sitae Mauritaniae oppido Cenitana	siti Mauretaniae oppido Cenitana	situm Mauretaniae oppidum Xenitana	situ Mauretaniae oppido Cenitana	situ Mauretaniae oppido Cenitana	situm Mauretaniae oppido Cenitana
20	legio secunda Rusucurium	Legio secunda Rusucuru	legione secunda Rusucurum	legione secunda Rusucurium	legione secunda Rusucurum	legione secunda Rusucurum	legione secunda Rusucurum
21	colonia Augusta quae Sardaval Mauretaniae	colonia Augusta quae Sardaval Mauritaniae	colonia Augusta quae Sardabal Mauretaniae	colonia Augusta quae Sardaval Mauretaniae	colonia Augusta Aquae Sardaval Mauretaniae	colonia Augusta Aquae Sardabal Mauretaniae	colonia Augusti Aquae Sardabal Mauretaniae
22	Cullu Rusiccade Sitianorum Tabraca	Chullu Rusiccade Sitianorum Tabraca	Chullu Rusicade Sittianorum Thabraca	Cullu Rusiccade Sitianorum Tabraca	Chullu Rusiccade Sittianorum Thabraca	Chullu Rusicade Sittianorum Thabraca	Chullu Rusicade Sittianorum Thabraca
23	Mercuri Hipponiensem inrigua	Mercurii Hipponiensem inrigua	Mercuri Hipponiensem rigua	Mercuri Hipponiensem inrigua	Mercurii Hipponiensem rigua	Mercuri Hipponiensem rigua	Mercurii Hipponiensem rigua
24	Misua Mercuri fenus	Missua Mercurii fenus	Missua Mercuri faenus	Misua Mercuri fenus	Missua Mercurii fenus	Missua Mercuri faenus	Missua Mercurii fenus
25	Thena Thenam	Thenae Thenas	Thenae Thenas	Thenae Thenas	Thenae Thenas	Thenas Thenas	Thenae Thenas
26	per deserta	per deserta	per deserta	per deserta	per deserta	per deserta	per deserta ....

§	Detlefsen 1866	Detlefsen 1904	Mayhoff 1906	Rackham 1942	Desanges 1980	Corsaro 1982	Tusculum 1993
	saltuus	saltuus	saltus	saltus	saltus	saltus	saltus
27	Leptis altera	Leptis altera	Leptis altera	Leptis altera	Leptis altera	Lepcis altera	Lepcis altera
	inde accolit	inde accolit	[inde] accolit	accolit	[inde] accolit	accolit	accolit
28	Alachroas	Machroas	Machroas	Machroas	Machroas	Machroas	Machroas
	ab his	ab his	ab iis	ab his	ab his	ab iis	ab his
	includit	includit	cludit	includit	cludit	cludit	cludit
29	Thuburbi	Tuburbi	Thuburbi	Thuburbi	Thuburbi	Thuburbi	Thuburbi
	Absuritanum	Absuritanum	Absuritanum	Absuritanum	Absuritanum	Absuritanum	Assuritanum
	Aboriense	Aboriense	Aboriense	Aboriense	Aboriense	Aboriense	Aboriense
	Canopicum	Canopicum	Canopicum	Canopicum	Canopicum	Canopicum	Canapicum
	Chimavense	Chimavense	Chimavense	Chimavense	Chiniavense	Chiniavense	Chiniavense
	Simittuense	Simittuense	Simithuense	Simittuense	Simittuense	Simithuense	Simithuense
	Thinidrumense	Thinidrumense	Thinidrumense	Thinidrumense	Thibidrumense	Thibidrumense	Thibidrumense
	Tibigense	Tibigense	Tibigense	Tibigense	Tibigense	Tibigense	Thibicense
	Ucitana	Ucitana	Ucitana	Ucitana	Uchitana	Ucitana	Uchitana
30	Accaritanum	Accaritanum	Accaritanum	Accaritanum	Aggaritanum	Accaritanum	Aggaritanum
	Avinense	Avittense	Avittense	Avinense	Avittense	Avittense	Avittense
	Tusdritanum	Tusdritanum	Tusdritanum	Tusdritanum	Thusdritanum	Tusdritanum	Thusdritanum
	Tiphicense	Thisicense	Thisicense	Tiphicense	Thisicense	Thisicense	Thisicense
	Tunisense	Tunisense	Tunisense	Tunisense	Thunisense	Tunisense	Thunisense
	Theudense	Theodense	Theudense	Theudense	Theodense	Theudense	Theudense
	Tagesense	Tagesense	Tagesense	Tagesense	Tagesense	Tagesense	Tagesense
	Sigense	Tigense	Tigense	Tigense	Sigense	Tigense	Thigense
	aliud	aliud,	aliud,	aliud,	aliud,	aliud,	aliud,
	Sigense	Visense	... ense	Vigense	... ense	... ense	Zellense
	Natabudes	Nattabudes	Nattabutes	Natabudes	Nattabudes	Nattabutes	Nattabutes
	Musuni	Mucuni	Musuni	Musuni	Musuni	Musuni	Musuni
31	Gaeciae (!)	Gaeciae (!)	Graeciae	Graciae	Graciae	Graciae	Graciae
	Leton	Leton	Lethon	Leton	Lethon	Lethon	Lethon

§	Detlefsen 1866	Detlefsen 1904	Mayhoff 1906	Rackham 1942	Desanges 1980	Corsaro 1982	Tusculum 1993
	Hesperidum horti	Hesperidum horti	horti	Hesperidum horti	horti	horti	horti
32	ab Lepti	ab Lepti	ab Lepti	ab Lepti	ab Lepci	ab Lepci	ab Lepci
	Ptolemais	Ptolemais	Ptolemais	Ptolemais	Ptolemais	Ptolemais	Ptolemais
	XL	XL	XL	XL	XL	XL	XL
	Phycuus	Phycuus	Phycuus	Phycuus	Phycus	Phycus	Phycus
	a mari	a mari	ab mari	a mari	ab mari	ab mari	ab mari
	XI passuum	XI passuum	XI passuum	XI passuum	XI passuum	XI passuum	XI passuum
	ab Phycunte	ab Phycunte	a Phycunte	ab Phycunte	a Phycunte	a Phycunte	a Phycunte
	LXXXVIII	LXXXVIII	LXXXVIII	LXXXVIII	LXXXX	LXXXVIII	LXXXVIII
33	lasari	lasari	lasere	lasari	lasere	lasere	lasere
34	Hasbytae	Hasbytae	Asbytae	Asbytae	Asbytae	Asbytae	Asbytae
	Amantes	Atlantes	Amantes	Amantes	Garamantes	Garamantes	Garamantes
	XII dierum	XII dierum	XI dierum	XII dierum	XI dierum	XI dierum	XI dierum
	versus	quaqua versus	versus	versus	versus	versus	versus
	domus	domus	domus	domus	domos	domos	domos
	ab his	ab his	ab iis	ab his	ab his	ab iis	ab his
	ab his	ab his	ab iis	ab his	ab his	ab iis	ab his
35	mox Thelgae	mox Thelgae	Mathelgae	mox Thelgae	mox Thelge	mox Thelge	mox Thelge
36	Debris	Debris	Debris	Debris	Dedris	Debris	Dedris
	unius	unius	unius	uni huic	uno	uno	uno
37	curru externo	curru externo	curru externo	externo curru	*externo curru*	curru externo	externo curru
	Miglis	Niglis	Miglis	Milgis	Miglis	Miglis	Miglis
	Thuben	Thuben	Thuben	Thuben	Tuben	Thuben	Tuben
	Nitibrum	Nitibrum	Nitibrum	Nitibrum	Nitibrum (natio)	Nitibrum	Nitibrum
	Rapsa oppida	Rapsa oppida	Rapsa oppida	Rapsa oppida	Rapsa oppidum	Rapsa oppidum	Rapsa oppidum
	Decri	Debris	Decri	Decri	Decri	Decri	Decri

§	Detlefsen 1866	Detlefsen 1904	Mayhoff 1906	Rackham 1942	Desanges 1980	Corsaro 1982	Tusculum 1993
	Buluba	Bulluba	Buluba	Buluba	Bulba	Bulba	Bulba
	Alasit	Alasi	Alasit	Alasit	Halasit	Alasit	Alasit
	Maxalla	Mazalla	Maxalla	Maxalla	Maxalla	Maxalla	Maxalla
	Cizania	Cizania	Cizania	Cizania	Cizania	Cizania	Cizania
	mons Gyri	mons Gyri	mons Gyri	mons Gyri	mons Giri	mons Gyri	mons Gyri
	DCCCCX	DCCCCX	DCCCCX	DCCCCX	DCCCCX	DCCCCX	DCCCCX
	LXII · D	LXII	LXII · D	LXII D	LXII · D	LXII · D	LXII · D
38	XXX]	XXX] XXXX		XXX]	XXX] LXXX	XXX] XXXX	XXX] . XXXX
39	XVI] XXVIII	XVI]	XVI]	XVI] XXVIII	XVI]	XVI]	XVI] . LXXXVIII
40	XXXVI]	LXXXVIII	LXXXVIII		LXXXVIII	LXXXVIII	XXXVI] . XCVII
	XCVIII	XXXVI]	XXXVI]	XXXVI] XCIX	XXXVI]	XXXVI]	
		XCVII	XCVII		XCVII	XCVII	
41	et altero	et altero	et altero	et ab altero	et altero	et altero	et altero
	Thoar	Thoar	Thoar	Thoar	Phoar	Phoar	Phoar
42	ab his	ab his	ab iis	ab his	ab his	ab iis	ab his
	Lopadusa	Lopudusa	Lepadusa	Lopadusa	Lepadusa	Lepadusa	Lopadusa
	et Galata	et Galata	Galata	et Galata	Galata	Galata	et Galata
	Cossyra	Cossyra	Cossyra	Cossyra	Cossora	Cossyra	Cossyra
	Aegimoerae	Aegimoerae;	Aegimoeroe,	Aegimoeroe;	Aegimoeroe;	Aegimoeroe,	Aegimoeroe,
	arae	Arae	Arae	Arae	Arae	Arae	Arae
43	interiori	interiori	interiore	interiore	interiore	interiore	interiore
	Pharusii	Pharusii	Pharusii	Pharusii	Pharusii	Pharusi	Pharusii
44	ante omnis	ante omnis	ante omnes	ante omnis	ante omnis	ante omnes	ante omnes
	iisdemque	iisdemque	iisdemque	iisdemque	isdemque	isdemque	iisdemque
	cosque iuxta	eosque iuxta	iuxta eas	eosque iuxta	eosque iuxta	iuxta eas	iuxta eas
45	rituus	rituus	ritus	ritus	ritus	ritus	ritus
46	specuus	specuus	specus	specus	specus	specus	specus
	Pharusi	Pharusi	Pharusi	Pharusi	Pharusii	Pharusii	Pharusii
	fuisse dicuntur	fuisse dicuntur	fuisse	fuisse dicuntur	fuisse	fuisse	fuisse

§	Detlefsen 1866	Detlefsen 1904	Mayhoff 1906	Rackham 1942	Corsaro 1982	Tusculum 1993
47	⟦LX⟧III · DCCL	⟦LX⟧III · DCCL	⟦LX⟧III · DCCL	⟦L⟧XIII DCCL	⟦L⟧XIII · DCCL	⟦L⟧ · XIII · DCCL
48	CLXX pasuum (!)	CLXX pasuum (!)	CLXX passuum	CLXX passuum	CLXX passuum	CLXX passuum
	retulere	retulere	retulere	retulere	retulere	rettulere
49	nomos	nomos	νόμους	nomos	νόμους	νόμους
50	ex his	ex his	ex iis	ex his	ex iis	ex his
51	quae fama	famaque	famaque	famaque	famaque	famaque
	quaesitu cognita	quaesitu cognitus	quaesitus	quaesitus	quaesitus	quaesitus
	Mauretania	Mauritaniae	Mauretaniae	Mauretaniae	Mauretaniae	Mauretaniae
	Nilidem	Nilidem	Nilidem	Nilidem	Nilidem	Nilidem
	in Mauretania	in Mauritania	in Mauretania	in Mauretania	in Mauretania	in Mauretania
52	Mauretaniae	Mauritaniae	Mauretaniae	Mauretaniae	Mauretaniae	Mauretaniae
	iisdem	iisdem	isdem	iisdem	isdem	iisdem
53	Nigrum	Nigrum	Nigrim	Nigrim	Nigrim	Nigrim
	travolet	travolet	transvolet	travolet	transvolet	transvolet
	Astobores	Astobores	Astabores	Astobores	Astabores	Astabores
	Astosapes	Astosapes	Astosapes	Astosapes	Astosapes	Astosapes
54	ad locum	ad locum	ad locum	ad locum	ad locum	ad locum
	Aethiopum	Aethiopum	Aethiopum	Aethiopicum	Aethiopum	Aethiopum
	vocantur	vocantur	vocantur	vocatur	vocantur	vocantur
	occursantis	occursantis	occursantes	occursantis	occursantes	occursantes
55	iisdem	iisdem	isdem	iisdem	isdem	iisdem
56	his diebus	his diebus	iis diebus	his diebus	iis diebus	his diebus
57	iisdem	iisdem	isdem	iisdem	isdem	iisdem
59	insulae	insulae	insula est	insulae	insula est	insulae
	IIII	IIII	ⅠⅠⅠⅠ	IV	ⅠⅠⅠⅠ	IIII
	CCCC	CCCC	CCCC p.	CCCC	CCCC p.	CCCC p.

§	Detlefsen 1866	Detlefsen 1904	Mayhoff 1906	Rackham 1942	Corsaro 1982	Tusculum 1993
60	conveniunt	conveniunt	veneunt	conveniunt	veneunt	conveniunt
	habitata	habitata	habitata	[habitata]	habitata	habitata
61	celebrantur	celebrantur	celebrantur	celebratur	celebrantur	celebrantur
	Ptolemais	Ptolomais	Ptolemais	Ptolemais	Ptolemais	Ptolemais
	Mercuri	Mercuri	Mercuri	Mercuri	Mercuri	Mercurii
	Crialon	Crialon	Crialon	Crialon	Crialon	Crocodilon
62	XV p.	XV p.	XV p.	V p.	XV p.	XV p.
63	CL p.	CL p.	CL p.	CL p.	CL p.	CL p.
64	Phatnitico	Phatnitico	Phatnitico	Phatnitico	Phatnitico	Phatnitico
	Leontopolis	Leontopolis	Leontopolis	Lentopolis	Leontopolis	Leontopolis
65	divitem	divitem	divitem terram	divitem	divitem terram	divitem terram
	beatae	Beatae	et Beatae	et beatae	et Beatae	et Beatae
	Cattabanum	Catabanum	Catabanum	Cattabanum	Catabanum	Catabanum
	Aelaniticus	Aelaniticus	Lacaniticus vel Aelaniticus	Aelaniticus	Lacaniticus vel Aelaniticus	Aelaniticus
	Aelana	Aelana	Lacana	Aelana	Lacana	Aelana
	Gazam	Gazam	Gazam	Gazain	Gazam	Gazam
	CXXV p.	CXXV p.	CXXV p.	CXXV p.	CXXV p.	CXXV p.
66	exin Phoenice	deinde Phoenice	dein Phoenice	exin Phoenice	dein Phoenice	dein Phoenice
	et eadem	et eadem	eadem	et eadem	eadem	eadem
	Mesopotamia	Mesopotamia	Mesopotamia	Mesopotamia	Mesopotamia	Mesopotamia
69	Iope	Ioppe	Iope	Iope	Iope	Iope
70	ostendunt	ostendunt	ostendit	ostendunt	ostendit	ostendunt
	Neopolis	Neapolis	Neapolis	Neapolis	Neapolis	Neapolis
	Acrebitenam	Acrabatenam	Acrabatenam	Acrebitenam	Acrabatenam	Acrabatenam
71	Bethleptephenen	Bethleptephenen	Betholepephenen	Bethleptephenen	Betholepephenen	Betholepephenen
72	Paniade	Paneade	Paneade	Paniade	Paneade	Paneade
	Callirroe	Callirrhoe	Callirhoe	Callirroe	Callirhoe	Callirhoe

§	Detlefsen 1866	Detlefsen 1904	Mayhoff 1906	Rackham 1942	Corsaro 1982	Tusculum 1993
73	agitat	agitat	agit	agitat	agit	agit
	Masada	Massada	Masada	Masada	Masada	Masada
74	plurimum	plurimi	primum	plurimi	primum	primum
	Chrysorroa	Chrysorroa	Chrysorroa	Chrysorroa	Chrysorroa	Chrysorrhoa
	Galasam	Garasam	Garasam	Galasam	Garasam	Garasam
	intercurrunt	intercurrunt	intercursant	intercurrunt	intercursant	intercursant
	regna	regna	regna	in regna	regna	regna
	Panias	Panias	Paneas	Panias	Paneas	Paneas
	Claudi	Claudi	Claudi	Claudi	Claudi	Claudii
75	Lepti	Lepti	Lepti	Lepti	Lepci	Lepci
76	illa Romani	illa Romani	illa aemula	illa Romani	illa aemula	illa Romani
	imperii aemula	imperii aemula		imperii aemula		imperii aemula
	intra Palaetyro	intra Palaetyro	intra Palaetyro	in ora Palaetyro	intra Palaetyro	intra Palaetyro
	Idaea et Sarepta	Idaea et Sarepta	Sarepta	Sarepta	Sarepta	Sarepta
	quae Coeles Syriae	quae Coeles Syriae	quae Coeles Syriae	Coeles Syriae quae	quae Coeles Syriae	quae Coeles Syriae
77	interveniente	interveniente	interiacente	interveniente	interiacente	interiacente
78	in ora autem	in ora autem	at in ora item	in ora autem	at in ora item	in ora autem
	quam Tyrii	quam Tyrii	quoniam Tyrii	quam Tyrii	quoniam Tyrii	quam Tyrii
79	Dipolis	Diospolis	Dipolis	Dipolis	Dipolis	Diospolis
	Epidaphnes	Epidaphnes	Epi Daphnes	Epi Daphnes	Epi Daphnes	Epi Daphnes
80	per directum	per directum	per directum	per directum	per directum	per directum
	et inde	et inde	et inde	et inde	et unde	et unde
81	Cyrresticae	Cyrresticae	Cyrresticae	Cyrresticae	Cyrresticae	Cyrrestica
	Gazetas	Gazetas	Gazetas	Gazetas	Gazetas	Azetas
	Gabenos	Gabenos	Gabenos	Gabenos	Gabenos	Gabulenos
	Granucoma-titae	Granucoma-titae	Granucoma-titae	Granucoma-titae	Granucoma-titae	Tigranuco-matae

§	Detlefsen 1866	Detlefsen 1904	Mayhoff 1906	Rackham 1942	Corsaro 1982	Tusculum 1993
82	ex his	ex his	ex iis	ex his	ex iis	ex his
	appellatur	appellatur	appellatur	appellatur (!)	appellatur	appellatur
	Tardytenses	Tardytenses	Tardytenses	Tardytenses	Tardytenses	Cardytenses
	Arbethusios	Arethusios	Arethusios	Arbethusios	Arethusios	Arethusios
	Leucadios	Leucadios	Leucadios	Leucadios	Leucadios	Lysiados
83	viderant	viderunt	viderunt	viderant	viderunt	viderunt
86	nobiles	nobiles	nobile	nobiles	nobile	nobile
	ad Euphraten	ad Euphraten	ad Euphraten	ad Euphraten	ad Euphraten	Ad Euphraten
	vocantur	vocantur	vocantur	vocatur	vocantur	vocantur
88	Parthorumque, et	Parthorumque, et	Parthorumque est	Parthorumque, et	Parthorumque est	Parthorumque est
	XXVII	XXVII	XXVII	XXVII	XXVII	XXVII
89	Stelendena	Stelendena	Telendena	Stelendena	Telendena	Thelendena
90	Massicen	Massicen	Massicen	Massicen	Massicen	Massicen
92	Ale	Ale	Alae	Ale	Alae	Alae
93	antiqus	antiquus	antiquus	antiquus	antiquus	antiquus
	antea	antea	ante	antea	ante	ante
	Oeniandos	Oeniandos	Oeniandos	Oeniandos	Oeniandos	Oenoandos
	Ide	Ide	Ide	Ide	Ide	Hyde
95	Tymbriani	Tymbriani	Tymbriani	Tymbriani	Tymbriani	Thymbriani
96	antea	antea	ante	antea	ante	ante
97	Lyrmessus	Lyrmessus	Lyrmessus	Lyrmessus	Lyrmessus	Lyrmessus
	vastos sinus	vastos sinus	vastus sinus	vastos sinus	vastus sinus	vastus sinus
98	Emodus	Hemodus	Emodus	Emodus	Emodus	Emodus
99	Armeniae	Armenicae	Armeniae	Armeniae	Armeniae	Armeniae
100	Rhodiopolis	Rhodiopolis	Rhodiopolis	Rhodiopolis	Rhodiopolis	Rhodiapolis
	Masicitus	Masicitus	Masicytus	Masicitus	Masicytus	Masicytus
	Aperiae	Aperlae	Aperlae	Aperiae	Aperlae	Aperlae

§	Detlefsen 1866	Detlefsen 1904	Mayhoff 1906	Rackham 1942	Corsaro 1982	Tusculum 1993
101	Telmessus	Telmessus	Telmessus	Telmessus	Telmessus	Telmessus
	Ascandianda-	Ascandianta-	Ascandiada-	Ascandiada-	Cadianda	Cadyanda
	lis A-	lis A-	lis A-	lis A-	Lisa	Lisa
	melas Noscopium	melas Noscopium	melas Noscopium	melas Noscopium	Melanoscopium	Melanoscopium
	Oenianda	Oenianda	Oenianda	Oenianda	Oenianda	Oenoanda
102	a Telmesso	a Telmesso	a Telmeso	a Telmesso	a Telmeso	a Telmeso
	CCCCLXX	CCCCLXX	CCCCLXX	CCCCLXX	CCCCLXX	CCCCLXXV
105	Corpeni	Corpeni	Corpeni	Corpeni	Corpeni	Eucarpeni
106	conditus	conditus	conditus	conditur	conditus	conditus
	Aulocrene	Aulocrene	Aulocrene	Aulocrene est	Aulocrene est	Aulocrene est
	Acmonenses	Acmonenses	Acmonenses	Acmonenses	Acmonenses	Acmonienses
	Silbianos	Silbianos	Silbianos	Silbianos	Silbianos	Silbianos
	Myndos	Myndos	Myndos	Myndus	Myndos	Myndos
107	Orsinus	Morsynus	Morsynus	Orsinus	Morsynus	Morsynus
108	Orthosia	Orthosia	Orthosia	Orthosia	Otrus	Otrus
	Berecynthius	Berecynthius	Berecynthius	Berecynthius	Berecynthius	Berecynthius
	Eudone	Eudono	Eudone	Eudone	Eudone	Eudone
109	Stratonicea libera	Stratonicea libera	Stratonicea libera	Stratonicea libera	Stratonicea libera	Stratonicea
	Hynidos	Hynidos	Labrayndos	Hynidos	Labrayndos	Labrayndos
	longinquioris	longinquioris	longinquiores	longinquiores	longinquiores	longinquiores
	Orthronienses	Orthronienses	Orthronienses	Orthronienses	Orthosienses	Orthosienses
	Alidienses	Alidienses	Alindienses	Alidienses	Alindienses	Alindienses
	Translicon	Translicon	Trallicon	Trallicon	Trallicon	Trallicon
110	antea (2 ×)	antea (2 ×)	ante (2 ×)	antea (2 ×)	ante (2 ×)	antea (2 ×)
	vitibus consitus	vitibus consitus	conditis	vitibus consito conditis	conditis	conditis
	Chrysorroa	Chrysorrhoa	Chrysorroa	Chrysorroa	Chrysorroa	Chrysorrhoa

§	Detlefsen 1866	Detlefsen 1904	Mayhoff 1906	Rackham 1942	Corsaro 1982	Tusculum 1993
111	– Apollonihieritae Mysotimolitae	Loreni Apollonihieritae Mesotimoliae	– Apollonihieritae Mysotimoliae	– Apollonihieritae Mysotimoliae	– Apollonihieritae Mysotimolitae	– Apollonihieritae Mysotimolitae
112	Didymaei antea prorsam dein	Didymaei antea prosam dein	Didymi ante prorsam deinde	Didymaei antea prorsam dein	Didymei ante prorsam deinde	Didymei antea prorsam deinde
113	omnisque Troglea Gessus	omnisque Troglea Gaesus	omnisque Troglea Gaesus	omnisque Troglea Gessus	omnesque Troglea Gaesus	omnesque Troglea Gaesus
114	ab Epheso Androlitia	ab Epheso Mandrolytia	Epheso Mandrolytia	ab Epheso Androlytia	Epheso Mandrolytia	ab Epheso Mandrolytia
115	vocata est et Zmyrna ab his	vocata est et Zmyrna ab his	vocata et Smyrna est ab iis	vocata est et Zmyrna ab his	vocata et Smyrna est ab iis	vocata et Zmyrna est ab his
116	Cyrenaeum CL p. VII M D p.	Cyrenaeum CL p. VII M D p.	Cyrenaeum CL p. VII D p. iusserat	Cyrenaeum CL p. VII M D p.	Cyrenaeum CL p. VII D p. iusserat	Corynaeum CL p. VII · D p.
117	Alexander adnecti iussit Hermesta	Alexander adnecti iussit Hermesta	Alexander adnecti Hermesta	Alexander adnecti iussit Hermesta	Alexander adnecti Hermesta	Alexander adnectit Hermesia
118	Zmyrna Zmyrnae iuncti	Zmyrna Zmyrnae iunctus	Zmyrna Zmyrna iunctus	Smyrna Smyrnae iunctis	Zmyrna Zmyrnae iunctus	Zmyrna Zmyrnae iunctus
119	a Zmyrna facit et ipsos	a Zmyrna facit et ipsos	a Zmyrna secat ipsos	a Smyrna facit et ipsos	a Zmyrna secat ipsos	a Zmyrna secat et ipsos

§	Detlefsen 1866	Detlefsen 1904	Mayhoff 1906	Rackham 1942	Corsaro 1982	Tusculum 1993
120	Zmyrmaeum	Zmyrmaeum	Zmyrmaeum	Smyrnaeum	Zmyrmaeum	Zmyrmaeum
121	Aegaeae	Aegaeae	Aegaeae	Aegaeae	Aegaeae	Aegaeae
	Itale	Itale	Itale	Itale	Itale	Attaleia
	Neontichos	Neontichos	Neon Tichos	Neon Tichos	Neon Tichos	Neon Tichos
122	et Miletos	et Miletos	Miletos	et Miletos	Miletos	et Miletos
123	Asculacae	a Scylace	Asculacae	Asculacae	Asculacae	Asculacae
	in Mysia	in Mysia	Mysi	Mysi	Mysi	Mysi
124	et nunc	et nunc	ut prius	et nunc	ut prius	ut prius
126	Cambre	Cambre	Cambre	Cambre	Cambre	Gambre
	Bregmeni	Bregmeni	Bregmeni	Bregmeni	Bregmeni	Germeni
	Hierolophienses	Hierolophienses	Hierolophienses	Hierolophienses	Hierolophienses	Hierolophenses
	Panteenses	Panteenses	Panteenses	Panteenses	Panteenses	Pandenses
	Apolloni-	Apolloni-	Apolloni-	Apolloni-	Apolloni-	Apolloni-
	dienses	dienses	dienses	dienses	dienses	denses
127	Dameam vocatam	Dameam vocatam	Dameam vocatam	Damea vocata	Dameam vocatam	Dameam vocatam
129	ignobilis	ignobilis	ignobilis	ignobilis	ignobilis	ignobiles
	antea Acamantida	antea Acamantida	ante Acamantida	antea Acamantida	ante Acamantida	antea Acamantida
130	Neapaphos	Neapaphos	Nea Paphos	Neapaphos	Nea Paphos	Nea Paphos
	Mareum	Mareum	Mareum	Mareum	Mareum	Marium
	Eleusa	Eleusa	Eleusa	Eleusa	Elaeusa	Elaeusa
	Neampaphum	Neampaphum	Neam Paphum	Neam Paphum	Neam Paphum	Neam Paphum
	Hiere et Cepia	Hiere et Cepia	Hiera Cepia	Hiera et Cepia	Hiera Cepia	Hiera Cepia
131	Illyris	Idyris	Idyris	Illyris	Idyris	Idyris
	ab his	ab his	ab iis	ab his	ab iis	ab his
	Enagora	Xenagora	Xenagora	Xenagora	Xenagora	Xenagora
	Lagussa	Lagussa	Lagusa	Lagussa	Lagusa	Lagusa
	Helbo, Scope	Helbo, Scope	Helbo, Scope	Helbo, Scope	Melanoscope	Melanoscope
	Rhodussa	Rhodussa	Rhodusa	Rhodussa	Rhodusa	Rhodusa

§	Detlefsen 1866	Detlefsen 1904	Mayhoff 1906	Rackham 1942	Corsaro 1982	Tusculum 1993
132	CXXV	CXXV	CXXV	CXXV	CXXV	CXXV
	CCCCLXVIII	CCCCLXVIII	CCCCLXVIII	CCCCLXVIII	CCCCLXVIII	CCCCLXVIIII
	Ophiussa	Ophiussa	Ophiusa	Ophiussa	Ophiusa	Ophiusa
	Trinacrie	Trinacrie	Trinacrie	Trinacrie	Trinacrie	Trinacria
	Corymbia	Corymbia	Corymbia	Corymbia	Corymbia	et Ombria
	Poeessa	Poeessa	Poeessa	Poeessa	Poeessa	Petreessa
	et Oloessa	et Oloessa	et Oloessa	et Oloessa	et Oloessa	Aithaloessa
133	Achne olim	Achne olim	Hagne, Eulimna	Achne olim	Hagne, Eulimna	Hagne, Eulimna
	Teganon	Teganon	Teganon	Teganon	Teganon	Steganon
	Cordylussa	Cordylussa	Cordylusa	Cordylusa	Cordylusa	Cordylusa
	Seutlussa	Teutlussa	Teutlusa	Teutlusa	Teutlusa	Teutlusa
	Narthecussa	Narthecussa	Narthecusa	Narthecusa	Narthecusa	Narthecusa
	Cisserussa	Cisserussa	Cisserusa	Cisserusa	Cisserusa	Cisserusa
	Notio	Notio	Notio	Notio	Notio	Notion
	Nisyro	Nisyro	Nisyro	Nisyro	Nisyro	Istros
	Mendetero	Mendetero	Mendetero	Mendetero	Mendetero	Mendeteros
	Hyetusa	Hyetusa	Hyetusa	Hyetusa	Hyetusa	Hyetusa
134	hinc Caryanda	hinc Caryanda	Caryanda	hinc Caryanda	Caryanda	hinc Caryanda
	Pserema	Pserema	Pserima	Pserema	Pserima	Pserima
	Lampsa, Aemyndus	Lampsa, Aemyndus	Lampsa, Aemyndus	Lampsa, Aemyndus	Lampsa, Aemyndus	Lepsimandus
	Pyrrhaeciusa	Pyrrhaeciusa	Pyrrhaethusa	Pyrrhaeciusa	Pyrrhaethusa	Pyrrhaethusa
135	Aegeas	Aegeas	Aegeas	Aegeas	Aegeas	Trageas
	Philion	Philion	Philion	Philion	Philion	Psilion
	Parthenoaarrhusam	Parthenoaarchusam	Parthenoaarrhusam	Parthenoaarrhusam	Parthenoarrhusam	Parthenopen a nympha
136	Macrin	Macrin	Macrim	Macrin	Macrim	Macrim
137	Tellusa	Tellusa	Tellusa	Tellusa	Tellusa	Thallusa
	Diarreusa	Diarrheusa	Diarrheusa	Diarrheusa	Diarrheusa	Diarrheusa

§	Detlefsen 1866	Detlefsen 1904	Mayhoff 1906	Rackham 1942	Corsaro 1982	Tusculum 1993
	Pordoselene	Pordoselene	Poroselene	Pordoselene	Poroselene	Pordoselene
	Sycussa	Sycussa	Sycussa	Sycussa	Sycussa	Sycusa
138	Bacchina	Bacchina	Bacchina	Bacchina	Bacchina	Bacchium
	Pystira	Pystira	Pystira	Pystira	Pystira	Aspis, Psyra
	Crommyonnesos	Crommyonnesos	Crommyonnesos	Crommyonnesos	Crommyonnesos	Crommyonesos
	Getone	Getone	Getone	Getone	Getone	Gethone
140	Arginussae	Arginussae	Arginussae	Arginussae	Arginussae	Arginusae
	mari	mari	mare	mari	mare	mare
141	Pityusa	Pityusa	Pityussa	Pityusa	Pityussa	Pityussa
142	ultra insula quam	ultra insula quam	ultra insulam	ultra insula quam	ultra insulam	ultra insulam
	Arctonnesos	Arctonnesos	Arctonnesus	Arctonnesos	Arctonnesus	Arctonnesos
	Ariace	Ariace	Ariace	Ariace	Ariace	Artace
143	Gordiucome	Gordiucome	Gordiu Come	Gordiu Come	Gordiu Come	Gordiu Come
	et in ora	in ora	in ora	et in ora	in ora	in ora
	Booscoete	Booscoete	Booscoete	Boos Coete	Booscoete	Boos Coete
145	Mygdoniaeque	Mygdoniaeque	Maygdoniae	Mygdoniaeque	Mygdoniae	Mygdoniae
	Coryaion	Cotiaion	Cotiaion	Coryaion	Cotiaion	Cotiaion
	Phrygis	Phrygis	Phryges	Phryges	Phryges	Phryges
146	Tolistobogi	Tolistobogi	Tolostobogi	Tolistobogii	Tolostobogi	Tolostobogii
	ac Toutobodiaci.	ac Toutobodiaci.	ac toto tractu	ac Toutobodiaci.	ac toto tractu	ac Toutobodiaci.
	et gentes	et gentes	gentes	et gentes	gentes	et gentes
	Tolistobogiorum	Tolistobogiorum	Tolostobogiorum	Tolistobogiorum	Tolostobogiorum	Tolostobogiorum
147	Actalenses	Attalenses	Attalenses	Actalenses	Attalenses	Attalenses
	Alassenses	Alassenses	Arassenses	Alassenses	Arassenses	Arassenses
	Comenses	Comenses	Comenses	Comenses	Comenses	Comamenses
	Didienses	Didienses	Dictienses	Didienses	Dictienses	Hydenses
	Hierorenses	Hierorenses	Hierorenses	Hierorenses	Hierorenses	Hierorenses

§	Detlefsen 1866	Detlefsen 1904	Mayhoff 1906	Rackham 1942	Corsaro 1982	Tusculum 1993
	Timoniacenses	Timoniacenses	Timoniacenses	Timoniacenses	Timoniacenses	Timonianenses
	Saggarium	Saggarium	Saggarium	Sangarium	Saggarium	Saggarium
148	Geodos	Geodos	Geodos	Geodos	Geudos	Geudos
	Chrysorroas	Chrysorroas	Chrysorroas	Chrysorroas	Chrysorroas	Chrysorrhoas
	unde Craspedites	unde Craspedites	inde Craspedites	unde Craspedites	inde Craspedites	inde Craspedites
149	est et	est et	est	est et	est	est
	Agrippenses	Agrippenses	Agrippenses	Agrippenses	Agrippenses	Agrillenses
	Pharmacias	Pharmacias	Pharmacias	Pharmacias	Pharmacias	Pharnacias
	Scopius	Scopius	Scopas	Scopius	Scopas	Scopas
150	Nicopolis	Nicopolis	Nicopolis	Nicopolis	Nicopolis	Amycopolis
	Estiae	Estiae	Estiae	Hestiae	Estiae	Estiae
	Bosporus	Bosporus	Bosporus	Bosporos	Bosporus	Bosporus
151	Ophiussa	Ophiussa	Ophiusa	Ophiussa	Ophiusa	Ophiusa
	Rhodussae	Rhodussae	Rhodusae	Rhodusae	Rhodusae	Rhodusae

Nicht verzeichnet wurden zahlreiche kleinere Abweichungen und die in den einzelnen Ausgaben nur geringfügig abweichenden Interpunktionen. An einigen Stellen z. B. §9. 17. 18. 27. 36. 59. 68. 81. 87 (Lücke). 93. 109. 115. 133 wurde anders interpungiert und dadurch der Sinn etwas verändert.

Einige Textverbesserungen wurden u. a. auf Grund der Vorschläge von *R. Dussaud* (§ 81 f.), *L. Robert* (§ 101. 126. 131) und *J. M. Cook* (§ 132 ff.) angenommen.

LITERATURHINWEISE

Zweisprachige Ausgaben und Übersetzungen:

Caius Plinius Secundus Naturgeschichte. Übers. u. erl. v. *Ph. H. Külb*. 1. Bdchen. Stuttgart 1840.

Des Caius Plinius Secundus Naturgeschichte. Ins Deutsche übers. u. mit Anm. vers. v. *C. G. Wittstein*. Bd. 1. Leipzig 1880.

Pliny Natural history with an English translation. vol. II: Libri III–VII. By *H. Rackham*. London–Cambridge, Mass. 1942.

Historia Natural de Cayo Plinio Segundo. Vol. I: Obras completas di *F. Hernández*, tom. IV. México 1966.

Pline l'Ancien. Histoire naturelle. Livre V,1–46 (L'Afrique du Nord). Texte établi, traduit et commenté par *Jehan Desanges*. Paris 1980.

Gaio Plinio Secondo Storia naturale. (Vol. I): Cosmologia e geographia libri 1–6. Ediz. dir. da *G. B. Corte* con la collaborazione di *A. Barchiesi* e *G. Rannucci*. Torino 1982.

Grundlegende Arbeiten zur antiken Geographie (Auswahl):

A. Forbiger, Handbuch der alten Geographie. Aus den Quellen bearb. Bd. 2: Politische Geographie der Alten. Asia, Africa. Hamburg 1843.

H. Kiepert, Lehrbuch der alten Geographie. Berlin 1878.

H. u. R. Kiepert, Formae Orbis Antiqui (FOA). 36 Karten mit krit. Text u. Quellenangabe. Berlin 1893–1914.

H. F. Tozer, A History of Ancient Geography. 2. ed., Cambridge 1935.

J. O. Thompson, History of Ancient Geography. Cambridge 1948. Neudruck New York 1965.

E. Olshausen, Einführung in die historische Geographie der Alten Welt. Darmstadt 1991.

Sowie die entsprechenden Artikel in der Realencyclopädie der classischen Altertumswissenschaft (RE), neue Bearb. hg. v. *G. Wissowa – W. Kroll – M. Mittelhaus – K. Ziegler – H. Gärtner.* Stuttgart 1893 ff.;

in „Der Kleine Pauly". Lexikon der Antike. Hg. v. *K. Ziegler, W. Sontheimer* u. *H. Gärtner.* Stuttgart–München 1964 ff. Taschenbuch-Ausgabe bei dtv. München 1979;

im Lexikon der Alten Welt. Hg. v. *C. Andresen, H. Erbse, O. Gigon, K. Schefold, K. F. Stroheker, E. Zinn.* Zürich–Stuttgart 1965, Neudruck als dtv-Lexikon der Antike. München 1969 ff.;

in The Princeton Encyclopedia of Classical Sites. Ed. by *R. Stillwell, W. L. MacDonald* and *M. H. McAllister.* Princeton, New Jersey 1976.

Fragen der antiken Geographie und Topographie behandeln u. a.:

A. Calderini, Dizionario dei nomi geografici e topografici dell'Egitto Greco-Romano, 5 vol. Kairo–Madrid–Milano 1935–1986.

J. Carcopino, Le Maroc Antique. Paris 1943.

J. M. Cook, The Troad. An archeological and topographical study. Oxford 1973.

J. Desanges, Catalogue des Tribus Africaines de l'antiquité classique à l'ovest du Nil. Dakar 1962.

S. Dimitriou – G. Klammet, Die griechischen Inseln. München 1974.

R. Dussaud, Topographie historique de la Syrie antique e médievale. Paris 1927.

F. M. Fraser – G. E. Bean, The Rhodian Peraea. Oxford 1954.

St. Gsell, Histoire ancienne de l'Afrique du Nord. 8 vol. Paris 1914–1928.

A. H. M. Jones, The Cities of the Eastern Roman Provinces. 2nd ed., Oxford 1971.

D. Magie, Roman Rule in Asia Minor to the end of the third century after Christ. 2 vol., Princeton 1950.

E. Oberhummer, Die Insel Cypern. Eine Landeskunde auf historischer Grundlage. München 1903.

A. Philippson – E. Kirsten, Die griech. Landschaften, Bd. IV: Das Aegaeische Meer und seine Inseln. Frankfurt/Main 1959.

W. M. Ramsay, The Historical Geography of Asia Minor. London 1890.

W. M. Ramsay, The Cities and Bishoprics of Phrygia. 2 vol. Oxford 1895–97.

L. Robert, Villes d'Asie Mineure. Études de géographie ancienne. 2ᵉ ed., Paris 1962.

F. Stähelin, Geschichte der kleinasiatischen Galater. 2. Aufl. Leipzig 1907.

L. Teutsch, Das Städtewesen in Nordafrika in der Zeit von C. Gracchus bis zum Tode des Kaisers Augustus. Berlin 1962.

J. Tischler, Kleinasiatische Hydronymie. Semantische und morphologische Analyse der griech. Gewässernamen. Wiesbaden 1977.

Ch. Tissot, Géographie comparée de la province romaine de Afrique. 2 vol. Paris 1884 e 1888.

L. Zgusta, Kleinasiatische Ortsnamen. Beitr. z. Namenforschung, neue Folge, Beiheft 21, 1984.

Die im Rahmen der großangelegten Reihe „Aufstieg und Niedergang der römischen Welt" (ANRW, Festschr. *J. Vogt*), hg. von *H. Temporini* und *W. Haase*, Berlin–New York 1972 ff. erscheinenden Forschungsberichte zu den einzelnen Provinzen gehen z. T. auch auf Plinius ein:

Teil II: Prinzipat, Bd. 7,1 u. 2: Politische Geschichte (Provinzen und Randvölker: Griech. Balkanraum, Kleinasien). Berlin–New York 1979 u. 1980.

Bd. 8: Politische Geschichte (Provinzen und Randvölker: Syrien, Palästina, Arabien). Berlin–New York 1977.

Bd. 9,1 u. 2: Politische Geschichte (Provinzen und Randvölker: Mesopotamien, Armenien, Iran, Südarabien, Rom und der Ferne Osten). Berlin–New York 1976 u. 1978.

Bd. 10,1 u. 2: Politische Geschichte (Provinzen und Randvölker: Afrika mit Ägypten). Berlin–New York 1988 u. 1982.

Die gesamte Sekundärliteratur von 1800–1944 verzeichnet *H. Le-Bonniec*, Bibliographie de l'Histoire Naturelle de Pline l'Ancien. Revue des Études Lat. 23, 1945, 204–252 (erschienen auch als Sonderdruck bei „Les Belles Lettres", Paris 1946).

Einen Forschungsbericht über die in den Jahren 1938–1970 erschie-
nene Literatur gibt *K. Sallmann*, Plinius der Ältere 1938–1970.
Lustrum 18, 1975, 3–352;
s. auch *F. Römer*, Plinius der Ältere. III. Bericht (1964–1975). Anz. f.
d. Altertumswissensch. 31. 1978, 129–206
und *G. Serbat*, Pline l'Ancien. État présent des études sur la vie, son
œuvre et son influence. In: Aufstieg und Niedergang der römischen Welt (ANRW), Teil II: Prinzipat, Bd. 32,4: Sprache und
Literatur. Berlin–New York 1986, 2069–2200.

Auf Einzelfragen gehen ein:

J.-P. Audet, Qumran et la notice de Pline sur les Esséniens Rev. Bibl.
68, 1961, 346–387 [Sallmann Nr. 307].

Chr. Burchard, Pline et les Esséniens. Rev. Bibl. 69, 1962, 533–569
[Sallmann Nr. 309].

J. M. Cook, Pliny on Icarian Shores. Class. Quarterly 9, 1959,
117–125 [Sallmann Nr. 255].

J. Desanges, Le triomphe de Cornelius Balbus (19 av. J.-C.). Rev. Afr.
101, 1957, 7–43 [Sallmann Nr. 294].

L. Herrmann, Pline l'Ancien a-t-il inventé les Esséniens célibataires?
Rev. Belge 41, 1963, 80–91 [Sallmann Nr. 311].

E. Honigmann, A forgotten city in Asia Minor. Isis 41. 1950, 48
[Sallmann Nr. 313].

E.-M. Laperrousaz, „Infra hos Engadda". Notes à propos d'un article
recent. Rev. Bibl. 69, 1962, 369–380 [Sallmann Nr. 308].

J.-Ph. Lefranc, La Geologie, Pline l'Ancien et l'itinéraire de Cornelius Balbus (20 avant Jésus-Christ): nouvelles identifications. IIIe
Coll. sur l'histoire et l'archéologie d'Afrique du Nord, Montpel-
lier 1985, 303–316.

H. Lhote, L'expédition de Cornelius Balbus au Sahara en 19 av. J.-C.
d'après de texte de Pline. Rev. Afr. 98, 1954, 41–83 [Sallmann
Nr. 293].

R. Mauny, Autour d'un texte bien controversé: Le périple de Polybe
(146 av. J.-C.). Hespéris 36, 1949, 47–67 [Sallmann Nr. 284].

P. Pédech, Un texte discuté de Pline: Le voyage de Polybe en Afrique

(N.H. 5,9–10). Rev. des Et. Lat. 33, 1955, 318–322 [Sallmann Nr. 285].

R. *Rebuffat*, Les erreurs de Pline et la position de Babba Iulia Campestris. Ant. afr. 1, 1967, 31–57 [Sallmann Nr. 282].

P. *Romanelli*, Note storico-geografiche relative all'Africa al tempo di Augusto I: I luoghi della campagna di L. Cornelio Balbo. Atti Acc. naz. Lincei, Rendic. cl. sc. mor. stor. fill. Memorie ser. 8, vol. 5, 1950, 472–492 [Sallmann Nr. 288].

P. *Sacchi*, Ancora su Plinio e gli Esseni. Parola del Passato 18, 1963, 451–455 [Sallmann Nr. 310].

G. *Schmitt*, Gaba, Getta und Gintikirmil. Zeitschr. d. Deutschen Palästina-Vereins 103, 1987, 22–48.

B. D. *Shaw*, The Elder Pliny's African Geography. Historia 30, 1981, 424–471.

M. *Stern*, (The description of Palestine by Pliny the Elder and the administrative division of Iudaea at the end of the period of the second temple). Tarbiz 37, 1967/68, 215–229 (neuhebr.) [Sallmann Nr. 300].

G. *Susini*, Eulimna. Parola del Passato 18, 1963, 129–131 [Sallmann Nr. 315].

R. *Syme*, Isauria in Pliny. Anatolian Studies 36, 1986, 159–164.

H. T. *Wade-Gery*, The Islands of Peisistratos. Amer. Journ. Phil. 59, 1938, 470–475.

An Kartenwerken wurden u. a. herangezogen:

H. *Bengtson* – V. *Milojčić*, Großer Historischer Weltatlas. I. Teil: Vorgeschichte und Altertum. 6. Aufl. München 1978, nebst einem Bde. Erläuterungen. 3. Aufl. München 1958.

F. W. *Putzger*, Historischer Weltatlas. 100. Aufl. Berlin–Bielefeld 1979.

H. E. *Stier* – E. *Kirsten*, Westermanns Atlas zur Weltgeschichte Teil 1: Vorzeit – Altertum. Braunschweig 1956; erweiterte Ausgabe unter dem Titel: Völker, Staaten und Kulturen – ein Kartenwerk zur Geschichte. Braunschweig 1967;

sowie die vorliegenden Karten der *Tabula Imperii Romani* (TIR)

1 : 1 000 000: G 36 Coptos 1958. H I 33 Lepcis Magna 1954. H I 34 Cyrene 1954

und die einschlägigen Karten im *Tübinger Atlas des Vorderen Orients* (TAVO), Reihe B: Geisteswissenschaften 1972 ff.

Außerdem

R. Cagnat – A. Merlin, Atlas archéologique de la Tunisie. Paris 1914–1932.

St. Gsell, Atlas archéologique de l'Algerie. Alger–Paris 1911.

W. Kosack, Historisches Kartenwerk Ägyptens, 2 Bde (Text und 9 Karten). Bonn 1971.

Y. Aharoni – M. Avi-Yonah, Der Bibel Atlas. Die Geschichte des Hl. Landes 3000 Jahre vor Christus bis 200 Jahre nach Christus. 264 Karten mit kommentierendem Text. Augsburg 1990.

W. M. Calder – G. E. Bean, A Classical Map of Asia Minor. London 1958.

Die Schreibung der modernen Ortsnamen folgt der der einschlägigen Karten von *Freytag und Berndt*, Wien, *Kümmerly und Frey*, Bern und *Droemer-Knaur*, München.

REGISTER

Die Zahlen beziehen sich auf die betreffenden Paragraphen. Die griech. Eigennamen sind in der lat. Form (wie im Text) aufgeführt.

Abkürzungen: a. = amnis; civ. = civitas; col. = colonia; f. = fons; fl. = flumen, fluvius; g. = gens; i(ns). = insula(e); lac. = lacus; loc. = locus; m. = mons; n. = natio; nom. = nomos; o. = oppidum; ost. = ostium; p. = portus; pop. = populus; prom. = promunturium; r. = regio; s. = sinus; st. = stagnum; tetr. = tetrarchia; top. = toparchia; u. = urbs.

Namenregister

Geographisches Register

Verzeichnis der Quellenschriftsteller

Einen kurzgefaßten Überblick über die Quellenschriftsteller der geographischen Bücher 3–6 gibt *W. Kroll*, RE 21, 1951, Sp. 303–307, der im wesentlichen auf älteren Arbeiten fußt: *A. Klotz*, Quaestiones Plinianae geographicae. Berlin 1906 (Quellen und Forschungen zur alten Geschichte und Geographie 11) und *D. Detlefsen*, Die Anordnung der geographischen Bücher des Plinius und ihre Quellen. Berlin 1909 (Quellen und Forschungen zur alten Geschichte und Geographie 18) = Neudruck Roma 1972 (Studia Historica 115).

Die ältere Forschung ging von der Annahme aus, daß als Hauptquelle der Geographie des Plinius eine chorographische Schrift Varros gedient hat. Da diese Schrift neben der Beschreibung des Küstenverlaufs in Form eines Paraplus und verschiedenen Maßangaben u. a. auch historische, ethnographische, sagengeschichtliche und geologische Notizen wie die Nennung untergegangener Städte, die Aufzählung von Völkern, das Aufzeigen mythologischer Zusammenhänge und Angaben über den Zug von Gebirgen und den Lauf der Hauptflüsse enthalten hat, mußte sie recht umfangreich gewesen sein. Meist glaubte man daher, diese Quelle in den geographischen Büchern 8–13 der verlorenen *Antiquitates rerum humanarum et divinarum* gefunden zu haben. Aber auch die kleine, ebenfalls verlorene Schrift Varros *de ora maritima* wurde als Hauptquelle vermutet. Die Geschichte der Forschung behandelt ausführlich *K. Sallmann*, Die Geographie des älteren Plinius in ihrem Verhältnis zu Varro. Versuch einer Quellenanalyse. Berlin–New York 1971 (Untersuchungen zur antiken Literatur und Geschichte 11).

Sallmanns Untersuchungen haben aber gezeigt, daß lediglich zwei kleinere, eher unbedeutende Schriften Varros, die wenig Widerhall gefunden haben und daher verloren sind, in den geographischen Büchern des Plinius direkt benützt wurden: Die *Legationes*, in denen Varro in drei Büchern seine Tätigkeit als Legat des Cn. Pompeius Magnus an den verschiedensten Kriegsschauplätzen schilderte und u. a. auch auf mancherlei landeskundliche Einzelheiten einging,

und das 6. Buch *de geometria* der *Disciplinae*, das eine Anametrie der Oikumene und daher zahlreiche Maßangaben enthielt, die auf Eratosthenes zurückgingen. „Beide Schriften zeigen, daß Varro gute geographische Kenntnisse besaß, daß er Eratosthenes und die Alexanderhistoriker kannte, wenn er sich auch nicht als Chorograph im technischen Sinne betätigte" (Sallmann 267). Daneben wurden selbstverständlich auch andere Werke Varros für gelegentliche Nachrichten herangezogen: die *Antiquitates* für Lokalsagen und ethnographische Einzelheiten, *de re rustica* für die Wirtschafts- und *de ora maritima* für die Meeresgeographie u. a. m.

Die zahlreichen statistischen Angaben stammen aus den zensorischen Verzeichnissen *(formulae)* des Kaisers Augustus. Plinius übernimmt daraus die Einteilung in Gerichtsbezirke *(conventus)* und die alphabetisch angeordneten Listen der zu ihnen gehörigen Städte, die nach ihrer staatsrechtlichen Stellung gegliedert sind. Die Benützung dieser Listen, in denen die Gemeinden vorwiegend in der Form des Ethnikons angeführt sind, ist in den westlichen Provinzen (Baetica, Tarraconensis, Narbonensis) und den Regionen Italiens stärker, so daß sie im Buch 3 breiten Raum einnehmen. Im Buch 4, in dem die Provinzeinteilung zu Gunsten einer Gliederung nach historischen Landschaften zurücktritt, ist der quantitative Anteil der *formulae* naturgemäß geringer. Lediglich im letzten Teil der Geographie Europas, in dem auf die westlichen Provinzen (Belgica, Lugdunensis, Aquitania, Lusitania) eingegangen wird, treten sie wieder deutlich hervor.

„Auch im Buch 5 ist das Bild ungleichmäßig. Alphabetisch geordnete *formulae* gibt es in der Region Byzacium in der Provinz Africa (5,29–30), in Coelesyria (5,81–82), Cilicia (5,93), Phrygia (5,145) und Galatia (5,145). In Westafrika erübrigen sich Listen, da die den Römern bekannten Orte schon im Paraplus vorkamen. Numidia ließ sich ebenfalls, wie Griechenland, durch den Paraplus bewältigen, indem die wichtigen Städte des Binnenlandes beiläufig miterwähnt werden (5,22). Für die Cyrenaica werden die *Acta triumphalia* des Balbus herangezogen (5,36), deren offizieller Charakter den *formulae* an die Seite zu stellen wäre. Libya (5,39) hat nur eine kurze Völkertafel, Aegyptus ist nach einer Nomenliste beschrieben (5,49f.), wozu eine Liste der Deltastädte kommt (5,64), die wieder geographischer Art sein könnte.

In Iudäa findet sich eine offizielle Liste der ,Toparchien' (5,70 *quo dicemus ordine*), in Phönikien genügt bei der Schmalheit des Landes der Paraplus, Coelesyria hat die schon erwähnte *formula*. Arabia Osrhoene und Nordmesopotamien sind wohl, als halbselbständige, nie ganz kontrollierte Reichsteile niemals amtlich aufgenommen worden; Plinius begnügt sich mit der Nennung der Großstädte (5,86.89) und der Euphrat-Anrainer (5,87), also mit dem geographischen Material. Kilikien bietet die genannte *formula*, das System der Städtelisten von Isauria, Pisidia, Lycaonia, Pamphylia, Lycia, Caria (Doris),

Lydia, Ionia, Aeolia (Mysia), der Troas und Teuthrania (5,94–127) ist umstritten: sie weisen alphabetische Ansätze auf (2–3 Namen), sind auch nach
Konventen ausgerichtet, doch wird die klare Form der *formulae* Spaniens bei
weitem nicht erreicht. Immerhin, eine Art offizieller Liste liegt hier zugrunde,
die den *formulae* vergleichbar ist und diese kompositorisch vertritt. Das gilt
auch für die Landschaften Nord-Kleinasiens (5,141–150), wobei die Helle-
spont-Region – wie schon vorher die Troas – stark mit homerisch-antiquari-
scher Geograhie durchsetzt ist; für die Binnenregionen Phrygien und Galatien
sind die alphabetischen *formulae* (s. o.) vorhanden, während Bithynien wieder
die geographische Listenform hat: neben einer Städteliste eine Flußliste (5,149).
Aus Buch 5 ergibt sich also, daß statistisches Material nur dort fehlt, wo sich
eine Region verhältnismäßig schmal an der Küste hinzieht, daß es aber bei
Binnenländern oder weit ins Binnenland reichenden Küstenländern (z. B.
Cilicia) voll zur Geltung kommt. Damit wird die aus den vorigen Büchern
ermittelte Struktur der plinianischen Geographie bestätigt" (Sallmann 204f.).

Eine genaue Analyse über den Quellenwert der *formulae provinciarum* gibt
D. Detlefsen, Die formulae provinciarum, eine Hauptquelle des Plinius in der
Beschreibung der römischen Provinzen. Berlin 1908 (Quellen und Forschun-
gen zur alten Geschichte und Geographie 14) = Neudruck Roma 1972 (Studia
Historica 114), 63–104.

In diesen Rahmen fügt Plinius zahlreiche Notizen ein, die von Vipsanius
Agrippa stammen. Dabei ist aber nicht an eine direkte Benutzung der Weltkarte
in der *porticus Vipsania* auf dem Marsfeld zu denken, sondern an die Heranzie-
hung von schriftlichen Aufzeichnungen *(commentarii)* in Buchform, aus denen
vor allem Entfernungsangaben entnommen werden, deren z. T. erhebliche
Abweichungen zu den älteren Messungen genau vermerkt werden. Vgl. dazu
O. Cuntz, De Augusto Plinii geographicorum auctore. Diss. Bonna 1888;
O. Cuntz, Agrippa und Augustus als Quellenschriftsteller des Plinius. Jahrbücher f. class. Philologie, Suppl. Bd. 17, 1890, 475–526; A. Klotz, Die geographischen Commentarii des Agrippa und ihre Überreste. Klio 24, 1931, 38–58 und
386–470 (als Sonderdruck auch durchpaginiert); P. Schnabel, Die Weltkarte
des Agrippa als wissenschaftliches Mittelglied zwischen Hipparch und Ptolemaeus. Philologus 90, 1935, 405–440.

Auch andere römische Autoren werden bisweilen für allerlei Einzelheiten als
Gewährsleute angeführt: Cornelius Nepos (5,4), Suetonius Paulinus (5,14),
Kaiser Claudius für die Größe des Sees Mareotis (5,63) und Domitius Corbulo
für den Ort der Euphratquelle (5,83). Von Licinius Lucianus stammen einige
Nachrichten über allerlei Merkwürdigkeiten aus den verschiedensten Berei-
chen (5,50.83.128.132). Einige andere lateinische Autoren (Statius Sebosus,
Iulius Hyginus, L. Antistius Vetus, L. Arruntius, P. Terentius Varro Atacinus
u. a.) werden nur in den *indices* genannt, ohne daß sich ausmachen ließe, aus
welchem ihrer Werke, von denen die meisten verloren sind, eine Nachricht

entnommen wurde. Das gilt auch für Pomponius Mela, dessen *Chorographia* in drei Büchern daher kaum als Hauptquelle in Frage kommt. Eine eigene Arbeit untersucht das Verhältnis zwischen Plinius und Mela in der Beschreibung Afrikas (5,1–50; 6,187–205): *D. Detlefsen*, Die Geographie Afrikas bei Plinius und Mela und ihre Quellen. Berlin 1908 (Quellen und Forschungen zur alten Geschichte und Geographie 14) = Neudruck Roma 1972 (Studia Historica 114), 1–62. Über die lateinischen Quellenschriftsteller des Plinius im allgemeinen vgl. besonders *F. Münzer*, Beiträge zur Quellenkritik der Naturgeschichte des Plinius. Berlin 1897.

Von den griechischen Schriftstellern hat Plinius nur wenige (Ephoros, Polybios, Xenophon aus Lampsakos u. a.) zur Bestätigung doxographischer Einzelheiten direkt benützt. Größeren Raum nehmen nur Timaios aus Tauromenion und Isidoros aus Charax ein, der vor allem für die Entfernungen herangezogen wird, da er auch die Angaben älterer Autoren (Eratosthenes, Timosthenes) zu Vergleichszwecken angeführt hat. Die griechische Schrift, welche die große Zahl von Metonomasien zu den Namen der Inseln enthalten hat, ist nicht näher zu bestimmen; am ehesten kommt dafür Xenagoras in Frage.

Im einzelnen werden folgende Quellenschriftsteller genannt[1]):

Antigenes, griech. Historiker des 4. Jhs. v. Chr., dessen verlorenes Geschichtswerk über Alexander d. Großen auch topographische und naturwissenschaftliche Notizen enthalten hat.   Index

Aristarchos aus Sikyon, nicht näher faßbarer griech. Historiker.   Index

Aristokreon, griech. Historiker des 3. Jhs. v. Chr., in dessen verlorenem Geschichtswerk sich u. a. auch Nachrichten über die Länder südl. von Ägypten gefunden haben.   Index. 59

Baiton nahm als Wegmesser am Alexanderzug teil und beschrieb seine Erfahrungen und Beobachtungen in einem verlorenen geographischen Werk *Stathmoí* (Tagesmärsche).   Index

Kaiser Claudius (41–54 n. Chr.) betrieb in seiner Jugend historische Studien und schrieb lateinisch über römische und griechisch über etruskische und karthagische Geschichte. Seine z. T. recht umfangreichen Werke sind jedoch bis auf spärliche Bruchstücke verloren.   Index. 63

---

[1]) Es werden nur die Autoren angeführt, die nicht im diesbezüglichen Abschnitt von Buch 3/4 (S. 566–574) behandelt wurden.

Cn. Domitius Corbulo, röm. Feldherr des 1. Jhs. n. Chr., kämpfte erfolgreich
gegen Germanen und Parther. Seine Memoiren benutzte Plinius vor allem
für Ereignisse im Osten des Reiches.   Index. 83

Hanno s. S. 337ff.   Index. 8

Herodotos aus Halikarnassos, griech. Historiker des 5. Jhs. v. Chr., der „Vater
der Geschichtsschreibung". Sein später in neun nach den Musen benannte
Bücher gegliedertes Geschichtswerk beschrieb die Zeit vom Trojanischen
Krieg bis zu Xerxes' Zug gegen Griechenland (479 v. Chr.). Eingeschaltet
sind längere ethnographische Exkurse, die auf eigener Anschauung durch
ausgedehnte Reisen beruhen, und verschiedene novellistische Erzählungen,
die in der Weltliteratur nachgewirkt haben.   Index. 57.68
Himilko, karth. Seefahrer des 6. Jhs. v. Chr., der vor allem die Westküste und
den Norden Europas erforschte; vgl. Plinius, nat. hist. 2,169.   Index

Hipparchos aus Nikaia, griech. Astronom und Philosoph des 2. Jhs. v. Chr.,
lehrte auf Rhodos und in Alexandreia und war durch zahlreiche Erfindungen
und Schriften berühmt. Erhalten ist nur ein kritisch-polemischer Kommentar in 3 Büchern zu den *Phainomena* des Aratos, in dem er u. a. die Jahres-
und Monatslängen bestimmte und einen Katalog von über 800 Sternen mit
Angaben von Höhe und Breite aufstellte.   Index

König Iuba II. von Mauretanien kompilierte z. Zt. des Augustus in griech.
Sprache verschiedene griech. und lat. Autoren (Aristoteles, Polybios, Dionysios aus Halikarnassos; Varro, Livius u. a.), betrieb aber auch eigene
Studien zur Geschichte und Kulturgeschichte verschiedener Völker. Diese
von Späteren viel benutzten Werke sind uns aber, von einigen Fragmenten
abgesehen, ebensowenig erhalten wie verschiedene andere Schriften über
Theatergeschichte, Malerei, Botanik und Pharmakologie.
                                                           Index. 16.20.51.59

Megasthenes, griech. Geograph des 4./3. Jhs. v. Chr., unternahm im Auftrag
von König Seleukos I. um 300 v. Chr. eine Reise als Gesandter zum indischen König Sandrakottos. Sein nur in einem Auszug des Diodoros und
durch zahlreiche Fragmente erhaltenes Werk über Indien *(Indiká)* in vier
Büchern enthielt wichtige geographische Angaben und reichhaltiges ethno-
graphisches Material.   Index

Panaitios aus Rhodos, griech. Philosoph des 2. Jhs. v. Chr.; als Vertreter der
stoischen Philosophenschule, deren Leitung er 129 v. Chr. übernahm, kam

er u. a. auch nach Rom, wo er mit dem jüngeren Scipio Freundschaft schloß und diesen auf seiner Reise in den Osten des Reiches begleitete (141 v. Chr.).

Index

Pyrrhandros, nicht näher zu bestimmender griech. Historiker oder Geograph.

Index

Sotades aus Maroneia (Thrakien), griech. Dichter des 3. Jhs. v. Chr., schrieb jambische Dichtungen unterhaltenden Charakters. Wegen eines Spottverses über die Geschwisterehe des Ptolemaios II. Philadelphos wurde er ertränkt; vgl. Athenaios, Deipnosoph. XIV 621 A.   Index

C. Suetonius Paulinus, röm. Feldherr des 1. Jhs. n. Chr., beschrieb in einer nicht erhaltenen Schrift seine Expedition zum Atlasgebirge (41 n. Chr.).

Index. 14

Triumphalakten *(acta triumphorum)*: Ursprünglich inschriftliche, später in Buchform veröffentlichte Berichte triumphierender Feldherren mit einer Aufzählung der unterworfenen Völker und Städte; vgl. Plinius, nat. hist. 37,12 ff.   Index. 36

AUFBAU UND INHALT

Buch 5 behandelt die Länder Nordafrikas und Kleinasiens. Nach einer kurzen Einleitung über die Gestaltung der afrikanischen Nordküste (§ 1) folgt die Beschreibung der beiden mauretanischen Provinzen (§ 2–21), die erst unter Kaiser Claudius (41–54 n. Chr.) eingerichtet worden waren. Breiteren Raum nimmt dabei die Schilderung des Atlas-Gebirges (§ 11–16) ein, die im wesentlichen auf den Bericht über die Expedition des Suetonius Paulinus (41 n. Chr.) zurückgeht. Weniger ausführlich wird die schon länger bestehende Provinz Africa mit dem angrenzenden Numidien beschrieben (§ 22–30). Bei der Behandlung der Kyrenaïka (§ 31–40) benützt Plinius zwar neueste Nachrichten über den Zug gegen die Garamanten (70 n. Chr.), berichtet aber bei der Beschreibung der Stämme des Landesinneren (§ 43–46), die auf die Erwähnung der afrikanischen Inseln (§ 41f.) folgt, manch Fabelhaftes aus älteren griechischen Autoren.

An einige Maßangaben (§ 47) schließt sich die Beschreibung Ägyptens (§ 48–64) an, die in mehrere Teile zerfällt: eine Liste (§ 49f.) mit den Namen der 47 *nómoi*, in welche die 30 v. Chr. als Domäne des Kaiserhauses eingerichtete Provinz zerfiel; eine Beschreibung des Nillaufes (§ 51–59), in der Plinius auch auf die sog. Nilschwelle und ihre Ursachen eingeht; eine kurze Erwähnung (§ 60f.) der seit altersher berühmten Städte (Memphis, Theben u. a.) und der hellenistischen Neugründung Alexandreia am Mareotis-See (§ 62f.) sowie eine Aufzählung der sieben Nilmündungen von Westen nach Osten (§ 64).

Nach einer kurzen Überleitung mit der Erwähnung des Teiles von Arabien, der an das Mittelmeer grenzt (§ 65), folgt die Darstellung der in zahlreiche Landschaften gegliederten bedeutenden Provinz Syrien (§ 66–90), die wegen der wechselvollen Geschichte dieses Bereiches mit mancherlei Schwierigkeiten verbunden ist. Plinius gibt zunächst eine Übersicht (§ 66) über elf Landschaften, die einst (quondam) zu Syrien gehört haben. Im folgenden schildert er im wesentlichen die Verhältnisse zur Zeit der Seleukidenherrschaft und verabsäumt es, von wenigen kurzen Zusätzen abgesehen (Caesarea als Kolonie des Kaisers Vespasianus § 69; Zerstörung von Jerusalem und Engada § 70.73), auf die Ereignisse der jüngeren Zeit, die die Verwaltung der römischen Provinz und der umliegenden Landschaften maßgeblich beeinflußt haben, einzugehen.

Auf die Behandlung von Idumäa und Samaria im Rahmen der Küstenbeschreibung (§ 68 f.) folgt eine ausführliche Chorographie von Iudäa (§ 70–73), aus der die Schilderung des Jordans (§ 71), des Asphaltsees des Toten Meeres (§ 72) und der Niederlassung der Essener (§ 73) hervorstechen. Die Behandlung der eigentlichen Provinz Syrien beginnt mit der Nennung der sog. Dekapolis rund um Damaskos (§ 74), kehrt dann aber mit der Erwähnung von Phoinikien und des nördlich angrenzenden Gebietes von Antiocheia am Orontes zu der unterbrochenen Küstenbeschreibung zurück (§ 75–80). In den folgenden Paragraphen (§ 81 f.) führt Plinius die in der Küstenbeschreibung nicht erwähnten Städte und Tetrarchien des Binnenlandes von Syria Koile in alphabetischer Folge an, wobei er bisweilen kurze chorographische Bemerkungen hinzufügt. Er gelangt dabei bis zum Euphrat, dessen Lauf er bis zur Mündung in das Meer verfolgt (§ 83 ff.). Hier und bei der Beschreibung der vom Euphrat durchflossenen Landschaften Commagene und Osrhoene (§ 85 f.) sowie der Oase von Palmyra (§ 88–90) verwendet Plinius die Nachrichten seiner

Zeitgenossen Domitius Corbulo und Licinius Mucianus, aus
denen auch zahlreiche Maßangaben stammen.

Die Verhältnisse an der Südküste Kleinasiens, wo eine
Reihe kleinerer römischer Provinzen bestand, haben sich bis
zur Zeit des Plinius mehrmals verändert. Er folgt bei seiner
Behandlung einer älteren Küstenbeschreibung, in die er gelegentlich kurze Angaben über das Binnenland einfügt, ohne
dabei auf die Grenzen der einzelnen Landschaften und ihre
Verwaltungsform näher einzugehen: Kilikien (§ 91–93) mit
den Stämmen der Isaurer und Omanaden (§ 94), Pisidien
(§ 94), Lykaonien (§ 95), Pamphylien (§ 96) und Lykien
(§ 100–102). In diese Landschaftsbeschreibungen ist ein längerer Exkurs über den Verlauf des Tauros-Gebirges (§ 97–99)
eingefügt.

Die Beschreibung der Provinz Asia mit ihrem langen Kü-
stenverlauf und ihrem weiten Binnenland bereitete noch größere Schwierigkeiten. Die Küstenbeschreibung führte die
historischen Landschaften an, nahm aber keine Rücksicht auf
die von den Römern festgelegten Grenzen der Gerichtsbezirke (conventus), deren Verzeichnis dem Plinius vorlag und
dessen Angaben er an verschiedenen Stellen in die Landschaftsbeschreibungen einbaut. Er beginnt mit der Nennung
von Karien (§ 103–109) und setzt mit der von Lydien
(§ 110f.), Ionien (§ 112–120), der Aiolis (§ 121–123) und der
Troas (§ 124–127) fort.

Die Erwähnung der der Küste vorgelagerten Inseln
(§ 128–140) wird in zusammenfassender Form eingefügt. Die
der Nilmündung vorgelagerte Insel Pharos (§ 128) wird
ebenso kurz genannt wie die kleineren Inseln vor der phoinikischen, kilikischen und lykischen Küste (§ 128); breiteren
Raum nimmt die Beschreibung der größeren Inseln Zypern
(§ 129ff.), Rhodos (§ 132f.), Kos (§ 134), Samos (§ 135),
Chios (§ 136–138), Lesbos (§ 139f.) und ihrer kleinen Nachbarinseln ein.

Nach der Aufzählung der Inseln wird die unterbrochene Küstenbeschreibung wieder aufgenommen. Auf die kurze Erwähnung des Hellespontos (§ 141) folgt die Erwähnung der Landschaften Mysien (§ 142–144) und Phrygien (§ 145), die noch zur Provinz Asia gehörten. Danach schiebt Plinius die Behandlung der Binnenlandschaft Galatien (§ 146f.) und der sie bewohnenden keltischen Stämme ein und geht anschließend auf Bithynien (§ 148–150) über, dessen an der Südküste des Schwarzen Meeres liegenden Teil er erst in Buch 6 (§ 3–7) behandeln wird. Mit der Nennung der Inseln der Propontis (§ 151) schließt das Buch.

DER FAHRTENBERICHT DES HANNO

Der Fahrtenbericht des Karthagers Hanno liegt in einer griech. Übersetzung vor, die wahrscheinlich im 5. Jh. v. Chr. nach dem punischen Original angefertigt worden war, das sich im Tempel des Baal-Moloch in Karthago befand. Sie ist in einer Handschrift, dem *Codex Palatinus Graecus* 398 (9. Jh.) in der Universitätsbibliothek Heidelberg erhalten (fol. 55r–55v)[1].

Eine weitere Handschrift, der *Codex Vatopedinus* 655 (14. Jh.) aus dem Kloster Vatopedi auf dem Berg Athos, ist eine späte Abschrift des Heidelberger Codex und ohne eigenständigen Wert. Er wurde zerlegt und befindet sich jetzt im British Museum, London (Add. Mss. 19391, 21 Blatt; davon Periplus Hannonis fol. 12r–12v) und in der Bibliothèque National, Paris (Suppl. grec. 443A, 7 Blatt).

Dieser griech. Text wurde erstmals 1533 von *Sigismund Gelenius* (1497–1554) bei den Erben von *Johannes Frobenius* in Basel zusammen mit anderen geographischen Kleinschriften im Druck herausgegeben (*editio princeps:* Periplus Hannonis p. 38–40). Es folgten 15 weitere Ausgaben bis zur wissenschaftlichen Edition durch *Carolus Müller* in der Sammlung *Geographi Graeci Minores* (GGM) I, Paris 1855 (Nachdruck Hildesheim 1965), p. XVIII–XXXIII und 1–14.

---

[1] Eine genaue Beschreibung dieser Handschrift, die u. a. mehrere geographische Kleinschriften aus verschiedenen Epochen enthält, gibt *A. v. Gutschmid*, Die Heidelberger Handschrift der Paradoxographen (Pal. Gr. 398). Neue Heidelberger Jahrbücher 1, 1891, 227–237.

ΑΝΝΩΝΟΣ ΚΑΡΧΗΔΟΝΙΩΝ ΒΑΣΙΛΕΩΣ ΠΕΡΙΠΛΟΥΣ
ΤΩΝ ΥΠΕΡ ΤΑΣ ΗΡΑΚΛΕΟΥΣ ΣΤΗΛΑΣ ΛΙΒΥΚΩΝ
ΤΗΣ ΓΗΣ ΜΕΡΩΝ,

ὃν καὶ ἀνέθηκεν ἐν τῷ τοῦ Κρόνου τεμένει, δηλοῦντα τάδε·

1. Ἔδοξε Καρχηδονίοις Ἄννωνα πλεῖν ἔξω Στηλῶν
Ἡρακλείων καὶ πόλεις κτίζειν Λιβυφοινίκων. καὶ
ἔπλευσε πεντηκοντόρους ἑξήκοντα ἄγων, καὶ πλῆθος
ἀνδρῶν καὶ γυναικῶν εἰς ἀριθμὸν μυριάδων τριῶν καὶ
σῖτα καὶ τὴν ἄλλην παρασκευήν.

2. Ὡς δ' ἀναχθέντες τὰς Στήλας παρημείψαμεν καὶ ἔξω
πλοῦν δυοῖν ἡμερῶν ἐπλεύσαμεν, ἐκτίσαμεν πρώτην πό-
λιν, ἥντινα ὠνομάσαμεν Θυμιατήριον· πεδίον δ' αὐτῇ
μέγα ὑπῆν.

3. Κἄπειτα πρὸς ἑσπέραν ἀναχθέντες ἐπὶ Σολόεντα,
Λιβυκὸν ἀκρωτήριον λάσιον δένδρεσι, συνήλθομεν.

4. Ἔνθα Ποσειδῶνος ἱερὸν ἱδρυσάμενοι πάλιν ἐπέβη-
μεν πρὸς ἥλιον ἀνίσχοντα ἡμέρας ἥμισυ, ἄχρι ἐκομίσθη-
μεν εἰς λίμνην οὐ πόρρω τῆς θαλάττης κειμένην, καλάμου
μεστὴν πολλοῦ καὶ μεγάλου· ἐνῆσαν δὲ καὶ ἐλέφαντες καὶ
τἆλλα θηρία νεμόμενα πάμπολλα.

5. Τήν τε λίμνην παραλλάξαντες ὅσον ἡμέρας πλοῦν
κατῳκίσαμεν πόλεις πρὸς τῇ θαλάττῃ καλουμένας Καρι-
κόν τε τεῖχος καὶ Γύττην καὶ Ἄκραν καὶ Μέλιτταν καὶ
Ἄραμβυν.

6. Κἀκεῖθεν δ' ἀναχθέντες ἤλθομεν ἐπὶ μέγαν ποταμὸν
Λίξον, ἀπὸ τῆς Λιβύης ῥέοντα. παρὰ δ' αὐτὸν νομάδες
ἄνθρωποι Λιξῖται βοσκήματ' ἔνεμον, παρ' οἷς ἐμείναμεν
ἄχρι τινὸς φίλοι γενόμενοι.

HANNO, DES KARTHAGISCHEN SUFETEN, BERICHT VON DER UMSEGELUNG DER JENSEITS DER SÄULEN DES HERAKLES LIEGENDEN LIBYSCHEN TEILE DER ERDE,

den er auch im Tempelbezirk des Kronos als Weihegabe aufgestellt hat; er tut darin folgendes kund:

1. Die Karthager beschlossen, daß Hanno über die Säulen des Herakles hinausfahren und Städte der Libyphoiniker gründen solle. Und so stach er in See, an der Spitze von 60 Fünfzigruderern, und führte eine Menge von Männern und Frauen, 30 000 an der Zahl, sowie Verpflegung und sonstigen Bedarf mit sich.

2. Als wir aber auf die hohe See gelangt waren, passierten wir die Säulen, segelten draußen zwei Tage weiter und gründeten eine erste Stadt, die wir Thymiaterion nannten; sie beherrschte eine weite Ebene.

3. Sodann segelten wir nach Westen und trafen auf das mit Bäumen bestandene libysche Vorgebirge Soloeis.

4. Wir errichteten dort ein Heiligtum des Poseidon, gingen wieder an Bord und nahmen Kurs nach Süden, einen halben Tag lang, bis wir an einen See gelangten, der nicht weit vom Meere lag; er war voll mit dichtem, hochgewachsenem Schilf; in ihm hielten sich auch Elefanten auf und andere dort weidende Tiere in großer Zahl.

5. Wir verließen diesen See, fuhren eine ganze Tagereise weiter und besiedelten dann Städte am Meer, welche Karikon teichos, Gytte, Akra, Melitta und Arambys hießen.

6. Nachdem wir von da aufgebrochen waren, gelangten wir an den großen Fluß Lixos, der von Libyen herströmt. An ihm weidete ein Nomadenvolk, die Lixiten, seine Herden; bei ihnen blieben wir einige Zeit, da wir uns angefreundet hatten.

7. Τούτων δὲ καθύπερθεν Αἰθίοπες ᾤκουν ἄξενοι, γῆν νεμόμενοι θηριώδη, διειλημμένην ὄρεσι μεγάλοις, ἐξ ὧν ῥεῖν φασι τὸν Λίξον, περὶ δὲ τὰ ὄρη κατοικεῖν ἀνθρώπους ἀλλοιομόρφους. Τρωγλοδύτας· οὓς ταχυτέρους ἵππων ἐν δρόμοις ἔφραζον οἱ Λιξῖται.

8. Λαβόντες δὲ παρ' αὐτῶν ἑρμηνέας παρεπλέομεν τὴν ἐρήμην πρὸς μεσημβρίαν δύο ἡμέρας· ἐκεῖθεν δὲ πάλιν πρὸς ἥλιον ἀνίσχοντα ἡμέρας δρόμον. ἔνθα εὕρομεν ἐν μυχῷ τινος κόλπου νῆσον μικράν, κύκλον ἔχουσαν σταδίων πέντε· ἣν κατῳκίσαμεν, Κέρνην ὀνομάσαντες. ἐτεκμαιρόμεθα δ' αὐτὴν ἐκ τοῦ περίπλου κατ' εὐθὺ κεῖσθαι Καρχηδόνος· ἐῴκει γὰρ ὁ πλοῦς ἔκ τε Καρχηδόνος ἐπὶ Στήλας κἀκεῖθεν ἐπὶ Κέρνην.

9. Τοὐντεῦθεν εἰς λίμνην ἀφικόμεθα, διά τινος ποταμοῦ μεγάλου διαπλεύσαντες, ᾧ ὄνομα Χρε⟨μέ⟩της. εἶχε δὲ νήσους ἡ λίμνη τρεῖς μείζους τῆς Κέρνης. ἀφ' ὧν ἡμερήσιον πλοῦν κατανύσαντες εἰς τὸν μυχὸν τῆς λίμνης ἤλθομεν, ὑπὲρ ἣν ὄρη μέγιστα ὑπερέτεινε, μεστὰ ἀνθρώπων ἀγρίων, δέρματα θήρεια ἐνημμένων, οἳ πέτροις βάλλοντες ἀπήραξαν ἡμᾶς, κωλύοντες ἐκβῆναι.

10. Ἐκεῖθεν πλέοντες εἰς ἕτερον ἤλθομεν ποταμὸν μέγαν καὶ πλατύν, γέμοντα κροκοδείλων καὶ ἵππων ποταμίων. ὅθεν δὴ πάλιν ἀποστρέψαντες εἰς Κέρνην ἐπανήλθομεν.

11. Ἐκεῖθεν δὲ ἐπὶ μεσημβρίαν ἐπλεύσαμεν δώδεκα ἡμέρας, τὴν γῆν παραλεγόμενοι, ἣν πᾶσαν κατῴκουν Αἰθίοπες φεύγοντες ἡμᾶς καὶ οὐχ ὑπομένοντες· ἀσύνετα δ' ἐφθέγγοντο καὶ τοῖς μεθ' ἡμῶν Λιξίταις.

7. Hinter diesen siedelten ungastliche Aithiopen, die ein wildes Land beweideten, das durch hohe Bergzüge zergliedert wird. Aus diesen Bergen fließe – so sagt man – der Lixos; rings um diese Berge aber wohnten sonderbar aussehende Menschen, die Troglodyten, von denen die Lixiten behaupteten, sie könnten schneller laufen als Pferde.

8. Wir ließen uns von ihnen Dolmetscher geben und segelten dann an einer menschenleeren Wüste entlang nach Süden, zwei Tage lang; von da aber wieder gegen Osten hin, eine Tagefahrt weit. Dort fanden wir im Winkel einer Bucht eine kleine Insel; sie hatte einen Umfang von fünf Stadien. Auf ihr gründeten wir eine Siedlung, die wir Kerne nannten. Aus unserer Fahrtroute erschlossen wir, daß es genau gegenüber von Karthago liegen müsse; denn die Fahrtstrecke von Karthago bis zu den Säulen entsprach der von dort bis Kerne.

9. Von da gelangen wir an einen See, nachdem wir einen großen Fluß mit Namen Chremetes durchfahren hatten. In diesem See aber lagen drei Inseln, die größer waren als die von Kerne. Von ihnen aus legten wir eine Tagefahrt zurück und kamen in den Winkel des Sees, über den sehr hohe Berge hereinragten, die voll wilder Menschen waren, die sich in Tierfelle gehüllt hatten; sie warfen mit Felsbrocken, verjagten uns und ließen uns nicht an Land gehen.

10. Wir segelten von dort weiter und kamen an einen anderen Fluß, der groß und breit war und von Krokodilen und Flußpferden nur so wimmelte. Dort drehten wir um und gelangten wieder nach Kerne zurück.

11. Von dort segelten wir zwölf Tage nach Süden, immer unter der Küste, die in ihrer ganzen Länge Aithiopen bewohnten; diese nahmen vor uns Reißaus und blieben nicht da. Sie sprachen eine Sprache, die auch die Lixiten, die mit uns fuhren, nicht verstehen konnten.

12. Τῇ δ' οὖν τελευταίᾳ ἡμέρᾳ προσωρμίσθημεν ὄρεσι μεγάλοις δασέσιν. ἦν δὲ τὰ τῶν δένδρων ξύλα εὐώδη τε καὶ ποικίλα.

13. Περιπλεύσαντες δὲ ταῦτα ἡμέρας δύο ἐγινόμεθα ἐν θαλάττης χάσματι ἀμετρήτῳ, ἧς ἐπὶ θάτερα πρὸς τῇ γῇ πεδίον ἦν. ὅθεν νυκτὸς ἀφεωρῶμεν πῦρ ἀναφερόμενον πανταχόθεν κατ' ἀποστάσεις, τὸ μὲν πλέον, τὸ δ' ἔλαττον.

14. Ὑδρευσάμενοι δ' ἐκεῖθεν ἐπλέομεν εἰς τοὔμπροσθεν ἡμέρας πέντε παρὰ γῆν, ἄχρι ἤλθομεν εἰς μέγαν κόλπον, ὃν ἔφασαν οἱ ἑρμηνέες καλεῖσθαι Ἑσπέρου Κέρας. ἐν δὲ τούτῳ νῆσος ἦν μεγάλη καὶ ἐν τῇ νήσῳ λίμνη θαλασσώδης, ἐν δὲ ταύτῃ νῆσος ἑτέρα, εἰς ἣν ἀποβάντες ἡμέρας μὲν οὐδὲν ἀφεωρῶμεν ὅτι μὴ ὕλην, νυκτὸς δὲ πυρά τε πολλὰ καιόμενα, καὶ φωνὴν αὐλῶν ἠκούομεν κυμβάλων τε καὶ τυμπάνων πάταγον καὶ κραυγὴν μυρίαν. φόβος οὖν ἔλαβεν ἡμᾶς, καὶ οἱ μάντεις ἐκέλευον ἐκλείπειν τὴν νῆσον.

15. Ταχὺ δ' ἐκπλεύσαντες παρημειβόμεθα χώραν διάπυρον θυμιαμάτων μεστ⟨ήν. μέγι⟩στοι δ' ἀπ' αὐτῆς πυρώδεις ῥύακες ἐνέβαλλον εἰς τὴν θάλατταν. ἡ γῆ δ' ὑπὸ θέρμης ἄβατος ἦν.

16. Τάχυ οὖν κἀκεῖθεν φοβηθέντες ἀπεπλεύσαμεν. τέτταρας δ' ἡμέρας φερόμενοι νυκτὸς τὴν γῆν ἀφεωρῶμεν φλογὸς μεστήν· ἐν μέσῳ δ' ἦν ἠλίβατόν τι πῦρ, τῶν ἄλλων μεῖζον, ἁπτόμενον ὡς ἐδόκει τῶν ἄστρων. τοῦτο δ' ἡμέρας ὄρος ἐφαίνετο μέγιστον, Θεῶν Ὄχημα καλούμενον.

17. Τριταῖοι δ' ἐκεῖθεν πυρώδεις ῥύακας παραπλεύσαντες ἀφικόμεθα εἰς κόλπον Νότου Κέρας λεγόμενον.

12. Am letzten Tage nun ankerten wir bei hohen, dicht bewaldeten Bergen. Das Holz der Bäume war wohlriechend und von verschiedenen Farben.

13. Wir segelten um diese Berge herum, zwei Tage lang, und gelangten an eine unermeßlich weite Meeresfläche. Auf der einen Seite davon war zum Land hin eine Ebene, von der wir nachts überall Feuer aufsteigen sahen, bald in größeren, bald in engeren Abständen.

14. Wir nahmen Wasser an Bord und segelten von da fünf Tage weiter an der Küste entlang, bis wir in eine große Bucht gelangten, von der die Dolmetscher sagten, sie heiße „Horn des Westens" *[Hespérū Kéras]*. In dieser Bucht lag eine große Insel, und auf der Insel ein See mit Salzwasser; in ihm aber lag eine weitere Insel, bei der wir an Land gingen; wir sahen jedoch bei Tag nichts außer Wald, nachts aber zahlreiche Feuerbrände, und hörten den Klang von Flöten, das Gedröhne von Zimbeln und Trommeln sowie tausendfältiges Geschrei. Da ergriff uns Furcht, und die Seher hießen uns, die Insel zu verlassen.

15. Rasch fuhren wir ab und kamen an einem Land vorbei, das von Feuer durchglüht und voll von Rauch war. Riesige Feuerbäche stürzten aus ihm ins Meer. Den Boden aber konnte man vor Hitze nicht betreten.

16. Voller Furcht segelten wir auch von da schnell wieder ab. Vier Tage lang dahinfahrend, sahen wir nachts das Land von Flammen erfüllt. In der Mitte aber war ein steil aufsteigendes Feuer, größer als alle anderen, das – wie es schien – die Sterne in Brand setzte. Am Tage aber zeigte es sich als ein sehr hoher Berg, „Götterwagen" *[Theōn Óchēma]* genannt.

17. Drei Tage lang segelten wir von dort an feurigen Sturzbächen entlang und gelangten dann an eine Bucht, die „Horn des Südwinds" *[Nótū Kéras]* hieß.

18. Ἐν δὲ τῷ μυχῷ νῆσος ἦν, ἐοικυῖα τῇ πρώτῃ, λίμνην ἔχουσα· καὶ ἐν ταύτῃ νῆσος ἦν ἑτέρα, μεστὴ ἀνθρώπων ἀγρίων. πολὺ δὲ πλείους ἦσαν γυναῖκες, δασεῖαι τοῖς σώμασιν, ἃς οἱ ἑρμηνέες ἐκάλουν γορίλλας. διώκοντες δὲ ἄνδρας μὲν συλλαβεῖν οὐκ ἠδυνήθημεν, ἀλλὰ πάντες μὲν ἐξέφυγον, κρημνοβάται ὄντες καὶ τοῖς πέτροις ἀμυνόμενοι, γυναῖκας δὲ τρεῖς, αἳ δάκνουσαί τε καὶ σπαράττουσαι τοὺς ἄγοντας οὐκ ἤθελον ἕπεσθαι. ἀποκτείναντες μέντοι αὐτὰς ἐξεδείραμεν καὶ τὰς δορὰς ἐκομίσαμεν εἰς Καρχηδόνα.

Οὐ γὰρ ἔτι ἐπλεύσαμεν προσωτέρω, τῶν σίτων ἡμᾶς ἐπιλιπόντων.

Nach GGM I 1–14; vgl. W. Aly, Die Entdeckung des Westens. Hermes 62, 1927, 321–324 und Eiresione. Ein griech. Lesebuch. Bearb. von O. Seel. Stuttgart 1957. Nr. 89, 34 f.

18. Im Winkel lag eine Insel, die der ersten glich und ebenfalls einen See aufwies. Und in diesem See lag eine weitere Insel, voll von wilden Menschen. Es waren überwiegend Weiber, die am ganzen Körper dicht behaart waren; die Dolmetscher nannten sie *gorillai*. Wir verfolgten sie, konnten aber keine Männer fangen; sie entwischten alle, weil sie ausgezeichnete Kletterer waren und sich mit Felsbrocken zur Wehr setzten; Weiber aber fingen wir drei ein; sie bissen und kratzten und wollten denen, die sie führten, nicht folgen. Daher töteten wir sie, zogen ihnen die Haut ab und brachten die Bälge nach Karthago mit.

Dann segelten wir von da aus nicht mehr weiter voran, da unsere Lebensmittelvorräte zur Neige gingen.

(Karl Bayer)

ERLÄUTERUNGEN

Sufeten Hanno [vgl. hebr. schofet – Richter, danach lat. sufes]: An der Spitze des karthagischen Staatswesens standen – wie in der Römischen Republik – zwei jährlich wechselnde Beamte; vgl. Livius XXVIII 37,2; XXX 7,5; XXXIV 61,15. Der griech. Text bezeichnet einen Vertreter dieses Amtes in interpretatio Graeca als basileús – König; vgl. Aristoteles, Pol. II 1273a, 21ff. u. a. Über die Person des Hanno gibt es in der antiken Literatur keine näheren Hinweise; lediglich der Zeitpunkt seines Unternehmens läßt sich mit einiger Sicherheit näher bestimmen: Es muß um 500 v. Chr. stattgefunden haben, da nur vor der für die Karthager so verhängnisvollen Schlacht von Himera auf Sizilien [480 v. Chr.] die Möglichkeit bestand, eine derartige Unternehmung durchzuführen; vgl. die datierenden Hinweise Plinius, nat. hist. 5,8 Punicis rebus florentissimis [z. Zt. der höchsten Blüte der Punier] und 2,169 Carthaginis potentia florente [in der Blütezeit Karthagos], sowie Martianus Capella VII 621 dum Punicum floreret imperium [als das Punische Reich blühte]. – *Umsegelung* [griech. períplūs]: Da eine Umsegelung Afrikas nicht gelang und wohl auch gar nicht beabsichtigt war, wäre die Übersetzung ‚Fahrt‘ passender. Zweck des von Hanno geleiteten Unternehmens war jedenfalls ein zweifacher: 1. Die Gründung bzw. Wiederbesiedlung phoinik. Kolonien an der afrikanischen Westküste [§ 1–8] und 2. die Erforschung einer Weiterfahrt über Kerne [§ 8] hinaus, um neue Handelsmöglichkeiten zu eröffnen [§ 9–18]. – *Säulen des Herakles*: Meerenge von Gibraltar. – *libysche Teile der Erde*: Westafrika. Libýē war die griech. Bezeichnung für das damals bekannte

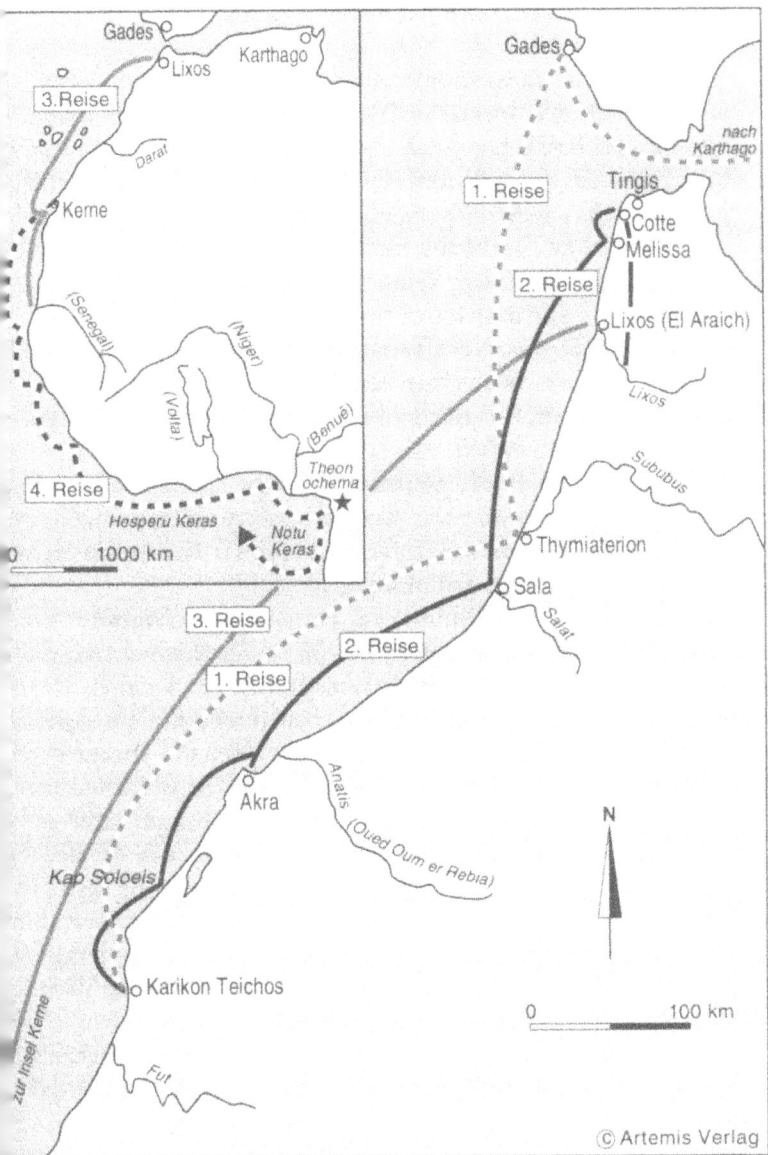

...nnos Fahrtroute (nach J. Carcopino)

Afrika, Ägypten ausgenommen; vgl. Plinius, l.c. 5,1. Der
Name Africa wurde erst in röm. Zeit für die nach dem
3. Punischen Krieg [149–146 v. Chr.] eingerichtete Provinz
üblich, die im wesentlichen das h. Tunesien umfaßte; vgl.
Plinius, l.c. 5,23. – *Kronos*: griech. Entsprechung zu phoinik.
Baal-Moloch, lat. Saturnus, dem in Karthago Kinderopfer
dargebracht wurden; vgl. Diodor XX 14,6. – *als Weihegabe
aufgestellt*: Es dürfte sich um eine beschriftete Stele oder um
eine Inschrift an einer Tempelwand handeln, die die Römer
anläßlich der Zerstörung von Karthago [146 v. Chr.] vorge-
funden haben. Ihr Text dürfte die Expeditionsfahrt des Polybios veranlaßt haben; vgl. Plinius, l.c. 5,9; eine griech. Übersetzung, von der es offenbar mehrere voneinander abwei-
chende Versionen gab, war aber schon früher angefertigt
worden; vgl. Athenaios, Deipnosoph. III 83; Aelius Aristi-
des, Orat. 36,93f. und Solinus 24,25.

　1 *Libyphoiniken* s. Plinius, l.c. 5,24. – *60 Fünfzigruderer*
erforderten allein schon 3000 Mann Ruderpersonal, dazu
kam noch die übrige Schiffsbesatzung. Es kann daher als
sicher gelten, daß die Karthager als erfahrene Seeleute die
Expedition sowohl technisch als auch personell gut vorberei-
tet hatten. Trotzdem erscheint die Zahl von *30000 Männern
und Frauen* als zu hoch. Es scheint, daß griech. myriás = 10^4 =
10000 für einen phoinik. Zahlbegriff verwendet wurde, der
12^3 = 1728 entsprach. Wir haben es daher nur mit 5184
Siedlern zu tun, einer Zahl, die der Wirklichkeit näher kommen dürfte; vgl. Platon, Leges V 737e1–738b1: „Die Menge
der Leute, die Land erhalten und die Verteilung nachher
schützen sollen, betrage 5040 Personen" (E. Eyth).

　2 *zwei Tage*: Die Zuordnung der einzelnen Fahrstrecken
zu den Angaben der Tage stimmt nicht immer. Es ist daher
denkbar, daß die betreffenden Zahlenangaben in der Inschrift
am Rande standen und bei der Übersetzung in den griech.
Text einbezogen, aber manchmal nicht zeilenrichtig zugeord-

net wurden. Als durchschnittliche Fahrleistung eines Schiffes gibt Herodot IV 86,1 70000 Klafter = 124,6 km [tagsüber] und 60000 Klafter = 106,8 km [nachts] an. Das ergibt eine Tagesleistung von etwa 220 km, das sind rd. neun Stundenkilometer, was etwa der eineinhalbfachen Fußgängergeschwindigkeit entspricht. – *Thymiaterion*: eine karthagische Neugründung, h. Mehdiya, nordöstl. von Rabat, an der Mündung des Flusses Subur, h. Oued Sebou; vgl. Ps.-Skylax 112 und Stephanos Byz. s. v. Thymiateria. Die Stadt liegt in einer *weiten Ebene*, h. Rharb; dazu paßt gut sem. dumothier – „Stadt in der Ebene", was zu griech. thymiatérion – ‚Räuchergefäß' umgeformt wurde.

3 *Vorgebirge Soleis*, h. Kap Cantin; s. Ps.-Skylax 112 und Plinius, l.c. 5,9.

4 *Heiligtum des Poseidon*: Es handelt sich in interpretatio Graeca um den entsprechenden phoinik. Gott Baal-Ras, dessen Heiligtümer sich vornehmlich auf Vorgebirgen befanden; vgl. Ps.-Skylax 112. Herodot II 50,3 spricht von der besonderen Verehrung, die Poseidon bzw. seine phoinik. Entsprechung in Afrika genossen hat. – *See*: Gemeint ist die große Strandlagune von Oualidia, nördl. von Safi.

5 In der Nähe des Vorgebirges Soloeis scheint dieser erste Abschnitt der Reise zu Ende gewesen zu sein; die Schiffe haben gewendet und fuhren wieder zurück, um ältere poinik. Städte an der afrikanischen Westküste wieder neu zu besiedeln: *Karikon*, wohl die Wiedergabe einer phoinik. Bezeichnung, die aber in keiner Beziehung zum kleinasiatischen Volk der Karer stand, etwa sem. krk – „Befestigung" [vgl. griech. teîchos – *„Mauer"*]; vgl. Ephoros, FGrH 70 frg. 53 bei Stephanos Byz. s. v.; vielleicht identisch mit Mysokarax, h. Safi; vgl. Ptolemaeus IV 1,2; *Gytte*, ein sonst nirgends erwähnter Ort, aber wahrscheinlich gleich Kotte, südl. vom Kap Spartel; vgl. Plinius, l.c. 5,2 und 32,15. Der Name könnte mit sem. geth – „Vieh" zusammenhängen; *Akra* [griech. ákra

– „Vorsprung, Spitze"], Übersetzung von sem. ras/rus –
„Vorgebirge", h. Kap Mazagan, wo Plinius, l.c. 5,0 Rutubis
und Ptolemaeus IV 1,2 Rusibis ansetzen; *Melitta*, keine Beziehung zu griech. mélitta – „Biene", sondern zu sem. melet –
„Kalk"; vgl. den antiken Namen der Insel Malta. Die Stadt
wird bereits von Hekataios, FGrH 1 frg. 357 erwähnt [Me-
lissa] und ist wohl mit dem von Plinius, l.c. 5,2 genannten
Lissa, südl. von Kap Spartel, identisch; *Arambys*, ein sonst
nirgends erwähnter Ort, aber vgl. sem. harambin – „Wein-
berg"; daher wohl ebenfalls in der Nähe vom prom. Ampelusia, h. Kap Spartel, zu suchen; vgl. Plinius, l.c. 5,2. – Diese
Lokalisierungen gehen im wesentlichen auf die erstmals von
J. Carcopino vorgebrachten Annahmen zurück, der an vier
aufeinanderfolgende Reisen denkt [s. Karte]; zu anderen, z. T.
abweichenden Vorschlägen s. die weiterführende Literatur.

6 *Fluß Lixos* s. Plinius, l.c. 5,9; bereits von Hekataios,
FGrH 1 frg. 355 genannt [Lizas]; seine Anwohner waren die
Lixiten, die zu den Karthagern bereits wirtschaftliche und
kulturelle Beziehungen unterhielten; vgl. Pausanias I 33,5. Es
kann sich kaum um den viel weiter im Süden liegenden Oued
Drâa handeln, den Plinius, l.c. 5,9 als Darat bezeichnet, wobei
er auch l.c. die Daren und Daratiten als Anwohner seines
Ober- und Unterlaufes nennt.

7 *Aithiopen* vgl. Plinius, l.c. 5,16. – *Troglodyten* vgl. Plinius, l.c. 5,45 und 7,31 Trogodytas super Aethiopiam velocio-
res equis esse Pergamenus Crates [„. . . . daß die Troglodyten
jenseits von Aithiopien *schneller als Pferde* seien, berichtet
Krates aus Pergamon"; frg. 14a Mette].

8 *an einer menschenleeren Wüste entlang*: Gemeint sind
die westl. Ausläufer der Sahara südl. vom h. Oued Drâa an der
Mündung des h. Saguia El-Hamra zwischen Kap Iuby und
Kap Bojador. – *Kerne*: die südlichste Kolonie der Karthager;
vgl. sem. krn – letzte Ansiedlung. Entweder die Insel Herne
in der Bucht des h. Rio de Oro, in die man nach Umfahrung

der Punta Sagra bei Dakhla gelangt, oder eine der Inseln in der Arguin-Bucht, in die man nach Umschiffung von Ras Nouadhibou [Cap Blanc] einfährt. Wegen des dort von den Karthagern getätigten Goldhandels eher die Insel Herne, die allerdings größer ist, als ein *Umfang von fünf Stadien* = etwa 900 m erlaubt; vgl. Plinius, l.c. 6,199: Umfang 2000 Schritte = etwa 3 km, der auch [nach Cornelius Nepos, frg. 59 Halm] eine Entfernung vom Festland mit 1000 Schritten = rund 1500 m angibt. Zu ihren Bewohnern, die als recht vermögend galten, vgl. Palaiphatos, mirab. 31 Festa = Mythogr. Graeci III 2,45ff.; den Handel der Karthager mit Gold beschreibt Herodot IV 196; 1–3 anschaulich: „Das bewohnte Libyen reicht noch über die Säulen des Herakles hinaus. Wenn die Karchedonier dorthin fahren, laden sie ihre Waren ab und legen sie am Strand nebeneinander aus. Dann steigen sie wieder in die Schiffe und geben ein Rauchsignal. Sobald die Einheimischen den Rauch sehen, kommen sie ans Meer; dann legen sie Gold als Preis für die Waren hin und ziehen sich von den Waren wieder zurück. Dann gehen die Karchedonier wieder an Land und sehen nach. Entspricht das Gold nach ihrer Meinung dem Wert der Waren, so nehmen sie es an sich und fahren ab; andernfalls gehen sie wieder auf die Schiffe und bleiben dort sitzen. Jene aber nähern sich dann wieder den Waren und legen Gold hinzu, bis sie sie zufriedenstellen. Keiner fügt dem anderen Schaden zu. Die einen rühren das Gold nicht eher an, als bis es ihnen den Waren gleichwertig dünkt; die andern berühren die Waren nicht eher, als bis die Karchedonier das Gold angenommen haben". [J. Feix]. – *genau gegenüber von Karthago*: diese Annahme beruht zunächst auf der annähernd gleichen *Fahrtstrecke von Karthago* bis Gibraltar/Tanger und *von dort bis Kerne,* aber auch auf der Vorstellung, daß beide Siedlungen auf dem gleichen Meridian lagen, da die Westküste Afrika nach Südosten abknickte.

9 *großer Fluß* Chremetes; vgl. Aristoteles, Meteor. I 13, 350b; Nonnos, Dion. XIII 347; XXXI 163 u. a. Die überlieferte Form Chremes [ohne Akzent!] ist in Chremétes zu verbessern, da das Fehlen des Akzentes auf eine Wortverstümmelung hinweist. Es handelt sich um den h. Senegal, der nördl. vom h. St. Louis in einem großen Delta mit zahlreichen sumpfigen Lagunen in den Atlantischen Ozean mündet. Hanno fährt offenbar in den nördl. Mündungsarm, h. Marigot des Maringouins, der früher vielleicht größer gewesen ist, ein und gelangt südwestl. vom h. Dagana zu einem *See*, h. Lac de Guiers, der in seinem südl. Teil zahlreiche kleinere und größere *Inseln* aufweist. – Die Bewohner dieses Landstriches waren wilde Negerstämme, die noch auf einer steinzeitlichen Kulturstufe standen; h. wird das Delta des Senegal von den Peulhs bewohnt.

10 Der *andere Fluß* war der südl. Mündungsarm, der offenbar mit dem von Plinius, l.c. 5,10 genannten Bambotus, h. Bambouk, der von *Krokodilen und Flußpferden* bewohnt war, identisch ist.

11 Eine weitere Entdeckungsreise führt noch weiter nach Süden: Entlang der von Negerstämmen, mit denen keine Verständigung möglich war, bewohnten *Küste* gelangt Hanno allmählich aus der trockenen Wüstenregion in den Bereich der tropischen Regenwälder.

12 Zwischen dem h. Kap Verde im Norden und dem Kap Palmas im Süden trifft Hanno auf die üppige Vegetation der Tropen in dicht bewaldeten Bergen, h. Mt. Kakoulima in der Sierra Leone.

13 Nach der Umsegelung des Kap Palmas und des Kap Three Points eröffnet sich die weite Meeresfläche des h. Golfs von Guinea. – Bei dem nachts aufsteigenden Feuer wird es sich um Brandrodungen gehandelt haben, keinesfalls aber um Vulkantätigkeit.

14 Bei der großen Bucht, genannt „*Horn des Westens*",

handelt es sich um die Bucht von Bénin, in die der h. Strom Niger mit zahlreichen Mündungsarmen, die mehrere *Inseln* bilden, mündet. Griech. kéras – Horn bedeutet hier keine Landspitze; so fälschlich Plinius, l.c. 6,197 u. a.; oft wurden große trichterförmige Flußmündungen oder Meeresbuchten so bezeichnet; vgl. z. B. das „Goldene Horn" beim h. Istanbul.

15 Nach der anschaulichen Schilderung *[Feuer, Rauch, Feuerbäche]* muß es sich hier um ein Vulkangebiet handeln; dafür kommt nur das westl. Kamerun in Betracht.

16 *„Götterwagen"* [Theôn óchēma], der h. Mt. Kamerun [4070 m, nach neueren Messungen 4095 m]; vgl. Plinius, l.c. 2,237; 5,10; 6,197; Mela III 94; Ptolemaeus IV 6,9. Dieser weithin sichtbare Berg wird von den Eingeborenen Madungo Ma Loba – „Thron der Götter" genannt; er war bis in die Gegenwart vulkanisch tätig [letzter bedeutender Ausbruch 1922]; vgl. dazu Solinus 30,14 [ohne Namensnennung].

17 Beim *„Horn des Südwinds"* handelt es sich um die h. Bucht von Biafra, in die u. a. der h. Sanaga mündet; zur Bedeutung von griech. kéras s. § 14.

18 Mit der *Insel* ist wohl das h. Bioko [früher Fernando Poo] gemeint. – Die *goríllai* waren keine Menschenaffen, sondern kleinwüchsige Pygmäen. Erst der amerikanische Missionar und Naturforscher Th. S. Savage [1804 – 1880] nannte die von ihm am Fluß Gabun, südl. von Kamerun, entdeckten kleinen Menschenaffen in Anlehnung an die Bezeichnung Hannos Gorillas. – Auffallend ist der Umstand, daß Hannos ΓΟΡΙΛΛΑΣ offenbar durch eine Verschreibung von ΓΟΡΓΑΔΑΣ entstanden ist. Die Gorgades insulae lagen an der afrikanischen Westküste, nicht weit vom Vorgebirge des Westens entfernt; vgl. Plinius, l.c. 6,197ff; Mela III 99; Solinus 56,10ff.; Martianus Capella VII 702; Isidorus, Orig. XIV 6,9. – *nicht mehr weiter*: Beginn der Rückfahrt; vgl. Mela III 89f.; Arrian, Ind. 43,11f.

DAS AFRIKANISCHE UNTERNEHMEN
DES HANNO*

von Werner Huß

Der Zeitpunkt des Entstehens der griechischen Version, die übrigens keineswegs in Anspruch nimmt, eine direkte Übersetzung der punischen Inschrift zu sein, ist umstritten. Da aber der um 300 schreibende Verfasser des pseudoaristotelischen Werkes „*De mirabilibus auscultationibus*" den Periplus des Hanno erwähnt, ist die griechische Version des Periplus sicher vor dieser Zeit entstanden. Polybios kann also nicht – wie gelegentlich behauptet wird – die Übersetzung des punischen Dokuments veranlaßt haben. Wenn aber Ephoros, der wie der Verfasser der uns vorliegenden Version des Periplus ein „*Karikòn teíchos*" erwähnt – einen Ortsnamen, der wahrscheinlich auf einen ähnlich klingenden punischen, möglicherweise auf einen berberischen Namen zurückzuführen ist –, nicht auf eine vom Periplus unabhängige griechische Version, sondern auf den Periplus selbst zurückgegriffen hat, dann haben wir einen Beweis für die Annahme, daß der Periplus bereits in alexandrischer Zeit existiert hat. Daß Ephoros dies getan hat, steht allerdings nicht fest. Und aus den Orts-, Fluß- und Kapnamen, die sowohl der Verfasser der überlieferten Version des Periplus als auch Aristoteles, Pseudo-Skylax, Herodotos und Hekataios nennen, läßt sich ebenfalls nicht mit Sicherheit erschließen, daß letztere den

*) Aus: *Geschichte der Karthager*. München 1985 (Handbuch der Altertumswissenschaft III/8), 75–83 (ohne Anmerkungen); s. auch *Die Karthager*. München 1990, 39–44 (mit freundlicher Genehmigung der C. H. Beck'schen Verlagsbuchhandlung, München).

Periplus gekannt haben. Es könnte sein, daß sie sich auf eine oder mehrere Vorlagen stützten, die vom Periplus unabhängig waren. Da weitere direkte Zeugnisse, die über die Entstehungszeit des Periplus Aufschluß geben könnten, fehlen, sind wir auf sprachgeschichtliche Untersuchungen angewiesen, wenn wir das Alter des Periplus näher bestimmen wollen. Und diese Untersuchungen, die freilich einen Rest von Unsicherheit nicht beseitigen können, weisen darauf hin, daß der Periplus im 6., spätestens im 5. Jh. entstanden ist.

Wenn nun auch der Periplus in diese frühe Zeit zu datieren ist, so könnte er doch eine Fälschung sein. Und in der Tat wurden in der Vergangenheit sachkritische – insbesondere nautische – und literarische Gründe ins Feld geführt, um diese Annahme zu beweisen. Doch dürften alle diese Versuche als gescheitert zu betrachten sein.

Die uns vorliegende Version der Periplus ist keineswegs die einzige griechische Version des Unternehmens des Hanno gewesen. Der Text des Periplus weist Lücken auf, die in einer früheren Form – sei sie nun punisch oder griechisch gewesen – gefüllt gewesen sein müssen. Dies beweisen innertextliche Beobachtungen, dies beweist aber auch ein Vergleich mit den kurzen Berichten des Plinius und des Arrianos. Vielleicht hat der Verfasser des Periplus den inschriftlichen Bericht des Hanno gekürzt, während ein anderer oder mehrere andere Übersetzer eine vollständige Übersetzung dieses Berichts geboten haben. Vielleicht hat der Verfasser des Periplus diese oder eine dieser Übersetzungen verwendet. Vielleicht hat Hanno neben dem inschriftlichen Bericht einen umfangreicheren literarischen Bericht erstellt, den der Verfasser des Periplus gekürzt hat, während ein anderer oder mehrere andere Übersetzer den gesamten Text übersetzt haben. Vielleicht hat der Verfasser des Periplus diese oder eine dieser Übersetzungen seiner Darstellung zugrunde gelegt. Mir persönlich scheint die an zweiter Stelle genannte Möglichkeit die größte Wahrscheinlichkeit für sich zu haben. Sicherheit gibt es aber in dieser Frage nicht.

Der Leiter des vom karthagischen Staat beschlossenen Unternehmens war Hanno, der aller Wahrscheinlichkeit nach nicht das Amt eines „gewöhnlichen" Sufeten, sondern das eines Feldherrn innehatte. Wenn in diesem Hanno gelegentlich der Vater des Hamilcar, des Verlierers der Schlacht von Himera, gesehen wird, dann ist dies nicht mehr als eine Vermutung. Der Name Hanno war häufig.

Die Stationen des Unternehmens des Hanno waren folgende: die Straße von Gibraltar, Thymiaterion, das Kap Soloeis, ein landeinwärts gelegener See, Karikon Teichos, Gytte, Akra, Melitta, Arambys, der Fluß Lixos, das Land der jenseits des Gebiets der Lixiten lebenden Aithiopen (?), die Insel Kerne, der Fluß Chre⟨me⟩tes, ein See mit drei Inseln, ein Fluß, in dem Krokodile und Nilpferde lebten, Kerne, ein Platz am Fuß hoher und bewaldeter Berge, ein Meerbusen, der Golf „Horn des Westens", in dem eine große Insel lag, ein (nicht anlandbarer) Platz in einer vulkanischen Gegend, der Berg Theon Ochema, der Golf „Horn des Südens", in dem eine Insel lag, die der Insel des Golfs „Horn des Westens" glich. Die Identifizierung dieser Orte, Flüsse, Seen, Berge und Gegenden war und ist in der Forschung heftig umstritten. Dies gilt bereits für Thymiaterion, die erste Kolonie, die Hanno gründete. Handelt es sich um Tanger, Larache oder Mehdiya (an der Mündung des Oued Sebou)? Wenn einer dieser drei Orte, dann Mehdiya! Denn Tanger liegt nicht zwei Tagesfahrten von der Straße von Gibraltar entfernt, wie dies der Periplus verlangt, und Larache ist eine alte phoinikische Gründung.

Da Thymiaterion in Mehdiya zu suchen ist, kann das Kap Soloeis nicht das Kap Spartel, sondern muß das Kap Cantin sein.

Die Lage der fünf Kolonien Karikon Teichos, Gytte, Akra,

Melitta und Arambys ist kaum auch nur in einem einzigen
Fall mit Sicherheit zu bestimmen. Sie befanden sich jedenfalls
zwischen dem Kap Cantin und dem Oued Drâa. In Mogador
die Gründung Karikon Teichos zu sehen, fällt deswegen
schwer, weil dort phoinikische Funde des 7. und 6. Jh. zutage
getreten sind – es sei denn, man nimmt nicht eine Neugründung, sondern eine Verstärkung des phoinikischen Elements
durch die libyphoinikischen Siedler des Hanno an.

Der Fluß Lixos wird weithin – wahrscheinlich zu Recht –
mit dem Oued Drâa gleichgesetzt. Mag diese Identifizierung
zutreffen oder nicht – in den Lixiten sind jedenfalls nicht die
Bewohner der alten phoinikischen Kolonie Lixos, sondern
die am (südlichen) Lixos wohnenden Berber zu sehen, zu
denen vermutlich bereits die Phoiniker Westafrikas freund-
schaftliche Beziehungen aufgenommen hatten.

Kerne, die südlichste Kolonie Karthagos, kann wohl nur
die Insel Herne in der Bucht des Rio de Oro oder eine der
Inseln in der Arguin-Bucht gewesen sein. Die Bemerkung des
Verfassers des Periplus, Kerne liege *„gerade gegenüber von
Karthago"*, ist bei der Entscheidung zwischen beiden Mög-
lichkeiten kaum hilfreich. Doch ist zu bedenken, daß die
Fläche von Herne weit größer ist als die Fläche, die der
Verfasser des Periplus für Kerne angibt. Außerdem paßt die
Notiz des Verfassers des Periplus, Hanno sei *„in Richtung
aufgehende Sonne eine Tagesstrecke"* gefahren, besser zur
Arguin-Bucht als zur Bucht des Rio de Oro. Wahrscheinlich
ist also dort das vielgesuchte Kerne zu finden.

Nach der Gründung von Kerne führte Hanno eine Expedition durch, die ihn vermutlich einen Arm des Senegal hinauf-
und einen anderen Arm dieses Flusses hinabführte.

Nach Kerne zurückgekehrt, brach Hanno nach einiger Zeit
zu der Fahrt auf, die ihn bis nach Gabun führen sollte. Nach
einer Fahrt von 19 Tagen erreichte er den Golf *„Horn des
Westens"* – die Bucht von Benin? –, und nach einer weiteren

Fahrt von mehr als vier Tagen tauchte vor ihm der Vulkan
„Wagen der Götter" auf, in dem man aller Wahrscheinlichkeit
nach den Kamerun-Berg zu sehen hat. Nach weiteren zwei
bis drei Tagen war schließlich der Golf *„Horn des Südens"* –
die Bucht von Biafra? – erreicht. Der Mangel an Verpflegung
zwang Hanno angeblich zur Umkehr.

Die Zeit, in der Hanno sein Unternehmen durchführte,
läßt sich nur ungefähr bestimmen, da die entsprechenden
Angaben der antiken Autoren nur sehr allgemeiner Art sind.
Aus der Tatsache, daß Herodotos die Expedition des Hanno
nicht erwähnt, ist natürlich nicht zu schließen, daß diese erst
nach der Abfassung des herodotischen Werkes unternommen
wurde. Auch die heute vielfach vertretene Hypothese einer
Datierung in die Mitte des 5. Jh. läßt sich nicht durch wirklich
tragfähige Argumente stützen. Mit einem gewissen Vorbehalt
ist jedoch aus dem Umstand, daß es Karthager gewesen sind,
von denen Herodotos – sei es direkt, sei es indirekt – von der
versuchten Afrikaumsegelung des Persers Sataspes zur Zeit
des Xerxes (486–465/64) erfahren hat, zu ersehen, daß Hanno
vor 465/64 von Karthago nach Westafrika aufgebrochen ist;
denn in Westafrika lebende Karthager bzw. Libyphoiniker
dürften es gewesen sein, die die Fahrt des Sataspes verfolgt
und darüber nach Karthago berichtet haben – in der Zeit vor
dem Kolonisationsunternehmen des Hanno aber scheinen
keine Punier an der westafrikanischen Küste gewohnt zu
haben. An die Zeit kurz vor oder nach dem Ereignis von
Himera (480) wird man wegen der angespannten Lage des
karthagischen Staates ebenfalls nicht zu denken haben. Aus
diesen Gründen kommt als mögliche Zeit des Unternehmens
das beginnende 5. Jh. in Frage. Wenn aber davon auszugehen
ist, daß Hekataios Melissa, eine Gründung des Hanno, gekannt hat, und wenn die literarhistorischen Argumente, die
neuerdings für die Abfassungszeit des Periplus ins Feld geführt werden, zutreffend sind, ist das Unternehmen des

Hanno in die Zeit vor (etwa) 500 – d. h. in das letzte Drittel des 6. Jh. – zu datieren. Diese Datierung würde auch zu dem passen, was wir sonst von der damaligen Politik Karthagos wissen.

Als Zweck der Fahrt des Hanno nennt der Verfasser des Periplus die Gründung von Kolonien. Dies kann jedoch nur ein Teil-Zweck gewesen sein; denn Hanno fuhr weit über Kerne, die südlichste Kolonie, hinaus. Wollte Hanno die andere Hälfte der Wahrheit unterschlagen? Dies ist möglich. Einigermaßen sicher ist jedoch, daß die Fahrt über Kerne hinaus nicht aus wissenschaftlichen, sondern aus wirtschaftlichen Interessen unternommen wurde. Und hier ist daran zu erinnern, daß den karthagischen wie den phoinikischen Kaufleuten sehr am Ankauf von Metallen gelegen war, und insbesondere daran, daß ein gewisser Himilco zu der Zeit, zu der Hanno nach Westafrika segelte, zu den Zinn-Inseln fuhr, u. zw. nicht aus geographischen, sondern aus kommerziellen Interessen. Begab sich Hanno auf die Suche nach dem westafrikanischen Gold oder nach dem Kupfer der Gegend von Akjoujt (Mauretanien) oder nach dem Zinn des Jos-Plateaus (Nigeria)? Wir wissen es nicht. Doch wäre es m. E. verkehrt, hier ein strenges Entweder-Oder zu postulieren.

Wir haben keinen Grund zu der Annahme, daß das kolonisatorische Projekt des Hanno ein Fehlschlag war. Doch wie stand es mit der Erschließung neuer Metallmärkte? Wie aus dem Bericht des Herodotos über den stummen Tauschhandel zu ersehen ist, scheinen die Karthager auch auf diesem Gebiet wichtige und gewinnbringende Informationen gesammelt zu haben. Doch haben sich möglicherweise nicht alle Hoffnungen erfüllt – insbesondere nicht in den Gegenden südlich von Kerne.

LITERATURHINWEISE ZUM
„FAHRTENBERICHT DES HANNO"

Die umfangreiche Literatur bis 1947 verzeichnet *Aubrey Diller*, The Tradition of the Minor Greek Geographers. Lancaster 1952 (Philological Monographs publ. by the American Philological Association 14), 48–101.177–179; die Neuerscheinungen bis 1990 nennt *Werner Huß*, Die Karthager. München 1990, 399 f.; vgl. auch *ders.*, Das afrikanische Unternehmen des Hanno, in: Geschichte der Karthager. München 1985 (Handbuch der Altertumswissenschaft III/8), 75 ff.

Textausgaben (mit Übersetzung und Kommentar):

C. Th. Fischer, De Hannonis Carthaginiensis periplo. Lipsiae 1893.
J. E. Casariego, El periplo de Hannon de Carthage. Madrid 1947.
L. del Turco, Annone Il Periplo. Firenze 1958.
A. N. Oikonomides, Hanno the Carthaginien: Periplus. Antipolis 1, 1974, 43–76; 2ⁿᵈ edition Chicago 1977.
J. Ramin, Le Périple d'Hannon. The Periplus of Hanno. Oxford 1976.
Jehan Desanges, Recherches sur l'activité des Mediterranéens aux confine de l'Afrique. Rome 1978, 39–85.
G. M. A. Pepermans, Hanno de zeevaarder. Een hoofdstuk uit de antieke geografie. Hermeneutica 5, 1979, 341–346.
Jerker Blomquist, The Date and the Origin of the Greek Version of Hanno's Periplus. Scripta Minora. Studier utgivna av Kungl. Humanistiska Vetenskapssamfundet i Lund 1979–80/3.
J.-G. Demerliac – J. Meirat, Hanno et l'empire Punique. Paris 1983.

Deutsche Übersetzungen:

R. Hennig, Terrae incognitae I: 12. Hannos Westafrika-Fahrt zum „Götterwagen". 2. Aufl. Leiden 1944, 86–95.
O. Seel, Antike Entdeckerfahrten. Zwei Reiseberichte. Stuttgart 1957, 5–8. 49–56.

Auf Einzelfragen gehen ein:

G. Amiotti, Cerne: „ultima terra", in: Il confine nel mondo classico, ed. *M. Sordi*, Milano 1987, 43–49.

M. F. Ashley Montagu, Knowledge of the Ape in Antiquity. Isis 32, 1947–49, 90–94.

J. Blomquist, Reflections of Carthaginian Commercial Activity in Hanno's Periplus. Orientalia Suecana 33–35, 1984–86, 53–62.

J. Carcopino, Le Maroc antique. Paris 1948, 73–163.

H. Daebritz, RE VII, 1912, Sp. 2360–2363 s. v. Hanno 26.

C. DeNegri, Considerazioni nautiche sul „Periplo" di Annone, in: Miscellanea di storia delle esplorazioni III, Genova 1978, 33–65.

J. Desanges, Le point sur le „Périple d'Hannon": Controverses et publications récentes, in: Enquetes et documents VI, Nantes 1981, 11–29.

J. Desanges, Des interprètes chez les „Gorilles". Réflexions sur un artifice dans le „Périple d'Hannon", in: Atti del I Congresso Internazionale di Studi Fenici e Punici I, Roma 1983, 267–270.

G. Germain, Qu'est-ce que le Périple d'Hannon? Document, amplification littéraire ou faux intégral? Hespéris 44, 1957, 205–248.

S. Gsell, Histoire ancienne de l'Afrique du Nord I. Paris 1913, 468–523.

D. B. Harden, The Phoenicians on the West Coast of Africa. Antiquity 22, 1948, 141–150.

R. Harris, The Voyage of Hanno. Woodbrooke Essays 18, Cambridge 1928.

D. Henze, Hanno, in: Enzyklopädie der Entdecker und Erforscher der Erde. Bd. 2: D–J. Graz 1983, 453–457.

R. Lonis, Les conditions de la navigation sur la côte atlantique de l'Afrique de l'antiquité: le problème de retour, in: Afrique noire et monde mediterranéen dans l'antiquité. Dakar–Abidjan 1978, 147–162.168–170.

G. Marcy, Notes linguistiques autour du périple d'Hannon. Hespéris 20, 1935, 21–72.

G. Marcy, A propos du périple d'Hannon (Au sujet des conditions de la navigation antique). Hespéris 23, 1936, 67f.

R. Mauny, Note sur le Périple d'Hannon, in: Conférence Internationale des Africanistes de l'Ovest. Comptes Rendus II, Paris 1951, 509–530.

R. *Mauny*, La navigation sur les côtes du Sahara pendant l'antiquité. Revue des Études anciennes 57, 1955, 92–101.

R. *Mauny*, Le périple d'Hannon, un faux célèbre concernant les navigations antiques. Archeologia 37, 1970, 76–80.

O. *Meltzer*, Geschichte der Karthager, Bd. I. Berlin 1879, 229–246. 505–507.

G. *Ch. Picard*, Authenticité du Périple d'Hannon. Les Cahiers du Tunisie 15, 1967, 27–31.

G. *Ch. Picard*, Le périple d'Hannon n'est pas un faux. Archeologia 40, 1971, 54–59.

G. *Ch. Picard*, Le périple d'Hannon, in: Phönizier im Westen (Madrider Beitr. 8), hg. v. *H. G. Niemeyer*, Mainz 1982, 175–182.

J. *Ramin*, Ultima Cerne. Mélanges offerts à *R. Dion*, ed. *R. Chevallier*. Paris 1974, 439–449.

J. *Ramin*, Le Périple d'Hannon. Apports de la littérature et hypothèses. Latomus 35, 1976, 791–804.

R. *Rebuffat*, D'un portulan grec du XVIe siècle au périple d'Hannon. Karthago 17, 1973/74 (1976), 139–151.

R. *Rebuffat*, Recherches sur le bassin du Sebou II. Le périple d'Hannon. Bull. d'archéologie marocaine 16, 1985/86, 257–284.

R. *Rebuffat*, Les nomades de Lixus. Bull. archéologique, nov. sér. 18B, 1982 (1988), 77–86.

L. *Richon*, Le Périple d'Hannon et les navigations carthaginoises sur la côte marocaine. Bull. du Com. marocaine de documentation hist. de la Marine 4, 1956, 4f.

M. *Rousseaux*, Hannon au Maroc. Revue Africaine 93, 1949, 161–232.

P. *Schmitt*, A la recherche du Char des Dieux. Mélanges offerts à *R. Dion*, ed. *R. Chevallier*. Paris 1974, 473–479.

S. *Segert*, Phoenician Background of Hanno's Periplus. Mélanges de l'univ. St. Joseph, Beyrouth 45, 1969, 501–519.

R. *Sénac*, Le Périple du Carthaginois Hannon. Bull. de l'Ass. G. *Budé*, Paris 1966, 510–538.

H. *Tauxier*, Les deux rédactions du périple d'Hannon. Revue Africaine 26, 1882, 15–37.

L. A. Thompson – J. Ferguson, Africa in Classical Antiquity. Ibadan 1969, 5–7.

G. Vivenza, Altre considerazioni sul Periplo di Annone. Economica e Storia II/1, 1980, 101–110.

VERZEICHNIS ALLER KARTEN

Die Karten wurden von Achim Norweg, München gezeichnet.

PLINIUS SECUNDUS d. Ä.

NATURALIS HISTORIAE

NATURKUNDE

Erste lateinisch-deutsche Gesamtausgabe
der 37 Bücher; unter Mitwirkung namhafter Fach-
gelehrter herausgegeben von Roderich König,
Gerhard Winkler, Karl Bayer und Joachim Hopp.

Subskription: Alle Bestellungen auf die Gesamtausgabe werden bei Erscheinen eines Bandes mit
einem Vorzugspreis geliefert.

Anlage und Aufbau der Edition	Bereits erschienen
Buch 1: Biographisches, Fragmente; Vorrede, Inhaltsverzeichnis der Gesamtausgabe	**Buch 1:** 1973. 420 S.
Buch 2: Kosmologie	**Buch 2:** 1974. 304 S.
Buch 3 – 6: Geographie **Buch 3:** Europa I; **Buch 4:** Europa II; **Buch 5:** Afrika; **Buch 6:** Asien	**Buch 3/4:** 1988. 575 S., mit 7 Karten. **Buch 5:** 1993. 361 S., mit 10 Karten
Buch 7: Anthropologie	**Buch 7:** 1975. 312 S.
Buch 8 – 11: Zoologie **Buch 8:** Landtiere; **Buch 9:** Wassertiere; **Buch 10:** Vögel; **Buch 11:** Insekten; vgl. Anatomie	**Buch 8:** 1976. 312 S. **Buch 9:** 1979. 256 S. **Buch 10:** 1986. 239 S. **Buch 11:** 1990. 299 S.
Buch 12 – 19: Botanik **Buch 12:** Exotische Bäume I; **Buch 13:** Exotische Bäume II; **Buch 14:** Fruchtbäume I; **Buch 15:** Fruchtbäume II; **Buch 16:** Waldbäume; **Buch 17:** Nutzbäume; **Buch 18:** Ackerbau; **Buch 19:** Gartenpflanzen	**Buch 12/13:** 1977. 376 S. **Buch 14/15:** 1981. 414 S. **Buch 16:** 1991. 294 S.
Buch 20 – 32: Medizin und Pharmakologie **Buch 20:** Heilmittel aus den Gartengewächsen; **Buch 21 – 27:** Heilmittel aus dem Pflanzenreich; **Buch 28 – 32:** Heilmittel aus dem Tierreich	**Buch 20:** 1979. 364 S. **Buch 21/22:** 1985. 421 S. **Buch 23:** 1993, 203 S. **Buch 24:** 1993, 214 S. **Buch 26/27:** 1983. 386 S. **Buch 28:** 1988. 270 S.
Buch 33 – 37: Metallurgie, Mineralogie und Kunstgeschichte **Buch 33:** Gold- und Silbergewinnung, Kunsthandwerk, Münzwesen; **Buch 34:** Kupfer-, Eisen- und Bleigewinnung, Metallplastik; **Buch 35:** Mineralfarben, Malerei, Tonplastik; **Buch 36:** Steine; **Buch 37:** Edelsteine, Gemmen, Bernstein	**Buch 33:** 1984. 228 S. **Buch 34:** 1989. 281 S. **Buch 35:** 1978. 360 S., mit 8 Bildtafeln. **Buch 36:** 1992. 269 S.